网络空间治理研究

（第一卷）

主　编／黄东东　吴　渝　谢　俊
副主编／郭　亮　祝清意　付微明

RESEARCH ON
CYBERSPACE GOVERNANCE

重庆邮电大学网络空间安全与信息法学院
重庆邮电大学网络社会发展问题研究中心
重邮—都会网络安全法律与技术研究中心
中国科学技术法学会重庆研究基地
组织编写

法律出版社
LAW PRESS·CHINA
北京

图书在版编目（CIP）数据

网络空间治理研究. 第一卷 / 黄东东，吴渝，谢俊主编. -- 北京：法律出版社，2022
ISBN 978-7-5197-6375-6

Ⅰ. ①网… Ⅱ. ①黄… ②吴… ③谢… Ⅲ. ①计算机网络—法治—研究—中国②互联网络—应用—行政管理—研究—中国 Ⅳ. ①D922.174②D630.1-39

中国版本图书馆 CIP 数据核字(2022)第 008682 号

网络空间治理研究(第一卷)
WANGLUO KONGJIAN ZHILI YANJIU (DI-YI JUAN)

黄东东 吴 渝 谢 俊 主 编
郭 亮 祝清意 付微明 副主编

策划编辑 郑 导
责任编辑 郑 导 曲 杰
装帧设计 汪奇峰

出版发行 法律出版社
编辑统筹 学术·对外出版分社
责任校对 王 丰
责任印制 陶 松
经　　销 新华书店

开本 710 毫米×1000 毫米 1/16
印张 22.5 **字数** 350 千
版本 2022 年 2 月第 1 版
印次 2022 年 2 月第 1 次印刷
印刷 三河市龙大印装有限公司

地址:北京市丰台区莲花池西里 7 号(100073)
网址:www.lawpress.com.cn
投稿邮箱:info@lawpress.com.cn
举报盗版邮箱:jbwq@lawpress.com.cn

销售电话:010-83938349
客服电话:010-83938350
咨询电话:010-63939796

书号:ISBN 978-7-5197-6375-6
定价:86.00 元

凡购买本社图书,如有印装错误,我社负责退换。电话:010-83938349

主编简介

黄东东 法学博士、教授、硕士生导师，重庆邮电大学网络空间安全与信息法学院副院长、法学学科负责人、香港大学法律学院访问学者；兼任重庆市普通本科高等学校法学专业教学指导委员会副主任委员、中国科技法学会理事、重庆市法学会常务理事、中国科技法学会重庆研究基地执行主任等；入选重庆市首届“巴渝新秀”青年文化人才等。

主要研究兴趣与方向为网络信息法、民商法和司法制度等。主持并完成国家社科基金、教育部和重庆市等国家级和省部级以上科研项目10余项，在《法学》《法商研究》《现代法学》等学术期刊上发表论文50余篇。曾获重庆市优秀社会科学成果三等奖、重庆市发展研究奖三等奖、中国法学会第十届法学家论坛二等奖、樊崇义法律援助优秀科研成果一等奖等。

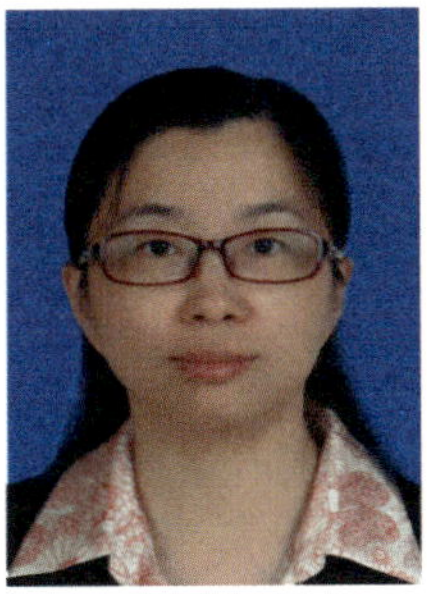

吴　渝 工学博士、教授、博士生导师，重庆邮电大学网络空间安全与信息法学院院长。入选教育部新世纪优秀人才计划、科技部原创动漫软件（工具）技术开发人才扶持计划，重庆市学术技术带头人，重庆市优秀教师。

主要研究方向为网络智能、信息内容安全等。承担973计划前期研究专项课题、国家自然科学基金、国家社会科学基金等国家、省部级科研项目30余项，获国家教学成果奖二等奖、重庆市自然科学奖二等奖及三等奖、重庆市科技进步奖二等奖及三等奖、重庆市教学成果奖二等奖及三等奖等省部级及以上科研教学奖励8项；出版专著1部、译著2部、教材1部；获国家授权发明专利6件；发表学术论文100余篇。

谢　俊 教育学博士、教授、硕士生导师，重庆市马克思主义理论学科学术技术带头人，重庆高校习近平新时代中国特色社会主义思想研究阐释协同创新团队负责人，重庆市人文社会科学重点研究基地——网络社会发展问题研究中心负责人，重庆市社科联第四届委员会常委，国家哲学社会科学基金评审专家。

长期从事马克思主义中国化理论研究，重点围绕网络社会发展热点难点问题，网络思想政治教育、网络文化、网络意识形态等开展研究。近几年主持国家社会科学基金项目2项、主持完成教育部人文社会科学研究项目1项，主持完成其他省部级重大重点项目7项；出版学术专著3部，参编学术专著4部；近年来在《高等教育研究》《思想理论教育导刊》《光明日报》等发表学术论文40余篇；获得省部级科研成果奖6项。

序

党的十八大以来，习近平总书记围绕网络强国建设发表了一系列重要论述，并于2021年1月汇编成《习近平关于网络强国论述摘编》，这些新思想新观点新论断为新时代网信事业发展提供了根本遵循。习总书记提出："中国愿意同世界各国携手努力，本着相互尊重、相互信任的原则，深化国际合作，尊重网络主权，维护网络安全，共同构建和平、安全、开放、合作的网络空间，建立多边、民主、透明的国际互联网治理体系"，不仅表明我国已将网络空间治理上升为国家战略层面的重要工作，更凸显了中国积极参与全球网络治理的决心。

"治理"一词最初源于政治学，无论是西方治理理论的兴起还是我国国家治理的实践，都深入阐释了"治理"与"管理"的区别，但以"党委领导、政府负责、社会协同、公众参与"为核心的我国国家治理体系和治理能力现代化理论具有不同于西方国家的中国特色。荷兰学者简·范戴克早在1991年就首次提出"网络社会"的概念，众多学者对此进行了不同角度的界定及探究，尤其对网络社会的本质——现实社会关系基于互联网技术而形成的特定空间——进行了廓清，在社会网络化和网络社会化不断融合的背景下，网络空间治理的法治化已然成为学术研究的热点话题。

网络空间法律属性经历了"自身主权"、"国际空间"和"网络空间主权"三种学说的嬗变，"自身主权"学说实则空想主义，而"国际空间"学说则成为信息霸权主义的说辞。我国是"网络空间主权"的倡导者和坚定捍卫者，强调网络空间是主权的延伸部分，《中华人民共和国网络安全法》第1条明确规定了"维护网络空间主权"的立法宗旨。2013年臭名昭著的"棱镜门"

事件再一次显示了网络空间主权的国际法意义,实践证明,唯有坚持尊重国家主权原则才能真正保障国家安全和维护社会秩序。为推动构建网络空间国际互联网治理体系,习近平总书记在第二届世界互联网大会上提出了推进互联网全球治理体系变革的“四项原则”和共同构建网络空间命运共同体的“五点主张”,在第三届世界互联网大会中又指出网络空间发展的“四个目标”,为网络空间全球治理贡献了中国方案。

信息技术的兴起不仅改变了整个社会的组织模式,而且改变了利益和风险分配格局,由此引发国家治理的变迁。因此,“网络空间治理研究”是一个以问题为中心而非以学科为中心的研究领域。具体而言,网络空间治理既涉及网络空间安全、计算机科学与技术、人工智能等为主的自然科学研究,亦涉及哲学、法学、管理学、经济学、政治学、社会学等人文社会科学研究。为促进网络空间治理领域学科交叉研究,推动网络信息法与网络空间安全领域复合型人才的培养,重庆邮电大学于2016年将计算机科学与技术学院的信息安全系与原法学院进行整合,正式成立了“网络空间安全与信息法学院”。鉴于该学院鲜明的“法律+技术”学科特色,中国法学会网络与信息法学研究会和中国科技法学会在2019年先后于该院设立了重庆研究基地。《网络空间治理研究》(第一卷)的出版正是网络空间安全与信息法学院致力于促进网络空间治理领域学科交叉研究的系列努力成果之一。

该书具有如下鲜明的特点:第一,重点突出。此卷分为人工智能与数字社会、个人信息与数字经济、网络空间与网络犯罪以及青年论坛四个专题,聚焦网络空间治理的公法及私法领域,探讨在由网络构建的数字社会、数字经济和网络空间背景下,对人工智能、个人信息、知识产权和犯罪行为等内容的治理方式。第二,学科交叉。虽然以法学研究成果为主,同时也收录有计算机科学与技术、政治学、社会学等领域专家学者的研究成果。第三,注重培养青年学子。该书特意为广大青年学子提供了一个平台,不以职称、学历、年龄和学校相论,只考量论文质量。

当然,作为“开篇之作”,《网络空间治理研究》(第一卷)必定还存在进步空间,更何况网络空间治理这一问题随着科学技术的变革,时刻也在不断自我更新,研究也必将持续丰富。但我认为此书就是一个好的起点,也期待未来重庆邮电大学网络空间安全与信息法学院继续这一艰巨工作,作出更多贡献!

是为序。

谭启平*

2021年4月16日

* 谭启平,西南政法大学教授、中国科学技术法学会副会长、中国民法学研究会副会长。

目　录

专题一　人工智能与数字社会

专题二　个人信息与数字经济

专题三　网络空间与网络犯罪

专题四 青年论坛

专题一　人工智能与数字社会

数字社会的治理逻辑及其法治化展开[*]

马长山[**]

【摘　要】当今信息革命和数字社会的加速发展，使得国家治理体系和治理能力现代化进程赋有现代性与“超现代性”的双重面向，并形成了技术赋权与权利义务平衡的价值理念、去中心化与再中心化的体系性构架、平台引领与“软硬协同”的治理模式、算法决策与代码规制的秩序形态、纠纷解决机制的可视化趋向等数字社会治理逻辑。这一治理逻辑的法治化展开，推动了数字时代的法治范式转型，孕育生成了包容共享的法治原则与运行机制，从而为探索自主性的中国法治发展道路提供了根本动力。

【关键词】数字社会　国家治理体系　治理能力现代化　包容共享型法治

随着信息技术革命的兴起，千百年来人们所习以为常的物理世界逐渐转换为数字世界，人类也由此迈进了数字时代。这样，基于原有单一物理世界的生产生活关系、思想观念和行为、社会制度和秩序等，都面临着深刻的颠覆和重建。与此相应，社会治理也必然会呈现数字时代的特有逻辑，并成为推动国家治理体系和治理能力现代化、促进包容共享型法治的根本动力。

一、国家治理体系和治理能力现代化的双重面向

从党的十八届三中全会开始，党和国家就把全面深化改革的总目标确定为

* 基金项目：研究阐释党的十九大精神国家社科基金专项课题“新时代共建共治共享的社会治理法治化机制研究”（18VSJ033）。

** 哲学博士，华东政法大学教授，博士生导师。

"完善和发展中国特色社会主义制度,推进国家治理体系和治理能力现代化";党的十九届四中全会又做出了《中共中央关于坚持和完善中国特色社会主义制度推进国家治理体系和治理能力现代化若干重大问题的决定》(以下简称《决定》),提出到21世纪中叶要"全面实现国家治理体系和治理能力现代化"的目标。而这一进程则置身于全球化和信息革命的深层背景之中,并呈现现代性与"超现代性"的双重面向。

其一,国家治理体系和治理能力现代化的现代性面向。在农耕时代,中国曾创造了辉煌的制度文明,但随着工商业时代的到来和现代性的出现,中国便逐渐落伍成"传统社会"。因此,自晚清以来,中国的历次革命和制度变迁都在追求现代性、追赶现代化,包括邀请"德先生、赛先生"。新中国成立后,开启了全新的社会主义现代化模式,并在1954年首次提出要实现工业、农业、交通运输业和国防的"四个现代化",后被"反右"和"文革"所中断。改革开放后,1980年再提工业、农业、国防和科技的"四个现代化"目标,大力发展市场经济、加速现代化建设进程,直到党的十九届四中全会决定着力推进国家治理体系和治理能力现代化。可见,现代性面向是一百多年来中国的不懈追求,并从"四个现代化"转向国家治理体系和治理能力现代化。其核心是以理性科学、民主法治来取代经验传统和人治方式,最终把权力关进制度的笼子里,实现良法善治。

其二,国家治理体系和治理能力现代化的"超现代性"面向。近代以来,以自由与理性为核心的启蒙价值和现代性精神,一直占据社会发展的主导地位,成为摆脱传统和落后、走向富强和文明的基本标志。然而,现代性也并不是完美的,特别是进入20世纪后遭遇到了诸多问题和挑战。一方面,"自由主义的社会用一只手所提供的东西,往往会被另一只手拿走",[1]贫富两极分化和多元矛盾冲突日益严峻;另一方面,后发现代化国家的追赶"仿制"进程常常遭遇"水土不服",西方样板"遗憾地未能达到现代性模式在某个地方也得到许诺的那种有效程度",这就使得"现代性总是一种他性的概念"。[2] 而全球化进程又加剧了现代性的张力后果,为此,引发了后现代性思潮的崛起,它们力图通过消解中心、坍塌基础、颠覆结构、倡导终结等方式,对现代性展开全面的、彻底的反思和批判。但问题是,后现代主义者只是颠覆和摧毁,并没有给出一个合理有

[1] [英]齐格蒙·鲍曼:《后现代性及其缺憾》,郇建立等译,学林出版社2002年版,第240页。

[2] [美]弗雷德里克·詹姆逊:《单一的现代性》,王逢振等译,中国人民大学出版社2009年版,第177页。

效的方案;而且后现代世界“也许看上去很不像但同时又非常像现代世界”,[3]其局限昭然若揭。因此,哈贝马斯、利奥塔等通过“未完成性”“重写现代性”等叙事方式来对现代性开出拯救的药方。

事实上,现代性危机也好,后现代性幻象也罢,都根源于其发展过程中的内在矛盾与变革诉求,都是在“上帝”为人类规划好的物理时空“围栏”中展开的。然而,网络化、数字化、智能化进程则开始突破上帝的“围栏”——它在人类有史以来惯常生活的现实空间之外开辟出了虚拟空间,在人的天然生物属性之外添附了数字属性,而 AI 技术又让机器“活了”,形成了人机协同状态。此时,各类产销数据、关系数据、身份数据、行为数据、音语数据等,成为重要的生产要素和新时代的“石油”,搜索引擎、商业平台、物联网等各类新业态迅速崛起,从社会生产到日常行为都呈现日益加深、日益全面的数字化生态,人类生活也面临着全面的改写和重建。这样,就出现了远超现代性/后现代性的全新景象。它完全突破和改变了物理“时空体制”,不只增加了沟通交流的速度以及经济过程与生产过程的“虚拟化”,还会形成新的职业结构、经济结构,以及沟通传播结构,开启新的社会互动模式,甚至是新的社会身份认同形式,造成了时间和空间的“脱嵌”。于是,“人类主体无可避免的是去中心化、分裂、充满张力的,而且无法否认欲望与价值观念之间有无法调和的冲突”。[4] 这就彻底颠覆了基于物理时空和工商业生活的现代性构造,涌现出虚实同构、数字生活的“超现代性”。为此,当下中国的国家治理体系和治理能力既要实现从传统到现代的总体转型,在现代性的道路上继续追赶;同时,也在“超现代性”的颠覆变革面前获得了换道超车的可能和机会。此时,它必然要融入数字社会的诸多客观要求、要素和机制,赋有“超现代性”的数字面向。中共十九大提出建设“数字中国”“智慧社会”并推进“智慧治理”的目标,就是顺应这一趋势的重要战略决策,既体现着工商业时代的现代性逻辑,也展现着数字时代的“超现代性”诉求。

其三,数字社会治理向度的体制表达。毋庸讳言,农业革命和工业革命都曾对生产生活和人类命运产生了决定性影响;但它们都是在上帝的“围栏”内进行的,更多的在于改变了人的生存条件和环境,而非人的属性和存在方式,所以一直是物理时空中的“固态社会”。如今的信息革命则突破了上帝的

---

[3] [美]大卫·雷·格里芬:《后现代精神》,王成兵译,中央编译出版社 1998 年版,第 210 页。

[4] [英]哈特穆特·罗萨:《新异化的诞生——社会加速批判理论大纲》,郑作彧译,上海人民出版社 2018 年版,第 39、118、146 页。

“围栏”,形成了一个既包容物理世界又对其进行数字化重建的“液态社会”。这样,基于“固态社会”而形成的生产生活规律、社会组织形式、社会治理体系、法律制度规范等,必将面临着数字时代“液态”发展逻辑的挑战和重塑。其欲求最初也许是新技术、新业态、新模式在“破窗”过程中与制度碰撞而生发的,但随后便会向思想观念、商业环境、社会治理、生活方式等领域不断扩散传播,进而影响着国家和社会治理的战略选择。事实上,我国社会治理出现了两个重大的变革转向,也恰是这种“超现代性”的数字社会治理向度的一种体制表达。

一是从层级治理转向智慧治理。新中国成立后,建立了中央政府统一领导、地方政府分级管理的主导体制,形成了“金字塔式”管理的层级结构和层级“势能”,虽然期间经过多次的党政管理体制改革,但这种主导体制和基本面并没有太多变化;它主要以物理时空要素特别是地域管辖为基础,曾发挥了高效、良好的治理作用。然而,现在的问题是,以往层级结构和层级势能所依凭的物理时空基础和载体,逐渐被数字时代的扁平化、破碎化、流动化的社会关系和社会结构所消解了,诸如网络犯罪、网络纠纷、虚拟社区、数据鸿沟、算法歧视等很多新问题、新矛盾,都已超出它的涵摄范围和能力所及。与此同时,日益崛起的网络化、数字化和智能化平台,却不断地加速万物联通、业务覆盖和智能升级,使人力、物力和财力能够突破以往的物理时空限制而进行全景融合、高量赋能、且成效获得指数级放大。这种发展趋势深度地改变了社会治理体系,孕育了全新的智慧治理,进而从层级“势能”转向数字化“动能”,发挥着智慧治理的支撑作用。近年来,党和国家也在不断推进智慧城市、智慧社会、智慧司法建设,层级治理逐渐被智慧治理所取代,这已成为国家治理体系和治理能力现代化的重要一环。

二是从政府主导转向共建共治共享。四十多年来的改革开放,无疑是一种政府主导型的变革进程。它在取得了各方面巨大成就的同时,其自身也面临着信息技术革命所带来的各种问题和挑战。为此,从 2005 年党的十六届五中全会开始,便将“三位一体”升级为“四位一体”,进而把社会建设纳入了国家治理的总体框架之中,社会力量的参与也由此获得了必要肯定和保障。特别是网络化、数字化、智能化的进一步融合发展,“分享经济正慢慢渗透我们的生活,从汽车的分享,到私人房产的分享,到技能和剩余时间的分享,再到创意分享,人们迎来一个‘无分享不生活’的时代,智能手机成为入口,社交给分享导流。过去既求所有又求所用的消费观念，变成了不求所有但求所用。”[5]于是，共享经济和共享治理模式随即在社会变革中迅速展开。在这种情形下，亟需从政府主导走向多元治理。为此，党的十八届四中全会《中共中央关于全面推进依法治国若干重大问题的决定》从“国家治理领域一场广泛而深刻的革命”的高度，来“推进多层次多领域依法治理”，[6]要求打造共建共治共享的社会治理格局。十九大报告则进一步明确要求“提高社会治理社会化、法治化、智能化、专业化水平”；而十九届四中全会《决定》又把这种共建共治共享的社会治理策略上升为治理制度，其最终目标是“全面实现国家治理体系和治理能力现代化”。[7]这无疑反映了“超现代性”的变革要求和发展趋势，是数字社会治理向度的一种体制表达。

二、当今数字社会的治理逻辑

信息技术革命给人类创造了“未来已来”的恢弘图景，生产生活也都开始全面数字化、智能化，数据、算法和算力成为新兴的发展动力和技术支撑，甚至成为个人、家庭、组织及日常生活的构成性要素；这样，就呈现与工商业社会完全不同的治理诉求和治理逻辑。

（一）技术赋权与权义平衡的价值理念

我们知道，权利在根本上是利益的法律表达，人类生产创造出来的利益越多，权利就会越丰富。然而，农耕社会所创造出来的利益基本上由权力来掌控，主要是按照身份等级来分配，因此，它秉持的是君权神授观，人们的行动要服从君权，形成一种专制集权理念和管理模式。工商业社会所创造出来的利益基本上由资本来掌控，主要是按照市场规则来分配，因此，人们就改奉天赋人权观，公权力要服从服务于私权利，基于此形成了一种民主法治理念和治理模式。当下的数字社会所创造出来的利益基本上通过数据信息来掌控，主要是按照技术赋能来分配，这就开启了一种技术赋权观，启蒙精神与价值理念面临着全新挑战。

---

〔5〕 李光斗：《互联网下半场》，中国人民大学出版社2017年版，第115页。

〔6〕 《中共中央关于全面推进依法治国若干重大问题的决定》，载《人民日报》2014年10月29日，第1版。

〔7〕 《中共中央关于坚持和完善中国特色社会主义制度推进国家治理体系和治理能力现代化若干重大问题的决定》，载《人民日报》2019年11月6日，第5版。

首先,技术先占中的自我赋权。科学技术一直是人类文明进步的核心动力,它能够大幅拓展人的能力、提高生产效率、提升生活品质,也难免会与旧有制度发生碰撞并促进其变迁。但这次信息技术革命的显著特征是,它对制度的"破窗"具有迅速性、总体性和颠覆性,如淘宝、京东、抖音等平台所创造的新业态颠覆、替代了传统的商业模式,QQ、微博颠覆、替代了传统的社交模式,微信、支付宝颠覆、替代了传统的支付模式,等等。众多资本与技术融合后便在广阔的网络空间和新业态领域中"砸钱圈地",形成了"技术先占"的态势,在大量的法律空白或者规则灰色地带进行自我赋权,倒逼政府"承认"和做出有关制度变革,滴滴打车在出租车管理规则中的技术"植入"和"嫁接",并最终获得合法化就是一个典型。〔8〕

其次,技术规制路径下的权力转化。随着网络化、数字化、智能化的加速融合发展,各类平台开始全面颠覆工业革命以来的商业模式和经济业态,人财物等生产要素、人们的行为方式和生活方式都在信息化、数字化过程中发生重大解组和重建。这使得原有的管理或治理机制难以有效应对新的挑战与难题,而全新的技术规制策略却不断涌现。一方面,各类平台凭借其运营模式、资金和技术优势,创设了诸如滴米规则(滴滴)、规则众议院和大众评审团(淘宝)、大众点评(美团)等大量的、技术化的平台规则,使得"网络互动经常具有复杂的身份构建、规则制定和执行等特征"。〔9〕 这里既有政府给平台"加责任"而形成的"监管权",也有平台基于自身新业态、新模式而形成的技术规制权,如通知删除、限制下单、限制用户权益、警告、罚款、封号、下架,直至关店等,这就形成了技术权力化倾向。另一方面,公共权力部门则在智慧政务、智慧司法、智慧检务的战略目标下,把网络技术、数字技术和人工智能技术作为一种技术赋能,在其权力运作过程中加以日益广泛和深入地应用,如智能监控、人脸识别、智能辅助办案系统等,这些算法决策和代码规制便形成了权力技术化的态势。权力与技术的全新结合,使得"老大哥"能够"干涉他人的能力、维稳能力和法律强制力不断增强"。〔10〕 可见,在当今数字时代,政府与平台都带有技术规制路径的取向,

---

〔8〕 参见马长山:《智慧社会建设中的"众创"式制度变革——基于"网约车"合法化进程的法理学分析》,载《中国社会科学》2019 年第 4 期,第 75 ~ 97、205 ~ 206 页。

〔9〕 [英]安德鲁·查德威克:《互联网政治学:国家、公民与新传播技术》,任孟山译,华夏出版社 2010 年版,第 34 页。

〔10〕 [英]约翰·帕克:《全民监控——大数据时代的安全与隐私困境》,关立深译,金城出版社 2015 年版,第 1 页。

并不断演绎、强化着技术权力化和权力技术化的治理逻辑。

最后,价值变革中的权义平衡。当今信息革命产生了日益明显的颠覆性变革,平台经济、移动支付、数据画像、算法决策等,都在不同方面、不同程度地给现有制度带来了超负荷,导致"许多以前我们曾经依赖的东西,正在数字化时代支离破碎"。[11] 农业文明的"熟人社会"、工商业文明的"陌生人社会"都已淡去,信息文明的"透明人社会"就此拉开帷幕。此时,"大数据时代将要释放出的巨大价值使得我们选择大数据的理念和方法不再是一种权衡,而是通往未来的必然改变";[12] 因此,工商业文明的启蒙精神面临着数字时代的解构和重构。具言之,自由、平等、人权等目标追求,都是基于以往的物理时空和工商业社会的价值构架,而当今数字生活将从"固态"走向"液态","更多的流动、共享、追踪、使用、互动、屏读、重混、过滤、知化、提问以及形成。我们正站在开始的时刻。"[13] 人们的言论自由、财产、契约、民主参与等方面权利都在网络空间和智慧服务中获得巨大拓展、甚至升华,但同时,隐私、人格、平等、劳动等方面的权利却相应地受到了某种程度的限缩。如此看来,这并不是简单的自由和权利的多少问题,而是进入数字社会后对自由和权利的重新定位问题。对此,有人呼吁,"世界的新主人向我们许诺的好处太过诱人,而人们失去的自由太多,对于现代人而言,一旦他们有办法就是反抗大数据"。[14] 而更多的人则采取一种理性的积极态度:虽然在互联网的终端,占支配地位的是自由市场和私有化原则,但其核心标准层面发挥作用的则是共享协议;"只有将'私人'与'共有'两者结合起来,这两者才能充分发挥作用"。[15] 就是说,我们不宜再采用传统个人主义、自由主义的启蒙精神来框定和评判其得失,而应该立足数字时代的价值理念,"利用当今网络技术的优势来进一步保存我们的文化和价值观,并在保护现

---

〔11〕 [德]克里斯多夫·库克里克:《微粒社会——数字化时代的社会模式》,黄昆等译,中信出版社 2018 年版,第 8 页。

〔12〕 [英]维克托·迈尔-舍恩伯格、肯尼斯·库克耶:《大数据时代:生活、工作和思维的大变革》,盛杨燕等译,浙江人民出版社 2013 年版,第 94 页。

〔13〕 [美]凯文·凯利:《必然》,周峰等译,电子工业出版社 2016 年版,第 339 页。

〔14〕 [法]马尔克·杜甘、克里斯托夫·拉贝:《赤裸裸的人——大数据、隐私与窥视》,杜燕译,上海科学技术出版社 2017 年版,第 147 页。

〔15〕 [美]弥尔顿·L. 穆勒:《网络与国家——互联网治理的全球政治学》,周程等译,上海交通大学出版社 2015 年版,第 325 页。

有体制和塑造数字世界之间达成平衡”。[16] 这种共享与控制的权义平衡之道，将成为数字社会治理的一个鲜明特征。

(二)去中心化与再中心化的体系性构架

众所周知，现代性制度的一个重要贡献，就是把以王权为标志的、高度中心化的传统社会，改造成为一个以分权制衡为标志的国家/社会二元框架，开辟了多元化的自由主义乐园。然而，进入垄断资本主义阶段之后，却出现了明显的国家社会化、社会国家化的趋向，国家权力扩张的脚步一直没有停歇，因而中心化、等级化的问题依然存在，后现代性思潮的反本质、反理性、反中心、反基础、反二元结构等，都是力图解构这种中心主义逻辑的一种努力，只是效果欠佳而已。

现在人类开始迈进数字社会，以往的交易经济也转换为分享经济，形成了前所未有的“大平台”与“微时代”。事实上，“自计算机产生起，技术改变的核心问题是权力的转移”。[17] 特别是“随着信息的生产和传播从集中走向分散，治理的权力也从集中走向分散”。[18] 于是，传统国家/社会二元构架下的权力制约和权利保障逻辑，就面临着严峻的挑战甚至颠覆。例如，互联网—物联网—人联网的发展就掀起了一场扁平化、多元化、自由化的自我赋权和规制革命，它们“已经向政府和它的传统权威发起了挑战。这种挑战不是故意的，完全是技术进步的偶然结果”，它们还“建立了前所未有的王国，并且设计了很多对自己有利的规则”。[19] 再如，全新的平台业态打破了供需之间的信息壁垒和传统中心化的信息壁垒，扮演着“信息壁垒打破者和重构者的双重角色”，[20] 进而以自助式、网络化的商业模式替代了传统那种管道式的线性商业模式，在推进价值互动的过程中重构了价值创造与分配的关系。同样，区块链技术更是一种分布分享型的体系构架。在这种信息化、数字化的总体背景之下，便出现了从

---

〔16〕［美］安德鲁·基恩：《网民的狂欢——关于互联网弊端的反思》，丁德良译，南海出版公司2010年版，第184页。

〔17〕［美］马克·格雷厄姆、威廉·H. 达顿：《另一个地球：互联网+社会》，胡泳等译，电子工业出版社2015年版，导论。

〔18〕周学峰、李平：《网络平台治理与法律责任》，中国法制出版社2018年版，第36页。

〔19〕［美］德伯拉·L. 斯帕：《技术简史——从海盗到黑色直升机》，倪正东译，中信出版集团2016年版，序言。

〔20〕中国信通院：《2019年互联网平台治理研究报告〔DB/OL〕》，载中文互联网数据资讯网，http://www.199it.com/archives/843867.html，2020年1月9日访问。

"关系社会"到"微粒社会",从"理性人"到"微粒人"的重大转变。"我们的身体、我们的社会关系、自然界,以及政治和经济——一切都将比以前更加精细、精确、透彻的方式被获取、分析和评价",[21]由此便汇聚成一场"碎片化"运动和商业生态。[22] 这样,多元参与、分散治理就成为一种时代潮流。

然而,事实上问题并不那么简单。这种去中心化的背后,却有一种再中心化的态势正在形成;或者说,它实际上是一种具有去中心化外观的再中心化,正可谓:"一种形式的权力或许被摧毁了,但另一种正在取代它。"[23]其一,"互联网看似抹平了信息的鸿沟,但掌握网络话语权和流量的个人或机构,又重构了新形态的信息不平等",[24]更何况还有各种删帖、屏蔽和"水军"操作。其二,平台表面上看是一种多方参与、多方共治的共建共治共享机制,但每个平台都占有大量的信息,也就拥有了强大的权力,"数字化创造了赢家通吃的市场",[25]甚至会形成垄断;而且,它们还凭借平台交易组织者的地位拥有相当的规则制定权、违规处罚权和纠纷裁决权。其三,通常所说的区块链那种去中心化、分布式、不可更改的信用机制并不能过于理想化,因为广播与验证机制是需要算力来完成的,谁拥有足够的算力谁就拥有验证的权力;而所谓"不可更改"也不是绝对的,从矿工到矿池(Mining Pool)的演进、拥有51%挖矿哈希值对区块的改变到操纵等,都说明了这一点。2018年天德公司的《全球公链项目技术评估与分析》就告诉人们,公链事实上是高度集中的一个活动,大约200人控制绝大部分的公链,他们就是公链的中心。[26] 其四,无论是互联网、平台还是区块链,都难以回避政府对它们的监管[27],而且还有不断加强的趋势。上述这些,无疑都

---

〔21〕 [德]克里斯多夫·库克里克:《微粒社会——数字化时代的社会模式》,黄昆等译,中信出版社2018年版,第4页。

〔22〕 [澳]史蒂夫·萨马蒂诺:《碎片化时代:重新定义互联网+商业新常态》,念昕译,中国人民大学出版社2015年版,第296页。

〔23〕 [美]劳伦斯·莱斯格:《代码2.0:网络空间中的法律》,李旭等译,清华大学出版社2009年版,第89页。

〔24〕 扣小米:《数字原来会说谎》,化学工业出版社2018年版,第199页。

〔25〕 [美]埃里克·布莱恩约弗森、安德鲁·麦卡菲:《第二次机器革命》,蒋永军译,中信出版集团2016年版,第213页。

〔26〕 蔡维德:《区块链不是"去中心化"! 是"分权式"!〔DB/OL〕》,载搜狐网,http://www.sohu.com/a/292150465_100112552,2020年1月9日访问。

〔27〕《质疑区块链的不可更改性:我们是否需要保护区块链数据?》,载搜狐网,https://www.sohu.com/a/239798916_100203902,2020年1月10日访问。

是“去中心化”的反面。这表明,数字时代的生产生活方式正在以“去中心化”的方式颠覆传统工商业时代的生产生活方式,并在解构和重组过程中实现了“再中心化”。

由上可见,在“大平台”与“微时代”相互交织的背景下,出现了“去中心化”与“再中心化”同步共振、张力运行的体系性构架。其中,“去中心化”创造了碎片化、微粒化、流动性的生活状态,其动力则是连接分享、共识信任和价值互动,展现着数字时代的共享发展逻辑。而“再中心化”则面临着数据流通和商业生态所设定的边界,人们“必须设法平衡数字平台(包括行业平台)的效益与风险,确保其开放性,并为协作式创新提供机会”;〔28〕需要通过数字平等、数字民主来打造“后资本主义平台”时代,“以便分配资源,实现民主参与,并进一步发展技术”。〔29〕 基于此,共建共享也就成为社会治理逻辑和治理体系的关键要义了。

(三)平台引领与“软硬协同”的治理模式

数字社会的主导方向是平台经济、共享经济,这种新业态、新模式不仅会引起经济领域的深度变革,也会对社会治理方式产生重要影响。众多的商业平台和技术平台一方面呈现“破窗”的“坏孩子”形象,在不断突破现有体制的束缚中实现创新;另一方面,它们也是与政府互动共赢的“好孩子”。它会把科技革命带来的广阔“飞地”和巨大利益,逐渐转化为政府与民间的相互赋权和相互塑造,这就是当下日渐崛起的平台引领与“软硬协同”的治理机制。

首先,平台治理的引领性。当今的巨大技术革命,使得“人类变成了制定规则的上帝,所有伴随人类进化历程中的既定经验与认知沉淀将遭遇颠覆性挑战”。〔30〕 在这种颠覆与重建的深刻转型面前,既有前所未有的难得机遇,也有变幻难测的巨大风险。此时政府不能预设管制,法律也不能先天感知,否则就会出现“红旗法案”那样阻碍进步的不良后果。最佳的选择是,政府要保持开放和谦抑的姿态,放手让民间力量大胆地进行“大众创新、万众创业”,然后对随时出现的问题和风险进行适时监控和有效防范。平台经济作为新业态、新模式的典型代表,身处科技创新的前沿地带,推动着“劳动者—商业组织—

〔28〕 [德]克劳斯·施瓦布:《第四次工业革命——转型的力量》,李菁译,中信出版集团2016年版,第11页。

〔29〕 [美]尼克·斯尔尼塞克:《平台资本主义》,程水英译,广东人民出版社2018年版,第141页。

〔30〕 王天一:《人工智能革命——历史、当下与未来》,北京时代华文书局2017年版,第192~193页。

顾客”的传统商业模式向“劳动者—平台—顾客”的共享模式转型，它不仅重新发现了人的价值，也展现了数字时代的全新治理逻辑。基于此，平台治理就具有了“先行先试”的探索性，特别是平台作为信息壁垒的打破者、重构者以及交易组织者，可以根据平台模式的自身规律来制定各类电商交易规则、纠纷解决规则和治理规则。这些“软法”能够为国家立法和司法机关处理纠纷提供规制测试、案例样本和经验积累，甚至升华为国家“硬法”，从而发挥创新性、引领性作用。

其次，平台治理的基础性。在网络化、数字化、智能化发展变革的推动下，人类进入了“要么加入平台，要么被平台所消灭”的平台经济时代。一方面，平台企业越来越具有多元复合性，打造了“赢者通吃”、超强覆盖的商业生态，如微软、谷歌、亚马逊、苹果、阿里巴巴、腾讯、百度等均是“触角延伸甚广，涉足的领域多到难以统计，且不断推陈出新”，形成了一种“多环状生态圈”。[31] 于是，平台便成为经济活动的重要组织者和主力军。另一方面，党的十九届四中全会《决定》进一步要求“建设高标准市场体系，完善公平竞争制度，全面实施市场准入负面清单制度”，强化市场自律秩序，其中平台治理自然责无旁贷。这样，平台的“软法”规制就在推进国家治理体系和治理能力现代化的战略布局中占据基础性地位，发挥重要的支撑作用。

最后，平台合规与司法审查。尽管平台“软法”及其治理发挥着引领性和基础性作用，但却不能因此而忽略它的局限。它需要接受合规性评价和司法审查的检验。平台合规一般指平台的经营管理活动，包括平台“软法”体系、治理构架机制、纠纷解决机制等与法律、规则和准则相一致；而司法审查则指针对平台规则、平台处罚和平台裁决之诉而发生的司法裁判。

众所周知，在互联网兴起之初，网络自由主义十分盛行，他们认为“网络空间是一个完全不同的社会。那里有约束和管理，但应从下而上建立，而不是通过国家的指导来建立。这个空间的社会应是一个完全自我组织的实体，没有统治者，没有政治干预。”[32] 但这种网络乌托邦情结并没能维持太久，随着黑客、欺诈、甚至恐怖活动的涌现和传播，人们理性地看到，“门和守门人仍然是信息

---

〔31〕 王天一：《人工智能革命——历史、当下与未来》，北京时代华文书局2017年版，第220页。

〔32〕 陈威如、余卓轩：《平台战略——正在席卷全球的商业模式革命》，中信出版社2013年版，第3页。

版图中的关键部分”。[33] 而平台合规与司法审查就是国家介入平台治理的重要形式和途径。“由政府和商务共同推动,正在构筑一种能够实现最佳控制并使高效规制成为可能的架构。”人们希望,“处于这种最佳控制的环境中,必要的自由将得到保障”,[34]通过这种“软硬协同”共治来促进治理成效的大幅提升。这就意味着,“互联网的治理系统是市场自由主义、国家监管和共同决策趋势的结合。如此,我们告别了互联网‘有监管’和‘无监管’两极分化,走向一套有着细微差别的不同规制模式:法规的/自愿的、正式的/非正式的、国家的/超国家的、等级制的/分散的。”[35]从中孕育生成了平台引领与“软硬协同”的治理机制,它演绎着数字社会的共建共享逻辑,反映了国家治理体系和治理能力现代化的数字性面向。

(四)算法决策与代码规制的秩序形态

网络化、数字化、智能化必然呈现智慧发展的趋势,从此,“算法成为未来经济系统演变的重要推动力量,人类正在进入一切皆可计算的时代”。[36] 算法决策与代码规制便成了塑造社会秩序的重要力量,它们“常常可以更高效地组织各方行动”。[37] 然而,这种算法决策与代码规制并非天衣无缝,而是一柄充满张力和悖论的“双刃剑”。

首先,技术中立与价值偏好。当今信息革命通过数据信息和虚拟空间翻转了现代性的物理世界,它确实给人类带来了巨大进步、便捷和福利。然而基于此就把“技术中立”作为“破窗”的正当性、合法性理由也未必妥当。他们宣称“最终解放我们的是技术,而不是法律和制度;他们相信,技术将使政治与治理问题逐渐消失”。[38] 但人们很清楚,一旦离开实验室而进入商用,技术中立可能就难以再继续保持。事实恰好相反,“我们可以建造,或构筑,或编制网络空间使之保护我们最基本的价值理念,我们也可以建造,或构筑,或编制网络空间

〔33〕[美]马修·辛德曼:《数字民主的迷思》,唐杰译,中国政法大学出版社2016年版,第17页。

〔34〕[美]劳伦斯·莱斯格:《代码2.0:网络空间中的法律》,李旭等译,清华大学出版社2009年版,第5页。

〔35〕[美]詹姆斯·柯兰:《互联网的误读》,道宽译,中国人民大学出版社2014年版,第128页。

〔36〕徐恪:《算法统治世界——智能经济的隐形秩序》,清华大学出版社2017年版,第323页。

〔37〕[美]伊森·凯什、[以色列]奥娜·拉比诺维奇·艾尼:《数字正义——当纠纷解决遇见互联网科技》,赵蕾等译,法律出版社2019年版,第24页。

〔38〕[美]弥尔顿·L.穆勒:《网络与国家——互联网治理的全球政治学》,周程等译,上海交通大学出版社2015年版,第3页。

使这些价值理念丧失殆尽。这里没有中间立场。”[39]算法和代码正是这样一种建造或构筑,它们嵌入了设计者的价值理念和主观偏好,进而实现一定的目标或者实现某种控制,大数据杀熟、竞价排名、算法歧视、算法共谋等就是例证,今日头条的“内涵段子”被永久关停,也让“技术中立”和“算法没有立场”的说辞受到诘问。[40] 因此,控制算法决策的霸权、抑制代码规制的偏好,就成为维护数字社会公平、促进技术向善的重要方面。

其次,透明社会与算法黑箱。千百年来,人们都是在有限的、相对隔离的物理时空中分散地存在和行动,个体的心理、身份和行踪都是难以收集、测量和分析的,因而是一种不透明法人“陌生人社会”,也是隐私相对安全的社会。如今的数字社会则彻底改变了这一状况,每个人、每天每时都游走在虚实交错的世界里,包括网络购物、网络投票、移动支付、微信互动、刷脸验证等,留下一串串身份数据、关系数据、行为数据、音容数据。这样,“慢慢地积累所有数据,直至在计算机数据库中形成一个‘人’”。[41] 这些数据可以用来进行挖掘分析、数据画像、行为追踪、甚至可以做到“读心”,因此,曾经的“陌生人社会”不复存在,呈现的却是随时裸奔的“透明人社会”,相应的权利保障和社会秩序遭遇前所未有的挑战。与此相反,黑箱问题又接踵而来。随着智慧政务、智慧司法、智慧检务、智慧社会建设等的不断推进,原有的人类决策会越来越多地转交给算法,其功能不仅仅是预测和提供服务,平台(公司)和政府会更多地利用它们来推动数字经济发展和塑造社会秩序。而“很多算法解决方案就像一个黑盒子,依赖这些算法做决策的人根本不知道他们做出的决定是否正确,制定的政策是否公正,有没有歪曲事实”。[42] 这样,算法和代码如何规制,以及谁控制算法和代码就成为数字时代必须关注的实践正义问题,“其答案会揭示网络空间是如何被

---

〔39〕 [美]劳伦斯·莱斯格:《代码 2.0:网络空间中的法律》,李旭等译,清华大学出版社 2009 年版,第 6 页。

〔40〕 中国信通院:《2019 年互联网平台治理研究报告[DB/OL]》,载中文互联网数据资讯网,http://www.199it.com/archives/843867.html,2020 年 1 月 9 日访问。

〔41〕 [英]约翰·帕克:《全民监控——大数据时代的安全与隐私困境》,关立深译,金城出版社 2015 年版,第 14 页。

〔42〕 [美]卢克·多梅尔:《算法时代:新经济的新引擎》,胡小锐等译,中信出版集团 2016 年版,第 139 页。

规制的”。[43] 可见,抑制算法黑箱的“暗算”、构建技术向善的算法治理和代码规制机制,就成为数字社会治理的一个突出问题。

最后,技术理性与人文流失。自近代以来,技术理性就开始渗入人类生活,法兰克福学派随即展开了对工具理性和技术理性的批判,力图重建人的主体性和主体精神。然而,当下信息革命的迅猛袭来,就不再是技术理性渗入的问题,而是带有“接管”的意味。由于人们看到了阿尔法狗战胜人类的无限前景,看到了谷歌搜索算法那种不可思议的深入“了解”和预测用户需求的能力,看到了诸多强大的数据分析、超高的效率、低廉的经济成本以及摆脱人类主观偏好的客观可靠性,于是就更积极地采用算法来解决更多的问题,推进生产生活的智慧化。这固然是一种人类进步的趋势,但不可忽视的是,人类世界也随之被植入了计算机逻辑。换句话说,“这些自动化系统已经由简单的行政管理工具变成了主要的‘决策者’”,这就“有可能使这些活动丧失最根本的人性”。[44] 如果智慧化生活的背后多为信息输入便求得结果输出的冰冷机器;如果人类放弃经验、情感和知识图谱而依赖于机械的数理计算,那么就人的主体性和人文精神流失的风险就难以避免了,结果并不是人类想要的世界。当然,这里并不是意在回避、否定或者阻止技术进步,而是强调要认真地去面对这些问题,抑制它的弊端和风险。

总之,上述这些悖论性的问题和挑战,反映着数字社会和智慧发展过程中的新样态、新矛盾、新趋势,需要通过数字正义理念和共建共享机制来平衡、化解和矫正,进而“用人性的洞察设计更人性的社会”。[45] 因此,遵循数字社会的治理逻辑,回应全新的治理挑战,建立相应的治理体系构架就迫在眉睫了。

(五)纠纷解决机制的可视化趋向

正义和秩序是人类的永恒主题。人类发明了以多样化协商调解为基础、以法律规则和司法装置为主导的纠纷解决机制,力图来实现众所期待的正义秩序。然而,由于人们一直生活在“上帝”给定的物理空间中,因此,这些纠纷解决

〔43〕 [美]劳伦斯·莱斯格:《代码 2.0:网络空间中的法律》,李旭等译,清华大学出版社 2009 年版,第 89 页。

〔44〕 [美]卢克·多梅尔:《算法时代:新经济的新引擎》,胡小锐等译,中信出版集团 2016 年版,第 137、223 页。

〔45〕 [美]阿莱克斯·彭特兰:《智慧社会——大数据与社会物理学》,汪小凯等译,浙江人民出版社 2015 年版,第 185 页。

机制除了制度因素外,自然还会受到财力物力、技术装备、交通工具、知识能力等的限制,很多时候都是依赖于司法/调解决策者的知识、技能、经验和智慧,其中或多或少、或隐或显地包含着性格、情感和价值偏好等因素的影响;即便是存在可能影响案件公正的贪腐情况,当事人也只能猜测而无法做出清晰的判断。对此,古代社会主要靠社会舆情来进行监督制约,而到了近代,人们则力图通过司法公开来解决这一问题,把司法活动置于众目睽睽之下。这种"阳光司法"制度设计取得了明显的成效,但其公开的"可见"范围和方式依然受制于物理时空和技术手段,难以满足人们的更多期待。然而,随着数字时代的到来,这一切发生了根本性的改变,也即纠纷解决机制从单一物理空间的"平面公开",迈向了跨越物理/数字双重空间的"立体可视",从而改变了纠纷解决机制的逻辑和路径,促进了数字正义的共建与分享。

其一,打破物理时空限制,实现了空前的可视化。在新兴技术变革的巨大推动下,"最显著的变化就是网络变得越来越可视化"。[46] 先前工商业社会那些物理时空的阻隔、不可预测的行为和心理、不可预知的事件和状态等,如今都可以凭借数据分析技术做到清晰可见;原来只能通过墙板告示、纸介媒体、广播电视等进行的平面化信息公开,如今则通过官网链接、网络直播、网络庭审、在线非讼调解(Online Dispute Resolution,ODR)等双重空间、即时互动的全新样态,实现数字化、立体化的全景呈现。于是,从非诉讼纠纷解决程序(Alternative Dispute Resolution,ADR)到在线非讼调解,从常规司法裁判到智能辅助办案系统,纠纷解决机制的决策过程都掀去了神秘的面纱,变成多元参与、可视化的权利博弈过程。人们能够更多地看到规则程序、事实证据、各自诉求和裁决由来。因此,"与早期替代性纠纷解决机制倡导者所提出的物理上的多门法院相比,当今新技术可以让我们有更多机会去创设一个虚拟的'多门法院',让当事人更容易地去实现正义"。而这个"数字正义可以让'接近正义'不再依赖于物理的、面对面环境,甚至不再受制于人类的决定,就可以实现",[47] 从而打破了"正义之门"的威严壁垒,成为一种多元互动、可视分享的过程。

其二,规避人性局限,创造更多阳光化的纠纷解决情境。19 世纪法国工程

〔46〕 [美]菲尔·西蒙:《大数据可视化——重构智慧社会》,漆晨曦译,人民邮电出版社 2017 年版,第 34 页。

〔47〕 [美]伊森·凯什、[以色列]奥娜·拉比诺维奇·艾尼:《数字正义——当纠纷解决遇见互联网科技》,赵蕾等译,法律出版社 2019 年版,第 54、263 页。

师米歇尔·舍瓦利耶认为,统计数据在本质上不带任何偏见,因此可以利用统计数据来构建完美的社会。而“在当今社会,算法处理问题的速度非常快,我们认为算法客观可靠,不会受人类主观性的影响”。[48] 这无疑是一种技术客观性的理想追求。智能辅助办案系统、在线非讼纠纷解决等都是大量借助信息数字和智能技术,来程式化、代码化地处理案件,意在创造技术规制条件下更具客观性、更多阳光化的纠纷解决情境,从而规避人性局限和排除人为因素的影响,努力做到标准一致、客观公正和“同案同判”,推进了智慧司法和法律服务的普惠效能。

其三,改写知识逻辑,加持数理逻辑。从古到今,人类都是凭借理性、知识和经验来治理社会、处理纠纷。虽然期间也会运用数理逻辑,但它只是辅助性、佐证性的,并不能进入决策系统。如今人们开始追逐高度自动化、智能化的生产生活,政务、商务、交通、医疗、司法等领域中的日常化人类决策,日益转交到算法手中,这无疑是一个重大社会转型。具言之,人类决策是基于理性、知识和经验,主要借助物理时空的机械思维来抽象出无需证明的基本公理,基于此再推导出各种基本定理,最终达致“科学”的认知。然而,“从工业时代到信息时代的转变,是从机械思维到数据思维的转变”,[49] 进而开始塑造这个世界。此时,算法决策则基于建模计算和数理逻辑,这样,就在决策系统中改写了知识逻辑,逐渐实现数理逻辑加持。此时,人们“不再热衷于寻找因果关系”,[50] 而开始注重相关关系,并通过全样本数据分析,来“常规性地利用实时的、有力的、交互式的数据可视工具,提出更好的问题并最终据此制定更好的决策”。[51] 可视化的纠纷解决机制就是其中之一,也即“在‘数字正义’理念之下,私人和社会都加强了对数字技术的采用,在法院内外共同促进‘接近正义’的实现”。[52] 这样,凭借数字技术和数字逻辑,让人们能够在个案中更多以可视化方式来体验公平公

---

〔48〕 [美]卢克·多梅尔:《算法时代:新经济的新引擎》,胡小锐等译,中信出版集团2016年版,第207页。

〔49〕 王天一:《人工智能革命——历史、当下与未来》,北京时代华文书局2017年版,第95页。

〔50〕 [英]维克托·迈尔-舍恩伯格、肯尼斯·库克耶:《大数据时代:生活、工作和思维的大变革》,盛杨燕等译,浙江人民出版社2013年版,第17~18页。

〔51〕 [美]菲尔·西蒙:《大数据可视化——重构智慧社会》,漆晨曦译,人民邮电出版社2017年版,第20页。

〔52〕 [美]伊森·凯什、[以色列]奥娜·拉比诺维奇·艾尼:《数字正义——当纠纷解决遇见互联网科技》,赵蕾等译,法律出版社2019年版,第259页。

正,从而努力去共建共享新时代的数字正义。

综上所述,无论是技术赋权与权益平衡、去中心化与再中心化构架,还是平台引领与“软硬协同”、算法决策与代码规制、可视化纠纷解决机制等,都是从工商业社会向数字社会转型进程中的重大解组和重构,是从价值观念、社会结构到规制方式、秩序样态和解纷机制的总体性变革,反映了物理空间与数字空间、控制与分享、中心化与分布式、国家治理和社会自主、技术进步与人文关怀、接近正义与可视正义的交融博弈和逻辑转换,展现着网络化、数字化、智能化发展的新型治理诉求,亟需“共建共治共享”的治理机制来达致最大公约数并进行积极的制度性回应。

三、数字社会的法治转型与自主性的法治道路

数字社会的治理逻辑,必然会在当下的法治建设进程中获得实践性展开,这就推动着法治范式的时代转型,并为中国探索自主性的法治发展道路提供了时代动力。

(一)包容共享型法治的孕育生成

近代法治是人类一项重大的文明成果,为社会提供了有效而稳定的权力制约、权利保障和秩序机制。然而,近代法治从产生那天起,就一直处于发展变革之中,呈现明显的“未完成性”特征。如今,在从工商业社会向数字社会、从现代性向“超现代性”的迭代变革过程中,法治范式也随之出现了跨越式的转型升级。

其一,物理空间的法治困境。众所周知,在几百年的发展进程中,法治曾经历了三次法治范式转换。近代法治形成之初,是一种自由主义法治范式,它贯彻和践行理性、自由、平等和人权等启蒙精神,促进了自由资本主义的迅速发展。然而,这种“一路凯歌”并没有维持多久就出现了问题,甚至“自由变成了个人主义,而个人主义则变成了不可剥夺的先占、利用和挥霍的权利”,[53]进而导致了严重的两极分化和社会矛盾。因此,从19世纪末20世纪初开始,福利国家法治范式逐渐兴起,它旨在修正自由主义法治范式那种过于形式化的自由和平等追求,主张实质性的自由平等、弱者保护和社会公平,大大缓解了社会两极分化和社会危机。然而,这却助长了“家父主义”的国家干预和“从契约到身

---

〔53〕[美]伯纳德·施瓦茨:《美国法律史》,王军等译,中国政法大学出版社1997年版,第171、145页。

份”的反向运动,并造成了“政府失灵”、权力扩张和福利国家危机,个人自由和权利也遭受到了严重的侵蚀,以至于出现了伯尔曼、昂格尔所称的西方法律传统危机。这样,程序主义法治范式便走上前台,它力图通过重构“私人自主”和“公共自主”的互动关系、倡导对话沟通的“程序主义”,〔54〕来克服前两种法治范式的局限,通过协商参与、回应反思和“规制的自主性”,〔55〕来实现权利与义务、自由与公平相平衡的社会秩序。其理想蓝图虽佳,但因缺少落地的制度安排,难免成为一种空谈。总体观之,从自由主义法治范式——福利国家法治范式——程序主义法治范式的变革,反映着近代法治的时代发展和进步。其核心问题在于,如何来调适公共利益与私人利益、自由平等与社会公平、权利与秩序等的平衡关系。之所以历经几次转型都难以摆脱困境,乃源于近代法治所调适的权益关系深置于物理空间,其人财物等资源具有某种紧缺性、有限性和不可分享性,这种物理空间法治之中的一些内在紧张和矛盾冲突就在所难免。西方的一些理论家,如德沃金更关注平等,诺齐克更强调个人自由,而罗尔斯力图在平等自由的基础上,确立有利于最小受惠者的开放性差序安排等,都是试图为拯救西方法治困境危机而开具的不同药方,但事实上均难以奏效。

其二,双重空间的法治转型。众所周知,近代法治的社会基础是国家/市民社会、公权力/私权利的二元关系构架,法律规范的调适对象则是基于物理时空和人之生物属性的社会关系。因此,它一直以制约公权力、保障私权利为主基调,以调适“人、财、物”为中轴线,并致力于打造自由公平的社会秩序;从自由主义法治、福利国家法治到程序主义法治,也都是围绕如何更好地实现这一目标而做出的策略调整。然而,当今信息技术革命开辟了前所未有的数字时代,形成了立足“现实—虚拟”双重空间、人的“生物/信息”二维面向和人机协同基础上的数字社会关系构架。这些“重大的技术变迁会导致社会和经济的范式转换”,〔56〕法治范式也不例外。一是从独享到分享。网络化、数字化和智能化的深度交融发展,使得各类生产要素和生活要素按照双重空间、人的双重属性和人机协同的时代需求进行了全新功能定位和分解重组,尤其是在数据信息生产

---

〔54〕 [德]尤尔根·哈贝马斯:《包容他者》,曹卫东译,上海人民出版社2002年版,第302~303页。

〔55〕 [美]诺内特、塞尔兹尼克:《转变中的法律与社会》,张志铭译,中国政法大学出版社1994年版,第105页。

〔56〕 [英]乔治·扎卡达基斯:《人类的终极命运——从旧石器时代到人工智能的未来》,陈朝译,中信出版集团2017年版,第296页。

及其处理能力空前提高的情况下,原来物理空间的信息阻隔和流通障碍获得了消解,原来通过产权明晰和责任归己制度来发挥人财物价值的“确权经济”(或“独享经济”),逐渐过渡为“不求所有、但求所用”的“共享经济”(或“分享经济”);同时,网络空间、数据信息、算法代码、人工智能等代表着新兴社会关系的利益载体,需要去面对技术赋权、去中心化与再中心化、平台治理、算法规制、可视化纠纷解决等各类挑战与问题。这固然离不开传统路径上的权益界分,但更关键的则在于体现数字社会规律的平衡、参与、公开和分享机制,而目前的“法治灰度”也正是这样一个探索和转型的过程。[57] 二是从数据公地到个人权利。数字社会的到来,正在深刻地颠覆和重建着人类的生活,日常生产生活、经营方式,包括个人兴趣爱好和习惯在内的一切都在迅速地数字化。“它创造了许多,也同样毁灭了许多。”[58]于是,数据信息正在转变成新型的产品和服务,并深刻地改变着人们的生活;这样,数据信息便随之成为“权力的中心”,[59]并构成了双重空间的运行中枢。这里既需要必要的“数据公地”,也需要对个人信息加以保护,即“为了使个人数据和体验的共享成为可能,我们还需要可靠的技术和规则来保证个体能够安全方便地与他人、企业和政府共享个人信息”,[60]并基于此建立“再中心化”、算法黑箱、算法歧视、算法共谋的规制机制。总之,数字社会的新生活,将从单一物理空间的固态逻辑走向双重空间的液态逻辑,亟需基于数字社会的发展规律和治理诉求来重塑法治机制,进而迈向包容共享型法治范式。

(二)包容共享的法治原则与运行机制

包容共享型法治是对物理空间法治的突破和超越,它既要遵从现代性法治的核心理念,又要反映数字社会的治理逻辑和时代要求;因此,它必然会形成一些新的价值原则和机制,主要包括:

1.数字善治的法治理念。在当今数字社会,现实世界与虚拟世界、物理世界与数字世界的边界逐渐消失,“每个人的数字生活将更加细节化”,一旦“制度

---

〔57〕 周汉华:《网络法治的强度、灰度与维度》,载《法制与社会发展》2019年第6期,第67~80页。

〔58〕 [美]安德鲁·V.爱德华:《数字法则——机器人、大数据和算法如何重塑未来》,鲜于静等译,机械工业出版社2016年版,第191页。

〔59〕 [美]安德雷斯·韦思岸:《大数据和我们——如何更好地从后隐私经济中获益?》,胡小锐等译,中信出版集团2016年版,第12、18页。

〔60〕 [美]阿莱克斯·彭特兰:《智慧社会——大数据与社会物理学》,汪小凯等译,浙江人民出版社2015年版,第173页。

性反应缺失,行为成本和后果更加难以计算”。[61] 因此,仅靠物理空间法治的良法善治理念就难以有效应对了,而应该扩展为数字善治的法治理念。

一是探索“数据新政”。由于数据信息已成为人类生产生活的关键要素,而且“数字技术创造了多种共生的关系,它使得我们能够为了自己的利益而获得和分享信息;与此同时,我们所产生的数据对于那些为数字交往提供便利并加以控制的公共和私人机构有着巨大价值”。[62] 这就亟需确立一种“数据新政”,从服务于个体和整个社会的利益出发,设定相应的监管标准和经济激励,进而引导数据所有者(持有者)能够有效地分享、利用数据。既要“使公共产品所需要的数据易于获得,又能有效保障公民权利”;既要“令个体对涉及他们自身的数据拥有前所未有的控制权,同时在公共和私人领域也带来了更好的透明度和参与度”。[63] 这个共享边界和权衡标准无疑是数字良法的基础,也是“数据新政”的根本所在。

二是确立数字正义。由于政府与社会、群体与个人、企业与用户、自我与他人的界限发生了深刻变化,数字鸿沟、算法黑箱、算法歧视、数据画像、社会监控等问题日渐突出,自由、平等、权利、公平等价值诉求及其现实利益也随之面临着变革与重建,因此,这就需要按照数字时代的发展规律和治理要求来确立数字正义,[64] 建立新型的数字社会治理秩序。

三是保障数字人权。随着数字技术的快速发展,“能处理海量数据的智能计算机给政府提供了一种全新的革命性工具。自由市场和政府管理的社会主义之间意识形态的分歧将会模糊。”[65] 随即出现了技术权力化、权力技术化的发展趋势。与此同时,人的数字属性又催生各类社会关系、权利形态和运行方式的数字化,并面临着日益严峻的困境和挑战。因此,亟需确立“数字人权”的

---

〔61〕 [美]伊森·凯什、[以色列]奥娜·拉比诺维奇·艾尼:《数字正义——当纠纷解决遇见互联网科技》,赵蕾等译,法律出版社 2019 年版,第 20 页。

〔62〕 The New Zealand Human Rights Commission, *Privacy, Data, and Technology: Human Rights Challenges in the Digital Age*〔*DE/OL*〕,载 http://www.hrc.co.nz, May 2018, p. 5。

〔63〕 [美]阿莱克斯·彭特兰:《智慧社会——大数据与社会物理学》,汪小凯等译,浙江人民出版社 2015 年版,第 171、173、204 页。

〔64〕 马长山:《智能互联网时代的法律变革》,载《法学研究》2018 年第 4 期,第 20～38 页。

〔65〕 [英]乔治·扎卡达基斯:《人类的终极命运——从旧石器时代到人工智能的未来》,陈朝译,中信出版集团 2017 年版,第 296 页。

理念,[66]来防范和抑制政府权力和平台权力的技术化扩张和滥用,保护社会公众的自由权利。

四是保持人文关怀。数字社会治理固然需要革新观念,转变机械逻辑、加持数字逻辑,去迎接更多的算法决策和代码规制,然而,其初衷和目标无疑是更好地让它们服务于智慧社会建设,更好地提高人类的生活品质,而不是让人类活在冷冰冰的机器决定、机器作主的世界中。因此,需要在技术发展中贯彻以人为本、科技向善的设计理念,来安放人性和制造"友好人工智能"。就是说,"我们迎面走向的,不是人性的丧失和机器的人化;相反,我们所走向的,是对人类更精确的认识",[67]进而弘扬人性价值、增进人的主体地位、保障人的权利和自由。

可见,遵循数字社会的治理逻辑,致力于数字善治,让更多的人能够分享新兴科技所带来的进步、福利和便捷,成为数字时代的主人而不是"信息社会的囚徒",[68]这无疑是转向包容共享型法治和推进数字社会治理的价值选择。

2. 共建共享的制度安排。从工商业社会向数字社会的变革转型,必然会遭遇很多风险和挑战,其出路则在于按照数字社会的发展规律和治理逻辑,做出包容共享型法治的制度安排。

其一,规则体系上的共建共享。古往今来,"不管多么软弱无力,国家权力毕竟还是引导和有计划变革社会制度的主要工具"。[69] 这意味着,国家一直是社会秩序的主导者、引领者。但在当今信息技术革命面前,这种状况则发生了重大改变。各种新业态、新模式的大量"破窗"涌现,使得"很多旧有的习惯将被颠覆,很多旧有的制度将面临挑战",[70]但也给社会带来了大量进步性的革新体验。此时,政府对这些既不了解也无法做风险/收益研判的技术,只能采取谦抑姿态和审慎包容的策略,对"任何与技术相关问题的立法、司法都应走一条

[66] 马长山:《智慧社会背景下的"第四代人权"及其保障》,载《中国法学》2019 年第 5 期,第 5 ~ 24 页。

[67] [德]克里斯多夫·库克里克:《微粒社会——数字化时代的社会模式》,黄昆等译,中信出版社 2018 年版,第 11 页。

[68] [英]卢恰诺·弗洛里迪:《信息伦理学》,薛平译,上海译文出版社 2018 年版,第 360 页。

[69] [美]安·塞德曼、罗伯特·塞德曼:《发展进程中的国家与法律——第三世界问题的解决和制度变革》,冯玉军等译,法律出版社 2006 年版,第 43 页。

[70] [英]维克托·迈尔 - 舍恩伯格、肯尼斯·库克耶:《大数据时代:生活、工作和思维的大变革》,盛杨燕等译,浙江人民出版社 2013 年版,第 94 页。

‘先了解技术,然后才立规’的路径”。[71] 与此同时,更多的民间力量则积极参与到“大众创新、万众创业”的发展战略之中,尤其是滴滴、淘宝、京东、QQ 等各类平台创造出了大量的新业态规则,从而形成了一种“众创式”的制度变革路径。[72] “它需要国家的合作与参与,既要说服国家不在治理层面立法,又希望通过国家法律协助实施其规则。如果这些都能实现,那么,将转化为一个共同规制的治理系统。”[73] 这种规则体系上的“软硬协同”反映了数字社会的共建共享要求;在这里,“国家和社会力量能够相互赋权,而国家和社会力量之间的互动(而非分裂),其效果是能够为双方一同创造更多的权力”。期间,“国家也许帮着塑造社会,但是也受到其所在社会的不断塑造”。[74] 这样,就从国家构建主导转向了国家与民间的双向构建,成为包容共享型法治变革发展的重要动力。

其二,权义安排上的共建共享。如果说规则体系上的共建共享是制度形式,那么,权义安排上的共建共享就是制度实质了。以往工商业社会的基础是单一物理时空的“独享经济”,面对的都是“看得见、摸得着”的人、财、物,彼此交往的都是现身在场“关系人”;而当今数字社会的基础则是双重空间中的“分享经济”,面对的是虚实同构的网络空间、平台治理、建模算法、区块链、人工智能等利益载体,彼此交往的都是远程临场的“微粒人”。在这样一个数字化的世界中,数据信息承载着流动叠加的数字社会关系;因此,国家立法“针对哪些信息流是可以被允许的或被阻止的,哪些是需要鼓励或打压的,都需要在制度、激励、法律、技术或者规范方面进行清晰的设计和规划”。[75] 其核心在于,一方面要基于“大部分的系统都必须使用我们的信息或者将我们与它们的信息相结合,才会顺利运转”,按照数字社会的“控制/分享”规律来平衡配置个人权利/社会权力/公共权力,以及权利/义务/责任;另一方面也要看到,新的治理和控制系统是从数据收集、传送和分析中产生并发展的,人们担忧“大数据技术的繁荣

---

[71] 杭州市西湖区人民法院:《支付宝网络支付案件司法审查报告(2008 年 3 月—2015 年 3 月)》,载许多奇主编:《互联网金融法律评论》(2016 年第 1 辑),法律出版社 2016 年版,第 185 页。

[72] 马长山:《智慧社会建设中的“众创”式制度变革——基于“网约车”合法化进程的法理学分析》,载《中国社会科学》2019 年第 4 期,第 8 页。

[73] [英]克里斯托弗·米勒德:《云计算法律》,陈媛媛译,法律出版社 2019 年版,第 528 页。

[74] 郑永年:《技术赋权:中国的互联网、国家与社会》,邱道隆译,东方出版社 2014 年版,第 17 页。

[75] [美]埃里克·布莱恩约弗森、安德鲁·麦卡菲:《第二次机器革命》,蒋永军译,中信出版集团 2016 年版,第 342 页。

和信息不对称的加重将令财富分配不公现象更为严重”。[76] 但它已超出工业时代那种为契约自由和财产权的斗争范畴，如今“算法时代则为了数据的收集、传送、使用和分析而斗争”。[77] 这就需要根据数字善治理念来消解算法决策和代码规制中的各类风险和威胁，防止“再中心化”和新的两极分化，进而构建数字社会的治理秩序，推进多元参与和精细的分权化治理；它“不是零和博弈，而是可以让所有人共享、共同提高”。[78] 这也是包容共享型法治的根本目标所在。

3. 分布参与的治理机制。在数字社会的扁平化、碎片化、流动化的巨大运动中，“我们的社会将变得更加平等，更加人性化，每个人都重新拥有了知情和参与的权利。无论从经济上还是从社会上来看，几乎所有的东西都被民主化，变得更好。”[79] 在国家治理和社会治理层面上，也必然要反映出数字社会的治理逻辑，展现出包容共享型法治的时代诉求。首先，在国家治理上，智慧政务、智慧司法成为时代趋势。这一方面要求利用网络技术、数字技术和人工智能技术来大幅提高工作效率和效能，为公众提供便捷的、精细化的、自动化的公共服务和可视正义；另一方面也要求避免底层民众被排除到信息通信技术产生的红利之外，克服技术权力化和权力技术化偏好，加大技术便民化、惠民化、民主化力度，向社会提供更多、更有效的公共参与渠道，增进可视化纠纷解决机制的开放性和参与性，让人们坐在家里就可以分享政府数据、利用鼠标就可以参政议政、凭借自己的手机就可以监督政府和伸张正义，进而使智慧政务、智慧司法成为全民共建共治共享的时代机遇。从世界范围来看，当代信息技术变革确实带来了一种新兴的“数字社会主义”，但它无疑“旨在提升个人的自主性，反对中央集权。它是去中心化的极致表现。”[80] 因此，它有技术能力、有条件来打造前所未有的、远程临场的分布式参与机制，并进一步构建数字法治。这就要求在技

〔76〕 ［英］阿里尔·扎拉奇、［美］莫里斯·E. 斯图克：《算法的陷阱——超级平台、算法垄断与场景欺骗》，余潇译，中信出版集团 2018 年版，第 314 ~ 315 页。

〔77〕 Jack M. Balkin, *Free Speechin the Algorithmic Society: Big Data, Private Governance, and New School Speech Regula-tion*, University of California Davis Law Review, Vol. 51, 2018, p. 1158.

〔78〕 ［美］尼古拉斯·伯格鲁恩、内森·加德尔斯：《智慧治理——21 世纪东西方之间的中庸之道》，朱新伟等译，格致出版社、上海人民出版社 2013 年版，第 169 页。

〔79〕 ［澳］史蒂夫·萨马蒂诺：《碎片化时代：重新定义互联网 + 商业新常态》，念昕译，中国人民大学出版社 2015 年版，第 296 页。

〔80〕 ［美］凯文·凯利：《必然》，周峰等译，电子工业出版社 2016 年版，第 155 页。

术赋权进程中,“必须与民众所生活的社会维度、政治维度以及个体维度相结合,以便让赋权实践与包容、参与以及社会正义相结合”。[81] 只有这样,才能更好地展现现代性和超现代性维度,实现国家治理能力和治理体系现代化,为包容共享型法治秩序提供重要支撑和保障。

其次,在网络空间治理上,多中心协同治理势在必行。当初的网络自由主义曾主张“去国家化”,但这种互联网治理模式却出现了很多致命的公共问题;因而,国家在互联网治理中的作用和地位开始不断攀升,并迈向多中心协同治理。一是网络空间自治失灵需要国家介入。信息与通信技术创造了匿名化、虚拟化、个性化、自由化的全新数字环境,“原则上,它可以在任何时间任何地点为任何人所分享。信息圈开始在任何空间中弥散”,[82] 进而从技术上突破了物理空间和代议民主的限制性条件,使表达自由、行动自由和直接民主成为可欲的目标。然而,互联网上的各种动员却往往来自“不同的和碎片化的政治认同上”,[83] 这也为民粹主义创造了条件,使网络民粹主义和多数人的暴政相互助长,从而扭曲民主的精神实质和现实途径;[84] 而且还滋生了各种黑客、网络诈骗等违法犯罪活动,出现了明显的自治失灵,国家的介入自然就不可避免。二是政府的“老大哥”权力出现扩张。它不断延伸放大的网络监管权力,对网络空间自由产生了严重侵蚀,需要进行有效的控制和制约。三是代码就是网络空间中的法律。这就使得“互联网的控制权越来越集中在强大的互联网公司手里,它们受到软件和硬件的限制”,有时候甚至商界和政府能联手修改代码。这样一来,网络空间就变成了它们控制公众的力量,带来数据鸿沟、算法黑箱、算法歧视、算法霸权、代码规制以及“再中心化”等严峻问题和挑战。这就需要网络公民、行业组织、新旧媒体、各类单位、商业平台、政府部门等诸多社会力量,来协同推进网络空间的多元化、自由化和民主化,“使公众拥有在线网络的监督权和参与权”,[85] 从而形成分布式的多中心协同治理机制。这不仅是维持和增进网络空间的生命与活力所必需的,也是促进包容共享型法治的重要动力。

---

〔81〕 [英]Robert Adams:《赋权、参与和社会工作》,汪冬冬译,华东理工大学出版社 2013 年版,第 201 页。

〔82〕 [英]卢恰诺·弗洛里迪:《信息伦理学》,薛平译,上海译文出版社 2018 年版,第 426 页。

〔83〕 [英]安德鲁·查德威克:《互联网政治学:国家、公民与新传播技术》,任孟山译,华夏出版社 2010 年版,第 37 页。

〔84〕 胡伟:《网络民主:机遇与挑战》,载《杭州(生活品质版)》2010 年第 7 期,第 4~6 页。

〔85〕 [美]詹姆斯·柯兰:《互联网的误读》,道宽译,中国人民大学出版社 2014 年版,第 207 页。

再次,在平台治理上,注重分享和参与的生态化治理逐渐生成。随着数字时代的到来,平台经济业态迅速崛起,它颠覆并替代了传统物理时空的"管道"式线性商业模式;至此,"集中化的时代已经过去,现在的世界充满了更多的商机,以及更加分散的事物"。[86] 新型的平台治理机制也随之应运而生。其一,平台治理是一个生态体系。它置身于政府与平台、平台与用户、平台与平台、平台与媒体、平台与公众等多主体的环状互动之中,采取的是连接数边群体、业务复合多样的覆盖性商业模式,通行虚实交融、算法决策、代码规制等运营方式,从而形成一个网络化、数字化、智能化的"多环状生态圈"。其二,保持足够的开放性和参与性。"网络正使史无前例的经济自由民主化成为可能",平台经济也正是这种自由民主化的结果,"今天平台的成功是基于参与,而非所有权"。[87] 因此,它为外部供应商和顾客之间的价值创造互动赋予了开放的、参与式的架构,并为它们设定了治理规则。其首要目标是"匹配用户,通过商品、服务或社会货币的交换为所有参与者创造价值",并在"中介重构、分享使用权与管控以及市场集合"上引起了产业的结构性改变。[88] 这就要求平台治理秉持共建共享价值,吸纳更广泛的社会参与,如淘宝的规则众议院和大众评审团、美团的大众点评等,形成一种分布式的、多方共赢的治理机制。其三,促进权益平衡和信任合作。平台经济模式是建立在对用户信息数据的收集、控制、分析和使用基础上的,这既要有基本的社会分享理念,也需要有可靠的信息权利保护;因此,需要以更为科学、更为合理、更为公平的权益平衡方式,来"重塑用户个人与数据公司之间的信任与合作,建立数据使用的新秩序",[89] 从而妥善经营所有参与者共同联系起来的网状关系,"有效维持生态圈的利益平衡,并在平衡中携手前进"。[90] 与此同时,也要推进平台治理的合规建设,"设计出平衡的内部治理

---

〔86〕 [澳]史蒂夫·萨马蒂诺:《碎片化时代:重新定义互联网+商业新常态》,念昕译,中国人民大学出版社2015年版,第296页。

〔87〕 [美]亚历克斯·莫赛德等:《平台垄断——主导21世纪经济的力量》,杨菲译,机械工业出版社2018年版,第102页。

〔88〕 [美]杰奥夫雷·G.帕克等:《平台革命——改变世界的商业模式》,志鹏译,机械工业出版社2018年版,第6、77页。

〔89〕 徐恪:《算法统治世界——智能经济的隐形秩序》,清华大学出版社2017年版,第284页。

〔90〕 陈威如、余卓轩:《平台战略——正在席卷全球的商业模式革命》,中信出版社2013年版,第252页。

系统和外部监管制度,以确保平台公平运营”。[91] 这既是抑制“再中心化”、促进“软硬协同”治理的重要基石,也是推动包容共享型法治的内在要求。

最后,在基层治理上,孕育了微粒互动的精细化治理秩序。当今信息革命使得“人类正在从持续了千百年的物理实体社会跨入新兴的虚拟数字社会”,[92] 人们的生产生活和日常交往均打破了原有物理时空的限制,虚实双重空间之中进行结构和重构。一是“微粒社会”中的分布互动。随着“微粒社会”的扁平化、破碎化、流动化加剧,就“在这个数字和程序算法的世界里发展出一种新的人性形态”,[93] 这些新形态的“微粒人”使得特定人群的行为不再一致,一致的行为人群不再特定,形成了分布式的微粒化互动;由此,“发展中的个人主义、无线移动性、无所不在的互联网都促进了联网个人主义,使之成为社区的基石”。[94] 二是“微粒人”的分布式参与。因为数字时代的社会秩序主要依靠的不是社会控制,而是人们之间的互动互利行为。“用户执行的每一项操作,无论多么微小,对于重新配置算法和优化流程都是有用的。这就是数据的重要性。”[95] 因此,虚实双重空间下的基层治理,须臾离不开网络论坛、微博平台、QQ 群、微信群、朋友圈等的“微粒”聚合和分布式参与;它们虽然带有无中心、平面化、超时空、匿名化、强流动等特征,却形成了多元化的亚文化圈和分殊化的社会纽带,塑造了无数节点共建共享的公共空间、社会动员机制和舆情场域。三是精细化、网格化的基层治理。面对数字社会的各种问题和挑战,国家提出了加强智慧社会建设和基层网格化治理、打造共建共治共享社会治理格局的战略目标。然而,在具体推进落实的过程中,一些地方却出现了物理中心主义、政府中心主义、地域中心主义、技术中心主义等突出问题;[96] 因此,需要在网格化基层治理中,根据“微粒社会”和“微粒人”的时代特征,设计更精细的网络问

---

〔91〕 [美]杰奥夫雷·G. 帕克等:《平台革命——改变世界的商业模式》,志鹏译,机械工业出版社 2018 年版,第 230 页。

〔92〕 [美]吴霁虹·桑德森:《众创时代——互联网 + 、物联网时代企业创新完整解决方案》,中信出版集团 2015 年版,第 1 页。

〔93〕 [德]克里斯多夫·库克里克:《微粒社会——数字化时代的社会模式》,黄昆等译,中信出版社 2018 年版,第 8 页。

〔94〕 [美]霍华德·莱茵戈德:《网络素养——数字公民、集体智慧和联网的力量》,张子凌等译,电子工业出版社 2013 年版,第 235 页。

〔95〕 [美]尼克·斯尔尼塞克:《平台资本主义》,程水英译,广东人民出版社 2018 年版,第 110 页。

〔96〕 马长山:《智慧社会的基层网格治理法治化》,载《清华法学》2019 年第 3 期,第 18 ~ 27 页。

政、微信动员、在线纠纷解决等,进而构建分布互动的共享赋权机制和民主参与机制,使基层治理真正达到共建共治共享要求。

4. 全球治理的协同框架。自20世纪90年代以来,国与国之间在政治、经济贸易上互相依存度越来越高,全球化进程逐渐把世界压缩为一个整体。而当今信息革命的到来,又出现了网络化、数字化和智能化对社会解构与重构所带来的叠加效应。于是,就呈现数字化的"全球化"进程,这不仅导致社会亲近性与物理邻近性之间发生脱节,也导致社会相关性与空间邻近性发生脱节;因此,对大多的社会过程来说,"空间的位置或环境已经不再重要或不再是决定性的了"。[97] 与此相应,物理时空的边界在国际社会中越来越模糊,人们越来越多地通过互联网和数据信息即可实现远程临场和深度互动,这无疑"是一种极为寻常的经验,这也是全球化所指",[98] 其颠覆性、替代性的后果也随之在全球蔓延。

面对人类生活的数字化、公式化以及模型化,"我们遇到的一些事情会显得杂乱无章,但我们徜徉在其中的方式却是一样的"。[99] 美国、德国、中国以及其他国家都会遭遇同一背景、同一数字化网络中相似的变革、风险与挑战,这不是哪个国家能够单独处置的问题,而是需要全球范围内携手应对的问题。尽管欧盟出台了捍卫启蒙价值立场的《通用数据保护条例》(General Data Protection Regulation,GDPR),美国也不断推出"长臂管辖",但数据信息则是无形连接、无疆流动的,数字化变革也是没有任何阀门可以控制、没有任何围栏可以阻挡的。此时,"共同规制似乎成了跨越国境的互联网活动的主要治理结构",因为"只有共同规制才是互联网活动治理的唯一途径,只有共同规制才有成功的合理希望"。[100] 因此,全球治理的框架和机制就面临着深度的变革,需要从"主权优先"迈向"协同共治",这也是数字社会治理和包容共享型法治在全球范围内的逻辑展开,进而实现全球的数字善治和法治秩序的必然转向。

(三)探索数字时代的自主性法治道路

近代法治无疑是人类的共同文明成果,因此,"法治不再是纯西方的理念,

---

〔97〕 [英]哈特穆特·罗萨:《新异化的诞生——社会加速批判理论大纲》,郑作彧译,上海人民出版社2018年版,第118页。

〔98〕 [英]卢恰诺·弗洛里迪:《信息伦理学》,薛平译,上海译文出版社2018年版,第427页。

〔99〕 [美]艾伯特-拉斯洛·巴拉巴西:《爆发——大数据时代预见未来的新思维》,马慧译,北京联合出版公司2017年版,第289页。

〔100〕 [英]克里斯托弗·米勒德:《云计算法律》,陈媛媛译,法律出版社2019年版,第529页。

而是作为人类共同的价值观,为国际社会普遍接受的理念”。但同时,“每个国家都应当享有自由选择法治具体模式的权利,以实践其法治观念”。[101] 晚清以来,中国就一直在既要追赶现代性又要保持自我性的张力境遇下,探索中国法治发展道路的。然而,由于多种错综复杂因素的影响,改革开放后才有效启动了民主法治进程,并在四十年的建设中取得了明显的成就。随着中国经济的迅速崛起和国际舞台地位的攀升,如何在追赶现代法治的进程中走出适合自己的道路、构建自主性的中国法治模式,就成为一个重要的时代使命。人们逐渐认识到,“大量照搬民主治理形式的表面元素通常并不能保证取得那种往往与民主制度相关联的社会进步”,[102] 何况这些还是选择性地“照搬”,也常常出现“水土不服”。为此,从党的十五大开始就做出了建设社会主义法治国家的战略部署,法学界也开始反思“中国法学向何处去”和探讨自主性的中国法治道路问题[103],其中存在很多问题和挑战,但也面临着新的时代机遇。首先,包容共享型法治的全球性探索。由信息革命和数字社会治理逻辑所驱动的这场法治范式转型,是世界各国都面临的艰巨使命,无论是创造现代性法治的西方国家,还是追赶现代性法治的其他国家,都需要面对“超现代性”的挑战并进行变革转型,都没有可资借鉴的样本或者参照系,也没有优劣之分,正处于全球性的共同探索状态。其次,数字时代的“换道超车”。随着人类迈进数字社会,中国在追赶现代性的同时,也获得了“超现代性”的“换道超车”机会;至少与西方发达国家处于数字社会的同一起跑线上,面临着很多“共时性”的问题;甚至由于自身的广土众民、后发现代化、儒法文化等因素而具有超出西方的复杂性,从而在包容共享型法治的范式转型中具有自主探索的一片天地。再次,数字社会的治理诉求。中国在四十多年的改革开放中拥抱新兴科技,加速推进网络化、数字化、智能化发展,形成了庞大的数字经济体量和数字社会形态,包容共享已经成为一种客观的经济社会要求,是推动数字时代的法治范式转型的根本动力。最后,中国的本土国情。在探索包容共享型法治、走出自主性法治道路上,中国确实有一些独特的国情基础和条件。例如,人际和谐、团体本位的儒家传统和东

[101] [瑞士]胜雅律:《不同法治文明间的对话》,党生翠译,社会科学文献出版社 2004 年版,第 296 页。

[102] [美]弗拉季斯拉夫·伊诺泽姆采夫:《民主与现代化:有关 21 世纪挑战的争论》,徐向梅译,中央编译出版社 2011 年版,第 2 页。

[103] 邓正来:《中国法学向何处去》,商务印书馆 2006 年版,第 107 页。

方文化,具有合作共赢的文化基础,它与包容共享型法治文化具有吻合性,等等。由上可见,认真对待当今信息革命,遵循数字社会治理逻辑,积极推进包容共享型法治建设,是中国自主性法治道路的必然选择。

科技人文协作中的人工智能治理

曹建峰*

【摘　要】随着人工智能技术的发展应用，算法推荐、深度合成、人脸识别、自动驾驶汽车、人工智能医疗等成为现实，但也引发了人们对隐私保护、算法歧视、安全与责任、技术滥用、社会伦理等问题的担忧。呼吁加强人工智能治理成为2019年人工智能发展的主线之一，各国陆续出台政策或立法对人工智能技术及其应用进行必要的监管。人工智能监管需要采取科技人文协作的方式，构建多层次的治理体系，符合比例原则和利益平衡，确保实现安全、可信、负责任的人工智能。

【关键词】人工智能　治理　伦理　跨学科

作为有望引领第四次工业革命、重塑经济社会发展形态的新兴技术，人工智能(Artificial Intelligence，AI)已经成为全球科技竞争的焦点。2017年以来，全球30多个国家(如中、美、日、德、英等)和地区(如欧盟)已出台了AI战略，抢占技术、应用和产业高地。[1] 在此背景下，人工智能作为底层技术(如深度学习、强化学习)、功能性应用(如人脸识别、语音识别)和应用领域(如安防、交通、医疗)组成的产业生态系统，正从互联网领域加速扩张渗透到实体经济等诸多领域和各行各业，并与大数据、云计算、物联网(Internet of Things，IoT)等深度融合，推动经济社会数字化、智能化发展，并塑造新的经济和社会形态。中国作为全球最大的互联网市场，为人工智能的发展提供了肥沃的土壤，在数字世界与物理世界融合、人工智能与实体经济融合、从数字化到智能化转型等背景

---

* 腾讯研究院高级研究员。

〔1〕 Future of Life Insititute，*National and International AI Strategies*，载生命未来研究所网，https://futureoflife. org/national-interna-tional-ai-strategies/?cn-reloaded = 1，2020年2月4日访问。

下,人工智能新技术给中国经济社会的高质量、可持续发展提供了前所未有的机遇,需要适宜的制度土壤来孕育面向未来的产业格局和国家竞争力。

但是,人工智能的广泛应用,也引发了社会各界对人工智能的法律、伦理和社会影响的持续关注和激烈讨论,呼吁重视人工智能伦理,加强人工智能治理,践行科技向善,发展安全可信、负责任的人工智能。回顾2019年,人工智能伦理原则和人工智能伦理审查,以及人工智能算法决策、深度伪造和合成内容、人脸识别、自动驾驶汽车和“城市空中出行”(Urban Air Mobility,UAM)、人工智能医疗等细分领域监管,是全球人工智能治理的焦点话题,表明国内外对人工智能治理的持续高度重视。总结各国经验,对人工智能需要采取多方主体共同参与的多元、多层次治理模式,从而构筑适宜技术创新和产业发展的制度土壤,以打造面向未来的科技引擎。

一、人工智能伦理和治理成基本共识,各界探索落地机制

(一)中美欧采取不同的人工智能路径,创新与伦理平衡是人工智能治理的关键

全球来看,中美欧是人工智能领域的主要“玩家”,代表不同的发展路径。互联网等数字技术发展薄弱、在数字经济领域显著落后于美国的欧盟,采取了更加侧重立法和监管的路径,其人工智能战略的三大支柱之一即“建立与人工智能发展和应用相适应的法律和伦理框架”。[2]《通用数据保护条例》(General Data Protection Regulation,GDPR)影响全球个人信息保护立法,欧盟希望在人工智能立法和监管上成为全球的领导者。2019年欧盟不仅提出了系统性的伦理框架,而且开始酝酿人工智能的相关立法,以2019年4月发布的《可信AI伦理指南》和《关于构筑对以人为本的人工智能的信任的通讯》等政策文件为代表。但欧盟对立法和监管的过度强调,能否最终转化为其在人工智能技术、产业上的国际竞争力,是值得深入探讨的。另外,就像通过《通用数据保护条例》、数字税、互联网反垄断调查等一系列举措来限制美国大型互联网企业一样,欧盟希望通过人工智能政策提升其自身竞争力的意图也是不言而喻的。

相反,美国作为人工智能领域的领头羊,采取了轻监管、促创新的路径,以政策不阻碍人工智能技术和产业发展、降低创新的门槛和成本为优先考虑,并在发展过程中采取渐进式监管而非激进的监管,来应对新出现的问题。目前,

---

〔2〕 曹建峰、方龄曼:《欧盟人工智能伦理与治理的路径及启示》,载《人工智能》2019年第4期,第40页。

美国已在积极废除或修订交通、医疗等重点应用领域内限制、阻碍人工智能技术发展应用的既有监管规则。2019 年 2 月,美国正式出台人工智能战略(其中提出制定人工智能监管指南并设定人工智能治理标准)。而且美国提出了联邦政府参与、主导人工智能标准的系统性计划。美国的国家人工智能战略虽然姗姗来迟,但为表明在人工智能领域维持并巩固其全球领导地位的决心,预计其将采取一系列措施和行动。例如,为了推动实施美国人工智能战略,2020 年 1 月美国联邦政府发布了《人工智能应用的监管指南》,要求联邦政府在针对人工智能技术和相关产业采取监管和非监管措施时,要以减少人工智能技术应用的障碍、促进技术创新为宗旨,《可信人工智能伦理指南》同时提出了管理人工智能应用的十大原则,并呼吁更多采用行业细分的政策指南或框架、试点项目和实验(如为人工智能应用提供安全港)、自愿性的行业标准等非监管的措施。因此,可以预见,相比草率地推行强硬的立法和监管,未来美国的人工智能政策会更加侧重标准、指南等敏捷灵活的方式。

就中国而言,除了密集出台促进人工智能发展的产业政策外,中国也已开始加强人工智能伦理、标准等方面的建设,《新一代人工智能治理原则——发展负责任的人工智能》回应了国际社会对中国不重视人工智能伦理和治理的质疑,国务院副总理刘鹤在 2019 年重庆智博会上提出了发展智能技术需要坚持四个原则并呼吁"科技向善"。未来在人工智能治理上,中国需要结合自身产业发展实际,遵循促创新、促发展的路径,同时采取多元化的方式防范技术的伦理风险,避免偏向欧盟的强监管模式给技术创新和产业发展形成掣肘。

(二)国际社会探索建立广泛认可的人工智能伦理原则,推进敏捷灵活的人工智能治理

国际层面,人工智能领域的竞争已从技术和产业应用扩张到国际规则的制定,尤其是人工智能伦理和治理规则的制定。2019 年 5 月,经济合作与发展组织(Organization for Economic Co-operation and Development,OECD)成员国批准了全球首个由各国政府签署的人工智能原则——《负责任地管理可信 AI 的原则》,包括包容性增长、可持续发展和福祉原则,以人为本的价值观和公平原则,透明性和可解释性原则,稳健性和安全可靠原则,以及责任原则。这些原则已被 G20 采纳,今后有望成为人工智能领域的国际准则。

整体而言,从联合国的"AI 向善国际峰会"(AI for Good Global Summit)和推动建立"人工智能伦理国际对话"的努力到经济合作与发展组织和 G20 人工智能原则,国际层面的人工智能治理已进入实质性阶段,初步确立了以人为本、安全可信、创新发展、包容普惠等基调,以及敏捷灵活的治理理念。

此外,根据世界知识产权组织(World Intellectual Property Organization,WIPO)的报告,科学知识和创新呈现越来越全球化的趋势。[3] 在此背景下,为了实现可持续发展目标,人工智能领域的国际合作尤其重要。所以需要包容性、全球化的路径。中国需要积极参与、主导人工智能领域的国际治理和国际规则制定,输出人工智能伦理和治理理念,增强话语权。

(三)科技行业日益重视人工智能伦理,但落地机制仍需探索行业共识

行业层面,互联网、人工智能等数字技术的影响日益广泛、纵深和复杂,对"科技向善"的呼吁已经成为行业共识。在此背景下,微软、谷歌、腾讯等国内外主流科技公司纷纷提出各自的人工智能伦理原则,积极防范人工智能滥用风险并缓解人工智能应用可能引发的负面问题。例如,腾讯在国内率先提出"科技向善"理念,将其与"用户为本"一起作为新的使命愿景,并提出人工智能研究与应用需要遵循的"四可"(可用、可靠、可知、可控)原则。

但对于以什么样的方式和标准来落地人工智能伦理原则和要求,行业缺乏共识。伦理审查委员会作为科技行业开始探索的一种机制,目前存在较大争议。2019 年 3 月,谷歌成立外部顾问性质的人工智能伦理委员会,但由于引发了较大争议,不久之后便被解散。2019 年谷歌子公司 DeepMind 也遣散了其人工智能医疗部门的伦理审查委员会。微软则成立了内部的人工智能伦理委员会,旨在制定内部政策,确保人工智能业务和人工智能平台符合其核心价值和原则并造福社会。中国已在组建国家科技伦理委员会,科技行业除在制定人工智能伦理原则外,还需要探索更具体的举措,让伦理原则真正落地到人工智能研究与应用活动中,对技术和产业发展形成正向引导和规范。

二、细分领域监管持续推进,立法需合理平衡风险防范与发展诉求

(一)欧盟探索人工智能算法分类分级监管机制,避免过度规制商业领域应用

人工智能算法自动化决策系统在数字内容分发、在线广告、电子商务、金融等领域的广泛应用,可以提高决策的效率、准确性或者避免人类决策者自身可能持有的偏见,但也引发了社会各界对歧视、隐私、安全等问题的关注。中国和欧盟、加拿大等已在立法上对这些问题予以了回应。

中国《数据安全管理办法》《个人信息安全规范》《网络信息内容生态治理

---

[3] WIPO(World Intellectual Property Organization), *World Intellectual Property Report* (*WIPR*) 2019,载世界知识产权组织网,https://www.wipo.int/wipr/en/2019/,2020 年 2 月 6 日访问。

规定》等立法,针对定向推送、算法推荐、个性化展示、信息系统自动决策提出了要求,规范算法系统的应用。[4] 例如,对于定向推送或个性化展示,要求标明“定推”字样或通过不同的栏目、板块、页面分别展示,并提供退出选项和信息删除;开展定向推送活动禁止歧视、欺诈等;对于满足条件的信息系统自动决策,建立个人信息安全影响评估和用户投诉机制;个性化算法推荐体现主流价值导向,建立人工干预机制。

欧盟的《通用数据保护条例》,从个人信息保护的角度,针对不存在人为干预的完全自动化决策(包括画像)做出了规定,但其赋予个人拒绝权仅限于产生法律效果或类似重大效果的应用场景,而非针对所有的应用场景,因此,并不约束新闻、广告等数字内容的算法推荐。其后,欧盟进一步调整监管思路,2019 年 4 月发布的《算法责任与透明治理框架》提出建立分类分级监管机制,且不要求对算法进行公开或解释。具体而言,在算法监管方面,分类即针对政府和公共部门使用的算法系统和商业领域的算法系统建立不同的监管,前者需要建立“算法影响评估”(Algorithmic Impact Assessment)机制;分级即对一般的商业算法系统采取事后追究法律责任的方式,但对具有与政府和公共部门算法系统应用类似的重大影响的商业算法系统可考虑建立“算法影响评估”机制。这种做法能避免给企业带来不成比例的成本和管理负担,有助于人工智能的发展应用。2020 年 2 月欧盟发布的《人工智能白皮书》呼吁,进一步建立人工智能监管框架,对“高风险”的人工智能应用进行较强监管。[5]

在算法透明方面,欧盟立法者认为,技术透明不等于“对算法的每一个步骤、算法的技术原理和实现细节进行解释”,简单公开算法系统的源代码也不能提供有效的透明度,反倒可能威胁数据隐私或影响技术安全应用。考虑到人工智能的技术特征,理解人工智能系统整体是异常困难的,对理解人工智能做出的某个特定决策也收效甚微。因此,对于现代人工智能系统,通过解释某个结果如何得出而实现透明,将面临巨大的技术挑战,也会极大地限制人工智能的应用;相反,在人工智能系统的行为和决策上实现有效透明,会更可取,也能提供显著的效益。因此,考虑到人工智能的技术特征,《通用数据保护条例》并没有要求对特定自动化决策进行解释,而仅要求提供关于内在逻辑的有意义的信

---

[4] 《数据安全管理办法草案》第 23 条,《网络信息内容生态治理规定》第 12 条,《个人信息安全规范的最新修订草案》第 7 条第 5 款、第 7 款。

[5] 曹建峰:《欧美收紧人工智能监管,中国企业将如何应对?》,载搜狐网,https://www.sohu.com/a/377202700_455313,2020 年 3 月 2 日访问。

息,并解释自动化决策的重要性和预想的后果。除了监管之外,欧盟立法者认为,还应通过教育、新闻报道、揭秘等方式提高公众的算法素养。

全球来看,“算法影响评估”机制得到越来越多的讨论。除欧盟外,加拿大、美国等也在探索相关措施。例如,2019 年 2 月 5 日加拿大出台的《自动化决策指令》(Directive on Automated Decision-making),将算法监管的重心放在政府部门,《自动化决策指令》针对政府部门在做出行政行为的过程中使用自动化决策系统(Automated Decision System),提出了算法影响评估、透明度(如决策前通知、决策后提供解释、软件准入许可、公布源代码等)、质量保证(如测试和监测结果、数据质量、同行审查、员工培训、意外事故处置、安全、合规、人类干预等)、救济、报告等要求。2019 年 4 月美国国会议员提出的《算法责任法案》则要求针对符合条件的主体的高风险自动化决策系统,建立自动化决策系统影响评估机制(Automated Decision System Impact Assessment),评估自动化决策系统及其开发过程(包括系统的设计和训练数据),以评估其在准确性、公平、偏见、歧视、隐私、安全等方面的影响。然而在现阶段,“算法影响评估”机制这一新倡议在全球范围内存在巨大争议,仍有很多落地问题悬而未决,需要理性对待。

(二)深度伪造和合成内容引监管关注,立法防范风险同时留出发展空间

深度伪造(Deep fake)和合成内容随着生成对抗网络(GAN)等机器学习技术的发展而出现,其最常见的方式是人工智能换脸,如 Deep fake、Face2Face 等技术,此外还包括语音模拟、人脸合成、视频生成等,这些技术统称为深度伪造或者深度合成。深度伪造及相关的人工智能技术在文娱、教育、医疗等诸多领域具有积极的应用价值,如实现虚拟主播、替身演出、虚拟歌手、戏仿和自我表达(如人工智能换脸应用“ZAO”让普通人实现明星梦)、医疗数据生成等,但也给网络平台治理提出了新的挑战,主要表现为利用深度学习等人工智能技术制作高度逼真且真假难辨的图片、音频、视频等深度伪造内容来从事各种欺骗和欺诈活动,将网络攻击场景和信息安全问题带到一个全新的层面,如色情报复、敲诈勒索、假冒身份、散布虚假信息等,给个人和企业利益以及公共安全带来威胁。[6] 而且深度伪造生成方法开源软件的增多,极大地降低了操纵、伪造音视频的门槛。报告显示,网上的深度伪造视频的总数比 2018 年 12 月翻了一番,达到近 15000 个,其中伪造的色情视频占比高达 96%。

---

〔6〕 张钦坤、曹建峰:《从〈网络信息内容生态治理规定〉看互联网新技术的治理》,载《信息安全与通信保密》2020 年第 2 期,第 14 页。

美国最早对深度伪造进行规制，2020 年以来，美国尤其担心深度伪造对大选和国家安全的影响，开始探索立法应对措施，防范潜在的滥用风险。[7] 2019 年 6 月，美国国会先后提出了《深度伪造责任法案》和《2019 年深度伪造报告法案》。此外，美国加利福尼亚州、得克萨斯州、马萨诸塞州、弗吉尼亚州等也陆续推出了相关立法。这些立法提出的主要措施包括：

第一，划定应用边界，禁止政治干扰、色情报复、假冒身份等非法目的的深度伪造，否则可能构成刑事犯罪。例如，美国加利福尼亚州的法律草案规定，禁止在投票选举前 60 日内传播明知是伪造或合成的候选人视频，除非包含视频属于伪造的免责声明。美国得克萨斯州 2019 年 9 月 1 日生效的一项法案，把在选举前 30 日内制作、散布深度伪造视频意图伤害候选人或影响选举结果的行为认定为刑事犯罪。此外，美国弗吉尼亚州 2019 年 7 月 1 日生效的反色情复仇修正法案，把“制作、传播虚假的裸体或性视频、图像”意图胁迫、骚扰或恐吓他人的行为认定为刑事犯罪。《深度伪造责任法案》（Deepfakes Accountability Act，DAA）规定，利用深度伪造技术实施数字冒名顶替行为也应被视为假冒身份行为。

第二，设置披露义务，要求制作者、上传者以适当方式披露、标记合成内容，如采取嵌入数字水印、文字、语音标识等方式。《深度伪造责任法案》规定，利用深度伪造技术合成虚假内容放置网络上传播的，制作者应当采用嵌入数字水印、文字、语音标识等方式披露合成信息。违反披露义务的制作者或者恶意删除披露信息的行为人需承担民事责任，行为恶劣、造成严重后果的还会面临罚金、人身监禁等刑事处罚。

第三，加强技术攻防，呼吁开发检测识别技术和反制技术。《深度伪造责任法案》要求成立深度伪造特别小组，其职责包括：研究开发针对包括深度伪造在内的图像、音视频操纵技术的检测识别和反制技术；为研究此类技术的其他政府部门提供行政和科学支持；与私营企业或学术机构合作开发检测识别工具等。此外，《2019 年深度伪造报告法案》要求美国国土安全部（Department of Homeland Security，DHS）定期发布关于深度伪造技术的评估报告。

中国相关立法也开始关注深度伪造问题，制定中的《数据安全管理办法》以及已出台的《民法典人格权编》《网络音视频信息服务管理规定》《网络信息内

〔7〕 曹建峰、方龄曼：《“深度伪造”的风险及对策研究》，载《信息安全与通信保密》2020 年第 2 期，第 95 页。

容生态治理规定》等都做出了相应规定,侧重人格侵权和内容安全。[8] 具体包括:禁止利用信息技术手段伪造的方式侵犯他人的肖像权和声音;针对自动合成的信息内容标明"合成"字样;禁止利用深度伪造等新技术从事禁止性活动。

从国外监管趋势来看,规范深度伪造和合成内容的应用,需要政府、企业、公众、用户等多方主体共同参与,除分类分场景监管外,还可采取制定行业公约和技术标准、研发视频鉴伪和溯源技术、提高公众的警惕防范意识和数字素养等多元化的方式,同时鼓励行业探索更多运用场景,引导技术向善发展,提振产业发展信心。未来需要加强源头治理,构建以制作者的标注、标记义务为核心的治理机制,同时鼓励发展应用鉴别对抗技术。

在源头治理方面,如前所述,当前美国的做法主要是要求制作者、上传者对深度伪造内容进行标注,从而从源头上对深度伪造进行规范。这一源头治理的做法具有合理性,因为没有标注的深度伪造内容一旦传播出去,第三方就很难鉴别,检测技术的开发、成熟也面临着诸多困难,而且难以跟上深度伪造技术进化的步伐。所以,开发溯源技术并进行源头标记是最有效的措施。此外,考虑到行业内当前还没有通用的、高准确率的视频鉴伪网络,相应的鉴伪技术也尚在起步阶段,还有很长一段路要走,所以,美国并未强制要求平台对用户上传的或第三方的视频是否属于"深度伪造"或"自动合成"进行检测识别,也未以此为由要求平台承担责任,因为这将给企业带来不成比例的管理负担和成本。

在技术对抗方面,当前谷歌、Facebook、腾讯等国内外主流科技公司都开始通过多种举措,发展甄别深度伪造和合成内容、对抗深度伪造技术滥用的方法和工具,包括:构建并开放深度伪造数据集,为研究、开发检测识别技术提供基准;支持、发起深度伪造检测挑战赛,与行业携手推动检测技术的研究与开发;开发深度伪造检测识别和标注工具;培训专门的合成内容审查人员,加强对视频内容的真实性审核。可见,面对人工智能等新技术的潜在风险,行业内越来越重视自律性质的风险管理措施。

(三)人脸识别引发法律和伦理争议,政策选项在于规范而非禁止

2019 年,人脸识别技术广泛应用,从设备解锁、刷脸核身、刷脸支付到安检、安防、犯罪侦查等,在带来效率、便利并增进社会福祉的同时,也不断引发歧视偏见、隐私保护、个人自由、伦理边界等诸多争议。例如,Facebook 因使用照片

---

[8] 《民法典》第 1019 条、《数据安全管理办法草案》第 24 条、《网络信息内容生态治理规定》第 23 条、《音视频信息服务管理规定》第 11 ~ 13 条。

自动标记功能而招致潜在赔偿额高达350亿美元的人脸识别集体诉讼,可能改写美国隐私诉讼要求有形损害的规则(无形损害也可作为提起隐私诉讼的理由)。据悉,Facebook已同意和解该案,将向原告支付5.5亿美元和解费。此外,2019年8月瑞典数据保护机构针对当地一所高中利用人脸识别记录学生出勤的行为,开出了《通用数据保护条例》生效以来的第一张人脸识别罚单,认为学校的数据收集行为违反必要性原则且缺乏正当性依据。中国也出现了相关诉讼,郭某诉杭州野生动物世界被认为是国内人脸识别第一案。

随着相关争议的不断发酵,美欧开始推进人脸识别立法,尝试为政府部门使用人脸识别技术建立较高的法律门槛。2019年以来,美国已有多个城市(如旧金山、萨默维尔以及奥克兰)禁止政府部门使用人脸识别技术;美国国会提出了《商业人脸识别隐私法案》(Commercial Facial Recognition Privacy Act, CFRPA),要求使用人脸识别技术前须获得终端用户的"明确同意"(Affirmative Consent)。然而,美国个别城市的"保守"态度引发了美国商会(CTEC)的担忧,美国商会认为,过早禁止人脸识别技术将阻碍技术的利用和创新,并会冲击相关产品的市场。为此,2019年12月美国商会起草了《面部识别政策原则》(Facial Recognition Policy Principles, FRPP),期望协助政策制定者在平衡技术与隐私的前提下制定监管提案,建议国会在减少面部识别技术相关风险的基础上,确保人脸识别技术能得到安全开发和有效监管。

英国对人脸识别技术的态度较为理性,在R(Bridges) *v.* The Chief Constable of South Wales案中,英国高等法院判决认为警方对实时人脸识别技术的使用是合法的;英国信息专员公署(Information Commissioner's Office, ICO)发布的《关于执法部门在公共场所使用实时人脸识别技术的建议》则呼吁政府针对实时人脸识别技术的部署和使用,建立强行性规则和较高的法律门槛,充分平衡各方利益,即执法部门必须提供充分的证据来证明在每一个特定的场景下使用人脸识别技术是严格必需的、有效的且符合利益平衡原则和比例原则。[9] 此外,欧盟也在推进制定人脸识别技术的特殊监管规则,如2020年1月被媒体披露的欧盟人工智能监管政策白皮书中已针对人脸识别技术提出了潜在监管方案,其中一项即为"在评估人脸识别技术影响的方法和风险管理措

---

〔9〕 ICO, *Blog: Live Facial Recognition Technology-police Forces Need to Slow Down and Justify Its Use*,载信息专员公署(英国)网,https://ico.org.uk/about-the-ico/news-and-events/blog-live-facial-recognition-technology-police-forces-need-to-slow-down-and-justify-its-use/,2020年3月2日访问。

施被开发出来之前，可能会暂时（3～5年）禁止在公共场所使用该项技术”。但2020年2月的《欧盟人工智能白皮书》透露出欧盟对人脸识别技术的态度已经大为缓和，并未禁止人脸识别技术的使用，但规定了限定使用情形，并要求建立安全措施，即必须确保特定使用情形是合法正当的，符合比例原则，并采取充分的安全措施。而对于在公共场所使用人脸识别技术，欧盟委员会后续将讨论确定正当的使用场景以及共同的安全措施。

在中国，人工智能换脸应用“ZAO”收集人脸信息、人脸识别技术进课堂、北京地铁拟利用人脸识别技术对乘客进行分类安检等争议性事件引发社会各界的激烈讨论。从实时人脸识别到分析步态、预测情绪的人工智能技术的快速进步，给监管提出了更多挑战。结合国外监管趋势来看，科学理性的政策选择在于规范而非禁止，明确合法性依据和合规要求是应有之义。政策制定者应当看到人脸识别的积极价值，在权衡利弊的基础上对其进行适度监管和规范，在人脸识别技术的发展上寻求科技创新与隐私保护的“最大公约数”，而非“一刀切”地予以禁止或者放任不管。更进一步而言，鉴于人脸作为个人生物识别信息的敏感性，人脸识别技术的妥善应用需要明确技术应用的法律和伦理边界，建立法规标准。一方面需要针对不同的应用场景配置不同的监管要求，明确人脸识别技术应用的合法性依据和利益平衡、比例原则等问题；另一方面需要消除算法系统中的歧视和偏见，以合理平衡个人权利保护、公共利益和产业发展。就中国而言，行业的健康有序发展离不开标准和规范的支持，中国目前已在制定人脸识别国家标准，确保人脸识别系统功能、性能及安全要求，保障算法与应用的准确率，引导人脸识别技术健康发展。

（四）立法助推自动驾驶汽车落地，“城市空中出行”呼吁监管革新

当前，全球多国已将发展自动驾驶汽车技术上升为国家战略，通过立法、标准、技术指南、伦理准则等全方位举措加速推进其应用落地。〔10〕2019年是自动驾驶汽车从测试逐步走向商业化应用的一年，谷歌旗下自动驾驶技术公司Waymo等行业领头羊开始推出自动驾驶出租汽车服务，立法和监管政策也在加速这一发展趋势。例如，美国加利福尼亚州已于2018年允许自动驾驶汽车客运服务试点项目。2019年6月，美国佛罗里达州制定的自动驾驶立法，不仅将在道路上操作自动驾驶汽车合法化，而且提出了“自动驾驶汽车共享网络”这

〔10〕 曹建峰、祝林华：《多国出台政策法规：为自动驾驶创新发展保驾护航》，载《机器人产业》2018年第2期，第102页。

一全新的客运交通服务,为自动驾驶汽车的应用普及奠定了坚实的法律基础。美国国家层面,在2018年未能最终通过自动驾驶汽车法案后,2019年美国国会继续推动相关立法,以期通过法律和监管创新来加速自动驾驶汽车的商业化发展,终于在2020年1月美国交通部发布了《自动驾驶汽车政策4.0:确保美国在自动驾驶汽车技术上的领导地位》(Ensuring American Leadership in Automated Vehicle Technologies:Automated Vehicles 4.0),其在过去发布的三版自动驾驶汽车政策指南的基础上,系统提出了美国政府对自动驾驶汽车技术的监管原则,表明了美国大力推动自动驾驶汽车技术发展落地、抢占国际制高点的决心。[11]

就中国而言,在2018年出台《智能网联汽车道路测试管理规范(试行)》允许路测后,各地已在出台推动智能网联汽车应用落地的政策。2019年9月,《上海市智能网联汽车道路测试和示范应用管理办法(试行)》的出台,使上海成为国内首个为企业颁发智能网联汽车示范应用牌照的城市,并推动测试牌照区域互认。北京、广州、长沙、武汉等城市已允许载人、载物、编队行驶等测试情形,如2019年12月13日北京出台《北京市自动驾驶车辆道路测试管理实施细则(试行)》,允许载人及载物测试、编队行驶测试等。智能网联汽车向商业化和市场化迈进了一步。长远来看,中国自动驾驶汽车技术和产业发展普及需要在安全标准、道路测试、商业试点、高精地图、责任保险等多方面配套推进政策措施,并积极废除或修改阻碍自动驾驶汽车发展应用的既有法规和标准,才能确保在制造业、信息与通信技术(Information and Communications Technology,ICT)融合的自动驾驶汽车领域抢占全球高地。

此外,以电动垂直起降航空器(eVTOL)为核心的未来"城市空中出行"也呼吁监管革新。未来交通领域的变革不限于自动驾驶汽车,商用的电动垂直起降航空器,即所谓的"飞行汽车",也已成为美欧的重点布局。目前Uber Elevate、Airbus、Lilium、Volocopter等航空制造商已在尝试推出"空中出租车"服务。城市交通未来将有更大的想象空间,到2030年城市空中出行行业的市场价值有望达到79亿美元。美欧已在从无到有地建立城市空中出行监管,需要解决很多监管挑战,如设备设计认证、适航管理等。2019年7月,欧洲航空安全局(European Aviation Safety Agency,EASA)出台了针对小型eVTOL航空器操

---

〔11〕 US Department of Transportation, *Ensuring American Leadership in Automated Vehicle Technologies*: *AutomatedVehicles* 4.0,载美国交通部网,https://www.transportation.gov/av/4,2020年3月2日访问。

作的特殊规定，针对这类新的飞行设备建立了基本的监管框架。美国联邦航空管理局（Federal Aviation Administration，FAA）也在推进制定合适的安全立法，并已于2019年4月就无人机送货服务向谷歌子公司Wing颁发了第一个适航认证。eVTOL作为新生事物，在中国存在诸多监管障碍和法律空白。长远来看，为了应对eVTOL带来的监管挑战并推动其应用普及，需要加快建立eVTOL设计和操作的监管框架，并可考虑建立一套以UAM为核心的新体系，兼顾安全、公共利益和行业发展诉求。

（五）人工智能赋能医疗健康产业发展，应用落地离不开监管革新

在医疗健康领域，人工智能正被广泛应用于医学影像、辅助诊疗、疾病预测、药物研发、健康管理等，有望变革医疗健康行业。全球医疗市场对“人工智能医疗”的需求巨大，据互联网数据中心（Internet Data Center，IDC）统计，到2025年人工智能应用市场规模将达到1270亿美元，其中医疗健康行业将占市场规模的五分之一。

但人工智能医疗的发展面临着人工智能医疗设备准入和审批、医疗数据库建设与共享、责任承担、隐私保护等诸多问题。美国、日本、印度、新加坡等已在探索制定促进人工智能医疗服务应用落地的法律和监管规则。例如，由于人工智能技术可不断利用新获取的数据来精进算法，人工智能模型的自主性、适应性和持续迭代成了监管难点，给传统的医疗设备监管框架提出了挑战。因此，美国食品药品监督管理局（Food and Drug Administration，FDA）已为人工智能医疗设备提出了新的监管框架，从而允许人工智能医疗设备在获得审批、投入市场之后不断迭代改进。

就中国而言，2019年6月发布的《深度学习辅助决策医疗器械软件的审评要点及相关说明》，进一步明确了人工智能医疗设备的审批标准。可以预见，人工智能医疗领域的市场准入、数据共享与数据安全、责任承担等问题将极大影响产业走向，呼吁监管革新。一方面，人工智能医疗分级监管与审批已成为国际趋势，在行业发展探索阶段，对部分风险较小的细分领域加快审批速度，优先发展，有利于提供更多实践经验；另一方面，中国丰富的医疗数据资源亟待整合，加快数据平台建设实现医疗数据的结构化与标准化，构建医疗数据分享与利用机制，可能成为中国下一阶段人工智能医疗发展的重要优势。

三、合理有效的人工智能治理离不开科技人文协作

近些年来，各国对人工智能的监管及治理均在加强，这是对当今世界技术

发展趋势的积极回应,是以人文之手积极引导技术之力。人工智能有望像历史上的火种和电力一样,重塑人类生活和人类社会的未来——加速的自动化和智能化,无处不在的连接,物理与数字世界的融合,甚至人类与技术的融合。我们正在步入高度依赖技术的社会,生物层、物理层、技术层有可能融合成为三位一体。未来,包括企业在内的所有组织机构都会数字化、智能化。目前呈现的主要趋势则是无处不在的数据和算法正在催生新型的人工智能驱动的经济和社会形式。巨大潜力的背后,是不确定的风险。如前所述,人工智能在隐私、歧视、安全、责任、就业等经济、伦理和社会方面的问题正在显现,未来可能出现的通用人工智能和超级人工智能则可能带来更深远而广泛的安全、伦理等问题。

在这样的背景下,对人工智能等新技术进行更多的人文和伦理思考,就显得尤为必要且迫切。正如华裔人工智能科学家李飞飞所言,要让伦理成为人工智能研究与发展的根本组成部分。基辛格也说,面对人工智能的兴起,人们在哲学、伦理、法律、制度、理智等各方面都还没做好准备,因为人工智能等技术变革正在冲击既有的世界秩序,我们无法完全预料这些技术的影响,而且这些技术可能最终导致我们的世界所依赖的各种机器为数据和算法所驱动且不受伦理或哲学规范的约束。显然,在当前人工智能等新技术背景下,我们比历史上任何时候都更加需要"科技向善"理念,更加需要技术与伦理的平衡,以确保新技术朝着更加有利于人类和人类社会的方向发展。一方面,技术意味着速度和效率,要发挥好技术的无限潜力,要善用技术,追求效率,从而创造出更多的社会效益和经济效益;另一方面,人性意味着深度和价值,要追求人性,维护人类价值和自我实现,避免技术发展和应用突破人类伦理底线。因此,只有保持警醒和敬畏,在以效率为准绳的"技术算法"和以伦理为准绳的"人性算法"之间实现平衡,才能确保"科技向善"。而这一平衡的实现,离不开科技人文协作。因为现代科学技术与经济社会以异乎寻常的速度整合和相互建构,但其高度的专业化、知识化和技术化使圈外人很难对其中的风险和不确定性有准确的认知和判断,没有来自科学共同体内部的风险预警和自我反思,任何一种社会治理模式都很难奏效。

目前,科技人文协作主要体现在以下三层面。其一,技术人员的伦理道德教育,这是从科技中心主义向科技人文协作转变的必要基础。只有科研人员具有良好的科技伦理意识,才能避免未来出现类似之前基因编辑婴儿的人文灾难,才能确保技术人员不仅仅局限于把技术和产品研究出来,而是更多地思考他们开发的技术和产品的广泛社会影响,并对技术发展应用的潜在影响及其防范进行反思和进行预警性思考。其二,伦理道德的技术实践,即如何将公平、责任、透明、安全等伦理要求嵌入人工智能系统,从系统设计之初就确保其遵循一定的伦理价值,这在本质上是将伦理等人文要求转变为技术实践,需要不同知识背景的从业者的通力合作。其三,新的跨学科合作形式,此次人工智能发展浪潮兴起后,国内外都涌现了很多旨在推动跨学科研究和人工智能领域技术人文协作的研究机构,成为科技人文协作的典型代表;此外,科技企业内部也在构建多学科的人工智能伦理委员会,以确保人工智能技术发展应用的正确方向。总之,此次人工智能发展浪潮中,科技人文协作趋势的兴盛,表明各界已经认识到技术中心主义的局限性,即虽然技术是推动人类社会发展进步的原动力,但技术不是万能的,单凭技术不能解决所有的社会问题,而且考虑到人工智能技术的潜在颠覆性,该领域的科技人文协作,对于确保人类社会的秩序不被人工智能技术毁坏乃至颠覆,是至关重要的。2019 年各国对人工智能的监管和治理探索正是这种科技人文协作思潮在公共政策层面的反映。

四、展望:构建多层次的新技术治理体系,实现安全可信、负责任的人工智能

人工智能的健康可持续发展离不开良好治理,良好治理旨在实现安全可信、负责任的人工智能。未来人工智能技术可能变得更加强大,出现所谓的强人工智能和超人工智能。我们需要管理好比我们自身更强大(如现阶段的人工智能在某些领域已经超过了人类)的人工智能技术,最大限度地释放人工智能技术在社会、经济、环境等方面的巨大价值,并将其风险和危害控制在最低限度。未来对人工智能技术的良好治理需要着重考虑以下三点。

(一)构建多层次的治理体系,采取敏捷灵活的治理方式

多层次的治理体系比单一维度的立法和监管更能适应人工智能所具有的快速发展迭代、日益复杂化等特征。顶层的法律规范可以划定技术应用的边界。在基本理念上,立法需要避免统一的、“一刀切”式的、激进的监管方式,而应以领域细分和风险防范管理为导向,遵循包容审慎、敏捷灵活、鼓励创新等监管理念,同时考虑不同应用场景的不同影响、监管对技术和产业的影响、技术和商业可行性、企业负担等因素,采取分类分级、分阶段的方式进行适度监管。

此外,由于技术及商业模式快速发展迭代,草率的立法不可能产生正面的效果,而且成文或专门的立法恐难跟上技术步伐,故应避免过于严格和过于细致的法律要求,可以采取事后监管、事后追责等轻监管的方式。中层的行业和企业自律也将发挥重要作用,需要鼓励践行科技向善、负责任创新与研究等理

念,支持行业自律。具体而言,可以采取行业标准、自律公约、最佳实践做法、技术指南、伦理框架等敏捷灵活的治理方式来规范、引导人工智能的发展应用,实现科技向善。底层的教育和意识培养同样不可或缺,一方面需要提升社会公众的数字素养、算法素养等技术素养;另一方面需要针对技术人员和从业者开展伦理教育,使其做到自律,自觉地将伦理要求嵌入人工智能技术系统。

(二)立法和监管需充分考虑国际竞争、技术的经济社会价值等视角,推动先行先试

在当前激烈的国际竞争背景下,中国针对人工智能等新技术的立法和监管需要着重考虑国际竞争视角,避免产生阻碍、延缓技术发展应用的不利效果,削弱中国的科技和产业竞争实力。因为在全球竞争重心日益转向人工智能等新技术的大背景下,过早或过度的监管都可能削弱一国在人工智能领域的竞争力。与此同时,立法和监管还应充分考虑技术的经济社会价值,保证技术红利在经济社会发展中的最大释放,避免因偶发性的负面问题而"过度反应"或"因噎废食",从而采取应激、激进的监管措施。

此外,中国正在密集推动人工智能创新发展试验区建设,自动驾驶、5G、大数据等领域也在涌现发展示范区,人工智能与实体经济融合已成为国家重要布局;这些前沿科技领域的发展和应用落地往往需要突破既有的法律和监管壁垒。因此,有必要在这些领域出台更包容新技术的政策和立法,探索制定前瞻性规则,移除法律和监管障碍,推动先行先试,给予适度宽松的发展空间,给人工智能应用提供安全港(Safe Harbor),通过试验、测试、试点等方式加速人工智能从研发到商业落地的转变,同时,审查和调整政策、监管框架和评估机制以鼓励创新和竞争。

(三)推动人工智能治理的跨学科参与和国际合作

面向未来,人工智能等新技术的健康发展离不开技术、社科、人文等不同背景的人员的通力协作。科技行业需要从当前的技术中心主义模式转向技术人文协作模式,人工智能研究与发展需要广泛吸纳不同种族、性别、文化和社会经济阶层以及不同领域(如经济、法律、哲学、社会学、人类学、心理学等)人员的观点。监管也需要采取利益相关方共同参与的模式,广泛听取行业主体、专家和公众的意见,避免决策者与从业者脱节。此外,在当前的全球化背景下,一个可持续发展的地球也需要各国在人工智能技术、产业、伦理、治理等方面加强合作,从而让人工智能实现以人为本、包容普惠、安全可持续的发展。

智能制造领域专利侵权判定中“等同原则”的司法适用*

郭　亮** 张脐方***

【摘　要】近年来,我国智能制造领域的专利侵权案件层出不穷。研究表明,很多案件在判定过程中适用了“等同原则”,但现行法律并未对“等同原则”的适用标准作出统一规定。以65个智能制造领域专利等同侵权案例为样本,从法院审级、裁判要点、抗辩事由等角度进行文本分析,可以发现“等同原则”在该领域司法实践中,存在诸如发明专利和实用新型专利对“等同原则”的适用标准尺度是否应一致、本领域普通技术人员如何界定、如何拆分涉案技术方案的技术特征、是否应考虑步骤实施顺序对涉案专利权保护范围的限定作用等问题。法院在审理智能制造领域专利等同侵权案件时,应当在准确把握智能制造领域专利技术特点的情况下,明晰发明和实用新型专利等同适用尺度的一致性,从侵权判断主体、案件争议焦点、主要表现形式、等同原则的适用限制等方面统一适用标准,不断提高审判质量和效率。

【关键词】智能制造领域　专利侵权　等同原则

* 基金项目:重庆市人文社会科学重点研究基地——网络社会发展问题研究中心重点项目“数字经济时代知识产权资本化治理风险与法律应对”(2018skjd02);重庆邮电大学社会科学基金重点项目“基于大数据智能化的知识产权保护体制机制创新研究”(2019KZD08);重庆邮电大学人才引进基金项目“大数据时代知识产权流转中的政府与市场法律关系研究”(K2017-90)。

** 法学博士,重庆邮电大学网络空间安全与信息法学院副教授,硕士生导师。

*** 重庆邮电大学网络空间安全与信息法学院法学硕士研究生。

一、问题的提出

制造业在我国国民经济中占据着不可替代的位置。《中国制造 2025》明确提出,加快推动新一代信息技术与制造技术融合发展,把智能制造作为信息化与工业化深度融合的主攻方向。[1] 智能制造是基于新一代信息通信技术与先进制造技术深度融合,贯穿于设计、生产、管理、服务等制造活动的各个环节,具有自感知、自学习、自决策、自执行、自适应等功能的新型生产方式。[2] 智能制造技术广泛存在于制造业的各个环节,已成为世界制造业发展的一大趋势。[3] 要实现"中国制造"向"中国创造"转变,推动智能制造技术创新和产业升级,加强知识产权创造、运用、保护、管理和服务至关重要,尤其是在知识产权保护方面。习近平总书记在中央政治局第二十五次集体学习强调,创新是引领发展的第一动力,保护知识产权就是保护创新;要健全大数据、人工智能、基因技术等新领域新业态知识产权保护制度;要深化知识产权审判领域改革创新,健全知识产权诉讼制度,完善技术类知识产权审判。[4] 与传统制造领域知识产权保护不同,智能制造是数字化、网络化和智能化等的共性使能技术,制造系统的网络漏洞或将导致大量的信息及数据被窃取。因此,智能制造、互联网产业等新兴领域知识产权保护更为复杂重要。

通过检索中国裁判文书网后发现,近年来智能制造领域专利侵权案件层出不穷。在此类案例中,侵权人对权利要求书中的某些必要技术特征做非实质性的替代较为常见。因其易于突破权利要求的文义边界,有损公众对权利公示的信赖利益,法官通常运用"等同原则"而非"全面覆盖原则"进行专利侵权判定。等同原则最早可追溯至 1853 年美国联邦最高法院审理的 Winans *v.* Denmead

---

〔1〕 国务院:《国务院关于印发〈中国制造 2025〉的通知》(国发〔2015〕28 号),载中国政府网,http://www.gov.cn/zhengce/content/2015-05/19/content_9784.htm.,2020 年 3 月 20 日访问。

〔2〕 工业和信息化部、财政部:《关于印发智能制造发展规划(2016 – 2020 年)的通知》(工信部联规〔2016〕349 号),载中国政府网,http://www.gov.cn/xinwen/2016-12/09/content_5145438.htm,2020 年 3 月 21 日访问。

〔3〕 李培根、Vladimir Marik、高亮、Weiming Shen:*Editorial for the Special Issue on Intelligent Manufacturing*,载 Engineering 2019 年第 4 期,第 595 页。

〔4〕 参见习近平:《全面加强知识产权保护工作　激发创新活力推动构建新发展格局》,载中国政府网,http://www.gov.cn/xinwen/2021-01/31/content_5583920.htm,2021 年 3 月 21 日访问。

案[5]。但该案因没有明确提出"等同原则"判断标准而未能得到普遍适用。1950年的联邦最高法院审理的 Graver Tank & Mfg Co. *v.* Linde Air Products Co.案[6]确立了等同判定的"方式、功能、效果"三要素标准,至今仍被许多国家沿用。我国采取了与美国法类似的立法技术,2001年最高人民法院颁布的《关于审理专利纠纷案件适用法律问题的若干规定》(以下简称《审理专利纠纷规定》)第一次正式确立了等同原则:"等同特征是指与所记载的技术特征以基本相同的手段,实现基本相同的功能,达到基本相同的效果,并且本领域的普通技术人员无需经过创造性劳动就能够联想到的特征。"《审理专利纠纷规定》虽历经2013年、2015年、2020年三次修正,但关于等同原则的规定基本相同,即在比较权利要求书所记载的技术特征与被诉侵权物的相应技术特征过程中,关键看二者是否在"方式、功能、效果"上基本相同,且对所属领域普通技术人员显而易见。值得注意的是,我国司法实践中大都采取了适度从严把握等同侵权适用条件的政策导向,防止简单机械地适用等同侵权或者不适当扩展其适用范围。[7] 这也为后续创新和自由利用现有技术留足了空间。

我国学者围绕专利侵权案件中等同原则的司法适用问题做了比较全面深入地研究。主要聚焦四个方面:一是如何认定"本领域普通技术人员"。如易玲主张从本领域技术人员与创造性判断之发展的历史脉络入手,根据不同审查程序对能力之要求进行等级划分。[8] 二是专利等同侵权认定标准。学者们重点探讨了等同原则适用中的判断主体、判定侵权的时间标准以及法官适用等同原则需考虑的因素等问题。[9] 三是等同侵权适用的限制。张广良认为,应适度

---

[5] Winans *v.* Denmead. 56 U.S. (15how.)330,343(1853).

[6] Graver Tank & Mfg. Co. *v.* Linde Air Products Co. 339 U.S. 605(1950).

[7] 2016年最高人民法院发布《关于审理侵犯专利权纠纷案件应用法律若干问题的解释(二)》[以下简称《审理专利纠纷司法解释(二)》]第8条第2款规定:"其中与说明书及附图记载的实现前款所称功能或者效果不可缺少的技术特征相比,被诉侵权技术方案的相应技术特征是以基本相同的手段,实现相同的功能,达到相同的效果,且本领域普通技术人员在被诉侵权行为发生时无须经过创造性劳动就能够联想到的,人民法院应当认定该相应技术特征与功能性特征相同或者等同"。显然,该解释采取了更为严格的等同认定方式,在"方式、功能、效果"三要素的认定中,由"三个基本相同"修正为"一个基本相同+两个相同"。

[8] 易玲、魏小栋:《多维度视角下的"本领域技术人员"之界定》,载《知识产权》2016年第7期,第66页。

[9] 袁秀挺、王翠:《等同侵权的司法实践:原则、限制和案例——"专利等同侵权的司法认定"研讨会综述》,载《知识产权》2013年第8期,第96~100页。

从严把握等同侵权原则的适用条件,合理确定等同侵权原则的适用范围,防止等同侵权原则的过度适用,防止不适当地扩张专利权保护范围,损害公共利益。[10] 刘友华提出,应优先适用全面覆盖原则,慎用等同侵权原则,以禁止反悔原则限制等同侵权原则的适用。[11] 四是专利审判实践中等同原则的完善。等同原则的合理适用被喻为“专利诉讼中最富挑战性的难题”,不少学者已就此展开研究。多数学者认为,在等同侵权认定过程中,需要考虑各种限制条件,来平衡社会公众和专利权人之间的利益。王翀还提出,设置实体性、程序性、排除性等相应法律制度来保证等同原则在我国专利侵权纠纷审理中得以规范实施。[12]

上述研究成果表明,等同原则在专利侵权判定中显得越来越重要。但大多学者仅就一般领域专利等同侵权认定问题进行分析,并未专题论述智能制造领域专利侵权中“等同原则”司法适用问题。事实上,智能制造领域专利侵权具有一定的特殊性,对等同特征的认定需要具体问题具体分析。非智能产品专利等同侵权认定通常考察的是专利技术的组成部件、部件位置及连接关系和各个相互连接部件间的运作方式;而智能装备制造和智能产品的专利等同侵权判定,还要另行考察大数据与人工智能专利技术、智能制造设计专利技术、数字孪生与信息系统专利技术部分,以及上述技术专利侵权涉及的责权分割问题。为此,本文以中国裁判文书网收录的各级人民法院于2015年5月至2020年6月审理的65个智能制造领域专利等同侵权案例为样本,采用文本研究和实证研究的方法,分析其现状、发现其特点、挖掘其问题并提出相应完善建议,以期正确认识和把握智能制造领域专利等同侵权判定的主体、时间和范围,保障我国司法实践中等同原则的合理运用,进而推动传统制造业提档升级,助力产业数字化和数字经济发展。

二、样本的选取与初步分析

本文案例样本的选取主要基于三个因素考虑:一是所选案例涉及大数据和

---

〔10〕 张广良:《论我国专利等同侵权原则的适用及限制》,载《知识产权》2009年第5期,第32页。

〔11〕 刘友华、陈骞:《我国专利侵权判定原则及其适用研究》,载《湖南科技大学学报(社会科学版)》2014年第1期,第52~59页。

〔12〕 王翀:《论实施等同原则的体系性制度需求》,载《政治与法律》2015年第5期,第105~116页。

人工智能、智能制造设计、数字孪生和信息物理系统等智能制造领域核心关键技术[13]。二是以2015年5月19日《中国制造2025》出台至2020年6月30日五年多时间为案例检索的时间轴，就中国裁判文书网中收录的智能制造领域专利等同侵权裁判文书进行查找检索。三是以“专利侵权”“等同”等为检索关键词，辅之“法条链接法”、“案由法”和“文书分类法”，进行裁判文书的查找检索；其后，结合人工阅读筛选和法律事实归纳，对初选案例再次进行复核、分析和研判，并加以标注。案件最终选取情况如图1所示。

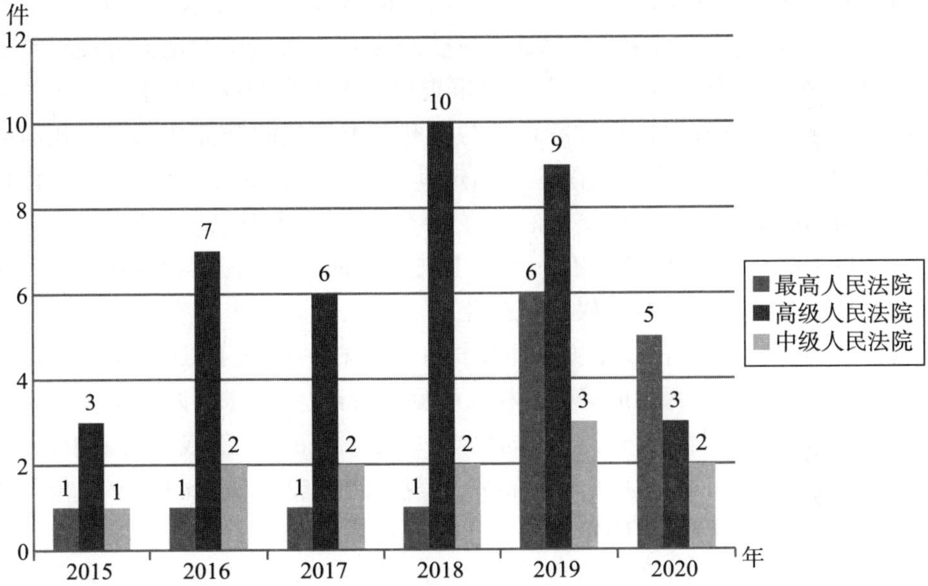

图1 智能制造领域专利等同侵权案件选取情况

显见，在所选取的裁判文书中，2015年5月至该年底、2016年、2017年、2018年、2019年、2020年1月至6月底所涉相关裁判文书分别是5件、10件、9件、13件、18件、10件。通过对上述65份裁判文书初步研究和类型化分析，笔者发现，智能制造领域专利等同侵权判定的司法适用问题主要集中在三个方面：(1)适用程序与适用尺度；(2)案件侵权判断要点；(3)“等同原则”的适用限制。梳理和具体分析这些问题，有助于我们考察智能制造领域专利侵权判定中

[13] 李培根、Vladimir Marik、高亮、Weiming Shen：*Editorial for the Special Issue on Intelligent Manufacturing*，载Engineering 2019年第4期，第595页。

“等同原则”的司法适用现状及难点,进而为完善该领域专利侵权案件中“等同原则”司法适用标准提供实证依据。

三、适用程序与适用尺度

(一)适用程序:法院能否在审理案件时依职权主动适用“等同原则”?

根据我国《专利法》,发明或者实用新型专利权的保护范围以其权利要求的内容为准,说明书及附图可以用于解释权利要求的内容。《最高人民法院关于审理侵犯专利权纠纷案件应用法律若干问题的解释(一)》(以下简称《审理专利纠纷司法解释(一)》)第7条做出进一步规定:“人民法院判定被诉侵权技术方案是否落入专利权的保护范围,应当审查权利人主张的权利要求所记载的全部技术特征。被诉侵权技术方案包含与权利要求记载的全部技术特征相同或者等同的技术特征的,人民法院应当认定其落入专利权的保护范围;被诉侵权技术方案的技术特征与权利要求记载的全部技术特征相比,缺少权利要求记载的一个以上的技术特征,或者有一个以上技术特征不相同也不等同的,人民法院应当认定其没有落入专利权的保护范围。”人民法院在审理专利侵权纠纷案件时,在已认定被诉侵权技术方案不构成相同侵权的情况下,还应当主动审查被诉侵权技术方案是否构成等同侵权。可见,现行规定要求法院在审理专利侵权案件的时候依职权主动适用“等同原则”。在选取的65份裁判文书中,由法院主动依职权考虑是否适用“等同原则”的裁判共有53件,占比81.5%;由当事人向法院明确提出构成等同侵权的有12件,占比18.5%,其中,单是2019年、2020年就各有6件和4件。这说明,一方面我国智能制造领域专利等同侵权认定与现行规定保持一致,主要是法院依职权主动适用等同原则;另一方面,由当事人主动提出被诉技术方案与涉案专利技术构成等同侵权的案件逐年增加,当事人对“等同原则”的适用比以往更有主动性。

《中国法院知识产权司法保护状况(2019)》报告显示,2019年,人民法院新收各类知识产权案件数量急剧增加,增幅突破40%;共新收一审、二审、申请再审等各类知识产权案件481,793件。[14] 知识产权案件数量剧增,但法官人数并未明显增加,若一味要求法院全部依职权主动适用“等同原则”,势必大大增加法院审判的压力。法官依职权主动认定是否存在等同侵权,极可能抹杀原被告

〔14〕 最高人民法院:《中国法院知识产权司法保护状况(2019)》,载中国法院网,https://www.chinacourt.org/article/detail/2020/04/id/5049570.shtml,2020年4月20日访问。

针对等同侵权进行举证的机会，违背诉讼双方当事人地位平等和诉讼程序公正的原则，不利于法院作为中立者进行裁判。更何况，在智能制造领域专利等同侵权判定中，还需比对工业互联网、智能传感器、分析技术、人工智能等较复杂的技术方案，并结合具体案情灵活准确适用，这对法官自身来说无疑是一大挑战。

从 Warner-Jenkinson Co.，Inc. *v.* Hilton Davis Chemical Co. 案〔15〕可以看出，美国法院在进行专利等同侵权判定时采取的是法院依职权主动适用和当事人依申请适用相结合的程序。法院“在适用等同原则之前会进行衡平考量，但是最终法官是否进行等同侵权方面的审查，还要看专利权人是否主张了等同侵权，一旦专利权人提出主张，法官就要审查等同侵权是否成立。”〔16〕笔者认为，我国可以借鉴美国经验完善智能制造领域“等同原则”的司法适用程序，规定以当事人主动提出案件构成等同侵权为原则，法院主动适用为例外。法院在审理智能制造领域专利等同侵权案件前，明确告知原告方可以在起诉状中说明涉案专利构成等同侵权及其原因，被告方可以在答辩状中提出不构成等同侵权的答辩意见，进而为法官判定提供参考依据，减轻法官审判压力，提高诉讼效率。

（二）适用尺度：发明专利和实用新型专利对“等同原则”的适用标准尺度是否应一致？〔17〕

“等同原则”的判定标准具有模糊性，法官自由裁量空间很大。发明和实用新型专利对“等同原则”的适用标准尺度是否应一致，在司法实践中并未达成共识。2013 年，在上海市高级人民法院和同济大学共同主办的“专利等同侵权的司法认定”研讨会上，时任江苏省高级人民法院民三庭庭长宋健指出：法官应该从专利的类型、权利要求的撰写、技术特征是否为发明点所在、专利文献给出的技术启示大小等四个方面考虑等同特征认定的宽严尺度问题，对实用新型专利等同原则的适用要更加谨慎。原国家知识产权局条法司司长尹新天则主张，不能先入为主地依据发明专利与实用新型专利这一专利的类型对等同特征作出

〔15〕 Hilton Davis Chemical Co.，62F. 2d1512（Fed. Cir. 1995）.

〔16〕 袁秀挺、王翠：《等同侵权的司法实践：原则、限制和案例——“专利等同侵权的司法认定”研讨会综述》，载《知识产权》2013 年第 8 期，第 96～97 页。

〔17〕 由于外观设计专利不能适用等同原则，本文仅对智能制造领域涉及的发明专利和实用新型专利等同侵权认定问题进行分析。

较宽或者较严的认定,合理做法应是对案件中所涉及的专利技术进行具体分析。[18]

笔者认为,在智能制造领域专利等同侵权判定中,对发明专利和实用新型专利等同特征的认定标准应采取统一的宽严尺度。其理由如下:第一,"等同原则"在智能制造领域发明和实用新型专利侵权案件中的适用均非常广泛。在本文选取的65个案例样本中,有38个案例涉及发明专利,有27个案例涉及实用新型专利。伴随"互联网+"时代到来,智能制造领域市场更新频次更快、技术生命周期更短,实用新型大幅增长。若对实用新型专利的等同特征一概认定较严,可能与知识产权保护的实际需求不符。第二,智能制造领域实用新型的价值并不一定就比发明专利小,尤其是那些经过了专利权宣告无效程序后依然存活下来的实用新型。通常地,发明专利创新程度更高、稳定性更强、市场价值相对较大,但在智能制造领域或许并非如此。实用新型专利具有"短、平、快"的优势,在"时间就是效益"的背景下,不少更新换代快但具有较高价值的智能装备和产品也采取实用新型专利保护,从而在日渐白热化的市场竞争中取得了较优势地位。第三,从专利文献中披露的发明点最终实现之效果来考虑技术特征等同的宽窄不科学。实用新型的创造性标准在立法上低于发明专利,但技术方案中解决创造性问题的发明点并不易确定,不同的对比文献,发明点往往并不一样。相反,智能制造领域专利通常具有多实施场景的特点,若不能在撰写权利要求时充分考虑侵权场景,即便获得了发明专利权,也很难在维权过程中切实保护专利权人利益。综上,在智能制造发明和实用新型专利等同侵权案件审理中采取宽严不一的判定尺度不公平、不合理,有违专利法立法目的,不利于激励和保护创新。

四、案件侵权判断要点

在65份裁判文书中,有40份裁判文书认定被控技术方案落入涉案专利权保护范围,构成侵权;有25份裁判文书认定被控技术方案未落入专利权保护范围,不构成侵权。判决理由多种多样,包括不构成技术要素的简单替换、发明、证据不足、现有技术抗辩成立等。案件判决情况如表1所示。

---

〔18〕 袁秀挺、王翠:《等同侵权的司法实践:原则、限制和案例——"专利等同侵权的司法认定"研讨会综述》,载《知识产权》2013年第8期,第97页。

表1 案件判决情况统计

判决结果	判决理由数据分布		
		数量/件	全部样本案例比值/%
构成侵权	落入专利权保护范围	40	61.5
	已知的常用技术要素的简单替换	28	43.1
	方法步骤顺序的简单变化	6	9.2
	技术特征的分解或者合并	4	6.1
	产品部件位置的简单移动	2	3.1
不构成侵权	未落入专利权保护范围	25	38.5
	不构成技术要素的简单替换	15	23.1
	变劣发明	5	7.7
	证据不足	2	3.1
	现有技术抗辩成立	3	4.6
总计		65	

(一)侵权判断主体:本领域普通技术人员

根据《审理专利纠纷规定》和《审理专利纠纷司法解释(一)》〔19〕,法院在进行专利等同侵权判断时,要从本领域普通技术人员〔20〕的理解角度出发来解释权利要求书的内容。可见,本领域普通技术人员是判断被控侵权技术特征是否构成等同的主体。“本领域普通技术人员”一词最早源于美国联邦最高法院审理的 Earle 案,但比较正式的定义出现在 Hotchkiss 案。在该案中,本领域技术

〔19〕《最高人民法院关于审理侵犯专利权纠纷案件应用法律若干问题的解释(一)》第 2 条规定:人民法院应当根据权利要求的记载,结合本领域普通技术人员阅读说明书及附图后对权利要求的理解,确定专利法第 59 条第 1 款规定的权利要求的内容。第 3 条规定:人民法院对于权利要求,可以运用说明书及附图、权利要求书中的相关权利要求、专利审查档案进行解释。说明书对权利要求用语有特别界定的,从其特别界定。以上述方法仍不能明确权利要求含义的,可以结合工具书、教科书等公知文献以及本领域普通技术人员的通常理解进行解释。

〔20〕我国立法中首次出现“本领域普通技术人员”的概念,是 1984 年《专利法》第 26 条规定:说明书应当对发明或者实用新型作出清楚、完整的说明,以所属技术领域的技术人员能够实现为准,其采用的对应概念为“所属技术领域的技术人员”。在 1992 年、2000 年、2008 年和 2020 年的专利法四次修订中,关于“本领域普通技术人员”的内容没有变化。

人员被界定为“熟练技术工”,具备了“所有现有技术知识”。[21] 我国2020年版《专利审查指南》第二部分第四章第2.4节如是规定:“所属技术领域的技术人员,也可称为本领域的技术人员,是指一种假设的‘人’,假定他知晓申请日或者优先权日之前发明所属技术领域所有的普通技术知识,能够获知该领域中所有的现有技术,并且具有应用该日期之前常规实验手段的能力,但他不具有创造能力。如果所要解决的技术问题能够促使本领域的技术人员在其他技术领域寻找技术手段,他也应具有从该其他技术领域中获知该申请日或优先权日之前的相关现有技术、普通技术知识和常规实验手段的能力。”由是观之,“本领域技术人员的认定涉及因素众多,不只局限于其‘自身素质’,还要观察客观环境,更不应简单解释为任何实际之人,以免增加主观因素干扰,也不能盲目选择其认定标准,因为这将直接影响一个国家创新的积极性。”[22]

即便如此,在法院审理侵犯智能制造领域专利权纠纷案件时,如何清晰合理地界定“本领域普通技术人员”也并非易事。从梳理的65件裁判文书看,法院在判断智能制造领域技术特征是否符合“以基本相同的手段,实现基本相同的功能,达到基本相同的效果”三要素标准时,均是依据本领域普通技术人员的通常理解,但法官与当事人对“本领域普通技术人员”的资格认定范围仍存在一定分歧。造成这种分歧的原因有两个:一是法律法规、司法解释与规范性文件对“本领域普通技术人员”的规定不一。《专利法》《专利法实施细则》《专利审查指南》等采用了“所属技术领域的技术人员”的表述,而司法解释及相关判决、学术著作仍采用“本领域普通技术人员”。后者多了“普通”二字,意味着排除了具备预测本领域技术发展方向的能力或者不具备判断本领域显而易见性的技术能力的那一部分技术人员。二是对“本领域普通技术人员”的规定缺乏操作性。尽管《专利审查指南》对“本领域普通技术人员”概念已初步设立“知识”和“能力”两个统一的客观标准,一定程度上避免了审查、审判过程中审查员和法官主观性造成的偏差,但仍无法对“能力”或“技能水平”进行精确度量,进而导致在判断技术特征是否构成等同时出现了认定标准尺度的不统一。因此,有学者质疑道:“本领域普通技术人员”的技能水平应以何日期为界?何谓“本领

---

[21] 张小林:《论专利法中的“本领域普通技术人员”》,载《科技与法律》2011年第6期,第22~29页。

[22] 易玲、魏小栋:《多维度视角下的“本领域技术人员”之界定》,载《知识产权》2016年第7期,第66页。

域”？前述等同原则适用规则中的“联想”如何理解？如何确定“普通技术人员”的技能尤其是“能力”水平？有哪些具体考虑因素？〔23〕

笔者认为，立法和司法上应明确统一概念，用“本领域普通技术人员”取代更加含混其词的“所属技术领域的技术人员”；本领域普通技术人员的技能水平应当以专利申请之日判断。判断本领域普通技术人员的能力时，应重点判断该领域一般技术人员的普通教育程度和工作年限、拥有普通的研发条件和积极性（时间、精力的投入），以及对所从事研发生产活动的平均认知水平。就智能制造领域而言，该领域普通技术人员的主体资格评定还需结合智能制造领域的技术特点、技术路径、技术趋势、产业发展等多重因素综合考量。

（二）案件争议焦点：是否落入专利权保护范围

在专利等同侵权审判实践中，被控侵权技术方案是否落入涉案专利权的保护范围是案件争议的焦点，其核心关键问题又是如何准确拆分涉案技术方案的技术特征。但法律和司法解释均未对如何拆分涉案技术方案的技术特征做出明文规定。另外，在审理方法专利等同侵权案件时，是否应考虑步骤实施顺序对涉案专利权保护范围的限定作用，理论界和实务界亦未达成共识。若不解决好上述两个问题，极可能导致不同的判决结果，影响司法公信力。

与第一个问题相关的样本案例是“苏州某机械设备有限公司诉东莞市某金品机械有限公司案”〔24〕，涉案专利名称为“一种全自动机械式高速插针机”。一审法院认为，被诉产品包含涉案专利权利要求 1 的全部技术特征，落入涉案发明专利权的保护范围。理由是：第一，涉案专利采用的一边固定、一边活动的夹头与被诉产品采用的两边均可活动的夹头都是通过两个夹头的相对移动将钢针夹紧，以实现将钢针插入 PCB 板的目的，两种技术方案在目的、功能、效果上基本相同，都是本领域常规技术手段，属于等同技术特征。第二，关于抵压杆和折弯头，在左右切刀将钢线切断形成钢针后，涉案专利采用“抵压杆与固定夹头和活动夹头配合固定夹紧钢针插入 PCB 板”的技术方案，被诉产品采用的技术方案是，由夹头带动钢针下行，而折弯头随夹头一起下行，并由后向前运行，运行至夹头夹持部的上端面时抵冲钢针使之折弯成“「”形，此后折弯头与夹头保持相对固定位置继续下行，直至钢针插入到 PCB 板。可见，折弯头在完成

---

〔23〕 张小林：《论专利法中的“本领域普通技术人员”》，载《科技与法律》2011 年第 6 期，第 28 页。

〔24〕 苏州利建利机械设备有限公司、东莞市一川金品机械有限公司侵害发明专利权纠纷案，福建省高级人民法院民事判决书，（2019）闽民终 447 号。

折弯动作后一直位于夹持部的上端面,与涉案专利的抵压杆同样属于“配合固定夹紧钢针插入PCB板”,两者构成技术等同。二审中,福建省高级人民法院审理后认为,涉案专利要求固定夹头、活动夹头及抵压杆的端部均必须与剪切空间有比较密切的关系。而被诉侵权产品的切刀座在活动夹头、折弯及抵压装置的上方,活动夹头、折弯及抵压装置与切刀座和切刀形成的裁剪空间没有任何关系,左右活动夹头、折弯及抵压装置相互配合将钢针插入PCB板中是在该裁剪空间下方进行的。因此,被控侵权技术方案中剪切空间的改变导致被诉侵权产品缺乏涉案专利权利要求1中所述的“固定夹头、活动夹头及抵压杆的端部均落入所述裁剪空间中”这一技术特征,因此不构成侵权。本案中,一审和二审法院的法官做出的判决结果截然相反,归根结底就是一审和二审法官对如何拆分涉案技术方案的技术特征存在不同的理解和认识。对权利要求书中技术特征应以最小技术单位来拆分,还是应以独立技术单元为依据进行拆分,学术界存在分歧。欧修平法官支持后者观点。[25] 笔者认为,对于智能制造领域专利而言,涉及的技术特征包含机械制造技术、感知技术、自动控制技术、电路技术等诸多内容,若以第一种拆分方式来划分技术特征,则程序较为复杂烦琐;但若以第二种方式拆分,则其技术特征更具针对性,方便法官结合智能制造领域专利技术特征进行分析对比,从而得出是否构成等同侵权的判断。

与第二个问题相关的样本案例是“深圳市某物联网技术有限公司诉贵州某科技有限公司案”,[26] 涉案专利名称为“一种密码锁防伪瓶盖的对码生产方法”。一审法院认为,涉案专利为涉及新产品制造方法的发明专利,被诉侵权方法与涉案专利相比较多2项技术特征,有6项必要技术特征相同,有1项必要技术特征等同,故被诉侵权方法全面覆盖涉案专利,落入涉案专利的保护范围。二审法院认为,涉案专利权利要求1的技术特征包含七个主要步骤,结合说明书记载的涉案专利的发明目的、采用的技术方案以及所要达到的技术效果等内容,可以确定涉案专利要解决的技术问题是将防伪编码与锁体密码进行一一对应绑定,对码扫描步骤即“对标牌上的编码与锁体密码进行对应扫描”是涉案专利的核心步骤,其他步骤均是确保该步骤的编码与密码准确对应。涉案专利并无按特定顺序实施的限定,被诉侵权方的对码扫描方法的先后顺序即使与涉案

---

〔25〕 欧修平:《专利侵权判定新问题探讨》,载《人民司法》2010年第15期,第94页。

〔26〕 深圳市华美龙物联网技术有限公司诉贵州卓霖科技有限公司侵害发明专利权纠纷案,最高人民法院民事判决书,(2018)最高法民再63号。

专利不同，两者所采取的技术手段、实现的功能和达到的效果上实质并无差异，故该对应技术特征相同。再审法院认为，根据涉案专利权利要求1记载，其保护的是“一种密码锁防伪瓶盖的对码生产方法，其特征在于包括以下步骤”，其步骤(1)为密码锁检验，步骤(2)为密码锁打乱分组，即将已经检验好的多箱锁体摆放整齐，从摆好的箱子里每一箱捡一个锁体放在分组箱里，故步骤(1)(2)之间有先后顺序的要求；同样，步骤(3)(4)之间的先后顺序也是明确的。因此，某科技有限公司关于涉案专利并无按特定顺序实施的限定的主张不能成立，原判决未考虑步骤实施顺序对涉案专利权保护范围的限定作用，认定被诉侵权方法落入涉案专利权的保护范围，结论有误。由是观之，一审、二审与最高人民法院再审判决的分歧点在于，是否应考虑权利要求书中的步骤实施顺序对涉案专利权保护范围的限定作用。在方法发明专利中，各步骤之间的顺序关系对于专利保护范围的确定至关重要。即使权利要求的文字上没有明确限定，法院也应当考虑步骤实施顺序对涉案专利权保护范围的限定作用。因为只有合理界定权利要求的范围，使其既不会过宽也不会过窄，才能在专利权人与社会公众间寻求最佳的利益平衡。

(三)主要表现形式：已知的常用技术要素的简单替换

由表1可见，是否构成“已知的常用技术要素的简单替换”是判定智能制造领域专利等同侵权的最常见形式，约占65件样本案例中的43.1%。国家知识产权局于2014年7月发布的《专利侵权判定和假冒专利行为认定指南(试行)》规定：“已知的常用技术要素的简单替换是指若被控侵权技术方案用本领域技术人员容易想到的已知的常用技术要素替代专利权利要求中的相应技术特征，同时，替换后其功能和效果也基本相同，则应认定二者为等同特征。”〔27〕常用技术要素的简单替换是一个带有技术性特征认定的概念，实践中通常认为常用技术要素属于本领域常规技术方式或者技术常识。

在样本案例“圣某尼(上海)针织机器有限公司诉浙江叶某针织机械有限公司侵害发明专利权纠纷案”〔28〕中，一审法院浙江宁波中级人民法院认为：被诉侵权技术方案对应的技术特征，是通过下部整体沿倾斜轨道平行向下移动，下

〔27〕 国家知识产权局：《专利侵权判定和假冒专利行为认定指南(试行)》(国知发管字〔2014〕42号)，载国家知识产权局网，https://www.cnipa.gov.cn/col/col2139/index.html，2020年5月20日访问。

〔28〕 圣东尼(上海)针织机器有限公司诉浙江叶晓针织机械有限公司侵害发明专利权纠纷案，最高人民法院民事判决书，(2019)最高法知民终33号。

部运动轨迹和垂向主轴线之间始终保持平行,使管状体开口位置下降来实现吸进长袜的功能;两者不属于已知的常用技术要素的简单替换,未落入涉案专利权的保护范围。二审最高人民法院判决驳回上诉,维持原判。其主要理由是:从手段来看,争议特征的具体实现方式是通过电机驱动下部移动装置的丝杆与滑块转动配合,带动所述下部组件沿导轨运动实现的,而权利特征是通过电动机与螺纹杆构成的线性致动器带动下部的支承框架绕水平轴线旋转的方式实现的,两者并非仅仅是倾斜或平移两种方式的简单替换和选择。争议特征的实现需要不同部件的相互配合,且需要本领域普通技术人员付出一定的创造性劳动,故两者采用的技术手段存在较大区别,不属于基本相同的技术手段。

本案中,最高人民法院在对涉案专利与被控技术方案是否构成"已知的常用技术要素的简单替换"的侵权比对时,主要基于争议特征在整个技术方案中所起的作用、争议特征的具体技术实现方式进行判断。这一做法值得肯定。技术手段是否基本相同是等同判断的考察起点和基础,在手段不构成基本相同的情况下,即使实现的功能和效果基本相同,也无法构成等同。因此,在判断是否构成"已知的常用技术要素的简单替换"时,首要举措就是判断是否构成"基本相同的技术手段"。具体而言,一是准确把握独立技术单元与整个专利技术方案之间的联系;在进行独立技术单元比对时,既看该技术单元是否构成已知的常用技术要素的简单替换,也关注该技术单元在整个专利技术方案中所起的作用、功能、原理。二是基于促进社会创新、技术进步之考虑,若被控侵权技术方案较之涉案专利更具有实用性,即便有相似的手段,达到了近似的效果,也可酌情认定不构成等同侵权。

五、"等同原则"的适用限制

在审理专利侵权案件时适用"等同原则",旨在防止侵权人对公开的专利技术进行非实质性改变而侵犯专利权人的利益,损害专利权的排他性,破坏技术革新;[29]但必须正视的是,该原则的司法适用,势必将专利权保护范围扩大到权利要求书字面限定的范围之外,极可能影响其他发明人从事改进式创新的积极性。故理论界和实务界都主张对"等同原则"的适用进行限制。我国现行法律已明确规定了"全面覆盖原则""禁止反悔原则""现有技术抗辩原则""捐献

[29] 胡淑珠:《判定专利侵权的等同原则在我国审判实践中的适用与限制》,载《法学》2006年第8期,第153页。

原则”等作为“等同原则”的限制规则。对 65 个样本案例进行梳理后发现,有 20 个案例的被诉侵权人提出了侵权抗辩,主张不构成等同侵权。其中,基于“现有技术抗辩”的有 16 件,抗辩成立的仅占全部样本案例的 6.1%,被驳回的案件有 12 件,占比 18.5%;基于“禁止反悔原则”抗辩的有 4 件,没有一件抗辩成立,如表 2 所示。

表 2 被诉侵权人提出的侵权抗辩理由统计

抗辩理由	裁判结果		
		数量/件	全部样本案例比值/%
现有技术抗辩	抗辩成立,不构成等同侵权	4	6.1
	抗辩被驳回,构成等同侵权	12	18.5
禁止反悔原则	抗辩成立,不构成等同侵权	0	0
	抗辩被驳回,构成等同侵权	4	6.1
总计		20	30.5

在 65 个样本案例中,现有技术抗辩对等同原则的适用限制占了绝大多数,限于篇幅,下文仅以“现有技术抗辩”为例,分析智能制造领域专利等同侵权抗辩中的难点问题。

现有技术抗辩是被告用于阻止专利权人行使请求权,免除其侵权责任的一种抗辩权。美国在 Wilson 案[30]中确立了在适用“等同原则”时应将现有技术排除在外的规则。我国《专利法》第 67 条规定:“在专利侵权纠纷中,被控侵权人有证据证明其实施的技术或者设计属于现有技术或者现有设计的,不构成侵犯专利权。”判断被控侵权技术是否“属于”现有技术时,理论界和实务界形成了新颖性标准说、创造性标准说、明显近似标准说、相同或等同标准说等不同观点。新颖性标准将现有技术抗辩成立的范围限制在与现有技术相比无新颖性的较小范围内;创造性标准需要将被控侵权技术与几项现有技术对比,显得过于复杂,两者均不太适合我国国情。《审理专利纠纷司法解释(一)》将现有技术定义为“与一项现有技术方案中的相应技术特征相同或者无实质性差异的”。笔者认为,此处的“无实质性差异”在实践中可以参照相同或等同标准掌握。现有技术抗辩的实质并非否定专利权的效力,而是通过审查被控侵权技术或产品

〔30〕 See 498 U. S. 992,111S. Ct. 537,112L. Ed. 2d 547,59U. S. L. W. 3392(1990).

与现有技术之间的关系来否定等同原则的适用。

由表 2 可见,在审理智能制造领域专利等同侵权纠纷案件时,现有技术抗辩的成功率并不高。要解决这一难题,首先要明确专利等同侵权判定中涉及的技术比对顺序。徐家立、[31]朱旭云[32]等学者认为,应先进行被控技术方案与现有技术比对,再进行侵权对比。司法实践中则往往相反,如江苏某智能科技股份有限公司与广州某演艺设备有限公司侵害发明专利权纠纷案[33],当法院已判定涉案两个技术方案构成侵权而当事人又未提出抗辩时,法院则直接判定侵权。笔者赞同前者。因为在法律并未对审查顺序做出明确规定的情况下,优先审查现有技术抗辩更能简化审判流程,提高诉讼效率,激发被控侵权人提出侵权抗辩的积极性。如果一项现有技术与被控侵权技术完全一致,则现有技术抗辩成立。如果被控侵权技术与现有技术存在差异,但差异仅仅是"惯用手段的直接置换(如螺栓换成螺钉)"或"所属技术领域的公知常识"等,也应认定现有技术抗辩成立。既然现有技术抗辩成立,则无需再将被控侵权技术与涉案专利技术进行比对了。

其次,要明确现有技术抗辩证据类型及其证明的证明力。对于被诉侵权人现有技术抗辩的证据材料,需要在证据形式上符合真实性、合法性和关联性的要求,才能被用作认定为案件事实。符合证据法上"三性"的现有技术应当处于公开状态,包括出版物公开、使用公开和以其他方式公开三种形式,均无地域限制。在提出现有技术抗辩的 16 个样本案例中,被诉侵权人提供了公证书、产品实物等一系列证据。如肇庆市某实业有限公司诉深圳市某磁浮科技发展有限公司侵害发明专利权纠纷案中,被告将公开发表的期刊论文作为现有技术抗辩的证据,并提交了两份比对文件[34];另一个案例则直接提交了一份美国专利申请文件作为证据[35]。法院在审查当事人提供的证据时,应充分考虑当事人的举

[31] 徐家力:《现有技术抗辩的司法适用顺序》,载《暨南学报(哲学社会科学版)》2017 年第 8 期,第 21 页。

[32] 朱旭云:《也谈现有技术抗辩的适用——从现有技术抗辩法律制度本源出发》,载《知识产权》2011 年第 7 期,第 30 页。

[33] 江苏领焰智能科技股份有限公司与广州非蓝演艺设备有限公司侵害发明专利权纠纷案,广东省高级人民法院民事判决书,(2019)粤知民终 110 号。

[34] 肇庆市衡艺实业有限公司诉深圳市宏泰磁浮科技发展有限公司侵害发明专利权纠纷案,广东省高级人民法院民事判决书,(2018)粤民终 1302 号。

[35] 斯平玛斯特有限公司诉广州市亲子企鹅智能科技股份有限公司侵害实用新型专利权纠纷案,最高人民法院民事判决书,(2019)最高法知民终 164 号。

证能力和对存疑点的合理解释,综合市场已有物品的现状、标注的生产者名称及联系方式、相关证人证言、广告等进行综合判断,最终确定证据的证明力。

最后,要明确现有技术抗辩的审查内容。一是明确该产品是否落入涉案专利权的保护范围。应当在专利保护范围内就每项技术特征进行逐个比对,而不能单从技术方案整体进行判定。二是明确审查其是否与现有技术方案相应技术特征构成相同或无实质性差异。"承担现有技术抗辩的举证责任方是被控侵权方,当进行技术比对时,被控侵权技术方案的所有技术特征都应被现有技术所披露。"[36]故主要判断这种差异是否属于本领域技术人员在被诉侵权行为发生时无须进行创造性劳动就能联想到的细微改变,或者仅仅属于几项现有技术的简单叠加。如果"是",那么这种差异就应被认定为无实质性差异,现有技术抗辩成立。

六、结语

通过对我国智能制造领域专利等同侵权案例进行实证分析,不难发现,在适用程序方面,我国法院主要依自由裁量权主动适用"等同原则",而不依当事人申请为适用前提;在案件判断要点方面,法官对作为专利等同侵权判断主体的本领域普通技术人员的理解上存在分歧,对如何拆分涉案技术方案的技术特征、是否应考虑步骤实施顺序对涉案专利权保护范围的限定作用亦未达成共识;在等同原则的适用限制方面,现有技术抗辩是当事人较常用的抗辩事由,但抗辩成功率、适用率较低。

知识产权本质上是私权,司法保护是知识产权保护的主导性力量。提高知识产权司法保护的力度和水平,破知识产权审判之难题,有助于保护创新成果、激发创新活力,进而推动创新驱动发展战略和知识产权强国战略的并行实施。在这一过程中,司法机关应立足本职,找准角色定位,发挥应有的作用。就智能制造领域专利等同侵权案件审理而言,应当在现有法律与实践基础上,统一智能制造领域专利侵权判定中"等同原则"的适用标准,不断提高知识产权审判质量和效率,提升司法公信力。

---

〔36〕 余兵、东莞市索迪星电子科技有限公司侵害实用新型专利权纠纷案,广东省高级人民法院民事判决书,(2018)粤民终891号。

政法智能化战略的认识论、方法论、实践论探析

金鸿浩[*]　唐万辉[**]

【摘　要】“工欲善其事，必先利其器”。政法智能化建设具有基础性、战略性、全局性特征，是当前政法机关贯彻习近平法治思想，落实国家网络强国战略、数字中国战略要求的重要工作；是政法机关服务全面建成小康社会、全面深化改革、全面依法治国、全面从严治党“四个全面”战略布局的新时代方法论，包括“加减乘除”多种方式。在政法智能化建设中，应当始终明确服务对象、科学选择技术路线，构建项目规范体系，重视日常维护升级，为全面依法治国插上“科技的翅膀”。

【关键词】政法智能化　智慧政法　司法改革　认识论　方法论

当前，政法智能化已经上升为全国政法机关的重大战略，凝聚着全国数百万政法干警的政治智慧、法律智慧和科技智慧。如何准确认知理解政法智能化的战略内涵，善于应用政法智能化的手段方法，科学推进政法智能化的工作实践，是事关政法工作现代化水平，乃至全面依法治国成效的关键问题。有必要对政法智能化战略的认识论、方法论、实践论进行总结与探讨。

一、政法智能化战略的认识论

在马克思主义哲学中，工具被视为人之所以为人的重要标志之一，马克思

* 清华大学法学院博士后，国家检察官学院刑事检察教研部讲师、高级工程师。

** 黑龙江省大庆市让胡路区检察院政治部主任。

曾指出“制造和使用工具,就是人最显著的特点”。[1] 生产工具突出体现了生产力水平的变化,从而推动了历史的发展,因为“各种经济时代的区别,不在于生产什么,而在于怎样生产,用什么劳动资料生产”。[2] 毛泽东主席《在八届二中全会上的讲话》中也指出“生产力有两项,一项是人,一项是工具。工具是人创造的”。邓小平同志更是提出了“科学技术是第一生产力”的观点。

工具与法律是非常值得研究的一个领域。一方面,法律本身是治理国家的一项工具(作为工具的法律),法律是统治阶级为了实现统治并管理国家的目的,经过一定立法程序,所颁布的基本法律和普通法律,是统治阶级意志的体现,是国家的统治工具;另一方面,法律实施也需要大量的工具,如侦查机关的侦查工具、公诉机关的公诉工具、审判机关的审判工具等,中国古代衙门的威武棒、惊堂木、签筒、印盒都属于这类工具。

第四次科技革命以来,信息技术成为全新的重要生产力,并仍具有极大发展潜力。在硬件领域,“摩尔定律”自 1965 年提出以来连续半个世纪持续发挥作用,当价格不变时,集成电路上可容纳的元器件数目约每隔 18 ~ 24 个月便会增加一倍,性能也将提升一倍。20 世纪 80 年代以前普遍采用的大型主机和哑终端,在 80 年代中期后被个人计算机和通过互联网、城域网、局域网连接的分散服务器所取代。近十年以来,移动互联网、云计算、大数据等新一代信息技术方兴未艾,在“网络互联的移动化和泛在化、信息处理的集中化和大数据化、信息服务的全面化和个性化”等关键领域实现技术升级。人类世界的数据总量从 2011 的 1. 8ZB,到 2015 年达到 8. 61ZB,年均增长率约为 47. 89% 。当代,人工智能正在成为信息技术的未来发展方向。

随着时代的变化,法律实施的工具也在俱进。“道高一尺,魔高一丈”,特别是近代以来,科技的快速发展,犯罪工具的不断更新,也倒逼着法律实施工具的科技创新。例如,反间谍侦查工作中的无线电侦听工具,网络犯罪侦查工作中的电子证据取证工具,刑事执行工作中的“电子栅栏”工具等。法律实施不局限在具体的某项工作之中,而是贯穿政法机关(侦查机关、检察机关、审判机关、司法行政机关、国家安全机关)的办案、管理、服务、决策的全部领域、全部层级和全部过程。因此,打造法律实施的先进工具也必然是一项全面的系统工程,是新时代政法机关与时俱进的战略选择。

---

〔1〕《马克思恩格斯选集》(第一卷),人民出版社 1995 年版,第 57 页。

〔2〕《列宁选集》(第二卷),人民出版社 2012 年版,第 715 页。

政法智能化战略正是在这样的背景下提出的,它既是党中央、国家重要思想、重大战略的组成部分,是中央政法工作的关键举措;也是顺应潮流,主动融合,探索创新将第四次科技革命以来,新一代人工智能技术在政法工作中的全方面应用。

(一)政法智能化战略是习近平新时代中国特色社会主义思想的组成部分

近年来,党中央高度重视政法信息化、智能化建设。在党的十九大报告中,59 次提到“创新”,17 次提到“科技”,4 次提到“信息化”。明确提出“创新是引领发展的第一动力,是建设现代化经济体系的战略支撑”。明确要求“突出关键共性技术、前沿引领技术、现代工程技术、颠覆性技术创新,为建设科技强国、质量强国、航天强国、网络强国、交通强国、数字中国、智慧社会提供有力支撑”。科技强国战略、网络强国战略、数字中国战略、智慧社会战略出现在党的最高文件之中。

习近平总书记高度重视现代科技在各项工作的推动作用。2018 年 4 月 21 日,总书记在全国网络安全和信息化工作会议上强调,“信息化为中华民族带来了千载难逢的机遇。我们必须敏锐抓住信息化发展的历史机遇”,“要加强党中央对网信工作的集中统一领导,确保网信事业始终沿着正确方向前进。各地区各部门要高度重视网信工作,将其纳入重点工作计划和重要议事日程,及时解决新情况新问题”。2018 年 9 月 17 日,习近平总书记在世界人工智能大会的贺信上指出“新一代人工智能正在全球范围内蓬勃兴起,为经济社会发展注入了新动能,深刻改变人们的生产生活方式”,“中国正致力于实现高质量发展,人工智能发展应用将有力提高经济社会发展智能化水平,有效增强公共服务和城市管理能力”。

具体到政法工作领域,2017 年以来,习近平总书记三次对政法智能化战略作出重要指示,并作为政法智能化战略的根本遵循和实施方向。

第一次是 2017 年 7 月,习近平总书记对司法体制改革作出重要指示,提出“要遵循司法规律,把深化司法体制改革和现代科技应用结合起来,不断完善和发展中国特色社会主义司法制度”。明确“司法体制改革”和“现代科技应用”是司法工作创新发展的两大动力,如“鸟之两翼”“车之双轮”。

第二次是 2018 年 1 月,习近平总书记对政法工作作出重要指示,提出“推进平安中国、法治中国建设,加强过硬队伍建设,深化智能化建设,严格执法、公正司法”。智能化建设成为全国政法机关继平安中国建设、法治中国建设、过硬队伍建设后的第四大建设任务。

第三次是2019年1月,习近平总书记在出席中央政法工作会议并发表重要讲话时指出,“推动大数据、人工智能等科技创新成果同司法工作深度融合”,“全面提升政法干警的法律政策运用能力、防控风险能力、群众工作能力、科技应用能力、舆论引导能力”。明确人工智能、大数据、云计算等技术在构建“智慧政法”体系的关键作用,同时将科技应用能力纳入全国政法机关队伍建设和教育培训的重点内容。

2018年5月3日,中央政治局委员、中央政法委书记郭声琨同志在中央党校“政法领导干部专题研讨班”上,具体列举十五个方面,其中第十三个方面就是“坚持把智能化建设作为重要支撑,提高政法工作现代化水平”。第九个方面也要求“提高社会治理智能化水平”。政法智能化战略已经成为习近平新时代中国特色社会主义思想的重要组成部分,并发挥着重要的理论指导作用。

(二)政法智能化战略是国家网络强国战略、数字中国战略的主要单元

改革开放以来,1979年至2019年的《政府工作报告》中出现科技(663次)、网络(86次)、互联网(53次)、信息化(43次)、智能(20次)、数据(16次)。其中八次提到“电子政务”。要求“加快政府管理信息化建设,推广电子政务,提高工作效率和监管有效性”(2002年),“加强电子政务建设,增强政府工作透明度,提高政府公信力”(2005年),以及“推广电子政务和网上办事”(2015年)。

2016年《中华人民共和国国民经济和社会发展第十三个五年(2016-2020年)规划纲要》正文中,出现网络(106次)、科技(52次)、数据(42次)、互联网(33次)、智能(24次)、信息化(15次)。全文二十篇八十章中,第二十五章明确“构建泛在高效的信息网络”任务,第二十六章明确“发展现代互联网产业体系”任务,第二十七章明确“实施国家大数据战略”任务,第二十八章明确“强化信息安全保障”任务,互联网相关内容占到规划纲要5%左右的篇幅。

具体到政法信息化方面。2016年国务院《“十三五”国家信息化规划》(国发〔2016〕73号)中明确提出“支持‘智慧法院’建设,推行电子诉讼,建设完善公正司法信息化工程。实施‘科技强检’战略,积极打造‘智慧检务’”,加快建设“社会治安立体防控体系,推进网上综合防控体系建设,建立和完善社会治安综合治理信息系统和公安大数据中心,加强公共安全视频监控联网应用……推进多元矛盾纠纷化解信息化平台建设,有效预防和妥善化解各类矛盾纠纷,为社会风险防控提供支撑”。

2017年国家发改委负责编制的《“十三五”国家政务信息化工程建设规划》

(发改高技〔2017〕1449号)进一步明确了民主法治信息化工程的建设目标和建设内容,要求围绕"法治中国"建设,深化电子检务、天平工程等现有业务系统应用,构建以案件为主线的公安机关、检察机关、审判机关、司法行政机关各司其职的行为留痕机制,依法实现过程透明,强化侦查权、检察权、审判权、执行权相互配合和制约的信息能力,全面提高司法公信和司法公正水平。2019年笔者参与编制的《全国法治信息化工程框架方案》进一步对政法工作智能化战略作出框架性部署。

政法智能化建设作为国家网络强国战略、数字中国战略的工作重点之一,是国家电子政务建设的重要组成部分,是全面推进国家信息化战略,服务民主法治建设的必然之举。

(三)政法智能化战略是政法机关与时俱进、深化改革的全新动能

2018年1月22日,党的十九大后的首次中央政法工作会议在北京召开,本次会议明确指出,"要依托科技强国、网络强国、数字中国、智慧社会建设,总结智慧法院、智慧检务、智慧公安、智慧法律服务等做法,把顶层设计与基层探索结合起来、科技创新与体制变革融合起来,深入实施大数据战略,大力加强智能化建设,推动新时代政法工作质量变革"。

2018年5月7日,中央政法委秘书长陈一新在《求是》杂志撰文时,对"政法智能化"战略作出专门解释,要求全国政法机关"紧紧抓住科技创新这个第一动力,把智能化建设作为驱动政法工作现代化的大引擎"。[3] 一是在政法信息数据共享上求突破。加快推进政法网建设,搭建跨部门政法大数据平台,加快实现设施联通、网络畅通、平台贯通、数据融通,更好发挥其在维护公共安全中的重要作用。二是在破解政法工作难题上求突破。要大力推动大数据合成研判作战中心建设,提高对新型犯罪精准打击能力;善于运用视频分析、语音分析、生物特征识别、态势感知等新技术,最大限度把公共安全风险发现、消灭于萌芽状态。三是在提升政法工作决策管理水平上求突破。要用新科技优化决策,优化执行,优化管理,促进执法司法权运行数据化、智能化、规范化。

2018年9月4日,中央政法委在北京召开重大课题调研工作部署会,将"坚持全面深化政法领域改革与全面深化智能化建设双轮驱动"列为新时代政法工作具有全局性、战略性、前瞻性的"十大课题"之一。

---

〔3〕 陈一新:《认真学习贯彻习近平总书记科学方法论 不断提高新时代政法工作领导水平》,载《求是》2018年第12期,第34页。

中央政法各单位也高度重视政法智能化建设，并分别提出了“智慧法院”“智慧检务”“智慧警务”“数字法治、智慧司法”等建设目标。

最高人民法院近年来先后发布《最高人民法院关于加快建设智慧法院的意见》、《最高人民法院信息化建设五年发展规划（2016－2020）》和《人民法院信息化建设五年发展规划（2016－2020）》。明确提出“智慧法院是人民法院充分利用先进信息化系统，支持全业务网上办理、全流程依法公开、全方位智能服务，实现公正司法、司法为民的组织、建设和运行形态”，要求“2020 年底实现人民法院信息化 3.0 版在全国的深化完善”。

最高人民检察院在 2018 年《人民检察院组织法》修改时，明确加入第 52 条“人民检察院应当加强信息化建设，运用现代信息技术，促进司法公开，提高工作效率”，作为“智慧检务”建设的法律依据。近年来，笔者负责或参与起草并先后发布了《最高人民检察院关于深化智慧检务建设的意见》《全国检察机关智慧检务行动指南（2018－2020）》和《检察大数据行动指南（2017－2020 年）》，明确提出“全业务智慧办案、全要素智慧管理、全方位智慧服务、全领域智慧支撑”的智慧检务总体架构，要求按照“科学化、智能化、人性化”原则“到 2020 年底，全面构建应用层、支撑层、数据层有机结合的新时代智慧检务生态”。

公安部先后印发了《公安部关于大力推进基础信息化建设的意见》《公安科技创新“十三五”专项规划》《“十三五”平安中国建设规划》，正式提出了“十三五”公安信息化六大建设任务，包括：①建设公安网络基础设施；②建设公安大数据基础服务平台；③优化公安信息化应用架构；④实施视频图像信息综合应用工程；⑤实施公安通信指挥系统工程；⑥建设公安信息化安全保障技术体系。2018 年 1 月，公安部部长赵克志在全国公安厅局长会议上提出“智慧警务新模式”，“要把实施公安大数据战略作为一项‘龙头工程’来抓”，“积极构建以大数据智能应用为核心的智慧警务新模式”，“确保到 2020 年公安信息化建设取得重大进展”。

司法部 2016 年以来，制定下发了《关于进一步加强司法行政信息化建设的意见》《“十三五”全国司法行政信息化发展规划》《“十三五”全国司法行政科技创新规划》。要求司法行政系统到 2019 年底初步建成“数字法治、智慧司法”体系，形成大平台共享、大系统共治、大数据慧治的信息化格局。

政法智能化正在成为推进公检法司等政法工作创新发展，实现质量变革、效率变革、动力变革的全新动力，成为新时代中国特色社会主义政法工作的一张亮丽“名片”。

二、政法智能化战略的方法论

当前,政法工作对科学技术的需求更加丰富广泛,正如恩格斯所说“社会一旦有技术上的需要,则这种需要就会比十所大学更能把科学向前推进”。在政法智能化探索中,“我们不能走世界各国技术发展的老路,跟在别人后面一步一步地爬行,必须打破常规,尽量采用先进技术”[4],为智慧法治建设创造出一条全新的中国路径,引领我国政法机关信息化建设和全球智慧司法探索。

结合工作实践,笔者认为深化政法智能化战略应当把握“加减乘除”四类方法,科学找准现代科技和政法工作的结合点。

(一)善用加法:突破行业部门壁垒,助推全面依法治国

2017 年 12 月 8 日,习近平总书记在中共中央政治局第二次集体学习时强调,以数据集中和共享为途径,推动技术融合、业务融合、数据融合,打通信息壁垒,形成覆盖全国、统筹利用、统一接入的数据共享大平台,构建全国信息资源共享体系,实现跨层级、跨地域、跨系统、跨部门、跨业务的协同管理和服务。

笔者建议新时代政法机关要善用智能化“加法”,重点联通以下三项内容:

一是联通政法各部门网络和基础设施。近年来,政法各部门之间在互联互通上有所尝试,例如,2016 年最高人民法院和公安部联合下发《关于建立快速查询信息共享及网络执行查控协作工作机制的意见》,明确提出两部门通过政法专线建立信息共享平台,安全快捷地传输失信被执行人等案件信息。又如,部分检察机关与监狱、看守所推进“两网一线”建设,实现驻监所检察室与监狱、看守所监管信息联网、监控联网。但是政法互联互通在全国范围内仍是点线突破,而非全面对接。政法网建设是联通政法各部门基础设施,构建物理分散、逻辑统一、管控可信、标准一致的新型政法科技信息化资源体系的基础工程。应当加快推进政法网建设,尽快实现政法各机关之间的设施联通、网络畅通、平台贯通和数据融通。

二是联通刑事诉讼办案的应用系统和数据标准。一起普通刑事案件往往需经历公安机关、检察机关、审判机关、司法行政机关等部门的侦查、审查批准逮捕、审查提起公诉、审判、执行等多个环节。但是长久以来,由于网络不同、系统不同、数据结构不同等,虽然在政法各系统内部已经实现了网络化、信息化,

---

〔4〕 毛泽东:《毛泽东文集》(第八卷),人民出版社 1999 年版,第 325 页。

但是系统之间仍然主要依赖纸质公文案卷的流转，既严重影响了工作效率，也影响了相互配合、相互制约。未来以审判为中心的刑事诉讼改革，迫切要求政法机关或者在同一系统办案，或者解决跨网信息交换和流程流转难题。

三是联通司法、监察、执法相关部门。中央全面依法治国委员会办公室设在司法部；并将原司法部和国务院原法制办公室的职责整合，统筹行政立法、行政执法、法律事务管理，为“两法衔接”（指行政执法与刑事司法衔接）平台建设赢来了新的契机，通过与行政执法信息平台对接，有利于进一步解决“有案不移”“以罚代刑”“有案难移”等问题。国家监察体制改革后，监察委与检察机关畅顺监检工作衔接机制，探索网络和系统对接，也有利于进一步整合力量加强惩治和预防职务犯罪力度。未来从政法系统内部、外部联通着手，以科技信息化应用为抓手，积极推出有特色的示范平台项目，将为全面依法治国插上“科技的翅膀”。

（二）善用减法：突破体制机制局限，全面深化司法改革

2017 年 7 月，习近平总书记对政法工作作出重要指示，要求“要遵循司法规律，把深化司法体制改革和现代科技应用结合起来”。2017 年 11 月，习近平总书记在党的十九大报告中指出，要“善于运用互联网技术和信息化手段开展工作。”这是总书记对 2013 年 11 月在《关于〈中共中央关于全面深化改革若干重大问题的决定〉的说明》中指出的“司法公信力不足很大程度上与司法体制和工作机制不合理有关”开出的全新药方。[5]

笔者建议新时代政法机关要善用智能化“减法”，努力做到以下三个方面：

一是减少行政审批环节，突出司法责任制。员额制改革大幅减少了案件审批流程，以往检察机关普通刑事案件的审批往往需要经过承办人、部门副职、部门正职、副检察长、检察长的五级审批。司法改革后，贵州省检察机关建立权力清单，全面梳理了检察机关统一业务应用系统中的 1606 项权限配置，将其中 1000 余项审批权，采取一般性授权的方式授权给检察官，并在统一业务应用系统完成审批权限变更，实现了“检察长—检察官”的扁平化管理，类似的授权建议在全国司法机关中进行推广。

二是减少简单重复工作，提高司法效率。2013 年至 2017 年全国各级人民法院受理案件 8904.9 万件，入额法官平均年受理案件数达 148.4 件。在新形势

---

〔5〕 习近平：《关于〈中共中央关于全面推进依法治国若干重大问题的决定〉的说明》，载《人民日报》2014 年 10 月 29 日，第 2 版。

下,政法机关“三定方案”基本明确,人员编制不存在较大增加的可能。因此,迫切需要“向科技要警力,向信息化要战斗力”。2016 年最高人民法院委托河北高级人民法院研发智审系统,可以减轻法官案头事务性工作 30% 以上。杭州互联网法院上线电子送达平台,网络纠纷案件 90% 通过电子送达完成,送达成功率 88%,大幅节约了司法资源。应当鼓励各级政法机关开展轻应用研发,围绕简单重复耗时高的工作环节进行智能化改造,提升政法工作效率。

三是减少案件瑕疵错误,提高司法办案质量。政法智能化可以有效减少案件瑕疵,例如,针对影响司法公信力的瑕疵裁判文书,上海法院研发裁判文书大数据智能分析系统,实现对裁判文书中 61 项要素的智能分析和智能纠错,2017 年,上海法院分析裁判文书 10 万余篇,瑕疵占比同比降低 12%。具体而言,智能辅助办案系统应该“对符合证据标准指引的案件自动放行,对不符合证据标准指引的案件自动阻止并提示补证,为公检法互相配合、互相制约提供新载体”。同时“对证据完整性及矛盾点进行基础性审查、判断,帮助司法人员克服认识局限性和主观随意性,最大限度减少误差和人情关系的干扰,统一司法尺度,保障司法公正。”〔6〕

(三)善用乘法:突破传统方式“瓶颈”,全面建设小康社会

2016 年 5 月 30 日,习近平总书记在全国科技创新大会上指出,科技创新,就像撬动地球的杠杆,总能创造令人意想不到的奇迹。谁牵住了科技创新这个“牛鼻子”,谁走好了科技创新这步“先手棋”,谁就能占领先机、赢得优势。2018 年 4 月 22 日,习近平总书记在首届数字中国建设峰会的贺信中指出,要全面贯彻新发展理念,以信息化培育新动能,用新动能推动新发展,以新发展创造新辉煌。

笔者建议新时代政法机关要善用智能化“乘法”,重点增强以下三项能力。

一是增强惩治新型犯罪能力,提升人民群众安全感。我国网络犯罪已占犯罪总数的三分之一,并以每年 30% 以上速度增长。“魔高一尺,必须道高一丈”。例如,公安部刑事侦查局与阿里巴巴集团联合开发的“互联网 + 反电信诈骗”系统,具备实时拦截提醒诈骗电话和短信、实时监控各地“伪基站”分布等功能。2016 年 6 月至 10 月在福建省厦门市公安机关试运行期间,为厦门市用户

〔6〕 孟建柱:《全面深化司法体制改革 努力创造更高水平的社会主义司法文明》,载中华人民共和国司法部中国政府法制信息网,http://www.moj.gov.cn/news/content/2017-10/16/zfyw_9005.html,2020 年 12 月 13 日访问。

触发诈骗电话提醒15.31万次，电信诈骗警情同比下降17.34%，伪基站刑事警情实现零发案。实践证明，新技术惩治新型犯罪大有可为，应当“创新网上网下一体化打防管控模式，第一时间切断网上发动、网下实施链条，实现对新型犯罪的精准打击”。

二是增强化解社会风险能力，提升人民群众安全感。以“雪亮工程”为例，山东省目前共安装公共安全摄像机293万台，建立监控中心2491个，接入视频专网的摄像机数量达到43万个，有效解决了基层防范和治理力量薄弱、资源分散、手段单一等问题。未来持之以恒地推进“雪亮工程”“天眼工程”等建设，在中央与省级层面使用国家电子政务外网连接，尽快实现“全域覆盖、全网共享、全时可用、全程可控”目标，将有助于化解社会风险，提升社会治安和群众安全感。

三是增强政法公共服务能力，提升人民群众满意度。党的十九大报告指出，必须坚持以人民为中心的发展思想。2018年6月，国务院办公厅印发《进一步深化“互联网+政务服务” 推进政务服务“一网、一门、一次”改革实施方案》，就加快推进政务服务“一网通办”和企业群众办事“只进一扇门”“最多跑一次”等作出部署。以最高人民法院、公安部、司法部道路交通事故损害赔偿纠纷“网上数据一体化处理”改革试点工作为例，浙江省试点改革期间，在线调解纠纷13,750件，调解成功12,338件，在线鉴定期限从平均3个月以上缩短至25天以内，90%以上的案件当事人“只需跑一次”就可以完成。建议政法机关加强“微法律顾问”“微警务”“微检务”“微法院”集群建设，构建快捷便利的移动服务体系，更好维护当事人合法权益。

（四）善用除法：增强技术刚性监督，全面推进从严治党

2014年1月8日，习近平总书记在中央政法工作会议上指出，要在执法办案各个环节都设置“隔离墙”、通上“高压线”，谁违反制度就要给予最严厉的处罚，构成犯罪的要依法追究刑事责任。要坚持以公开促公正、以透明保廉洁，增强主动公开、主动接受监督的意识，让暗箱操作没有空间，让司法腐败无法藏身。2017年10月，习近平总书记在党的十九大报告中指出，要建设覆盖纪检监察系统的检举举报平台。强化不敢腐的震慑，扎牢不能腐的笼子，增强不想腐的自觉，通过不懈努力换来海晏河清、朗朗乾坤。

笔者建议新时代政法机关要善用智能化“除法”，重点解决以下三个短板：

一是破除“专业壁垒”，防止“同案不同判”。自由裁量权是一种权力也是一种责任，既往由于法律行业专业性、案件海量性、信息不对称性，对于法官、检

察官、警官自由裁量权的监督相对缺乏,“同案不同判”等突出问题,严重损害了我国司法公正和公信力,并且一定程度产生了新的社会矛盾和信访事件。智能辅助办案系统的量刑偏离度分析等功能,对于解决“同案不同判”有重要作用。2017年7月出台的《最高人民法院司法责任制实施意见(试行)》(法发〔2017〕20号)明确要求“承办法官在审理案件时,均应依托办案平台、档案系统、中国裁判文书网、法信、智审等,对本院已审结或正在审理的类案和关联案件进行全面检索,制作类案与关联案件检索报告。”建议未来将该项平台、措施逐步推广到有条件的各级司法机关。

二是破除“监督死角”,防止司法廉政风险。政法腐败是影响政法公信力的因素之一,习近平总书记在关于《中共中央关于全面推进依法治国若干重大问题的决定》的说明中指出,当前,司法领域存在的主要问题是,司法不公、司法公信力不高问题,一些司法人员作风不正、办案不廉,办金钱案、关系案、人情案,“吃了原告吃被告”等。为了增加监督刚性,创新监督手段,推广关键证据取证过程录音录像制度,建立执法取证数据化的刚性程序标准具有重要作用。公安部《公安机关现场执法视音频记录工作规定》(公通字〔2016〕14号)已明确要求开展现场执法视音频记录时,应当对执法过程进行全程不间断记录,现场执法视音频资料的保存期限原则上应当不少于6个月。最高人民检察院2013年研发部署全国检察机关统一业务应用系统,经过多次升级,已实现案件随机分配,减少人为因素影响,保障案件分配的客观、公正。相关创新举措还有很多的扩展空间。

三是破除“信息不足”,防止领导决策风险。决策风险,是指在决策活动中,由于主、客体等多种不确定因素的存在,而导致决策活动不能达到预期目的的可能性及其后果。既往由于自下而上信息汇集的“报喜不报忧”的利好偏好和数据水分,导致部分单位决策信息不足或“失真”问题较为突出,个别单位存在“拍脑袋”决策问题。大数据技术为政法机关科学决策带来了重大机遇。例如,国家检察大数据中心和检察机关决策分析平台建设,大幅提高了管理决策科学化水平。未来随着公检法司数据联通,大数据在辅助政法机关领导决策支持的精确度还将进一步提升。

三、政法智能化战略的实践论

“哲学家们只是用不同的方式解释世界,问题在于改变世界”。实践观是马克思主义哲学的核心观点和根本性质,“实践高于认识,因为它不但有普遍性的品格,并且还有直接现实性的品格”。

在国家治理大局中,法律工作是一项专业性很强的工作。而在法律工作之中,政法智能化产生的各类软硬件系统的生产、加工、维护、改造更是一项专业性强的具体工作,有许多需要思考和在实践中高度重视的注意事项。

(一)明确政法智能化战略的服务对象

俗语说“闭门造车,出门不合辙”。法律工具的服务对象是谁?应当是生产法律工具首先要明确的内容。在逻辑上,法律工具的服务对象同时也应当是该项工具的主要评价者,产品实不实用、好不好用,用户最有发言权。但是在实践中,生产者、使用者、管理者、评价者可能存在“错位”问题。例如,不少产品管理者并不是日常工作主要的使用者,但是却主要承担了评价者功能。这样生产出来的产品绩效导向就可能存在严重偏差。政法智能化战略应当坚持“以办案为中心”,以服务一线干警和人民群众为主要对象。

(二)明确政法智能化战略的技术路线

法治信息化的技术路线容易有两种极端,一种是一味追求新技术,但是许多新兴技术并不完全成熟,或并不适应匹配于法律场景,这样会导致信息系统的不稳定、不安全等问题,更容易有“噱头”之嫌。另一种是故步自封,完全抗拒新技术,这样会导致法律工具缺乏先进性,性能上存在较大差距,不能满足用户需求。技术路线的选择是一项在技术先进性和可靠性之间的反复估量过程,而不是由少数人“拍脑袋”决策的。原则上,政法智能化战略的技术路线应当兼顾先进性与可靠性,以适度超前为界限。

(三)构建政法智能化战略的规范体系

政法智能化工程大多由财政拨款,包含大量公共数据或涉密数据的软硬件系统。一方面,在生产、加工、维护法律工具时,需要加强廉洁廉政工作,围绕政府采购项目、电子政务项目常见风险点(主要包括电子政务主管贪污贿赂风险、财务违规管理风险、项目违规建设风险等)进行科学化、精准化预防;另一方面,管理、使用信息系统时也需要加强制度制约、保密管理,违规使用相关信息系统可能会导致国家秘密、个人隐私泄露,也可能会影响政法机关正常办案,有必要进一步加强政法智能化工具日常管理的刚性规范和常态监督。

(四)维护政法智能化战略的高效实施

在制造业中,工具模型一次成型,几道工序就可以完成零件的制造加工。但是在社会科学领域中,政法智能化系统的制造加工“一次成型”的概率不大,更需要的是“工匠精神”,需要法律专业人员和技术专业人员在设计中、使用时反复打磨,精益求精,甚至还需要为适应不同地区、不同法官、检察官、警官、司法行政人员的办案需求进行个性化配置。维护智能化系统是和开发系统同等重要的工作,但是在实践中往往被人忽视,投入资源不足,需要引起高度重视。在开发、维护、升级政法机关智能办案系统、智能管理系统、智能服务系统的同时,还需要持续建设精干内行、专业高效的政法信息化队伍。

四、小结

“工欲善其事,必先利其器”。政法智能化建设具有基础性、战略性、全局性特征,是政法机关工作实践、与时俱进的产物,是政法信息化建设由感性认识跃升到理性认识,通过“实践、认识、再实践、再认识”不断完善和优化的结果。

智慧政法认识论,就是要向中央学习、向政策学习、向历史学习,以思想自觉引领行动自觉,结合政法工作实际,践行政法智能化战略。智慧政法方法论,就是推动“信息技术和政法工作深度融合”,夯实信息化基础设施的同时,探索新兴技术在惩治犯罪、司法管理、法律服务等领域的应用,解决依靠传统手段解决不了或解决不好的问题,突破行业部门壁垒、体制机制局限、传统方式“瓶颈”和监管信息不对称等问题。智慧政法实践论,就要顺应信息化建设规律,善于发挥政法智能化的独特功能,不断提升政法工作的现代化、规范化、智能化水平。

深化智慧政法是一个“一分部署,九分落实”,知易行难,逐步完善的过程。受限于笔者的水平和论据的局限性,本文还有很多不成熟之处,对政法智能化建设的认识论、方法论、实践论进行了初步归纳,希望能抛砖引玉,有更多法学、管理学、计算机科学的学者、专家能为政法智能化建设提供意见与建议,共同参与智慧政法理论体系建设。

专题二　个人信息与数字经济

网络大数据产品的法律本质及其法律保护*

——兼评美景公司与淘宝公司不正当竞争纠纷案

张建文**

【摘　要】司法实践倾向于将网络大数据产品作为竞争法意义上的财产权益,否定了适用知识产权法上的数据库或物权法上的财产所有权制度的可能性。反不正当竞争法作为新兴权利的保护方式,其优势在于可以依据较为简单的带来营业收入(或交易机会或竞争优势)且不违反法律法规之规定的标准,即认定其为竞争法所要保护的合法权益,只要采用不正当手段侵害前述合法权益,即可获得反不正当竞争法的救济。但也存在脱离并将反不正当竞争法上明确规定的不正当竞争行为架空,而无限膨胀法定类型之外的不正当竞争行为之危险。正确的做法是,既要尊重和兼顾反不正当竞争法关于不正当竞争行为的类型化规定,同时在必要的情况下适度且审慎地将在法定类型之外但应受反不正当竞争法规范救济的行为纳入其中。

【关键词】新兴权利　网络运营者　个人信息　网络用户信息　准个人信息　数据产品

一、问题的提出:网络大数据产品的法律本质及其保护方式

在数字经济的发展中,数据越来越成为一种重要的市场交易对象,但是,对

* 基金项目:教育部人文社会科学重点研究基地重大项目“新兴权利的基本问题研究”(16JJD820031)的阶段性成果。

** 法学博士,西南政法大学教授,博士生导师。

于数据的法律性质及其法律地位的认识,无论是法学界还是实务界都处在探索和逐步认识的过程中,而作为裁判规则供给者的民法总则虽然号称“面向未来、与时俱进”,但实际上仅提供了“指引性”、“法源性”[1]、“原则性”[2]的规定,制定具体规则的任务仍然是悬而未决的问题。在之前的司法裁判中,已经提出了保护数据的问题,如有法院认为:“数据作为一种特殊类型的物,在大数据、云计算、数据革命带来的年代,应该得到法律的保护”[3],但是,这种所谓特殊类型的物,到底应该如何得到保护(作为何种权利的客体以及用何种法律规范予以救济等)的基本问题,在一般民法、物权法、知识产权法、信息法等领域都有学者提出了自己的主张,“尊重和保护权利过程中的每一场冲突、每一个方案、每一次努力,都会拨动权利价值的敏感神经”[4],但是,这些意见和建议尚未得到司法实践的积极回应。

这样的机会终于来了,在2018年底作出终审判决的安徽美景信息科技有限公司(以下简称美景公司)因与被上诉人淘宝(中国)软件有限公司(以下简称淘宝公司)不正当竞争纠纷上诉案[5]中,作为大数据背景下的新型损害案件类型[6],提供了观察司法实践对此类新兴权利之裁判逻辑与保护方式的难得机会,提供了思考当企业利用数据挖掘和大数据技术获取、分析、利用具有高度可识别性的用户画像等数据产品时[7],不是如何保护个人隐私,而是如何保护企业合法权益的问题。“权利的法律效力、权利的本质属性等问题只能在诉讼过程中得以验证”[8],而“这些无名的权益是否受侵权法的保护或者在何种程度上受侵权法的保护,考验着法官,也检验着法律”。[9]

---

[1] 崔建远:《〈民法总则〉的制度创新及历史意义》,载《比较法研究》2017年第3期,第180页。

[2] 张鸣起:《〈中华人民共和国民法总则〉的制定》,载《中国法学》2017年第2期,第13页。

[3] 浙江淘宝网络有限公司诉杜超、邱秀珍等网络侵权责任纠纷案,江苏省海门市人民法院民事判决书,(2018)苏0684民初5030号。

[4] 夏勇:《权利哲学的基本问题》,载《法学研究》2004年第3期,第19~20页。

[5] 安徽美景信息科技有限公司、淘宝(中国)软件有限公司商业贿赂不正当竞争纠纷案,浙江省杭州市中级人民法院民事判决书,(2018)浙01民终7312号。

[6] 叶名怡:《个人信息的侵权法保护》,载《法学研究》2018年第4期,第88页。

[7] 彭岳:《贸易规制视域下数据隐私保护的冲突与解决》,载《比较法研究》2018年第4期,第177页。

[8] [法]亨利·莫图尔斯基:《主观权与诉权》,巢志雄译,载《苏州大学学报(法学版)》2019年第1期,第142页。

[9] 张志坡:《认真对待侵权法的保护范围——〈侵权责任法〉第2条之得失与改进方向》,载《苏州大学学报(法学版)》2016年第4期,第69页。

在该案中,美景公司的被诉侵权行为主要体现为:以提供远程登录“生意参谋”数据产品的淘宝用户电脑的技术服务为招揽,通过组织、帮助他人利用已订购“生意参谋”数据产品服务的淘宝用户所提供的子账户获取“生意参谋”数据产品中的数据内容,自己从中牟取商业利益。由此涉及了网络运营者在数字经济发展中所面临的三个基本法律问题:一是关于网络运营者收集并使用网络用户信息行为之正当性的判断;二是关于网络运营者对于其所投入市场的网络大数据产品是否享有法定权益;三是被诉侵权行为是否构成不正当竞争行为。

在关于网络运营者收集并使用网络用户信息行为之正当性的判断中,涉及了个人信息与非个人信息的区分标准的模糊与缠绕,也就是如何区分某些信息是否属于个人信息,从而对之适用个人信息保护规范的问题,以及原始网络数据、衍生数据和网络大数据产品的本质及其法律地位的问题。这些问题,恰恰是我国立法上存在模糊和空白的问题。

关于网络运营者对于其所投入市场的网络大数据产品是否享有法定权益的问题,在理论上至少涉及互联网电子商务企业对于其所推出的网络大数据产品是否享有法定权益,享有何种权利,是否包含个人信息,是否需要适用个人信息保护的法律规范等问题。

在关于被诉侵权行为是否构成不正当竞争行为的问题上,蕴含了对被诉侵权行为(实际上是对被侵权的受害人)提供何种法律救济的问题,在该案中作为反不正当竞争纠纷予以立案审理,就同时蕴含了适用反不正当竞争法予以保护和救济的方式预设,不由得令人想到:司法机关在该案中何以要适用反不正当竞争法之规范予以救济?缘何不适用民事立法中有关权利的本体论性质的规范,配合以侵权责任法之一般性规范予以救济?在此案中适用反不正当竞争法之优势何在?其局限性是否存在;若存在,其又在哪里?

在该案中,延伸出关于个人信息与非个人信息的区分标准,个人信息向非个人信息的转变,以及个人信息是否包含网络用户信息,网络运营者收集使用原始数据行为的合法性判断标准、所诉行为是否构成不正当竞争行为等基本问题。

财产秩序通常按照市场经济规律自我运行,由社会自我调整,出现纠纷时由民法介入调整。[10] 司法机关对前述基本问题的回答和解决,体现了司法实践活动在尽管缺乏必要的立法规范的情况下,以积极的能动的态度和方式,主

---

〔10〕 陈柏峰:《中国法治社会的结构及其运行机制》,载《中国社会科学》2019 年第 1 期,第 76 页。

动回应数字经济发展所提出的基本法律问题的进取姿态和有益尝试,对于个人信息保护和数字经济发展具有极其重要的意义。对这种典型判决的深入分析和研究有时会"影响人们对法律的认识",〔11〕也很难说不会成为未来相关问题被进行立法解决的重要基础,成为国家理性的法律表达。〔12〕有学者已经指出:"由于民法典的功能越来越减缩为纠纷裁决依据,我国民法典应重点面向司法与仲裁实践,按照裁判规范的标准构造法条。"〔13〕

二、网络运营者(数字经济企业)收集使用网络用户信息行为之正当性的判断标准

(一)用户信息的含混性:作为最基本分类的个人信息与非个人信息

在个人信息保护法中,个人信息与非个人信息的区分是第一位的,也是首要的。通常,首先通过对个人信息的内涵或本质性规定的描述,界定个人信息的定义,然后以排除的方式将个人信息之外的内容作为非个人信息。

在该案中,一审法院试图以内容和形式的区分去界定和回答信息与数据的关系问题,认为:"信息是数据的内容,数据是信息的形式",因为"涉案数据产品的数据内容虽然源于淘宝公司所收集的原始数据,但这些原始数据只是网络用户浏览、搜索、收藏、加购、交易等行为痕迹信息外化为数字、符号、文字、图像等方式的表现形式",并且做出了"内容高于形式"的判断,即"原始数据所具有的实用价值在于其所包含的网络用户信息内容,而不在于其形式"。

在《网络安全法》和数字经济实践中,普遍使用"用户信息"或"网络用户信息"的术语,但是网络用户信息是否与个人信息视为等同,或者可以直接画等号,不无疑问。从《网络安全法》第22条第3款的角度看,该立法实际上是将用户信息与用户个人信息做了保护程度上的区分,对于前者的保护仅限于要求网络产品、服务的提供者在提供具有收集用户信息功能的网络产品、服务时,负有向用户明示并取得同意的义务,而对后者还提出了更广泛的不但是遵守该立法

---

〔11〕[美]耶鲁·卡米萨:《法学教授为什么应当学术写作》,刘磊译,载《苏州大学学报(法学版)》2018年第1期,第138页。

〔12〕余成峰:《罗马史上习惯法的源起与流变——一个法律思想史角度的考察》,载《比较法研究》2018年第3期,第186页。

〔13〕朱广新:《民法典编纂:民事部门法典的统一再法典化》,载《比较法研究》2018年第6期,第184页。

而且还要遵守其他法律和行政法规关于个人信息保护之规定的义务。

在该案中,一审法院注意到了这个区别,认为:“用户信息包括个人信息和非个人信息。前者指向单独或与其他信息结合识别自然人个人身份的各种信息和敏感信息,后者包括无法识别到特定个人的诸如网络活动记录等数据信息。由于法律对收集、使用上述信息规定了不同的标准,同时对如何收集、使用用户信息进行了明确的规制”,因此,认为“在评判淘宝公司收集、使用涉案数据信息是否具有正当性时,首先须区分其收集、使用的涉案数据信息属于何种类型”。

法院将该案中互联网大数据产品(“生意参谋”)所涉网络用户信息,区分为两大类:一是行为痕迹信息,即“表现为网络用户浏览、搜索、收藏、加购、交易等行为痕迹信息”;二是标签信息,即“由行为痕迹信息推测所得出的行为人的性别、职业、所在区域、个人偏好等标签信息”。一审法院对此类用户信息的属性,按照个人信息的识别性功能标准进行了认定,排除了其个人信息的属性,认为:“这些行为痕迹信息与标签信息并不具备能够单独或者与其他信息结合识别自然人个人身份的可能性,故其不属于《网络安全法》中的网络用户个人信息,而属于网络用户非个人信息。”

值得注意的是,有些国家与此相反,将网络用户的行为痕迹信息列入敏感信息之列,如 2016 年 12 月,美国联邦通信委员会公布“宽带和其他电信服务中用户隐私保护规则”,将通信交流信息、网页浏览信息、App 使用历史等均归属于敏感信息。[14]

(二)司法之创造:作为准个人信息的网络用户行为痕迹信息

网络用户信息是否具有个人信息之法律地位的判断,端赖于此类信息是否可以满足能够单独或与其他信息相结合识别自然人身份的功能性要求和标准,在不同的技术背景和应用场景中,可能并不相同,不能一概而论,需要根据具体的情况不断地甚至可能是反复地进行具体分析和具体定性。[15]

在该案中,一审法院对“网络用户行为痕迹信息”进行了进一步的分析,颇具“准个人信息”的味道,认为,尽管《网络安全法》规定了网络运营者对非个人信息的保护,但是,出于“网络运营者不仅对于网络用户信息负有安全保护的法定义务”,同时,“因网络运营者与网络用户之间存在服务合同关系,基于公平、

---

〔14〕 参见胡文涛:《我国个人敏感信息界定之构想》,载《中国法学》2018 年第 5 期,第 249 页。

〔15〕 参见丁晓东:《个人信息私法保护的困境与出路》,载《法学研究》2018 年第 6 期,第 204 页。

诚信的契约精神原则要求”,“网络运营者对于保护网络用户合理关切的个人隐私和商户经营秘密负有高度关注的义务”。由此认为,之前作为不属于《网络安全法》中的网络用户个人信息,而属于网络用户非个人信息的网络用户行为痕迹信息,仍有其特殊性,需要进一步做分析和定位,认为它“不同于其他非个人信息,这些行为痕迹信息包含有涉及用户个人偏好或商户经营秘密等敏感信息。因部分网络用户在网络上留有个人身份信息,其敏感信息容易与特定主体发生对应联系,会暴露其个人隐私或经营秘密”,因此,“对于网络运营者收集、使用网络用户行为痕迹信息,除未留有个人信息的网络用户所提供的以及网络用户已自行公开披露的信息之外,应比照《网络安全法》第41条、第42条关于网络用户个人信息保护的相应规定予以规制”。无论一审法院是否是有意提出或是无意地类推适用(“比照”)个人信息保护之规定于此类特殊的网络用户行为痕迹信息,都在客观上提出了在个人信息和非个人信息的二元格局之外,创造第三类信息类型——“准个人信息”的局面。

二审法院在较为简略的二审判决中提到了网络用户行为痕迹信息的定位问题,但是,并没有确认也没有回应一审法院的“准个人信息”的观念。二审法院认为:“应当明确,淘宝公司所获取并使用的是用户进行浏览、搜索、收藏、架构、交易等行为而形成的行为痕迹信息,至于行为人性别、职业、区域及偏好等信息无论是否可从行为痕迹信息中推导得出,亦均属于无法单独或通过与其他信息相结合而识别自然人个人身份的脱敏信息,与销售记录属于同一性质”,在这里,二审法院将行为痕迹信息和标签信息区别分析,只分析了标签信息属于脱敏信息,不符合个人信息内在的且必须具有的识别性功能要求,因而不适用个人信息保护之规定,从二审法院关于“淘宝公司未收集与其提供的服务无关的个人信息,其收集的原始数据系依约履行告知义务后所保留的痕迹信息,故未违反《中华人民共和国网络安全法》《全国人民代表大会常务委员会关于加强网络信息保护的决定》等法律法规关于个人信息保护的规定”之表述来看,似乎二审法院并不认可一审法院所提出的对特定的网络用户行为痕迹信息,即留有个人身份信息的网络用户信息比照个人信息适用个人信息保护规定的意见,从其逻辑上的表述而言,仍然是维持了个人信息和非个人信息的二分法的基本格局。

笔者认为,就目前世界上个人信息保护发达的国家和国际组织的主流观点而言,并无“准个人信息”之创造,这是因为个人信息与非个人信息的区分标准也是有其弹性、动态性和限定性的。其弹性体现为功能性标准,也就是所谓的识别性要求作为区分个人信息与非个人信息的核心标准,而对于识别性的判断,又因为不同的技术环境和应用场景而有所不同,体现了其中的弹性空间与对未来发展的前瞻性适应;其动态性体现为个人信息与非个人信息之间,并非一概而论固定不变,相反,在特定的情况下,如经匿名化处理之后,个人信息即变成非个人信息,而在识别技术对非个人信息进行个人性识别之时,这些匿名化处理过的非个人信息要重新成为个人信息,再度适用个人信息保护规范对之进行保护;其限定性体现为,个人信息之识别性的实现,"如果个人的识别需要不合理的时间、努力或资源,则不视为是可识别的"[16]。所以,在该案中,一审法院所提出的"准个人信息"的创造实无必要。也就是说,在对某项信息是否为个人信息的具体判断中,只要存在识别性功能,且该功能的实现不需要不合理的时间、努力或者资源之投入与花费,则即可认定为个人信息,否则,将被认定为非个人信息,确无创设"准个人信息"之必要。个人信息属性之认定与个人信息保护之规定如影随形,一旦认定为个人信息,则个人信息保护之规范立即对之适用。提出或者维持不具有识别性之非个人信息却类推适用个人信息保护之规定的中间类型,确无存在之必要性。

(三)个人信息与非个人信息的相互类型转换

在个人信息与非个人信息之间存在相互转化的可能性。也就是说,个人信息可能转变为非个人信息,而非个人信息也可能转变为个人信息。

个人信息转换为非个人信息的情形,我国《网络安全法》已经在第42条第1款第2句作了规定,即作为但书条款存在的"经过处理无法识别特定个人且不能复原的"情形,而且该条款在目前已经构成我国大数据产业发展的基础性支撑性法律规范基础。正如在本文所研究的案例中,一审法院也指出了"涉案生意参谋数据产品所使用的网络用户信息经过匿名化脱敏处理后已无法识别特定个人且不能复原",从而认为公开其中的数据内容对网络用户信息提供者不会产生不利影响。

---

〔16〕 欧洲委员会在2018年5月18日于埃尔西诺召开的第128届部长委员会会议上通过了《关于个人数据处理的个人保护公约》的修订协议,也就是"新修订108公约"。其中,对于个人数据的识别性标准作了明确的限定:如果个人的识别需要不合理的时间、努力或资源,则不视为是可识别的。例如,这样的情况,识别一个数据主体需要非常复杂、长时间地和昂贵的操作。构成"不合理的时间、努力或资源"的问题应视具体情况加以评估。又如,可以考虑处理的目的,并考虑诸如费用、识别利益、控制者类型、所使用的技术等客观标准。此外,技术和其他发展可能改变构成"不合理的时间、努力或其他资源"的因素(参见"新修订108公约"所附"说明报告"关于"个人数据"条款的解释)。

实际上,在《网络安全法》生效(2017 年 6 月 1 日)之前,我国的司法实践已经将匿名化的个人信息排除在个人信息保护的范围之内,如有法院认为:"网络用户通过使用搜索引擎形成的检索关键词记录,虽然反映了网络用户的网络活动轨迹及上网偏好,具有隐私属性,但这种网络活动轨迹及上网偏好一旦与网络用户身份相分离,便无法确定具体的信息归属主体,不再属于个人信息范畴",因"百度网讯公司个性化推荐服务收集和推送信息的终端是浏览器,没有定向识别使用该浏览器的网络用户身份",故"百度网讯公司在提供个性化推荐服务中运用网络技术收集、利用的是未能与网络用户个人身份对应识别的数据信息,该数据信息的匿名化特征不符合个人信息的可识别性要求"〔17〕。

但是,数据分析技术在飞速发展,当前的匿名化不代表永久的匿名化。〔18〕从匿名化数据被再识别的风险角度而言,我国关于个人信息匿名化的规定较为简单,应当考虑建立匿名化数据再识别风险的防范机制,对于具有较高再识别风险的匿名化数据的控制者课以额外义务。〔19〕根据《人权保护指引:大数据时代下个人数据处理》〔20〕第 6 条"匿名化"的要求,只要数据能够识别或重新识别个人,就应采用数据保护原则;控制者应根据数据的性质、使用环境、可用的重新识别技术和相关费用、考虑所需的时间、精力或资源,评估重新识别的风险(控制者应证明为匿名数据采取的措施是充分的,并确保去除识别的有效性);技术措施可与法律或合同义务相结合,以防止相关人员被重新识别的可能性;控制者应根据匿名技术的发展,定期审查重新识别风险的评估。该意见值得作为对于匿名化的再识别风险的防范与救济的参考。对由于新的技术之应用或技术环境与应用场景之变化而导致能够被用于再识别个人的匿名化信息,应当脱离非个人信息的范畴,重新成为个人信息,从而适用个人信息保护制度。

此外,还存在比较特殊的情形,即由于大数据产业的发展,会导致出现由个人信息与非个人信息组成的数据集。笔者认为,对于此类情形,如果其中的个人信息与非个人信息可分,个人信息保护制度适用于数据集中的个人信息部

---

〔17〕 北京百度网讯科技有限公司与朱烨隐私权纠纷案,江苏省南京市鼓楼区人民法院民事判决书,(2013)鼓民初字第 3031 号;江苏省南京市中级人民法院民事判决书,(2014)宁民终字第 5028 号。

〔18〕 马民虎:《〈网络安全法〉适用指南》,中国民主法制出版社 2017 年版,第 182 页。

〔19〕 张晨原:《数据匿名化处理的法律规制》,载《重庆邮电大学学报(社会科学版)》2017 年第 6 期,第 57 页。

〔20〕 欧盟《关于个人数据自动化处理之个人保护公约》咨询委员会 2017 年 1 月 23 日发布的《人权保护指引:大数据时代下个人数据处理》第 6 条"匿名化"。

分,而在数据集中的个人信息与非个人信息密不可分的情况下,则应对之适用个人信息保护制度。这一点也与欧盟议会《非个人数据在欧盟境内自由流动框架条例》的规定相同。[21]

（四）网络运营者收集使用网络用户信息行为的正当性判断规则

对于如何判定网络运营者收集使用网络用户信息行为的正当性问题,尽管该案的判决提到了诸如规则公开性检测、用户同意检测、行为合法性检测和行为必要性检测等四个方面,从而认定企业收集使用网络用户信息以及其数据产品公开使用网络用户信息的行为具有正当性,但是局限于一审法院的裁判理由仍嫌不足,有必要从整个裁判的角度来思考其正当性的判断。整体而言,一审法院在处理该问题时,主要是使用了两步检测。

第一,个人信息与非个人信息的属性检测。首先遇到的就是“网络用户信息”的概念,必须将其放在个人信息与非个人信息的二元区分格局下进行分类上的归纳与整理,确切地定位网络用户信息的性质和归属。在这个过程中,司法机关遇到了网络用户信息的含混性难题,一方面,司法机关认为,在该案中,主要由行为痕迹信息和标签信息所构成的网络用户信息不属于网络用户的个人信息,而是属于网络用户的非个人信息;另一方面,又认为网络用户行为痕迹信息不同于其他非个人信息。对网络运营者所收集、使用的网络用户痕迹信息,应比照关于网络用户个人信息保护的相应规定予以规制,蕴含了“准个人信息”的观念。显然,在该案中,法院提高了对非个人信息的保护力度。

第二,对非个人信息（网络用户信息）比照个人信息的保护检测。在这个检测过程中,包含了比照个人信息保护规范的实体性与程序性检测。

首先,是网络运营者收集、使用信息行为的“合法、正当、必要原则”检测。司法机关主要是从形式性角度进行的检测,根据《网络安全法》第41条的要求,作为我国个人信息保护的基本原则[22],“合法、正当、必要原则”包括:（1）是否公开了收集、使用规则;（2）是否明示收集、使用信息的目的、方式和范围;（3）是否经被收集者同意,也就是是否尊重被收集者的选择权问题;（4）是否符合“必要与最少限度”要求。

---

〔21〕 欧盟议会2018年10月4日通过的《非个人数据在欧盟境内自由流动框架条例》第2条第2款。

〔22〕 梁泽宇:《个人信息保护中目的限制原则的解释与适用》,载《比较法研究》2018年第5期,第18页。

其次,是对网络运营者提供信息行为(公开使用或者许可他人使用其收集的网络用户信息)的"事先另行取得明示同意"检测。也就是说,根据一审法院的观点,"网络用户向网络运营者提供信息是基于对该网络运营者信息安全保护能力的信赖,如果网络运营者公开使用或许可他人使用网络用户信息,网络用户信息安全将面临新的不可预测的风险,超出了网络用户对信息安全保护的原有预期。因网络运营者对于网络用户信息的安全负有法定保护义务和审慎注意义务,网络运营者公开使用或许可他人使用其收集的网络用户个人信息、个人行为痕迹信息的,应事先另行取得被收集者的明示同意"。实际上根据《网络安全法》第42条第1款第一句第二段的规定,只需要取得被收集者同意即可,但是法院将该要件更进一步明确和提高到了该同意必须是事先的、单独的、明示的,更进一步加强了对网络用户信息的保护力度和强度。但是,在该要件检测中,一审法院并非采取正面的检测,而是使用了《网络安全法》第42条第1款第二句的但书条款——"匿名化信息例外条款",用以替代"事先另行取得明示同意"检测。也就是说,只要满足了匿名化信息例外条款的规定,就可以认为是无须或已经通过"事先另行取得明示同意"检测。

最后,对使用来自第三方所收集的网络用户信息还需经过"三重授权许可使用"检测。此种检测主要是针对网络运营者使用来自第三方,也就是其他网络运营者所收集的用户信息的情形,这种情况在《网络安全法》中并无直接规定,唯一可能相关的规定是第42条第1款第一句后半段即"未经被收集者同意,不得向他人提供个人信息",从其中的文义看,其核心要义只是规定了作为第三方的网络运营者向其他网络运营者提供个人信息时必须经被收集者同意。在这种情况下,网络运营者之间的关系通常是由网络运营者之间的协议来确定的,以此作为使用关系合法化的依据。因此,司法机关在这里认可了大数据产业发展中有关使用其他网络经营者所收集的个人信息的惯例,即所谓的"三重授权许可使用规则",这个机制通常是通过网络运营者在收集用户的信息时向用户取得的授权加上网络运营者相互之间进行的授权所构成的,也就是网络用户授权网络经营者、网络经营者授权第三方、网络用户授权第三方。已经有学者提出"数据共享也应当获得信息权利人的授权"。[23]

---

〔23〕 王利明:《数据共享与个人信息保护》,载《现代法学》2019年第1期,第45页。

三、网络运营者(数字经济企业)对其所提供的网络大数据产品是否享有法定权益:竞争法意义上的财产权益

网络运营者(数字经济企业)对于其所提供的网络大数据产品,到底享有何种法定权益的问题,直接面对了网络大数据产品的法律本质以及其权利化的路径和方式问题。

前者意味着必须界定网络大数据产品的法律本质(nature),也就是其“特征、外观和活动方式”,[24]特别是要界定其与个人数据之间的混沌纠葛的边界关系。因为回答这个问题意味着司法机关将要进行财产权利的界定,到底是网络用户的财产权利,还是网络运营者(数字经济企业)的财产权利,这就是在当前数据权利研究中最为核心也是最为困难的产权界定难题,到底是把该权利归属于网络用户,还是将该权利归属于网络运营者?司法机关在理论界尚未对该问题提出更权威更具共识性和统一性的解决方案时,不得不提前面对并且不得不努力对大数据产业发展所提出的这个问题做出解答,尽管其解答可能不是整体性的,而是应激性的、决疑式的。司法机关如何论证网络大数据产品的财产性质及其配置规则,不能不令人激动和期待。

后者意味着对于此类网络大数据产品的法律保护到底要遵循何种路径,由于立法上存在的空白,导致学术界对其提出了各种构想,如物权法模式、知识产权法模式以及独立的权利类型的模式。在该案中司法机关提出了“竞争法意义上的财产权益”定位,又意味着什么?其贡献在哪里?其局限又在哪里?

(一)网络大数据产品的本质:到底是谁的——网络用户抑或网络运营者(数字经济企业)的财产?

1.网络大数据产品的法律本质:财产权益方向的论证方法

对于网络大数据产品的法律本质的论证,意味着必须回答长期以来困扰数据权利研究者的一个核心问题,那就是网络大数据产品是不是个人信息或者包含个人信息的问题。

一审法院认可了衍生数据的理论,认为:“涉案生意参谋数据产品中的数据内容虽然源于原始用户信息数据,但经过淘宝公司的深度开发已不同于普通的网络数据。”

---

[24] [美]克罗波西、[德]施特劳斯:《政治哲学史(第3版)》,李洪润等译,法律出版社2009年版,第2页。

一审法院的论证,主要考虑了该案所涉及的数据产品的两个基本特征:一是从数据内容特征上区别,“该产品所提供数据内容不再是原始网络数据,而是在巨量原始网络数据基础上通过一定的算法,经过深度分析过滤、提炼整合以及匿名化脱敏处理后而形成的预测型、指数型、统计型的衍生数据”;二是从其呈现方式特征上区别,认为“该产品呈现数据内容的方式是趋势图、排行榜、占比图等图形,提供的是可视化的数据内容”。由于“数据本身并不能自动带来信息”,[25]因此,一审法院认为该数据产品作为信息产品已经不是原始用户信息数据,这就意味着不可能将该数据的权益归属于网络用户。二审法院进一步指出:“数据产品是淘宝公司在前述原始痕迹数据的基础上,经综合、计算、整理而得到的趋势、占比、排行等分析意见,其对信息的使用结果与原始痕迹信息本身已不具有直接关联,已远远脱出个人信息范畴,不属于对用户信息的公开使用”,这就意味着对数据产品的法律本质的进一步认识,也即由于数据产品的法律性质导致对数据产品的法律规制(法律定位与法律保护),已经不属于个人信息保护立法的范畴,以此彻底切断了数据产品与个人信息保护之间的关联。

同时,一审法院也否定了该数据产品归入“数据库”概念的可能性,认为:“生意参谋数据产品将巨量枯燥的原始网络数据通过一定的算法过滤,整合成适应市场需求的数据内容,形成大数据分析,并直观地呈现给用户,能够给用户全新的感知体验,其已不是一般意义上的网络数据库,已成为网络大数据产品”,这也就意味着将该数据产品作为知识产权立法的保护对象的可能性在司法机关眼中也已经不存在了。

2. 网络大数据产品财产权益配置的正当性论证:财产权益的论证路径

对于网络大数据产品财产权益配置的正当性问题,一审法院首先是对作为数据产品之内容来源的用户信息和原始网络数据之财产权益化的可能性进行侧面分析,其次是对网络大数据产品自身之财产权益化之可能性进行正面分析。

第一,司法机关否定了网络用户对于其所提供给网络运营者的单个用户信息的财产权或财产性权益之可能性问题。一审法院从法律行为的目的解释出发,认为“网络运营者与网络用户之间系服务合同关系。网络用户向网络运营者提供用户信息的真实目的是为了获取相关网络服务”,由此,一审法院认为“网络用户信息作为单一信息加以使用,通常情况下并不当然具有直接的经济

〔25〕 洋伟江:《如何理解中国的超大规模性》,载《读书》2019 年第 5 期,第 6 页。

价值,在无法律规定或合同特别约定的情况下,网络用户对于其提供于网络运营者的单个用户信息尚无独立的财产权或财产性权益可言”,司法机关直接地但是有所保留地否定了网络用户对自己的单个的网络用户信息享有财产权〔26〕或财产性权益的可能性,〔27〕意味着通常所谓的个人信息〔28〕或者非个人信息财产说的理论〔29〕遭到了司法实践的否定和摒弃。

第二,司法机关肯定了但并未清晰界定网络运营者与网络用户对原始网络数据的复杂权利状态。一审法院认为“鉴于原始网络数据,只是对网络用户信息进行了数字化记录的转换,网络运营者虽然在此转换过程中付出了一定劳动,但原始网络数据的内容仍未脱离原网络用户信息范围”,所以,“网络运营者对于原始网络数据仍应受制于网络用户对于其所提供的用户信息的控制,而不能享有独立的权利,网络运营者只能依其与网络用户的约定享有对原始网络数据的使用权”。实际上,在这里存在一个较为模糊的地带,那就是司法机关虽然认为原始网络数据只是网络用户信息的数字化的结果,仍应受制于网络用户对该用户信息的控制,而且该控制是主要的且优越于网络运营者依照约定享有的使用权,但是司法机关并没有言明这种模糊的“控制”的含义到底是什么,这种“控制”的来源或者基础是什么,是对作为非个人信息的所有权或者其他权利,还是对作为非个人信息但应比照个人信息保护之规范予以规制的准个人信息所蕴含的来自个人信息保护所产生的控制,这些值得进一步深思。

第三,司法机关从法律本质、市场价值、竞争优势、竞争秩序等四个方面提出并论证了所谓网络大数据产品的独立的竞争法意义上的财产性权益说。这种论证路径并非单纯的劳动成果说,而是糅合了前述各项要素的混合论证模式。一审法院注意到了劳动成果说、市场价值说和竞争优势说等三个要素,二审法院提出了根据全国性、整体性、公共性的数据市场竞争秩序保护说。

首先,一审法院从数据产品的法律本质出发,强调数据产品的劳动成果本

---

〔26〕 参见刘德良:《个人信息的财产权保护》,载《法学研究》2007 年第 3 期,第 89 页。

〔27〕 See Jacobm. Victor, *The EU General Data Protection Regulation: Toward a Property Regime for Protecting Data Privacy*, 123 (2) Yale Law Journal 523 (2013).

〔28〕 参见曹博:《论个人信息保护汇中责任规则与财产规则的竞争与协调》,载《环球法律评论》2018 年第 5 期,第 86 ~ 102 页。

〔29〕 参见张新宝:《普遍免费 + 个别付费:个人信息保护的一个新思维》,载《比较法研究》2018 年第 5 期,第 1 ~ 14 页。

质——“衍生数据”说,从而要求赋予其独立的财产性权益。一审法院认为:“网络大数据产品不同于原始网络数据,其提供的数据内容虽然同样源于网络用户信息,但经过网络运营者大量的智力劳动成果投入,经过深度开发与系统整合,最终呈现给消费者的数据内容,已独立于网络用户信息、原始网络数据之外,是与网络用户信息、原始网络数据无直接对应关系的衍生数据。网络运营者对于其开发的大数据产品,应当享有自己独立的财产性权益。”

值得注意的是,衍生数据说虽然承认其与网络用户信息、原始网络数据在内容上有关联性,但并不认同其相互之间“直接对应关系”之可能性,而是将其作为在法律上独立于网络用户信息和原始网络数据的衍生数据,从而赋予其独立的财产性权益地位,这也为数据权利研究进一步趋向独立化指明并开辟了道路。

其次,一审法院进一步从数据产品的市场价值角度,强调其与网络运营者而言所具有的财产权益,而且是重要的财产权益。该司法机关注意到:“随着互联网科技的迅猛发展,网络大数据产品虽然表现为无形资源,但可以为运营者所实际控制和使用,网络大数据产品应用于市场能为网络运营者带来相应的经济利益。随着网络大数据产品市场价值的日益凸显,网络大数据产品自身已成为市场交易的对象,已实质性具备了商品的交换价值。对于网络运营者而言,网络大数据产品已成为其拥有的一项重要的财产权益。”

值得注意的是,在司法机关对网络大数据产品特征的描述中,关注到了其无形性、可实际控制和使用性以及其经济利益性等基本特征,并从该特征中提出了对该案原告所主张的其对数据产品享有财产所有权主张的答复,原告的该主张蕴含了将极具绝对权色彩的财产所有权制度适用于数据产品的要求。一审法院出于对网络大数据产品适用财产所有制度可能带来不确定的消极后果的顾虑,审慎地以司法权相对于立法权的谦抑态度,以“物权法定”原则为由回避而不是直接否定原告的主张。一审法院认为,“财产所有权作为一项绝对权利,如果赋予网络运营者享有网络大数据产品财产所有权,则意味不特定多数人将因此承担相应的义务。是否赋予网络运营者享有网络大数据产品财产所有权,事关民事法律制度的确定,限于我国法律目前对于数据产品的权利保护尚未作出具体规定,基于物权法定原则,故对淘宝公司该项诉讼主张,一审法院不予确认”,这种对数据产品权利保护之物权法路径的回避态度,并未否定对数据产品权利保护的可能性,而是为进一步研究留下空间,如俄罗斯立法上将信息持有人的权利作为信息法上的独立权利予以保护。[30] 具体到本文所研究的该案例而言，是司法机关受到该案件之立案案由“反不正当竞争纠纷”的限制所致，而且具体到该案件的情形和特征，适用反不正当竞争法之保护反而有其便利所在（这一点有待下文继续分析）。

再次，一审法院在确认数据产品之劳动成果本质与具有市场价值之特性之后，再次强调了“网络数据产品的开发与市场应用已成为当前互联网行业的主要商业模式”，网络大数据产品作为构成“网络运营者市场竞争优势的重要来源与核心竞争力所在”的意义，凸显作为中国当代民法得以发生的主要动因的“对经济效率的追求”。[31] 一审法院指出：“本案中，生意参谋数据产品中的数据内容系淘宝公司付出了人力、物力、财力，经过长期经营积累而形成，具有显著的即时性、实用性，能够为商户店铺运营提供系统的大数据分析服务，帮助商户提高经营水平，进而改善广大消费者的福祉，同时也为淘宝公司带来了可观的商业利益与市场竞争优势”，因此，确认该数据产品系原告的劳动成果，其所带来的权益，应当归原告所享有。

最后，二审法院提出了保护数据市场竞争秩序的正当性论证。尽管一审法院注意到了互联网行业的商业模式、市场竞争优势的来源与核心竞争力所在等要素，但并未从保护数据市场竞争秩序的角度进行论证。二审法院所提出的保护数据市场竞争秩序的论证，与一审法院所提出的仅仅局限于该数据产品相对于网络经营者所具有的市场价值、市场竞争优势来源与核心竞争力所在的个别性具体性论证不同，更具有着眼于全国性整体数据市场竞争秩序保护的公共利益论证色彩。

二审法院在补强性论证中特别指出了四点内容：一是发展大数据成为国家重要战略，大数据资源成为国家与社会的基础性战略资源[32]，数据成为智能互联网时代的重要生产要素[33]，即“随着互联网科技的高速发展，数据已日益成为信息行业中的基础资源，数据价值在信息社会中亦日益凸显，发展大数据已成为国家重要战略”。二是强调保护数据市场竞争秩序的必要性，即“数据产品

---

〔30〕 Савельев А. И. Комментарий к Федеральному закону от 27 июля 2006 г. № 149 – ФЗ《Об информации, информационнвых технолоиях и защите информации,（ постатейный）. М.：Статут, 2015. С. 64.

〔31〕 熊丙万：《中国民法学的效率意识》，载《中国法学》2018 年第 5 期，第 82 页。

〔32〕 参见左卫民：《迈向大数据法律研究》，载《法学研究》2018 年第 4 期，第 139 页。

〔33〕 参见马长山：《智能互联网时代的法律变革》，载《法学研究》2018 年第 4 期，第 22 页。

通过对处于粗放状态的原始数据的提炼整合,将原本单一且价值有限的碎片化数据信息通过云计算、大数据分析处理,可以成倍提升数据的使用价值,极大提高社会各方面活动的效能。因此,赋予数据产品研发者相应权益,及时依法制止侵害大数据产品的不正当行为,营造健康、有序的数据市场竞争秩序,已变得十分迫切”。三是指出维持数据市场竞争秩序的内容,一方面是保护数据研发者的研发利益,即“数据产品研发者应当遵循合法、正当、必要的原则,在严格履行对用户信息的安全保护义务,保障个人信息权利和网络安全的基础上,依法采集、使用各类数据信息,获得相应的数据权益,并不断改进商业模式和提高服务质量,给数据用户带来更新的体验和更多的获得感”;另一方面是打击和制止作为社会主义市场经济体系之重要组成部分的数据市场上的不正当竞争行为〔34〕,即“对不正当利用他人数据产品获取竞争优势,扰乱互联网大数据市场竞争秩序的行为应及时予以制止,同时加大惩治力度,给予数据产品研发者充分、有效救济,依法保护数据产品研发者的合法权益”。四是明确提出了数据产业竞争秩序的公共利益目标,即唯有通过反不正当竞争法的保护,“方能保障大数据产业的健康可持续发展,进一步激励数据产品研发者的热情,创造出更多有价值的数据产品,进而推动互联网大数据产业的健康发展,构建公开、公平、公正、诚信有序、兼顾各方利益的数据产业竞争秩序”。由此完整地论证了竞争法保护路径的必要性和正当性。

(二)对网络大数据产品法律保护的竞争法路径:竞争法意义上的财产权益说的贡献与局限

尽管在该案例中,一审法院和二审法院大同小异地提出了将网络大数据产品作为竞争法意义上的财产权益并且明确地否定了将其作为知识产权法上的数据库进行保护和作为物权法上财产所有权的对象予以保护的可能性。

特别是二审法院更为清晰和直接地提出了数据产品属于“竞争法意义上的财产权益”的观点。二审法院以竞争法上的合法权益为出发点,指出了相对于知识产权法和物权法的极为宽泛的竞争法意义上的合法权益的特点:第一,包括法定的有名权益,如企业字号、商业秘密等,和法律没有规定的无名权益。第二,该无名权益能够带来营业收入,或者属于带来潜在营业收入的交易机会或竞争优势。第三,该无名权益不违反法律的规定,即“不正当竞争的成立以经营

〔34〕 国家工商行政管理局《关于抽奖式有奖销售认定及国家工商行政管理局对〈反不正当竞争法〉具体应用解释权问题的答复》(工商公字〔1998〕第143号)。

者存在经营上的合法权益为前提。该合法权益可以是法定的有名权益,如企业字号、商业秘密等;也可以是不违反法律、法规规定的无名权益,只要其可以给经营者带来营业收入,或者属于带来潜在营业收入的交易机会或竞争优势”。具体到该案中,二审法院认为,该案所涉及数据产品,可以为淘宝公司带来直接经营收入,同时基于其大数据决策参考的独特价值,构成淘宝公司的竞争优势,无疑属于竞争法意义上的财产权益,因而其性质应当受到反不正当竞争法的保护。

竞争法意义上的财产权益概念,作为法律概念,常常负荷根本性或一般性的价值,〔35〕意味着回避了将该财产权益在知识产权法、物权法等传统立法面前进行正当性和体系化论证,以求得将其相应的法律规范适用于对该财产权利之保护的逻辑上和法律上的任务,而是直接和独立地适用反不正当竞争法的规范为该含混性的所谓竞争法意义上的财产权益提供法律保护。其优点在于减轻了司法机关在知识产权法和物权法上进行论证的压力和任务,直截了当地将其视为竞争法上的独立的新型的财产权益予以保护。

但是,其缺点仍然是显而易见的,两审法院尽管是回避了或者是放弃了对该财产权益进行知识产权法上或物权法上的论证,直接适用反不正当竞争法的规范进行保护,不无加剧和增强将反不正当竞争法相对于包括知识产权法和物权法在内的民事立法,进一步独立化和孤立化倾向的嫌疑,回避问题不等于解决了问题,不过是将问题的分析和解决留待他人而已。明确指出所谓的“竞争法意义上的财产权益”到底是何种权利,是法律明确规定的权利,还是在法定权利清单之外的亟待进行合法性检验的待定利益,〔36〕对该种财产权益如何在民事权利体系特别是民事财产权利体系中进行定位和类型化,仍然是数据法学研究悬而未决且亟待解决的问题。

四、竞争法如何保护网络运营者(数字经济企业)对其所提供的网络大数据产品之财产权益

尽管司法机关已论述了以竞争法保护网络大数据产品所蕴含的竞争法意义上的财产权益之必要性和正当性,但是要运用竞争法的规范完成这个任务,

---

〔35〕 参见黄茂荣:《论民法中的法理》,载《北方法学》2018 年第 3 期,第 5 页。

〔36〕 参见张建文:《新兴权利保护的合法利益说研究》,载《苏州大学学报(哲学社会科学版)》2018 年第 5 期,第 87 页。

却并非简单直白的三段论式的规范适用过程,司法机关如何将反不正当竞争法有限的且难以直接将被诉侵权行为涵摄其中的规范适用于该案,对司法机关而言仍是一个不小的考验。

(一)反不正当竞争法规制范围之最大化扩张

依照反不正当竞争法保护本文所研究案例中竞争法意义上的财产权益的思路,通常首先必须考虑的核心问题是,该案所诉侵权行为能否落入现有的反不正当竞争法规制的不正当竞争行为之中,需要按照《反不正当竞争法》第 6 条到第 12 条关于不正当竞争行为的列举(可以称之为“法定的不正当竞争行为类型”),在其中进行检索,如果能够找到相应的不正当竞争行为的类型,即可适用对该种不正当竞争行为类型的描述和构成要件进行法律适用上的操作;如果不能在反不正当竞争法规定的类型体系中,找到相应的不正当竞争行为类型,则需要考虑是否应当以及如何通过对反不正当竞争法之立法目的的解释,扩张其规制的范围,从而在反不正当竞争法规定的不正当竞争行为类型体系之外,建构法定类型之外的但应当适用反不正当竞争法予以规制和救济的不正当竞争行为类型(可以称之为“法定类型外的不正当竞争行为类型”)。

但遗憾的是,在该案中两级司法机关均未回应是否在法定的不正当竞争行为类型中进行检索,以及其检索结果的问题,也没有回答为什么应当扩张反不正当竞争法适用于其没有规定的不正当竞争行为的问题。一审法院直接从反不正当竞争法的立法目的入手,提出了扩大其规制对象问题,即“反不正当竞争法的立法目的是通过规制市场主体参与市场竞争的行为,阻止市场主体以不正当手段攫取市场竞争优势,维护平等、公平、诚信的市场竞争秩序,其规制的对象不仅局限于同业间的竞争行为,也包括跨行业间的竞争行为”。

一审法院对反不正当竞争法的规制范围更进一步提出了最简洁也是最大化的界定标准,认为:“市场竞争优势主要取决于市场主体所提供的商品或服务对于消费者的吸引程度,市场主体只要使用了不正当手段,吸引了更多消费者的消费关注或破坏了他人对消费者的吸引力,即落入反不正当竞争法规制的范围”。这就意味着只要经营者使用了不正当手段,在客观上吸引了更多消费者对自己的消费关注,或者破坏了他人对消费者的吸引力,就落入反不正当竞争法规制的范围,具体到本文所研究的案例之情形,一审法院明言:“在网络经济环境下,只要双方吸引争取的网络用户群体存在此长彼消的或然性对应关系,即可认定为双方存在竞争关系”。

笔者认为,尽管《反不正当竞争法》第 1 条对立法目的的规定,明确了该法的基本任务就是"鼓励和保护公平竞争,制止不正当竞争行为",因此,维护公平竞争市场秩序成为反不正当竞争法的重要使命。[37] 但是,对反不正当竞争法之适用范围的最大化扩张,虽然未必是坏事,但是需要对其最大化扩张进行正当性的论证,否则,对该法适用范围的最大化扩张将会导致其第二章关于不正当竞争行为的列举性规定失去应有的作为法规范之明确性和稳定性的意义,有被架空之嫌。同时,这会更进一步助长司法机关无限扩张反不正当竞争法规制范围之冲动,不无导致或者加剧对反不正当竞争法规范适用的混乱与不统一。[38] 在该案例中,司法机关其实并无必要将该法对不正当竞争之适用范围作一般性的最大化扩张解释,只要将该案例中所遇到的特定情形纳入法定之外的但应受反不正当竞争法规制的不正当竞争行为之列即可。

(二)来自技术中立原则的抗辩

技术中立原则,也称为技术条件性原则,堪称信息技术领域中的非歧视性原则,意味着技术本身是中立的,不得以法律的方式规定某种信息技术相对于其他信息技术的优势地位,[39]但并不意味着技术的使用没有责任方面的要求。正如《人类简史》的作者在其著作结尾时所指出的:"拥有神的能力,但是不负责任、贪得无厌,而且连想要什么都不知道。天下危险,恐怕莫此为甚。"[40]

在该案中,一审法院对于被告所提出的技术中立原则的抗辩,首先从竞争法的视角进行了一般回应,指出,"互联网经济作为高科技产业,其发展政策应当是鼓励科技创新与技术进步。但技术创新与技术进步应当成为公平竞争的工具,而不能用作干涉、破坏他人正当的商业模式,不正当攫取自身竞争优势的手段。技术本身虽然是中立的,但将技术作为不正当竞争的手段或工具时,该行为即具有可罚性",由此区分了技术本身与技术使用,明确技术的创新与进步不能用作不正当竞争的手段或工具。其次从该案被诉侵权行为的特性进行了具体回应,指出:"美景公司以营利为目的,组织、帮助他人利用已订购生意参谋

---

〔37〕 参见工商总局《关于积极开展宣传贯彻新〈反不正当竞争法〉工作的通知》(工商竞争字〔2017〕202 号)。

〔38〕 参见由于笔者并非反不正当竞争法领域的专家,未必能够对该问题提出自己的建议,仅就方法上及后果上提出希望该领域的专家关注的问题。

〔39〕 参见张建文:《国家的信息职能与信息立法的基本原则》,载《法学杂志》2017 年第 11 期,第 101 页。

〔40〕 [以色列]尤瓦尔·赫拉利:《人类简史:从动物到上帝》,林俊宏译,中信出版社 2017 年版,第 394 页。

数据产品服务的淘宝用户所提供子账户,擅自获取生意参谋数据产品数据内容,损害了淘宝公司的商业利益与商业模式,其并非单纯的技术提供者,而是不正当竞争行为的直接实施者。”由此,司法机关拒绝接受以技术中立原则作为不正当竞争行为的抗辩事由,强调技术的使用而不是技术本身的价值取向。

(三)反不正当竞争法的未来:通过恶意分享账户方式获取他人数据分销牟利行为的法律规制问题

在该案二审裁判作出之后不到五个月的时间里,全国人大常委会对《反不正当竞争法》进行了修订,[41]但是,在该修订中并未将本文所研究案例的被诉侵权行为类型纳入修订后的条文之中,只是将“教唆、引诱、帮助他人违反保密义务或者违反权利人有关保守商业秘密的要求,获取、披露、使用或者允许他人使用权利人的商业秘密”的行为纳入侵犯商业秘密的不正当竞争行为之中,而与本文所研究案例最为接近的第12条关于经营者利用网络从事生产经营活动的条款恰恰没有做任何修改。

笔者认为,出于对反不正当竞争法的明确性和稳定性考虑,应当将教唆、引诱、帮助他人通过分享账户等方式,获取、披露、使用或者允许他人使用权利人的数据,无论是否有牟利目的或者动机,均纳入反不正当竞争法关于经营者利用网络从事生产经营活动的条款之中,以减少司法机关在处理此类新型财产权益保护时,面临规范空白或规范不完全的窘迫情势,而不得不动用该法的立法目的条款以图对不正当竞争行为作一般性的最大化扩张解释。

五、结语

在本文所研究的案例中,以反不正当竞争法为规范基础,以竞争法意义上的财产权益的名义,保护(明确和确认[42])数字经济发展中的新兴权利,触及了大数据产业发展和数据市场竞争所面临的基本法律问题,包括网络用户信息、原始网络数据、衍生数据的信息属性定位问题(也就是到底属于个人信息还是非个人信息的问题)以及由此派生出来的法律保护问题(也就是说到底是否适用个人信息保护规范的问题);网络用户、网络经营者以及其他网络经营者之间

---

〔41〕《全国人民代表大会常务委员会关于修改〈中华人民共和国建筑法〉等八部法律的决定》(2019年4月23日第十三届全国人民代表大会常务委员会第十次会议通过)。

〔42〕参见龙卫球:《如何理解民法总则立法目的和依据》,载《检察日报》2017年3月23日,第3版。

围绕与数据相关的权益所产生的权属界定问题；网络大数据产品的法律本质以及其法律保护方式问题；等等。

该案为研究者们提供了一次难得的机会，通过对真实鲜活的司法案例去观察和分析司法机关的裁判逻辑与裁判立场，从中可以发现：

第一，司法机关将网络用户信息视为由个人信息和非个人信息构成的集合，对其中尽管不属于个人信息的网络用户行为痕迹信息提出了比照适用个人信息保护规范的（准个人信息）的观念。

第二，《网络安全法》第 42 条第 1 款第二句的但书条款已经构成我国大数据产业发展的基础性、支撑性法律规范基础。

第三，司法机关对于网络运营者收集、使用网络用户信息的行为和公开以及允许他人使用的行为的正当性检验，主要由两步检测构成：以个人信息和非个人信息为区分的信息属性检测，以及对非个人信息（网络用户信息）比照个人信息的保护检测。后者包括网络运营者收集、使用信息行为的“合法、正当、必要原则”检测、网络运营者提供信息行为（公开使用或者许可他人使用其收集的网络用户信息）的“事先另行取得明示同意”检测，以及对于使用来自第三方所收集的网络用户信息的“三重授权许可使用”检测。

第四，司法机关从数据产品的法律本质、市场价值、竞争优势、竞争秩序等四个方面提出并论证了网络大数据产品作为独立的竞争法意义上的财产性权益定位；在这个过程中，司法机关否定了适用知识产权法上的网络数据库或者物权法上的财产所有权制度予以保护的可能性。

第五，司法机关没有对《反不正当竞争法》第二章所规定的不正当竞争行为的类型化体系出发，而是直接从反不正当竞争法的立法目的出发，对反不正当竞争法规范的范围作了最大化扩张解释。除法定的有名权益外，法律没有明确规定的无名权益只要不违反法律法规的规定，能够给经营者带来营业收入，或者属于带来潜在营业收入的交易机会或竞争优势者，均属于反不正当竞争法所要保护的合法权益；同时，只要市场主体使用了不正当手段，吸引了更多消费者的消费关注或破坏了他人对消费者的吸引力，即落入反不正当竞争法规制的范围。

总体而言，反不正当竞争法作为新兴权利特别是新兴的财产权益的保护方式，有其优势所在，即可以无需对该权益的法律本质以及其合法性与正当性进行更多的论证，而只是依据较为简单的带来营业收入（或者交易机会或者竞争优势）且不违反法律法规之规定的标准，即认定其为竞争法所要保护的合法权益,只要采用不正当手段侵害前述合法权益,即构成反不正当竞争法上的不正当竞争行为,获得反不正当竞争法的救济。

但是,其中的不足也不容小觑,这种近乎无限最大化扩张解释反不正当竞争法的保护对象和规制范围的做法,有脱离并将反不正当竞争法上明确规定的不正当竞争行为架空,而无限膨胀法定类型之外的但应适用反不正当竞争法规范救济的不正当竞争行为之危险。毕竟"权利"是社会群体的赞同性意见,而绝不是个人的自我意志或要求,[43]正确的做法应当是既要尊重和兼顾反不正当竞争法第二章关于不正当竞争行为的类型化规定,同时在必要的情况下适度且审慎地将在法定类型之外但应受反不正当竞争法规范救济的行为纳入其中。

〔43〕 参见张恒山:《论权利本体》,载《中国法学》2018 年第 6 期,第 80 页。

避风港规则解读

——法经济学视角

刘廷华*

【摘　要】避风港规则是一个精巧构建的制度体系，利用“通知—删除”规则免除了网络服务商无效率的审查义务，同时综合运用“红旗”规则、引诱侵权规则及替代责任规则要求网络服务商承担有效率的预防措施，节约了预防网络侵权的社会成本。

【关键词】避风港　“通知—删除”规则　“红旗”规则　引诱侵权　替代责任

避风港规则源自美国1998年颁布的《数字千年版权法》第512条，以“通知—删除”规则为核心进行构建，通过有条件豁免直接侵权责任有效减轻了网络服务商的审查义务，同时利用间接侵权责任的威慑激励网络服务商承担合理范围内的审查义务，避免了“通知—删除”规则被滥用。国内很多文献在介绍避风港规则时往往只注意到了“通知—删除”规则和“红旗”规则，片面地认为避风港规则过分强调网络服务商的利益，变相鼓励了网络侵权。2012年3月31日，国家版权局在官方网站上公布了《中华人民共和国著作权法(修改草案)》，“避风港”条款引起了轩然大波。国家版权局法规司司长王自强指出：“可悲的是，很多法学家从字面上去解读，没有回到制度背后的规律和本源。所以，对一个世界各国通用的基本规则、常识性问题提出了如此大的争议。”为了更好地理解和把握避风港规则的精髓，本文拟对避风港规则进行经济学重述。

* 经济学博士，宜宾学院法学院院长、教授。

一、“通知—删除”规则的经济学重述

按照“通知—删除”规则,网络服务商在知晓网络侵权行为后立即删除侵权相关内容或屏蔽对他的访问即可免除自己的侵权责任。一般认为,网络服务商无须承担审查义务,不需要在事前主动采取措施去防止侵权、也无须对网络用户进行实时监控或在事后主动搜索侵权活动的线索。从经济学视角看,“通知—删除”规则免除网络服务商的审查义务主要是基于以下考虑:第一,去中心化在互联网发展过程中逐渐实现,海量信息才得以及时发布和共享。如果法律强制赋予网络服务商审查义务,信息发布必定会因为严格的审查而延迟,网络信息发布的便捷性和及时性将消失殆尽。第二,每天上传互联网的信息量都巨大,要求网络服务商对其进行逐一审查,无疑会加大其经营成本。网络服务商为了确保自己的利润,必定会将审查成本转嫁给网络用户,无谓增加了消费成本,限制网络用户的规模,影响互联网行业的发展。第三,从概率上看,涉嫌侵权的信息毕竟所占比例较小,花费很多资源从浩如烟海的网络信息中筛查出有限的侵权信息无异于大海捞针,明显得不偿失。相反,权利人只需要花费极低的成本即可发现并提供侵权信息,让权利人而不是网络服务商承担审查义务可以节约预防侵权的社会资源。第四,相较而言,权利人更容易判断自己的权益是否受到侵害。网络服务商缺乏潜在被侵权人的各项信息,没有判断网络信息侵权与否的能力,即使投入大量资源用于审查也难以有效预防侵权,要求网络服务商承担审查义务会丧失预防侵权的优势。

“通知—删除”规则所谓“立即”,是指删除或屏蔽行为不会给网络服务商增加“不必要的负担”的合理时间。相对于诉讼途径,“通知—删除”规则使权利人几乎免费获得了消除网络上侵权信息之快捷通道。从诉前角度看,网络用户大多未经实名注册,这为权利人启动诉讼程序制造了不小的麻烦。而且,即使权利人诉讼成功,网络用户可能无力承担侵权责任,权利人遭受的损失可能得不到赔偿。这决定了诉讼难以为网络用户提供预防侵权的激励。从诉后角度看,诉讼过程需要时间,即使申请并获得诉前禁令,侵权损失都会比“通知—删除”规则要大,诉讼程序的救济效率明显低于“通知—删除”规则。因此,经济效率要求网络服务商接到通知就应立即删除,而不是等到侵权事实被法院确认再行删除。由此产生的问题在于,大多数权利人具有扩大权利保护范围的倾向,其发出的侵权通知可能是真实的,也可能是虚假的,但通知的真假并不是网络服务商关心的对象。“通知—删除”规则免除的网络服务商的审查义务是双

向的,网络服务商既不需要审查网络用户的信息是否侵权,也不需要审查权利人发出的通知是否属实。接到通知后立即删除即无须承担责任,不删除却存在侵权的风险,得到通知后立即删除总是网络服务商的占优策略。结果,“通知—删除”规则表面上是豁免了网络服务商的审查义务,实则侧重保护了权利人的利益,但那些被权利人无端指控侵权的网络用户,只能通过诉讼途径去洗脱自己的冤屈,或者通过提供反担保并要求网络服务商恢复信息。这是合理的吗?

无论侧重保护权利人还是网络用户的权利,都可能因此而损害另一方当事人的权利(至少多负担了担保费用),此即科斯指出的权利的相互性问题。为了实现产出最大化,科斯认为法律应该按照能够避免更为严重损害的方式来配置权利。[1] 因此,从功利的角度考虑,“通知—删除”规则更侧重于保护权利人的利益是否合理便取决于它是否避免了更严重的损害。权利人发送通知时必须附加网络用户发布信息构成侵权的证明材料,并且要保证其证据材料是真实准确并愿意承担伪证罪的风险,这决定了权利人利用“通知—删除”规则可能需要承担以下两个方面的成本:其一,搜集侵权成立的证明材料及发出通知过程中产生的成本;其二,如果最终被法院认定为诬告,发出侵权通知的权利人还需要承担诉讼费用、侵权责任甚至因伪证罪而遭受的刑罚等成本。权利人自愿承担上述成本相当于为通知行为提供了担保,使得权利人通知为真的概率远高于为假的概率,要求网络用户在提供反担保前提下通知网络服务商恢复信息的方式比起要求权利人发送通知时必须提供担保的方式更能节约社会成本。

二、“红旗规则”的经济学重述

依据“通知—删除”规则,网络服务商无须刻意对网络用户上传的信息进行审查。为了防止网络服务商滥用“通知—删除”规则赋予的“完全置身事外”的超然地位去放纵网络侵权,“红旗规则”规定,如果侵权行为如此明显以至于像红旗一样在网络服务商眼前飘扬,那么,网络服务商便不能再利用避风港免除侵权责任。[2] 网络用户在缺乏网络服务商的帮助时无法单独完成对权利人的侵害,或者说,网络服务商的帮助为网络用户对权利人的侵害提供了极大的便

〔1〕 参见[美]罗纳德·哈里·科斯:《社会成本问题》,载[美]罗纳德·哈里·科斯:《论生产的制度结构》,盛洪译,上海三联书店1994年版,第142页。

〔2〕 参见崔国斌:《网络服务商共同侵权制度之重塑》,载《法学研究》2013年第4期,第138~159页。

利。[3] 除了这种传统的解释,“红旗规则”从经济学角度考虑也是合理的。如果要求网络服务商承担帮助侵权责任,这会激励网络服务商在发现红旗后即自行将其删除,网络用户对权利人的侵害可能因此会得以避免或减轻。比起“通知—删除”规则,适用“红旗规则”可以节约权利人通知的成本并且防止了权利人损害的扩大;与此同时,适用“红旗规则”并不会给网络服务商带来额外负担,因为当侵权信息像红旗一样在网络服务商眼前飘扬时,网络服务商几乎无须承担任何成本即可辨认并删除侵权信息。

“红旗规则”的适用需要考虑:第一,在客观方面,侵权行为是否像红旗一样醒目以至于网络服务商几乎无须额外花费任何成本便可以发现。第二,在主观方面,网络服务商是否故意采取措施避免自己发现侵权行为或者在发现侵权行为后故意装作看不见。侵权信息是否属于红旗的认定一般采用客观的“理性人标准”,而在判断网络服务商是否看到红旗时却不是采用“理性人标准”,而必须考虑当事人的主观情况。[4] “理性人标准”的引入减少了红旗认定上的分歧,便于认定网络服务商的侵权责任,从而有助于预防网络侵权。在主观方面要求网络服务商确实知悉侵权行为,同样是基于经济效率方面的考虑。如果网络服务商主观上已经注意到红旗,那么删除红旗以防止侵权无须额外再另行承担任何成本,比起无视红旗的存在而引发诉讼,可以节约大量的社会资源。

“红旗规则”的适用要求权利人去证明网络服务商在主观上已经知悉侵权事实,而且是具体的侵权事实而不是不特定的侵权行为,只是故意装作看不见而已。按此规定,在网络服务商知道具体侵权行为以前,即使对网络用户的侵权行为有一般认知,即使明知网络上侵权行为比比皆是,网络服务商也没有义务主动采取措施去降低网络用户侵权的风险,无须删除涉嫌侵权的红旗。照此看来,若不是亲自发送通知,权利人很难证明网络服务商在主观上确实已经知悉具体的侵权事实,网络服务商因此很容易逃脱自己的责任,这为网络用户侵权留下了过大的空间。若真是如此,“红旗规则”增加了权利人证明网络服务商主观过错的难度也许正好巧妙地平衡了网络用户和权利人之间的利益,毕竟“通知—删除”规则相对侧重于保护权利人。但避风港规则在设计时似乎并不看重网络用户权利的保护,它巧妙地利用引诱侵权责任填补了“红旗规则”在网

〔3〕 参见刘家瑞:《论版权间接责任中的帮助侵权》,载《知识产权》2008 年第 6 期,第 34 ~ 42 页。

〔4〕 参见王迁:《超越“红旗标准”——评首例互联网电视著作权侵权案》,载《中国版权》2011 年第 6 期,第 37 页。

络服务商主观过错认定上的漏洞,激励网络服务商不愿故意无视红旗的存在。

三、“引诱侵权”的经济学重述

除了被用于侵权之外,网络服务还具有可以被广泛合法使用的实质性用途,即具有“实质性非侵权用途”。即使网络服务具有被用作侵权的高度盖然性,也不能据此就推定网络服务商因为“故意”帮助网络用户实施侵权而构成“帮助侵权”。但是,具有“实质性非侵权用途”并非阻却侵权责任的充分条件,而只是前提之一。一旦被证明存在故意教唆和引诱他人侵权的主观意图,则网络服务商须承担引诱侵权责任,无法再利用“通知—删除”规则得到豁免。证明网络服务商存在故意教唆和引诱他人侵权的主观意图,并不是一件容易的事。如果没有找到便于司法实践的认定办法,引诱侵权的适用可能会受到限制,无法实现预期效果。

意志决定行为,人的主观意图最终都会通过外在行为得以体现。由于无法探明网络服务商引诱网络用户侵权的主观故意,只得通过网络服务商的客观行为去推定。即使权利人无法证明网络服务商主观上知道具体的侵权行为,无法利用“红旗规则”要求网络服务商承担责任,如果网络上侵权行为比比皆是而网络服务商并未采取任何措施去加以制止,该网络服务商很可能被推定为存在引诱他人侵权的意图。法律可以将引诱侵权的主观意图转化为网站上侵权行为所占比例的大小,这一比例越大,引诱侵权成立的可能性就越大。理由在于,当网络服务商存在引诱客户侵权的主观意图时,一方面他会积极引诱,另一方面他会极力包容侵权行为,最终表现为网络上侵权信息所占比例较大。因此,引诱侵权责任通过将网络服务商主观过错的认定转变为侵权行为所占比例这一客观事实的判定,避免了“红旗规则”下网络服务商主观认知认定上的困难,使得网络服务商不能采取“鸵鸟策略”去放任网络侵权。

网络用户也是理性人,从侵权收益最大化角度出发,通常会选择在侵权行为比比皆是而不是寥寥无几的网络上实施侵权。如果侵权行为在一个网络上比比皆是,这至少暗示着网络服务商对侵权行为高度包容,即使并无引诱的主观故意。网络服务商容忍侵权也会导致侵权行为得以长时间保留,扩大了侵权损失,降低了网络用户的侵权成本。如果网络服务商在知悉网络上普遍存在侵权行为时仍然故意装作不知道,某某网站容忍侵权这一事实很容易被网络用户发现并扩散,可能诱发更多的网络侵权。更进一步,当网络上侵权行为越多,发现侵权的概率就越大、成本越低,推定网络服务商引诱侵权越是正当。当然,如果网络服务商采取更为积极主动的行为去引诱用户侵权,侵权责任更是难以避免,毕竟权利人的侵害在很大程度上可以直接归因于网络服务商的过错。无论主动引诱,还是故意无视和放纵网络侵权,要求网络服务商承担引诱侵权责任明显有助于以更低成本预防和减少网络侵权。

四、“替代责任”规则的经济学重述

如果网络服务商有能力控制而没有控制侵权行为并且获得了直接归功于该侵权行为的经济利益,那么网络服务商将被要求承担替代责任。在判定网络服务商是否有控制侵权行为的能力时,主要考虑是否能对网络用户的行为施加实质性的影响或者主动参与侵权行为。但无论如何,法律并不强求网络服务商承担监视网络的义务,没有主动采取各种技术手段去防止侵权并不会因此而丧失避风港的庇护。尽管如此,替代责任的操作规则并不确定,缺乏一致性和连贯性,如果没有出台更具操作性的规则,被“通知—删除”规则豁免的审查义务很可能在替代责任规则下又折返回来。网络服务商若想彻底避免替代责任,最优策略依然是主动采取措施去避免用户侵权。

随着技术发展,尤其是当搜索和过滤技术变得成熟以至于网络服务商能够在不用承担过大负担的情况下查找和发现侵权信息时,网络服务商可能很容易被认定为具有控制侵权行为的能力。与此类似地,如果权利人主动向网络服务商提供防止侵权的技术措施,并且愿意自行承担将这种技术措施接入网络的成本,那么也可以因此而认定网络服务商具有控制侵权行为的能力。除此之外,对于反复侵权的网络用户,网络服务商有义务拒绝为其提供服务以防止他再实施侵权行为。网络用户的侵权行为有时对网络服务商有利,网络服务商为了自己的经济利益不愿意断开网络用户的链接,替代责任恰好能制止这一行为。[5] 综上几种情况可以发现,法院在认定网络服务商是否具有控制侵权行为的能力时通常都会考虑网络服务商制止侵权行为的成本。制止侵权的成本越低,被认定为具有控制侵权行为的能力的可能性就越大。换言之,替代责任要求具备侵权控制能力是为了满足预防侵权的可能性,同时不会为网络服务商带来过重的负担。

网络服务商的经营活动客观上增加了他人权益受害的风险,而自己又恰好从中获利。即使从侵权行为的获利不足以支付替代责任的赔偿,网络服务商也可以将责任成本转嫁给网络用户。所以,网络服务商从侵权行为获益的认定,

---

〔5〕 陈绍玲:《避风港准入门槛在我国的不适应性分析》,载《知识产权》2014 年第 12 期,第 3 ~9 页。

条件变得越来越宽松。即使没有直接从侵权行为获得收益,或者缺乏任何与收入相关的凭证,网络服务商希望将来从侵权行为中获利的做法也可能被认定为满足“从侵权中获得了直接利益”的要件。例如,网络运营商惯常使用的通过积累网络用户吸引广告客户的做法,可以被认定为获得了直接受益。换言之,只要因为用户的侵权行为而增加了获益的能力,即使因此而可能获得的收益在将来才变为现实,也足以认定网络服务商从侵权行为获得了一定经济利益。放松获益条件的认定主要是为了提高替代责任的适用可能,更有效杜绝网络服务商从用户侵权行为获益的可能,从而消除网络服务商纵容网络用户侵权的激励。

五、避风港规则的借鉴意义

避风港规则是由“通知—删除”规则、“红旗”规则、引诱侵权规则以及替代责任规则等系列制度精巧构建的制度体系,为网络服务商预防网络侵权提供了充分激励,而且也不会带给网络服务商过重的负担,有效实现了利益平衡。作为上文的总结,用图表的形式更直观地将避风港规则的具体构造展示出来,如表 1 所示。

表 1　避风港规则的具体构造

避风港规则的组成	主要内容	对网络服务商的影响	遗留问题
“通知—删除”规则	网络服务商在接到权利人通知后立即删除或屏蔽侵权信息即可免责。	免除了一般性的审查义务,完全置身事外。	网络服务商只是在接到权利人的通知才被动删除侵权信息,没有主动采取措施预防网络侵权的激励。与此同时,网络服务商没有审查权利人通知真假的激励,可能引起误删。
“红旗”规则	如果特定侵权信息像红旗一样明显且已经知悉,网络服务商必须立即删除或屏蔽,否则应承担帮助侵权责任。	有义务删除已经知悉的红旗一般显眼的侵权信息,但无须刻意花费成本去监督网络客户。	红旗的认定采用了理性人标准,但是否已经知悉红旗却需要考虑主观状态,网络服务商可以凭借自己主观上不知道特定侵权信息为由推诿责任。
引诱侵权规则	即使不存在引诱客户侵权的故意,网络上容留越多侵权信息这一事实可能被用来推定存在引诱侵权。	将侵权行为的主观认知基本上变为客观的“应知”,不敢采用鸵鸟策略。	主观认知采用客观评判后完全无视个体差异,而且引诱侵权的规则并不清晰,客观上加重了网络服务商的审查义务。

续表

避风港规则的组成	主要内容	对网络服务商的影响	遗留问题
替代责任	网络服务商有能力控制而未控制侵权行为且从侵权行为中获利。	不敢寄希望于从侵权信息中获利，被迫主动采取措施控制侵权。	网络服务商对侵权的控制能力以及从侵权中获利的认定条件变得越来越宽松，网络服务商的审查义务因此变得越来越重。

国家版权局报请国务院审议的《中华人民共和国著作权法(修订草案送审稿)》第73条的规定明显借鉴了美国避风港规则的相关规定，明确规定网络服务商可以利用“通知—删除”规则免除直接侵权责任，减轻了审查义务，遗漏了虚假通知可能引起的误删问题。建议明确要求权利人发送通知时必须附加证明材料并出具愿意承担虚假通知引发的侵权责任的保函，否则网络服务商有权拒绝删除。送审稿利用“红旗”规则将网络服务商明知或应知侵权情形排除在避风港之外，赋予了网络服务商关注网络用户行为的合理注意义务，使其不能完全置身事外。与美国法不同，送审稿将对侵权行为的“应知”也纳入了“红旗”规则，通过认知标准认定的客观化解决了网络服务商对侵权行为的主观认知难题，避免了不够明晰引诱侵权规则带给网络服务商过重的审查义务。如果进一步借用效率标准将“明知”和“应知”的认定限定在“不会引起过重的经济负担”范围内，从提供预防侵权的激励角度看可能更具有逻辑一致性。此外，送审稿没有设计替代责任规则，对于网络服务商有能力控制侵权行为却未控制且从侵权行为中获益的情形，除非适用教唆和引诱侵权的相关规定，很难激励网络服务商采取措施预防侵权。这对教唆和引诱侵权的具体规则提出了新的要求，亟待完善。

违反个人信息安全保障义务民事侵权责任的适用与完善

刁胜先[*]　谭　倩[**]

【摘　要】信息处理者非法提供、篡改、泄露个人信息造成信息主体损害的事件日益增加,《中华人民共和国民法典》第1038条集中规定了信息处理者的安全保障义务,以约束信息处理者行为和保障信息主体信息安全。从个人信息安全保障义务的内涵入手,分析违反该义务的责任形式和责任形态,可得出相应建议:完善个人信息安全保障义务,加强其实践操作性;强化和完善非财产性的防控类侵权责任在违反个人信息安全保障义务纠纷中的适用;放宽认定损害后果要件,以确保赔偿责任的有效落实;确立违反个人信息安全保障义务的多元责任形态;适当引入惩罚性赔偿责任。

【关键词】个人信息　安全保障义务　责任形式　责任形态

大数据时代,信息资源的重要性不言而喻,信息交流便利日常生活的同时,也引发了信息泄露、身份盗用、电信诈骗等一系列问题。对此,根据《民法典》等私法规范,研究信息处理者违反个人信息安全保障义务的民事侵权责

* 法学博士,重庆邮电大学数据信息与人工智能法律研究中心主任,重庆邮电大学网络空间安全与信息法学院教授,硕士生导师。

** 重庆邮电大学网络空间安全与信息法学院法学硕士研究生。

任极有必要。[1]

一、个人信息安全保障义务的内涵

私法上,个人信息安全保障义务是指在个人信息法律关系中,依法承担安全保障义务的个人信息处理者通过一定行为,保障个人信息主体在人身和财产方面的安全权益不受侵害的义务。该义务的本质是对个人信息处理行为进行的一种限制或约束。

(一)个人信息安全保障义务的法律属性与特点

1. 个人信息安全保障义务具有法定性,是法定义务。其依据主要源于《民法典》第111条及第1038条,《消费者权益保护法》第14条,《电子商务法》第30条,《个人信息保护法》第51条、第57条。这些条文或概括或详细地规定了信息处理者的信息安全保障义务。信息处理者违反个人信息安全保障义务,导致信息主体的安全权益受到损害的,应承担民事侵权责任。

2. 个人信息安全保障义务的具体表现形式具有综合性,存在作为和不作为、尊严法益安全与财产法益安全等不同角度的分类表现。在作为义务方面,信息处理者应该采取足够的管理措施和技术手段,保护个人信息的机密性、完整性和可用性。在不作为义务方面,信息处理者在信息处理活动中不得主动实施侵害信息主体个人信息安全权益的行为。

3. 个人信息安全保障义务在生命周期上具有贯穿性。个人信息安全保障义务是信息处理者在信息处理的全过程中均需履行的义务。

4. 个人信息安全保障义务在性质上是手段义务与结果义务并存。只要信息处理者落实了与其面临风险相适应的防范措施,就尽到了安全保障义务。同时,信息处理者负有确保信息安全这一结果的义务。

(二)个人信息安全保障义务的主体

《民法典》第111条是一条宣示性的总括条款,该条规定了其他民事主体“依

---

〔1〕 对安全保障义务,不同于以往从义务主体角度进行关注的是,“个人信息安全保障义务”是从保障的客体角度提出。笔者在2019年10月12日于重庆举行的“首届网络空间治理中国论坛暨中国科学技术法学会网络空间法专业委员会2019年年会”上提交的会议论文《我国个人信息安全保障义务的立法分析》中首次提出并阐释该概念,随后向几个刊物投稿。2019年12月16日发布的《中华人民共和国民法典(草案)》尚无该内容,但在2020年5月28日表决通过的《中华人民共和国民法典》第1038条规定了信息处理者的安全保障义务,同时在其他方面丰富了个人信息义务内容,使个人信息的法律保护条款更趋充实与完善。

法取得并确保信息安全”的义务。其他专门法律从自身的调整范围出发,将主体界定为经营者、电商平台等特定范畴,但《民法典》并未区分不同范畴主体,而是强调“任何组织或个人”都可以成为个人信息安全保障义务的主体,主体范围相较于他法律的规定更广。《民法典》第1038条对安全保障义务的主体表述为“信息处理者”,该法第1035条规定个人信息的处理包括个人信息的收集、存储、使用、加工、传输、提供、公开等,从外延看包括了第111条的“获取”行为。所以,不同法律规范表述的个人信息安全保障义务主体,本质上都是个人信息处理者的不同表现形式,如“任何组织或个人”“电子商务平台经营者”“经营者及其工作人员”等,如表1所示。

表1 现行法律对个人信息安全保障义务主体的界定

法律规范	义务主体表述
《民法典》第111条	任何组织或个人
《民法典》第1038条	信息处理者
《电子商务法》第30条	电子商务平台经营者
《消费者权益保护法》第14条	经营者及其工作人员
《个人信息保护法》第51条、第57条	个人信息处理者

结合社会背景现实和利益平衡的角度来看,个人信息安全保障义务主体应就日常生活和经营管理的不同而作区分。一般社会交往中得到的个人信息与其说是获取,不如说是对他人“印象”的自然生成,与法律无关。[2] 个人信息保护中出现纠纷主要在经营服务领域,因为这些领域的主体具有大量收集个人信息的行为和能力,对这类主体赋予安全保障义务具有其合法性和合理性基础。首先,信息处理者在收集、利用个人信息时,个人信息便处于被侵犯的潜在风险之下,因此,信息处理者应该具有相应的危险控制能力。其次,根据权利义务一致的“报偿”理论,信息处理者处理个人信息并从中获取收益,就应该负有保障信息主体个人信息安全、防范与消除危险的义务。最后,以义务应该分配给以最小成本实现它的人这一法经济学理论,信息处理者具备相应的技术设备和人员,在危险防范时,相较于其他主体能够以较小的成本实现保障个人信息安全这一目标。

(三)个人信息安全保障义务的客体

个人信息安全保障义务是对个人信息上的安全权益进行保护,具体可以分为两个方面:一是个人信息本身的安全。在互联互通的数字经济全球化背景

---

〔2〕 周汉华:《个人信息保护的法律定位》,载《法商研究》2020年第3期,第45~56页。

下,信息已经成了重要的战略资产,保障个人信息本身的安全权益是十分重要的。二是信息主体的其他人身、财产权利安全。个人信息被非法泄露、利用后,会对信息主体造成其他的次生损害。例如,个人银行卡信息泄露后,信息主体被诈骗而遭受财产损失,虽然此损失多是由第三人所致,但事发之源还是因为个人信息处理者未尽到安全保障义务。

(四)个人信息安全保障义务的内容

《民法典》第1038条规定了信息处理者的信息安全保障义务,内容包括:第一,不得向他人主动提供、泄露、篡改其收集的个人信息。第二,实施必要的技术和管理手段保护个人信息安全,确保个人信息处于正确、完整的状态。第三,在发生或者可能发生信息泄露、篡改的情况时,采取措施以制止危险的发生或者降低发生危险的可能性,并告知信息主体和有关部门相关事宜。

《个人信息保护法》第51条、第57条规定了信息处理者为保障信息安全应采取的措施内容和向个人及主管部门通知的具体内容,对个人信息安全保障义务的内容进行了一定的补充和完善。

个人信息安全保障义务的范围和标准需要根据具体情形进行确定,一方面要考虑危险发生的可能性和可能造成的损害的种类和程度;另一方面要考虑危险交往中可获利益与防范危险成本间的比例关系,再结合其他相关法律价值进行利益衡量,予以综合评定。[3]

二、违反个人信息安全保障义务的民事侵权责任形式

信息处理者违反安全保障义务,损害信息主体的人身或财产时,承担民事责任,是对信息主体权益的挽救与补偿。以金钱作为划分标准,可以将违反个人信息安全保障义务的责任形式分为财产性责任和非财产性责任。

(一)非财产性责任

1. 停止侵害、排除妨碍、消除危险

这类责任方式是违反个人信息安全保障义务侵权中首要的责任方式。信息处理者违反安全保障义务给信息主体带来的损害一般具有滞后性,信息主体在侵权行为发生的前期,可以先要求停止侵害,防止损失的进一步扩大。《民法典》第1195条也规定了当信息处理者利用网络进行侵权时,信息主体可以通知

---

〔3〕 刘召成:《安全保障义务的扩展适用与违法性判断标准的发展》,载《法学》2014年第5期,第69~79页。

信息处理者采取删除、屏蔽、断开链接等必要措施。信息处理者的履行方式可以是更正篡改的不正确的信息，采取匿名化、脱敏技术等措施，删除公开、发布的信息，删除超过信息收集目的进行处理的信息等，如表2所示。

表2　信息主体请求停止侵害、排除妨碍、消除危险的相关案例

案件	侵权情形	法院判赔
李某与上海某贸易商行、某创艺（北京）影视文化传媒有限公司肖像权纠纷［（2017）沪0118民初6453号］	被告擅自抓取、保存原告个人信息，并向外推送，构成对原告个人信息和隐私权的侵犯。	被告停止向外推送原告个人信息。
孙某穗与深圳市某宝城置业有限公司、深圳市某正置投资有限公司人格权纠纷［（2019）粤0306民初14198号］	被告未经原告许可在公开场所张贴载有原告个人信息的《裁决书》，导致原告个人信息公开。	被告立即停止侵权行为。

在违反个人信息安全保障义务的侵权责任中，恢复原状运用得比较少，只有在个人信息被篡改或者错误记录，信息的完整性和可用性受到破坏时，可以运用技术手段将其恢复到正常可用的状态，而对信息机密性损害不能适用，原因在于个人信息被非法公开的过程是不可逆的。根据《民法典》第997条，信息主体有证据证明信息处理者泄露、篡改个人信息，有侵害其人格权的危险时，可以直接到法院申请发布禁令，责令信息处理者停止相关行为。

2. 赔礼道歉和消除影响、恢复名誉

作为能识别信息主体的个人信息承载的人格尊严和自由，是个人的深层次追求。这类责任形式在司法实践中运用较广，因为信息处理者违反安全保障义务的后果往往使信息主体的个人信息处于公开的状态，容易影响到信息主体的私人生活安宁，对信息处理者课以这样的责任方式有利于平复信息主体受到的精神创伤，同时修复信息主体因侵权行为受损的道德评价，如表3所示。

表3　信息主体请求赔礼道歉和消除影响、恢复名誉的相关案例

案件	侵权情形	法院判赔
孙某穗与深圳市某宝城置业有限公司、深圳市某正置投资有限公司人格权纠纷［（2019）粤0306民初14198号］	被告未经原告许可在公开场所张贴载有原告个人信息的《裁决书》，导致原告的出生年月、户籍地址、身份证号码等个人信息公开。	被告向原告书面赔礼道歉，道歉信须张贴于《裁决书》所张贴的同一位置。

续表

案件	侵权情形	法院判赔
林某平与某航空股份有限公司侵权责任纠纷[(2015)成民终字第1634号]	原告航班信息泄露,被诈骗导致财产损失。	被告的行为对原告造成了不良的影响,但未在社会上造成广泛不良影响,被告应当以书面形式向原告赔礼道歉。
赵某与杨某东等隐私权纠纷[(2015)成民终字第1634号]	原告委托被告公司出售其名下房屋,被告员工盗用原告的身份证、房屋产权证复印件等个人信息资料、模仿原告笔迹伪造租房协议及保证书谋私利,导致原告不能办理居住证。	被告公司在其官方网站首页以公告形式向原告赔礼道歉,赔礼道歉公告的持续时间为连续3日。被告宋某向原告出具书面道歉声明,向其赔礼道歉。

停止侵害、排除妨碍、消除危险主要是一种预防性的责任形式,在侵权行为发生之前或初期,可以采取此类方式防止危险的发生及扩大。[4] 即使侵权人的行为并没有造成即时可见的损害,只要信息主体认为侵权人的行为存在侵权的可能,就可以主动进行预防。赔礼道歉和消除影响、恢复名誉这类责任承担方式更多的是一种事后救济措施,是道德规范的法律化,在确认信息处理者未尽安全保障义务损害其信誉后,信息主体可以要求信息处理者赔礼道歉,以修复受损的社会评价。这类责任方式的适用范围应该与信息处理者的侵权行为性质及造成的危害范围一致,具体方式由法院结合过错程度及侵害程度进行综合认定。

(二)财产性责任

民事责任以财产责任为主,非财产责任为辅。信息处理者未尽安全保障义务给信息主体造成人身或财产损害时,信息主体可以要求其承担财产上的不利后果。

1. 财产损失赔偿

个人信息具有财产性质,因信息处理者未尽安全保障义务损害信息主体信息安全时,可能会导致信息主体的财产或经济利益受损。这在司法实践中大致有以下几种:第一,信息处理者未采取相应的管理或技术措施保障信息安全,或者相应措施不足以保障信息安全,导致信息泄露,从而出现下游损害,信息被第三方掌握用以骗取信息主体的财产。第二,企业未经信息主体的授权将其信息

[4] 刁胜先等:《个人信息网络侵权问题研究》,上海三联书店2013年版,第126页。

共享给合作方,导致信息主体的信息安全处于危险的状态。在这些情况下,显然非财产性赔偿方式已经不足以弥补信息主体受到的损失,此时信息处理者承担侵权责任的主要方式就是赔偿经济损失,如表4所示。

表4 信息主体请求承担损害赔偿的相关案例

案件	案情	原告主张	法院判赔
孟某勇与来安县某子广告传媒有限公司、来安县名盛名妆化妆品店隐私权纠纷[(2018)皖1122民初77号]	被告制作并散发有关原告的《行政处罚决定书》,导致原告相关信息公布于众,侵犯了原告的隐私权。	赔偿损失20,000元。	原告诉请的损失与其隐私权受到侵害没有必然的因果关系,法院不予支持。
付某贵与北京某信息科技有限公司等网络侵权责任纠纷[(2018)京0491民初1905号]	原告航班信息泄露,被诈骗导致财产损失。	请求判令三被告共同赔偿22,400元。	被告的相关措施并未确保其收集的个人信息安全,在履行保护信息安全义务方面存在过失。原告是完全民事行为能力人,负有必要的安全注意义务。结合双方的过错程度及原告的损失,法院酌定被告在11,155元的范围内承担赔偿责任。
邓某荣与北京某速运有限公司侵权责任纠纷[(2020)京03民终2049号]	被告因过错泄露原告的隐私信息,侵害了原告的隐私权。	赔偿经济损失48,000元。	综合被告的过错程度、侵权行为与损害结果的关联程度,确定被告赔偿原告财产损失10,000元。

经过梳理发现,目前法院仅支持有证据证明的直接经济损失和用以维权的合理开支,对没有证据证明的损失或者与侵权行为没有因果关系的损失是不认可的。在信息主体要求损害赔偿的案件中,其诉讼请求得到完全支持的占比很少,造成这种情况的主要原因,一是没有充分的证据证明其损害结果确实存在;二是对损害事实与侵权行为间的因果关系举证不能。关于损害赔偿的数额,《最高人民法院关于审理利用信息网络侵害人身权益民事纠纷案件适用法律若干问题的规定》第17~18条按照实际财产损失—侵权人的获益赔偿—50万元以下的赔偿额的顺序作了规定。在信息处理者未尽安全保障义务而导致下游损害时,对信息主体造成的财产损失是直接确定的,此时赔偿数额即为信息主体的损失。除此之外的其他情况,由于个人信息价值的无法估量性,不能直接确定信息主体的损失,则要根据上述规定,结合侵权程度、后果与侵权人的过错等情况确定赔偿

数额。

2. 精神损害赔偿

信息处理者未尽安全保障义务给信息主体带来精神上的困扰和生活上的不便,包括道德或信用评价的降低,信息主体可以请求精神损害赔偿。根据《民法典》第1183条的规定,法院支持信息主体精神损害赔偿请求的条件是侵权行为造成严重精神损害。确定精神损害是否严重的因素有:侵害的手段、场合、行为方式等情节;造成的后果;侵权人的获利情况等,如表5所示。

表5　信息主体请求承担精神损害赔偿的相关案例

案件	案情	原告主张	法院判赔
朱某德与连云港某物业服务有限公司隐私权纠纷[(2018)苏0706民初703号]	被告在小区内张贴有关原告的判决书,公开了原告的个人信息,侵犯了原告隐私权,贬损了原告的声誉。	精神损害抚慰金1万元。	被告张贴的判决书的范围仅为涉案小区范围内且时间较短,对原告造成的不利影响轻微,故不支持原告关于精神损害抚慰金的主张。
杨某琪与某花(厦门)互联网金融信息服务有限公司名誉权纠纷[(2018)粤0402民初8546号]	被告故意泄露原告个人资料,侵犯了原告个人信息受法律保护的民事权利。	赔偿原告精神损失费5万元。	综合被告的侵权方式及损害后果,被告应以书面方式向原告道歉,并赔偿原告精神损害抚慰2000元。
原告罗某与被告湖南某某农村商业银行股份有限公司姓名权纠纷[(2019)湘0481民初2619号]	被告错误地登记原告不良征信记录,导致其购房受阻、社会评价降低。	赔偿原告精神损害抚慰金5万元。	综合考虑侵权人的过错程度,以及侵权行为对原告后续生产、生活中可能造成的客观不利影响,法院酌定精神损害抚慰金为10,000元。

实践中,法院适用精神损害赔偿较为谨慎,在信息主体没有证据证明其确实遭受了严重的精神损害或其损害与侵权行为无因果关系时,法院是不支持信息主体的精神损害赔偿请求的。即使支持,也少有完全支持信息主体的赔偿请求数额,而是在其数额内进行酌情考量。法院大多认为信息处理者违反安全保障义务并不会给信息主体带来严重的精神损害,判决信息处理者承担精神损害赔偿的也是因为其同时侵犯了信息主体的名誉权、隐私权等其他人格权。

(三)违反个人信息安全保障义务侵权责任形式适用的不足

1. 规定过于原则、实操不强

信息处理者违反安全保障义务侵害信息主体的人身或财产权益时,承担侵权责任的形式主要有上述几种。虽然《侵权责任法》(已失效)、《消费者权益保护法》、《电子商务法》等法律都规定了相应的责任形式,但其适用范围始终有限,保护的信息主体的范围较小,规定得相对比较原则,无法很好地保障信息主体的权益。

2. 损害赔偿等司法救济效果不理想

司法实践中,由于信息主体处于信息处理过程中的弱势地位,在诉讼过程中,难以确定侵权行为人,即使确定了行为人也难以证明行为人的行为和损害结果间的关系。数据时代信息主体遭受的损害更加多样,无论是传统的精神痛苦损害,抑或大数据时代出现的信息泄露、社会分选和歧视、消费操纵和关系控制等新型损害,[5]举证证明其存在均有一定的难度。现实中信息主体遭受的无形损害如关联的软件共享个人信息等对信息主体权益不造成实质损害的,都被排除在保护范围之外,信息主体的损失无法得到充分弥补。

三、违反个人信息安全保障义务的民事侵权责任形态

根据信息处理者违反安全保障义务侵害信息主体合法权益是否有第三方主体加入,可将这类行为产生的责任形态分为单独责任和共同责任。

(一)信息处理者的单独责任

信息处理者因自身过错导致个人信息被篡改、泄露致使信息主体的权益受损,此时的侵权责任形态为单独责任。这种情况下,又可划分为单独的直接责任和单独的替代责任。前者适用侵权人仅为信息处理者一方,其单独实施的侵权行为的情形。后者要求信息处理者与侵权行为人存在特殊关系,如雇佣、代理等关系。信息处理者对行为人负有管理、监督的责任,如果行为人在执行信息处理者的工作要求过程中违反安全保障义务侵害信息主体的权益,信息处理者就会因为没有尽到对行为人的监督义务承担由其造成的损害后果。在赵某与杨某东等隐私权纠纷案中,[6]法院认为,被告某公司缺乏信息安全的管理体系和操作程序,存在管理漏洞,同时杨某东泄露在执行工作任务过程中获取的原告资料,其侵权行为与履职行为存在关联,应由用人单位链家公司承担杨某的侵权责任。

---

〔5〕 叶名怡:《个人信息的侵权法保护》,载《法学研究》2018 年第 4 期,第 83 ~ 102 页。

〔6〕 赵鹏诉杨喜东等隐私权纠纷案,北京市朝阳区人民法院民事判决书,(2018)京 0105 民初 9840 号。

(二)共同责任

在存在第三方侵权主体而信息处理者又违反安全保障义务的情形下,信息处理者与该第三方主体承担的责任为共同责任,并根据不同的侵权情形分为连带责任、补充责任和按份责任。

1. 信息处理者与第三人的连带责任

对于连带责任,在侵权法的理论与实践中,一直采信的是基于主观方面的共同过错说。很多学者都认可,该条规定的共同侵权行为既包括主观共同侵权行为,也包括客观共同侵权行为。[7] 对于此处的"共同"二字应理解为行为人之间具有意思联络,基于共同的认识导致了损害结果的出现。[8] 在信息处理者违反安全保障义务的情况下,信息处理者与第三方侵权人所实施的行为都与损害结果具有因果关系。例如,有业务来往的信息处理者为了自身利益,相互提供各自掌握的个人信息。《民法典》第1171条规定了无意思联络的数人侵权的责任承担。如在前面所述的赵某与杨某东等隐私权纠纷案中,杨某与宋某出于共同故意实施侵权行为,构成共同侵权,应承担连带侵权责任。

2. 信息处理者与第三人的补充责任

根据《民法典》第1198条第2款,信息处理者在信息主体因第三人侵权遭受损害时未尽安全保障义务的,应承担补充责任。信息处理者进行顺位和数额上的补充赔偿时,其造成损害的原因力大小和过错程度是主要的判断因素。信息处理者应在其能够防止损害的范围内承担相应的补充责任,承担一般不超过第三方直接侵权人的赔偿数额。在申某与某网络技术有限公司等侵权责任纠纷案中,[9]法院结合携程公司的过错程度和具体案情,判定该公司在赔偿数额范围内对原告承担补充责任。《民法典》第1198条第2款规定了信息处理者承担补充责任后的追偿权。当第三方侵权主体不能承担足额清偿时,信息处理者对于超过其责任范围内向信息主体赔偿的部分可以向第三方主体追偿。

3. 信息处理者与信息主体的按份责任

信息处理者未采取相应措施防范危险发生或者采取的措施未达到合理限

〔7〕 王胜明主编:《中华人民共和国侵权责任法释义》,法律出版社2010年版,第58页;杨立新:《侵权责任法》,法律出版社2015年版,第137页。

〔8〕 刁胜先等:《个人信息网络侵权问题研究》,上海三联书店2013年版,第186页。

〔9〕 申瑾诉支付宝(中国)网络技术有限公司等侵权责任纠纷案,北京市朝阳区人民法院民事判决书,(2018)京0105民初36658号。

度内的标准，信息主体自身对于损害结果也有过错，双方的过错结合造成了同一损害结果，此时信息处理者与信息主体之间承担的就是按份责任。在付某贵与北京三快信息科技有限公司等网络侵权责任纠纷案中，[10]原被告双方均导致了损失发生，法院综合双方过错，判决被告支付原告请求赔偿数额的一半。

（三）违反个人信息安全保障义务的侵权责任形态的不足

《民法典》第1198条将安全保障义务人的责任规定为补充责任，并且仅作概述，对于违反义务后的责任承担没有具体阐述，实践操作性不强，审判实践中没有统一明确的审判标准。尽管最高人民法院《关于审理人身损害赔偿案件适用法律若干问题的解释》第6条对责任承担范围作了规定，但由于个人信息价值的无法确定以及其一旦公开就无法复原的特性，该条款也无法很好地解决信息处理者应承担责任的范围及标准问题。此外，对条文中"相应的补充责任"中的"相应"没有明确的定性。一是将其理解为与义务人的过错相应的责任；二是理解为将第三人不能承担的部分补足的相应的责任。[11]补充责任的定性不同，导致了补充责任和其他责任形态的范围不清晰。而在个人信息侵权频发的情况下，根据不同的情况，信息处理者违反安全保障义务的责任形态应该不同。

四、违反个人信息安全保障义务的民事侵权责任之完善

（一）完善个人信息安全保障义务

当前法律对个人信息安全保障义务的规定已经建立起该义务的大体内容，但是对于该义务的具体履行标准还没有明确的规定，只是要求信息处理者根据处理情况采取与之匹配的措施，并且没有区分地对所有类型的信息处理者进行统一适用，不能为义务履行和司法裁判提供相应的判断标准。因此，有必要完善现有的个人信息安全保障义务：一方面为信息处理者设置合理合法的行为边界，防止其用个人信息；另一方面为保证信息主体的相关权益提供法律依据。

具体来说，依据法律规范、国家标准、行业规范等方式丰富个人信息安全保障义务的内涵，在个案中结合实际情况，充分运用比例原则判断义务的有效性。对不同类型的信息处理者，课以不同程度的个人信息保障义务。对特殊领域和

〔10〕 付全贵诉北京三快信息科技有限公司等网络侵权责任纠纷案，北京互联网法院民事判决书，(2018)京0491民初1905号。

〔11〕 刘艺、刘淑波：《违反安全保障义务的侵权责任探析》，载《长春理工大学学报（社会科学版）》2018年第4期，第21页。

信息业务繁多的信息处理者,要求更高标准的技术和管理措施,至于一般的信息处理者,则以基本的义务要求予以规制。通过区分对待不同主体,实现对信息安全的充分保障。

(二)确立非财产性的防控类侵权责任

个人信息一旦被公开或删除就存在恢复原状的困难,传播范围与后果难以控制,更容易对信息主体的生活、精神造成影响,因此,不同于非信息性质的人身、财产利益以事后赔偿为主,信息处理者违反个人信息安全保障义务的侵权纠纷救济,应该注重非财产性的预防性责任形式的运用,在损害初步发生之后予以迅速禁止,防控损害扩大,事前预防与事后救济并重,以求更好地保护个人信息。

(三)放宽损害后果认定标准

按照现行法规定,必须存在现实经济损失或存在严重精神损害即损害后果,信息主体才能获得损失赔偿,而损害后果的确认往往成为信息主体获得赔偿救济的障碍,为此个人信息侵权责任的构成和给予受害人赔偿不应当以"事实上的损害"的产生为前提。[12]《侵权责任法》第 21 条规定的侵害后果就只限于"危及",而不是实际的"损害"。[13]

随着社会发展,新型的损害结果已然出现且无法具体衡量价值,信息主体并不必然证明其损失的具体数额,只要能证明因信息处理者违反安全保障义务遭受了损害,法院就可以在法定额度内予以判定赔偿。我国台湾地区"个人资料保护法"第 28 条第 3 款也确定了类似的赔偿方法;同时,"严重侵害人格权"或者"严重精神损害"不作为认定侵犯个人信息损害的要件,在受害人无法证明具体的损害时,可以自由裁量数额。[14] 国际法专家委员会英国分会的报告书认为,法律应该推定私隐受侵犯的人有实际损害,因为很多侵害私隐权的个案难于证明原告人有实际损失。[15] 爱尔兰法律改革委员会亦建议,原告人无须证明他蒙受任何损害,认为令被告人须向受害者作出赔偿的过错,主要在于侵

---

〔12〕 胡文涛:《我国个人信息隐私权保护法律存在的问题及思考——以与互联网企业利益平衡为视角》,载《云南师范大学学报(哲学社会科学版)》2016 年第 6 期,第 92 ~ 100 页。

〔13〕 刁胜先:《个人信息网络侵权归责原则的比较研究——兼评我国侵权法相关规定》,载《河北法学》2011 年第 6 期,第 92 ~ 98 页。

〔14〕 我国台湾地区"个人资料保护法"第 28 条第 3 款规定,"依前二项情形(即财产损害与非财产损害),如被害人不易或不能证明其实际损害额时,得请求法院依侵害情节,以每人每一事件新台币五百元以上二万元以下计算。"

〔15〕 JUSTICE, Privacy and the Law (London, Stevens and Sons, 1970). para 144.

犯私隐行为冒犯了人的尊严,而不在于这种行为所可能造成的损害。[16]

我国司法实践也有少数判例,对损害结果要件的认定采取缓和态度,标准趋于客观化,将"未经许可向第三人披露他人个人信息的事实存在"认定为构成损害,而不考虑主观过错与客观上是否给当事人带来利益还是实际损失。法院在孙某某诉中国某某网络通信有限公司上海市分公司隐私权纠纷案中认为:"个人信息的私密性是其重要内容,只要有未经许可向第三人披露他人个人信息的事实存在即可构成侵害,私人信息为第三人所知本身即为损害"[17]。但是,这些判例数量极少。

综上,个人信息被侵害的情形愈加复杂,导致的侵害后果也更加多样,在这样的前提下,缓和和放宽损害赔偿的认定标准应该是一种必然的趋势。

(四)确立违反个人信息安全保障义务的多元责任形态

传统的安全保障义务人承担的是一种危险防范义务,义务人要做好相关的安全措施防止或者减轻危险的发生,并不会发生义务人主动实施侵害行为的情况。伴随着信息产业的发展,信息处理者篡改、泄露个人信息的事件不断发生,个人信息安全保障义务的内容已经发生变化。通过前述分析,信息处理者违反安全保障义务的形式多样,要通过具体分析相关情形,区分不同情况下信息处理者应承担的侵权责任形态,以达到确实充分保护信息主体利益和打击警告信息处理者的目的。

(五)适当引入惩罚性赔偿责任

我国《侵权责任法》(已失效)第47条以"明知""造成他人死亡或者健康严重损害"作为惩罚性赔偿的前提,与此类似,违反个人信息安全保障义务的后果具有一些特殊性,会出现与《侵权责任法》(已失效)第47条相当的情形,比如信息泄露后安全的不可逆、安全事故发生后的不可控、造成信息主体死亡等,因此,适当引入惩罚性赔偿责任,能防止侵权主体再次侵权或潜在侵权,同时充分保护信息主体的信息安全。但该责任承担方式应主要适用于信息处理者主观恶性较大、个人信息损害后果具有规模性或其他严重性情节的违法情形,从侵权行为和侵权获益等方面进行考量确定赔偿数额,避免不合理的惩罚性赔偿,防止避免矫枉过正损害公平价值。

---

〔16〕 Law Reform Commission of Ireland, Consultation Paper on Privacy : Surveillance and the Interception of Communications (1996), para 9. 32.

〔17〕 孙伟国诉中国联合网络通信有限公司上海市分公司隐私权纠纷案,上海市浦东新区人民法院民事判决书,(2009)浦民一(民)初字第9737号。

公共突发事件中完善政府信息公开制度的探究

刘丽娜[*]　蒋海松[**]

【摘　要】在公共突发事件中，政府信息公开存在诸多问题，如制度体系不健全、信息公开范围不明确、监督救济难落实、危及公民隐私权等。建立以《政府信息公开法》为核心的政府信息公开法律体系，完善政府信息公开机制等，是解决上述问题的重要措施。

【关键词】公共突发事件　政府信息公开法律体系　政府信息公开机制　知情权

一、引入

新冠肺炎疫情逐渐席卷全球，世卫组织宣布将其列入国际关注的突发公共卫生事件，许多国家纷纷宣布本国进入紧急状态。我国将其列为全国性的突发公共卫生事件，各地陆续启动突发公共卫生事件一级响应。国家卫生健康委主任马晓伟指出：这是新中国传播速度最快、感染范围最广、防控难度最大的一次重大突发公共卫生事件。我国针对此次疫情采取了各项严格防控措施，取得了良好效果，交出了中国答卷。但不可忽视的是，此次事件中的信息公开工作仍存在许多问题，对我国公民知情权的实现造成了诸多障碍。知情权的概念是美联社社长肯特・库柏在1945年提出的。库柏认为公民有权知道他应该知道的事情，国家应最大限度地确认和保障公民获取信息的权利，尤其是获得政府信

* 湖南大学法学院法治与人权研究中心研究人员。

** 法学博士，湖南大学法学院副院长，副教授，硕士生导师。

息的权利。[1]

开放的互联网时代各种信息真伪难辨，新冠肺炎疫情暴发后随之而来的是漫天的虚假信息，“疫病危机”和“信息危机”的双重作用极易造成民众对政府的“信任危机”。发生于社交媒体时代的新冠肺炎疫情，其中的伪信息通过社交媒体大量生产并快速传播，带来了更大范围的社会伤害。[2] 只有通过政府发布权威而真实的官方信息，切实保障民众的知情权，民众才能避免陷入虚假信息催生的“信息危机”。事实证明，人们对形势知道得越少就越容易胡乱猜测，流言蜚语就越有市场，恐慌就越容易传播。[3] 旧有的思维模式习惯在应急状态中强调通过强大的国家能力来确保政府管控权力的高效行使，忽视对民众知情权的保障，而通过完善政府信息公开制度来保障公民在公共突发事件中的知情权，才能激发民众对政府的信任，齐心协力共同应对疫病危机。

二、公共突发事件中政府信息公开的困境

自2003年的“非典”席卷全球后，我国的公共突发事件应对法律体系逐步建立，其中涉及政府信息公开的法律法规主要包括：2003年出台的《突发公共事件应急条例》、2007年颁布的《突发事件应对法》、2007年施行的《政府信息公开条例》等。这些法律法规对于政府信息公开的内容、范围、程序、责任承担等进行有效规范，有助于政府及时、准确、有效地公布信息以保障公民的知情权。同时也有助于促进政府职能的转变，实现从管理型政府向服务型政府的转型，扮演政府在公共事务中的服务角色，发挥民众在国家事务中的主体作用，真正有效地联结民众与政府，上下一心以共同应对公共危机。

虽然在我国的公共突发事件应对法律体系中关于政府信息公开的制度逐步完善，但仍然存在制度体系不健全、公开范围不明确、缺乏监督救济等诸多问题，这些问题都亟待解决。

（一）制度体系不健全

在2003年卫生部颁布的《突发公共事件应急条例》之后，我国出台的应对

---

〔1〕 参见马荔、李欲晓：《非常规突发事件中政府信息公开机制研究》，载《生产力研究》2010年第6期，第7页。

〔2〕 参见转引自吴世文：《重大突发公共卫生事件中的伪信息传播、治理困境及其突破路径——以新冠肺炎疫情为例》，载《电子政务》2020年第9期，第40～50页。

〔3〕 参见张维平、全永波：《突发公共事件中公民权利的保护机制分析》，载《时代法学》2006年第3期，第20～43页。

公共突发事件的主体法律仅《突发事件应对法》,其中对于信息公开的制度规定较为空泛笼统,多为原则性、概念性的规定,在行政紧急应对中的执行适用存在较大难度,难以实际约束灵活的行政紧急应对权。专项规范政府信息公开的《政府信息公开条例》仅是由国务院颁布的行政法规,立法层级较低,必须遵循《突发事件应对法》等上位法的相关规定,在实践中效力层级不够。另外,《政府信息公开条例》是行政机关颁布的自律型法规,部分行政机构及行政人员缺乏信息公开意识,甚至是抵触信息公开,这些会导致法律法规在实际运用中往往无法落实到位。

(二)公开范围不明确

我国《突发事件应对法》第 44 条规定:"定时向社会发布与公众有关的突发事件预测信息和分析评估结果,并对相关信息的报道工作进行管理。"以新冠肺炎疫情为例,民众需要了解的信息包括但不限于污染源头、感染人数、疫情防控状况、政府的防控方案及成效、民用财产征收征用情况等,绝不仅是该法第 44 条寥寥数语可以概括的。在疫情暴发初期,有关部门没有及时重视该问题,未及时告知公众确切消息,是导致疫病蔓延的重要原因之一。此外,《政府信息公开条例》第 2 条规定:"政府信息是行政机关在履行职责过程中制作或获取的,以一定形式记录、保存的信息。"《政府信息公开条例》在对政府信息公开范围进行界定时,太过笼统、抽象、模糊,很容易在实践中给政府机构留下极大的自由裁量权。[4]《政府信息公开条例》第 14 ~ 16 条规定国家秘密、商业秘密、个人隐私、内部事务信息等均不在公开范围内,这些模糊的例外规定极大地限制了信息公开的范围。

(三)监督救济难落实

虽然《政府信息公开条例》旨在保障公民知情权和监督权,但并未明文规定知情权,只有法律才能创设基本权利,我国《宪法》《民法典》均未明确提及知情权,国务院出台的行政法规绝对不能逾越上位法,所以,均无法直接保障公民知情权,知情权实际上需要通过法定的监督权来实现。孟德斯鸠说:"有权力的人们使用权力一直遇到有界限的地方才休止。"[5]行政权同时具有扩张性和界限性的双重属性,所以,必须对行政权进行监督。《政府信息公开条例》第五章专

---

〔4〕 参见连志英:《我国〈政府信息公开条例〉的修改与完善》,载《情报科学》2012 年第 4 期,第 630 页。

〔5〕 [法]孟德斯鸠:《论法的精神》(上册),张雁深译,商务印书馆 1982 年版,第 154 页。

章规定对政府信息公开的监督和保障,同时《突发事件应对法》第 63 条也规定迟报、谎报、瞒报、漏报有关突发事件信息的应承担法律责任,但在实践中是否起到明显作用仍存疑问。尤其在公共突发事件中,迟来的消息公告往往已经导致扩散的危害结果,消息的及时性和准确性是非常必要的。目前法律、法规规定民众可以采取行政诉讼、行政复议、申诉举报等救济措施,但收效甚微。有学者统计:“五年来,政府信息公开诉讼案件快速增长,但从法院裁判结果来看,裁定驳回起诉的情形最多。”[6] 尤其在公共突发事件之下,强调效率的行政紧急应对权极为灵活,公民向司法机关寻求救济往往难以奏效。

三、建立政府信息公开法律体系

鉴于上述问题,疫情过后立法机关亟需建立一套完善的政府信息公开法律体系。目前,我国《突发事件应对法》对信息公开的规定主要体现在第 44 条、第 45 条,该条文采用“与公众有关的”“可能”等十分模糊的表述方式,给行政机关执行信息公开造成困难。而对突发事件采取应急处置是国家权力行使的一种体现,是基于国家安全、社会稳定和公共利益保护的需要而产生的一种行政应急权。[7] 因此,笔者建议从以下四个方面着手建立以《政府信息公开法》为核心的政府信息公开法律体系。

(一)制定《政府信息公开法》

我国目前面临着“有条例而无法”的局面,《政府信息公开条例》属于国务院出台的行政法规,无权创设公民的基本权利,所以对于公民知情权的保障极为不利,提升立法层级是当务之急。此外,《政府信息公开条例》作为规定政府信息公开最为全面的规范文本,蕴含着政府信息公开行为最为基本的含义与精神,但是其规定的政府信息是狭义的,无法涵括司法、立法、政策等各类信息。要实现宪法规定的公民基本权利,则公民从公权力机关获取的信息绝不仅限于狭义的政府信息。广义的政府信息公开只能由法律规定。[8] 所以,需要尽快

---

[6] 吴光芸、吴金鑫:《我国政府信息公开制度的失衡与平衡》,载《理论视野》2014 年第 10 期,第 42 ~46 页。

[7] 参见高轩:《行政应急权对当事人行政诉权的威胁及其司法规制》,载《法学评论》2016 年第 2 期,第 55 ~66 页。

[8] 参见李主峰、郑凤:《政府信息公开制度初探——以私权利与公权力的平衡为视角》,载《人民论坛》2013 年第 8 期,第 33 页。

将其上升到法律层级,制定《政府信息公开法》。另外,我国现行的《保密法》《档案法》等是以信息保密为目的的,急需有专项性法律出台后对其修改工作予以指引。值得注意的是,《政府信息公开条例》于 2002 年开始起草之后,广州、上海、深圳、成都、北京等多个一线城市纷纷出台地方性法规、规章。各地方政府对于政府信息公开积累了大量的宝贵实践经验,若不及时总结地方经验出台《政府信息公开法》,则各地方政府也只能是在《政府信息公开条例》的笼子中起舞,难以实现进一步的创新。

(二)形成配套的法律法规

为了保证信息公开的顺利实施,不仅需要完善法律本身,还要制定一些相关配套的、必要的法律和法规。[9] 英美等发达国家在政府信息公开方面有许多值得我国立法借鉴之处。美国是较早将政府信息公开制度法制化的国家。[10] 早在 1946 年制定了《联邦行政程序法》,后为响应社会对保障公民知情权、隐私权的呼吁,为了适应飞速发展的信息时代的变化特征,在几十年的发展中陆续形成以《信息自由法》《阳光下政府法》《隐私权法》为主,《联邦电子通信隐私权法》《电脑匹配和隐私权保护法》《电子情报自由法》等为辅的较为完备的法律体系。英国则相对保守,较之于美国在政府信息公开方面发展较为缓慢。

另外,韩国、日本作为邻近国家,在历史上我国与日、韩就进行了诸多文化、制度、人口层面的交流,所以,也可以适当借鉴他们的成功经验。韩国目前有《韩国信息公开法》《个人信息保护法》《信息通讯网络法》等,而日本则出台了《日本信息公开法》《独立行政法人信息公开法》《信息技术基本法》《日本 IT 基本法》《电子签名法》等。显然日韩两国针对在互联网时代背景下信息日趋庞杂、公众对信息公开要求日益提高的现状,都出台了相应的特殊法律文件。

我国在 2017 年之后《网络安全法》《电子商务法》《个人信息保护法》《数据安全法》陆续出台,这既是适应互联网发展的需要,也是公民权利意识进步的表现。另外,我国目前主要出台了《档案法》《保密法》《统计法》《政府信息公开条例》,但无论已有的条文设置等较为模糊,并且设立这些法律法规的目的明显是

---

〔9〕 参见常锐:《韩日政府信息公开制度及对我国的启示》,载《东北亚论坛》2012 年第 6 期,第 117 页。

〔10〕 参见李云驰:《美国、英国政府信息公开立法的比较与借鉴》,载《国家行政学院学报》2012 年第 3 期,第 105 页。

以保密为要旨,并不利于保障公民知情权等,所以亟需形成以《政府信息公开法》为专项法律,从实体规范、程序要求、权利保障、救济机制、特别法等各个角度进行延伸,形成严密而完整的法律体系。

(三)细化法律条文

文章第二部分明确提到现有的法律、法规对政府信息公开范围的规定过于笼统,不利于公民知情权的保障。所以,首先要专章明文列举不可公开的信息内容,细化法律条文。"涉及国家秘密的信息不予公布",此类表述只能作为兜底条款出现。公开是原则,不公开是例外,这几乎是研究政府信息公开的学者的共识。对于不能公开的特殊信息设置专章进行详尽规定,编制政府信息公开指南及目录,并且采用开放的形式定期对其进行补充,这样可以形成不确定是否公开的信息均可公开,确定不可公开的信息则予以保密的局面,可以有效地避免政府部门以公共利益、国家秘密、内部事务等模糊理由随意拒绝公民对信息公开提出的要求,对于保障公民的知情权、监督建议权、申诉权、检举权、控告权等十分有益。

我国目前的《政府信息公开条例》对公开的范围和内容鲜有提及,仅仅笼统地规定了不予公开的条件,如涉及国家秘密、商业秘密、个人隐私、内部事务等,似乎是限制了不予公开的范围。《政府信息公开条例》相应条款的一松一紧之间,可以感受立法者游移不定的态度,也导致信息公开范围张弛无度,边界模糊。[11] 这些概念本就有争议的学术话题,如果不在实体法律中加以明确界定,那么在实务应用中就会让行政部门及其人员陷于两难。

就公共突发事件而言,由于其发生情境特殊,所以政府信息公开范围应该予以特殊规定。以公民隐私为例,隐私权是宪法明文规定的公民的基本权利,绝对不允许侵犯,但如果这种保护走向极端则会影响公共利益的实现。在新冠肺炎疫情期间,疫病感染者的名单及具体信息是否应当公布,应该公布哪些细节,存在诸多争议。相关行政部门及其人员往往通过"公共利益"一个模糊的标准进行判断。公共利益概念的界定,仍然需要一定的事实状态为基础,但又不可避免带有价值判断。[12] 实际上目前的《政府信息公开条例》明文规定是否可

〔11〕 参见王敬波:《政府信息公开中的公共利益衡量》,载《中国社会科学》2014 年第 9 期,第 109 页。

〔12〕 参见白雅丽:《政府信息公开案件隐私权问题的实证分析与完善思路》,载《法律适用》2020 年第 5 期,第 74 ~ 84 页。

以获得个人隐私需要获得隐私权人的同意。但在突发事件中,隐私权人拒绝公布,那么其个人信息就一定可以不予公开吗?那必然不是。公共利益衡量是一种政府信息公开例外信息不可或缺的保护机制。[13] 个人权益与公共利益的取舍应当结合具体情节予以分析。

(四)针对公共突发事件专项立法

政府在突发事件应对中的信息公开工作明显不如平常时期的信息公开工作,突发事件应对信息的及时性和准确性与社会的期望值有着较大差距。[14] 在公共突发事件中,由于事件发生突然、不确定、波及范围广、传播迅速、严重危及社会公共利益等,社会处于典型的非常态之下,政府信息公开行为应当针对这些具体特征予以特殊规制。例如,由于事发突然且常常具有持续性,所以政府信息公开常常是事中或事后予以进行,这样的信息公开应当是及时、准确且持续变化的。又由于此类信息严重危及公共秩序,所以其公布程序应当更加严密却不能过分拉长时间导致行政效率低下。

政府信息公开是指引公众合理应对突发事件最有效的策略。[15] 随着大数据时代的来临,人人都是信息的获取者,同时也是信息的发布者,人们获取、发布信息成本相对低廉,信息被误用、滥用、冒用的可能性随之增大。由于信息往往呈现分散分布、广泛传播、真伪难辨的特性,信息技术和产业在快速发展的同时,也伴生了网络安全受到威胁、个人信息频遭侵犯、新技术新业态无序发展等问题,此时就需要掌握公权力的政府部门依据完善的法律及时公开准确有效的信息,以解救在突发事件中公众紧张的神经。

四、完善政府信息公开机制

除了完备的立法,完善法律监督体系、搭建信息公开平台、提升公众的参与度等都是在公共突发事件中政府信息公开机制建立需要考虑的重要方面。

(一)完善法律监督体系

政府信息公开无论是依职权公开或是依申请公开,显然都是政府部门应当

---

〔13〕 参见肖卫兵:《论政府信息公开例外保护机制》,载《情报理论与实践》2011 年第 9 期,第 33 页。

〔14〕 参见应松年:《转变职能 创新机制 推进政府信息公开》,载《中国行政管理》2012 年第 8 期,第 8 页。

〔15〕 参见张娟:《从“5·12”地震分析我国突发事件中的政府信息公开》,电子科技大学 2009 年硕士学位论文,第 15 页。

对社会公众承担的强制性义务，但是，仍然需要外界力量的监督才能使义务切实得到履行。法律的生命在于实施，法律实施的关键在于监督。[16] 根据监督主体的不同，可分为国家权力机关、行政机关、司法机关、社会公众、党内监督等。

权力机关监督。有法可依、有法必依是法治国家建设的应有之义。在公共突发事件中，政府信息公开对于减轻公众的恐慌具有重要作用，但是公开什么？如何公开？则需要获得法律的明确授权。而立法机关的监督常常就是通过法律授权来进行的，法律优先和法律保留原则是重要的行政原则之一。[17] 我国的国家权力机关就是全国人民代表大会及其常委会，享有最高立法权，以最高立法权监督政府的行政行为不但具有可行性，突显人民的意志并维护公民的权利，同时有助于完成行政应急权的法治化。

行政机关的监督。我国形成了中央集中管理、地方分权治理的从中央到地方的垂直管理模式。在行政机关内部实行领导负责制，下级对于上级的命令绝对服从，通过上级机关或同级的相关部门进行行政监督完全可行，且由于业务具有相通性，可以构成一种“专业化机构监督”。[18] 有学者将行政监督誉为行政机关自我纠错制度，通过行政机关内部的行政问责制以及行政复议制度等，做到有权必有责、用权受监督。在这种行政责任制度的压力下，行政部门及其人员必须基于法律和事实及时、准确、有效地公开信息。

司法机关的监督。司法是维护社会公平正义的最后一道防线，是解决纠纷最终最有效的途径。[19] 司法监督常常是由公民主张权利救济而引起的，具有事后性、被动性，常常奉行“不告不理”原则，在现代法治国家是不可或缺的。公共突发事件爆发时，行政信息公开常常存在滞后、失实、不充分等特征，这严重损害了公民的知情权。另外，政府部门公开的信息可能涉及公民个人隐私，这又侵害了公民的隐私权。所以受到不恰当损害的公民可以通过行政诉讼或行

---

〔16〕 参见张文显：《依法治疫 长治久安》，载《法制与社会发展》2020 年第 2 期，封面页。

〔17〕 参见此处的立法机关的监督区别于通常所言之立法监督，立法监督一般是指通过对立法权的行使和立法内容是否违反宪法进行审查，作出裁决，达到对立法权的监督和制约。而此处所言之立法机关之监督主要是指行政行为应当符合法律规定，遵守法律优先、法律保留的原则。

〔18〕 参见蔡林慧：《试论中国行政监督机制的困境与对策》，载《政治学研究》2012 年第 5 期，第 20 页。

〔19〕 参见张巧当：《加强行政权司法监督的实践路径》，载《中国行政管理》2015 年第 5 期，第 156 页。

政复议获得相应的救济。

社会公众的监督,包括被侵权公民行使救济权、社会舆论的监督等。就被侵权的公民而言,获得经济赔偿或补偿是权利实现最重要的替代方式。我国《国家赔偿法》规定了一系列切实可行的国家赔偿制度。但是在应急事件中,政府信息公开失实或滞后导致公民权利受到侵害是否进行赔偿则并没有专门的应急法律明文规定。国家赔偿制度是一个国家人权保障的集中体现,反映国家对公民权益的保障程度。必须完善《国家赔偿法》及在突发事件专门应对法中设置赔偿、补偿条文,建立健全国家赔偿和补偿制度体系,强化应急实践中行政机关及其工作人员的依法行政和人权保障意识,以弥补现有《国家赔偿法》规定的不足或漏洞。

(二)打造"互联网+"政府信息公开平台

道格拉斯·霍姆斯曾指出:政府应该实施电子政务计划,并提出要把互联网作为推进器来完善突发事件中的政府信息公开。打造"互联网+政府信息公开"新模式以保障公民知情权是大势所趋。大数据开启了一次重大的时代转型,客观地改变了政府信息公开的广度、深度和速度。

随着智能手机的普及,移动互联网应用日益广泛,人们获取信息愈加便捷,但是人们获取有效信息的效率却不见得提高。民众最常见的方式是通过某行政部门官网来获取需要的信息,但是,真正点击该网站则会发现政府部门公布的信息常常是零散的、滞后的、笼统的。网站的维护需要耗费大量人力物力,政府部门的官网往往不会直接带来经济效益,因此,很少会得到足够的经费由专业团队持续地进行维护。而作为一个涉及公共利益的项目,需要成熟的技术条件、经济条件、相关政策予以支持,因此,网站的建设需要审慎地评估成本与收益。

通过设计简洁实用的网站界面,对公开的信息实现标准化、智能化、实时动态化管理,便于人们获取信息。规范信息公开的"制式",对政府网站公开的板块设置、文件格式、导航设置以及辅助阅读功能等都要有详细清晰便利的操作指南目录。[20] 按照具体内容制作指南或索引,分类、分级、分层次管理政府信息。信息技术的应用使得数据获取变得便捷,利用人工智能进行实时地后台运算,将热点、焦点问题实时更新在首页最显眼的地方,一则可以达到政府部门信

〔20〕 参见王锐兰:《政府信息公开、自由裁量权与标准化制度嵌入》,载《探索》2017年第1期,第79~84页。

息公开的目的,二则可以让网民及时获取民众当下最关心的问题。

此外,要积极探索“互联网 + 政府信息公开”的多样传播途径,利用官方微信、官方微博、手机 APP 等各种新渠道传播政府公开信息,提升政府信息线上服务水平,为人民了解社会动态提供愈加多样的方式,满足民众多样化的信息需求,极大地保障公民的知情权,给人民监管公权力部门提供愈来愈便捷的渠道。

五、小结

政府信息公开是行政部门法治化的重要环节,但目前在公共突发事件中政府信息公开仍存在制度体系不健全、公开范围不明确、监督救济难落实、侵犯公民隐私权等诸多问题。针对这些问题,笔者试图综合制定《政府信息公开法》、细化法律条文内容、打造信息公开平台、完善法律监督体系等多个方面寻求解决方案,希望能为公共突发事件下的政府信息公开提供一点可行性建议。

习近平总书记指出,要为疫情防控提供有力法治保障,立法工作是疫情过后的重中之重。政府信息公开本就是世界难题,处于公共突发事件这一特殊情境中的政府信息的公开方式、公开内容、公开主体等更是没有定论。但是立法毕竟非一日之功,法律的前瞻性和滞后性是可以并存的。思考建立以公民知情权来督促政府信息公开,以救济权监督行政权,以司法权来制约行政权的常态化机制,则是在短期内能发挥作用的有效路径。

个人生物特征信息的法律保护模式与中国选择*

付微明**

【摘　要】生物特征识别产生的"生物特征信息"可作为识别个人的"唯一标识",是确认个人身份的新型方法。而生物特征识别技术应用一旦失控,则可能威胁个人权利、自由、安全。因此,亟需在保障个人权利与技术进步、经济发展、数字化管理相互平衡的原则下,采取积极可靠的保护策略。基于目前世界范围个人生物特征信息法律保护的"两种模式""三大机制",我国的个人生物特征信息保护宜采取专门立法保护模式,积极构建行政、民事、刑事相结合的法律保护机制,从而为个人生物特征信息权益提供有效的法治化保护。

【关键词】生物特征信息　身份识别　处理　法律保护机制

"生物特征识别"方法在给个人身份核实、查验、确认带来极大便捷的同时,滥用个人生物特征信息而侵害个人权利的事件频频发生,个人生物特征信息泄露、被盗,导致个人身份失窃,威胁个人各项权利的现象也广泛存在。[1] 目前,世界各国纷纷加快保护个人生物特征信息的立法步伐,个人生物特征信息保护的法治化正在成为个人信息法律保护的新动态、新趋势、新领域。

---

* 基金项目:国家社科基金重大项目"全面推进依法治国与全面深化改革关系研究"(14ZDC003)。

** 法学博士,重庆邮电大学网络空间安全与信息法学院讲师。

〔1〕 参见张凯伦、王倩:《"人脸和指纹都在裸奔"个人生物信息期待立法保护》,载《检察日报》2019年4月17日。

一、个人生物特征信息法律保护的两种立法模式

目前各国对个人生物特征信息的立法保护，主要有两种模式：一为专门立法保护模式；二为综合立法保护模式。它们展现出在立法背景、立法动因、立法目的、法律规则、保护机制等方面的复杂动因和不同设计。

（一）专门立法保护模式

专门立法保护模式是通过专项立法对个人生物特征信息权利进行法律保护的立法模式，主要以美国一些州的生物特征信息隐私法案为典型。这一立法模式的出现，既与美国特有的政治体制、立法传统、法律体系、隐私权观念密切相关，也与21世纪以来生物特征识别技术在美国的迅速发展及其快速进入民用、商用和公共领域相联。

美国伊利诺伊州《生物识别信息隐私法案》（Biometnic Information Privacy Act，BIPA）[2]是对个人生物特征信息进行专门立法保护的典范。其基本框架由立法宗旨、立法目的；法律概念；生物特征信息主体和“私人实体”之间的权利义务关系；司法救济方式与救济途径；生物特征信息保护监管机构的组织、职能、权力等部分结构而成。《生物识别信息隐私法案》对立法宗旨与目的的阐述表明，之所以通过专门立法规范“私人实体”对个人生物特征信息的处理行为，保护个人权利，乃在于对于生物特征识别技术的应用可能带来的后果并不能完全预测，而生物特征信息是个人唯一的身份识别标识，一旦泄露，个人没有追索权，身份盗窃的风险更高，并且可能会被迫退出由生物特征识别促成的交易，因此，需要通过立法规范当时正在开展试点的该项技术的民用化、商用化中“私人实体”对个人生物特征信息的收集、使用、保管、处理，储存、披露和销毁行为，保护个人权利，促进公共福利、安全和安全服务。《生物识别信息隐私法案》的基本内容包括：

第一，五大专属法律概念。“生物标识”（Biometric identifier）、“生物特征信息”（Biometric information）、“机密敏感信息”（Confidential and sensitive information）、“私人实体”（Private entity）、“书面发布”（Written release）是该法定义的五大专属法律概念。“生物标识”是指视网膜或虹膜扫描，指纹，声纹，或手或脸的几何扫描。“生物特征信息”是基于个人生物标识而生成的任何信息，

---

〔2〕 Biometric Information Privacy Act. Public Act 095 – 0994，SB2400 Enrolled LRB09519768 KBJ 46142 b.

无论其如何被取得、转换、存储或共享。“私人实体”是指任何个人、合伙企业,公司、有限责任公司、协会或其他组织,不包括政府机构和司法机关及其职务人员;“机密敏感信息”可用于唯一标识个人、或个人的账户或财产。“书面发布”指知情的书面同意书,或在雇佣的情况下由雇员执行的作为雇佣条件的同意书。以上定义明确了法律意义上的生物特征信息必须经过特定的技术处理才能生成。

第二,生物特征信息主体与“私人实体”的三大相对权责。生物特征信息主体(Information Subject)是其生物特征信息接受处理的任何自然人,生物特征数据处理即数据控制方、管理方对个人生物特征数据的采集、储存、使用、保管、披露、传输以及销毁等行为。该法赋予生物特征信息主体以知情权、同意权、信息自决权三大权利;要求“私人实体”履行告知通知义务、安全保障义务、合法合规处理三大义务和责任。《生物识别信息隐私法案》原则上禁止任何“私人实体”采集、存储、使用个人生物特征信息。然而,由于生物特征识别技术的民用化、商用化以及此项技术给个人身份识别带来的极大便利,在社会经济利益与个人权利之间需要做出一定的平衡。《生物识别信息隐私法案》通过强化信息主体的知情权、同意权,充分保障信息主体的信息自决权;通过强化“私人实体”的告知义务、安全保障义务、合法合规处理义务,实现对个人权利的保障与社会利益的平衡。

第三,生物特征信息处理的三大禁止规范和三个豁免条款。生物特征信息处理的三大禁止规范包括:其一,禁止购买、通过贸易接收、出售、租赁、交易个人生物标识或信息;其二,禁止从个人或客户的生物标识或信息中获利;其三,禁止未经生物特征信息主体同意而收集、储存、使用、披露或以其他方式传播个人或客户的生物标识或信息。三个豁免条款即可以披露个人生物特征信息的三种法定必需条件:一是经生物特征信息主体或主体合法授权的代表请求或授权的金融交易的披露或再披露;二是州或联邦法律或市政条例要求披露或重新披露;三是根据有管辖权的法院签发的有效的令状或传票的披露或再披露。这些禁止与豁免条款体现了信息自决、个人利益与公共利益、法定必需的相互平衡。

第四,私人诉讼权、诉讼管辖及违约赔偿标准。由于《生物识别信息隐私法案》的思想基础是隐私权观念,因此,《生物识别信息隐私法案》所规定的权利救济形式为违约赔偿的民事诉讼救济。任何个人可以因为受到违反该法的侵害而在州巡回法庭享有诉讼权,也可向联邦地区法院提出针对违法一方的损害赔偿诉讼。违约赔偿的标准为最低1000美元,最高5000美元。诉讼费用由违约一方承担。可以获得包括一个联邦法院可以认定的或适当的连续的禁制令等其他救济。

第五,生物特征信息保护监管机构及其职能。《生物识别信息隐私法案》规定设置"生物特征信息隐私调查委员会"作为个人生物特征信息保护监管机构。委员会的工作职责包括调查州和地方用于保护个人生物特征信息的原则、程序、惯例;防止政府机构要求将个人生物特征信息提供给国家的官员或机构时未经授权的披露;检查与生物标识或生物特征信息的收藏、销毁相关,以及生物特征识别技术后果和安全性相关的问题;检查由州和地方政府为统一生物特征识别保障措施而执行和合理执行的必需的技术和程序的变更。

从《生物识别信息隐私法案》的法律框架和法律内容可见,专门保护模式的个人生物特征信息保护立法,具有特定的立法宗旨,专属的法律概念,清晰的权利义务相对方,明确的保护规则以及解决具体问题的特定方法,针对性和操作性较强。

(二)综合立法保护模式

综合立法保护模式,是将不同种类、不同级别、不同性质的个人信息纳入统一的个人信息保护法之下,将行政、民事以及刑事法律的保护措施集为一法的立法模式,是个人信息法律保护的常见形态。

2018年,欧盟《一般数据保护条例》(General Data Protection Regulation, GDPR)于5月25日生效,英国在《一般数据保护条例》的基础上修订的《数据保护法案》获得通过;日本施行新修正的《个人信息保护法》;印度公布首部《个人数据保护法》。以上立法呈现的新动态及共同趋势是"生物特征信息"保护的法律化。这些立法,在具体的篇章、体例、结构和内容上虽然存在较大差异,但是,在对个人"生物特征信息"的法律保护问题上则具有共同一致性,表现为:

第一,明确"生物特征信息"的法律属性、功能、作用及特定生成过程。以上立法均以"已识别"和"可识别"定义"个人数据",但又在传统的个人数据之外,加入身体、生理、物理、定位数据、在线身份识别数据等新型数据。[3] 同时,另立专款定义"生物特征数据",阐明"生物特征数据"可以单独用于确认个人身份,必须通过计算机自动化程序的特定技术处理,对个人的身体、生理或行为特

---

〔3〕 欧盟2016年《一般数据保护条例》第4条第1款;日本平成三十年(2018)法律第八十号(改正)《個人情報の保護に関する法律》第二条;英国2018年《数据保护法案》第2条第2款和第3款。

征进行扫描、计算才能形成,是“确认该个人的身份”或“使该个人身份得以确认”的“唯一标识”等法律内涵。[4] 由此明确“生物特征数据”的法律属性、功能、作用及特定生成过程。

第二,明确“生物特征数据”属于个人“特殊敏感类数据”。基于敏感度而对个人信息进行分级,在欧美国家的个人信息保护理论及保护法律中早有呈现。欧盟保护个人数据的“108 协定”、95/46/EC 以及匈牙利、冰岛、保加利亚、德国等国的个人数据保护法中均明确禁止对特殊敏感类数据的处理。新近生效的欧盟《一般数据保护条例》及英国、日本的个人信息保护法均将“生物特征数据”列入“特殊种类的个人数据”范围,原则上禁止对“仅以识别自然人为目的”的生物特征数据进行处理。印度 2019《个人数据保护法》甚至另辟专章对个人敏感类数据处理作出规定,对个人“生物特征数据”的处理适用“特殊种类的个人数据处理”标准,明确个人生物特征信息保护之于个人隐私、权利、自由、安全的重大关系。

第三,明确“禁止处理”“明示同意”“法定必需”是处理“生物特征数据”的三大特定法律原则。“禁止处理”意味着包括自然人、法人、公共机构、行政机关或其他非法人组织在内的“控制者”“处理人”“第三方”在通常情况下无权“仅以识别自然人为目的”处理个人生物特征信息。“明示同意”意味着经信息主体明确表示同意,上述“控制者”“处理人”等可以在法定的范围内处理个人生物特征数据,体现了对个人信息自决权的法律保护。“法定必需”即可以不经生物特征信息主体同意而处理其生物特征信息的法定事由,通常包括四类:一是为工作职责、社会重大利益、公共利益的必需;二是为法律原因的必需;三是为数据主体和第三人的重大利益的必需;四是特定协会、组织、非营利组织内部在适当的安全保障措施之下进行的数据处理。[5] 特定法律原则的设立,体现了对个人生物特征信息权的法律保护与充分考虑数据自由流动对于保证经济和社会进步的作用的相互平衡。

第四,个人生物特征信息法律保护的一般法律原则及权利义务规定。欧盟条例及欧亚各国最新个人信息保护法,普遍将合法、公平、透明、目的限制、数据

---

〔4〕 参见欧盟《一般数据保护条例》第 4 条第 14 款;英国 2018 年《数据保护法案》第 184 条;印度 2018 年《个人数据保护法(草案)》第 3 条第 8 款;日本平成三十年(2018)法律第八十号(改正)《個人情報の保護に関する法律》第 2 条第 2 款。

〔5〕 参见欧盟《一般数据保护条例》第 9 条第 2 款第(b)项至第(j)项。

最小化、精确、存储限制、完整性、机密性、安全性、问责制规定为个人信息法律保护的基本原则,并成为个人“生物特征信息”保护的一般法律原则。欧盟条例及欧亚各国最新个人信息保护法通常规定了信息主体的同意权、知情权、访问权、自决权、拒绝权、获取权、修改权、删除权、数据可移植权等“个人数据保护权”,与之相对应的是数据控制者、管理者、处理者的告知、通知义务,对个人访问、自决、获取、修改、删除(遗忘)、移植数据权利的请求的积极回应义务,在法定期限内履行义务以及安全、保密等责任。个人生物特征信息保护的法律化,意味着以上权利义务的一般规定,同样适用于对个人生物特征信息权的法律保护。但是,各国个人信息保护法对上述权利义务的规定并不是绝对的,在尊重基本权利、自由的同时,出于国家安全、防卫、刑事犯罪调查、公共利益、司法、财政利益等需要,对以上个人权利的行使或信息控制者、处理者对义务的履行,通常另立法律条款或设置附则加以限定,条款十分复杂,这些限定性条款同样适用于个人生物特征信息处理的权利义务关系。〔6〕

(三)两种立法保护模式的比较

两种立法保护模式在立法背景、思想基础、法律定义、特别保护原则等方面存在一定的共同性;在保护重点、保护方法、保护措施、保护效果方面存在一定的差异性。

第一,两种模式的相同性。两种模式的立法均出于对生物特征识别技术的快速发展所带来的对个人身份的新型识别方式,以及以生物特征信息为主要内容的个人数字身份与个人权利、自由、身份安全的重大关联性的考虑。两种立法模式均明确了生物特征信息作为“确认”或“使个人身份得到确认”的“唯一标识”的法律属性以及经特定技术处理的生成过程。两种立法模式均明确生物特征信息作为个人特殊敏感种类信息的法定层级,以及生物特征信息保护的“禁止处理”“明示同意”“法定必需”三大特别原则。

第二,两种模式的差异。专门模式立法,侧重对特定信息处理者,如“私人实体”处理个人生物特征信息的法律规制,明确信息主体与私人实体之间特定的权利义务关系,以及法律所保护的主要权利;专门立法模式有专门的法律概念群以及对概念内涵的详细阐释、分解以及对特定主体,特定保护原则和限定条款与保护措施的规定等,这些都为综合立法保护模式所不具备。但专项立法

〔6〕 这些规定在欧盟条例及各国的个人信息保护法中表现为十分烦琐而复杂的条款,囿于本文篇幅所限,准备另外撰文加以研究与阐释。

保护模式在保护方法、保护措施上较为单一,如美国《生物识别信息隐私法案》多以民事违约赔偿以及民事诉讼救济为保护方法及措施,就具有一定的局限性。而欧亚综合模式的保护立法以行政法律保护方法与保护措施为主,同时结合民事诉讼救济以及刑事罪行与罚则规定,从而使其保护方法、措施更为全面。从保护效果而言,专门立法针对性较强,诉讼保护更为方便;综合立法保护层级清晰,具有系统化的保护效果。

总体而言,对个人生物特征信息的法律保护,选择专门立法模式,或者综合立法模式,是由诸多复杂因素所决定的。相比较而言,在国家层面的个人信息保护法律体系尚未得到全面而完整的建立的情况下,为解决个人生物特征信息处理的合法性、合规性问题,为保护个人相关权利,宜采取专门立法保护模式。而在国家层面的个人信息保护法律体系已经建立并较为完备的情况下,宜将对个人生物特征信息的法律保护作为个人信息法律保护的一个分支。长远来看,无论专门性的个人生物特征信息保护立法或综合性的个人信息保护立法,在保护个人生物特征信息的法律原则、权责规定、禁止性和限定性规范以及保护机制上都将趋向一致。

二、个人生物特征信息法律保护的三大机制

两种立法模式的个人生物特征信息法律保护,均旨在建立对个人生物特征信息权利的法律保护机制。两种立法保护模式所构建的法律保护机制,综合起来可以归纳为行政法律保护、民事法律保护及刑事法律保护三大相辅相成的法律保护机制。目前世界范围内,对个人生物特征信息的法律保护主要由此三大机制共同构成。

(一)个人生物特征信息的行政法律保护机制

所谓个人生物特征信息的行政法律保护机制,即通过法定的行政指导、行政监管、行政控诉以及行政诉讼等方式,以规制信息控制者、管理者、处理者对个人信息的处理行为,保护信息处理关系中各方当事人的权利,进而提供补救措施以保证个人生物特征信息能够在合法、公平、透明、目的限制、数据最小化、精确、存储限制、完整性、机密性、安全性等法律原则下合法合规处理。

第一,设立独立的数据保护行政监管机构,明确监管机构的法定职责与权限。欧盟协定、指南、条例及欧亚各国个人信息保护法以及美国个人生物特征信息隐私法案,均普遍规定设置个人数据或个人生物特征数据保护的行政监管机构,明确监管机构的名称、组织、工作原则、职能、权限。监管机构一般具有法

定的审查、许可、检查、调查、通知、指示、命令等职权;有责任接受数据主体对数据处理违法行为的投诉并处理投诉。

第二,明确监管机构对个人生物特征信息处理行为的监管重心以及监管要素。随着个人生物特征信息日益广泛地被应用于对个人身份的核实、验证与识别,对生物特征数据处理的行政监管成为当务之急。一些国家制定关于生物特征数据处理的行政监管标准,为生物特征数据处理指明方向,使得生物特征信息处理有法可依、有规可循。例如,北欧国家挪威的"数据检查员"以及数据保护法庭(PVN)在对 Tasvaer Municipality、Esso Norge、REMA1000 及 Oxigeno Fiteness[7]等案件的行政审查中,以及丹麦、德国、法国等国的数据保护监管机构对生物特征信息处理案件的行政审查中,[8]对各类机构、组织能否使用生物特征识别方法确认个人身份,均以合法、公平、透明、目的限制、适当、必需、不过度、隐私侵入最小为基本要素和尺度,尤为侧重对数据处理"客观需要"和"必要性"的审查与评估。

第三,设置行政控诉制度,保护生物特征信息主体的各项信息保护权。行政控诉权是数据主体向监管机构提出控诉的一项法定权利,是保护个人生物特征信息权利的重要方式。目前能够查阅到的国外相关的行政控诉案件,以 2018 年 4 月 11 日印度个人信息委员会于新德里审结的一起行政控诉案件[9]最为典型,其涉及对个人生物特征信息的访问权、可移植权的行政控诉救济。

第四,通过行政诉讼维护个人生物特征信息处理关系中各方当事人的合法权益,防止公权力滥用。在个人生物特征信息权利的行政司法救济方面,数据处理者如果对监管机构的监管决定有异议,或者数据主体认为公权力机关违法处理其个人生物特征数据,均可以向有管辖权的法院提起行政诉讼。目前各国法院审理的此类行政诉讼案件尚不多见,较为典型的有最高法院(北爱尔兰)

---

〔7〕 See PVN - 2006 - 07. PVN - 2006 - 10. PVN - 2006 - 11. PVN - 2006 - 8, quoted in Yue Liu. The principle of proportionality in biometrics: Case studies from Norway, computer law & security review 25 (2009) p. 241.

〔8〕 See PVN - 2006 - 07, p. 9; PVN - 2006 - 09, p. 4, Danish Data Inspectorate Decision of 26. 11. 2004 case 2004 - 219 - 0208.

〔9〕 See Akshya Anil Bandodekar v. Central Public Information Officer, Department of Electronics and IT (DEITY), Unique Identification Authority of India, New Delhi. Delivery Summary Central Information Commission NEW DELHI BENCH 11 April 2018. Case No.: Appeal No. CIC/MOCIT/A/2017/121912, Source of data:〔DB/OL〕: Westlaw Asia.

2015 年 5 月 13 日审结的一起行政诉讼案件。[10] 表明为司法、诉讼等处理个人生物特征数据是合规的,并不违背“适当性”原则。此外,“R. G. Eetha 诉印度唯一识别机构(Udai),印度政府,电子和信息技术部”[11]一案,体现了对个人生物特征信息纠正权的司法保护。

(二)个人生物特征信息的民事法律保护机制

早在“108 协定”及 95/46/EC 中,即要求为保护个人数据处理中自然人的基本权利和自由,特别是隐私权,各国国内法需明确“赔偿”权利救济方式。[12] 目前,欧盟《一般数据保护条例》已经明确“个人数据保护权”是自然人的一项基本自由和权利。而保护“个人数据保护权”的法律机制之一是民事损害赔偿的权利救济方式。

第一,索赔权与赔偿责任规范的设定,是个人生物特征信息民事权利保护的基本方式。自个人信息保护法产生以来,损害赔偿权及其责任以及民事诉讼救济即成为个人信息权利的民事法律保护机制。加拿大、韩国、新加坡、印度等国的个人信息保护法中均设置了损害赔偿的法律条款。[13] 欧盟《一般数据保护条例》规定,数据主体对因数据处理侵权而造成损害有权获得赔偿,数据控制者对因为数据处理而造成的损害应当承担损害赔偿责任,同时对集体诉讼以及共同侵权的责任分摊等问题也作出了规定。在新西兰惠灵顿就业法院审理的“OCS Ltd *v.* Service and Food Workers Union Nga Ringa Tota Inc”案[14]中,法院的判决充分考虑了个人信息保护法关于雇主使用指纹扫描仪的合法性、适当性、必要性问题;员工对采集、储存、使用生物特征信息的知情权、同意权问题;劳动合同是否涵盖指纹计时内容;以及生物特征信息的应用所涉及的个人隐私

---

〔10〕 See Gaughran's Application for Judicial Review, Re Also known as: Gaughran *v.* Chief Constable of Northern, Supreme Court (Northern Ireland), 13 May 2015, Source of data:〔DB/OL〕: Westlaw Asia.

〔11〕 R. G. Eetha *v.* Unique Identification Authority of India (UIDAI), Government of India, Ministry of Electronics and Information Technology, engaluru, Madras High Court, 7 August 2018, W. P. No. 3007 of 2018. Source of data:〔DB/OL〕: Westlaw Asia.

〔12〕 欧洲理事会《有关个人数据自动化处理的个人保护协定》欧洲条约第 108 号,简称“108 协定”第 10 条;1995 年 10 月 24 日,欧洲议会委员会指示 95/46/EC《1995 年个人数据保护指南》序言“第(55)条”、第 22 条、第 23 条。

〔13〕 加拿大 2003 年《个人信息保护法》第 57 条;韩国 2011 年《个人信息保护法》第 39(1)条;印度 2018 年《个人数据保护法(草案)》第 75(1)条。

〔14〕 OCS Ltd. *v.* Service and Food Workers Union Nga Ringa Tota Inc., Employment Court, Wellington, WC15/06, WRC9/06,〔2006〕ERNZ 762, Source of data:〔DB/OL〕: Westlaw Asia.

权及其文化因素等问题。由此表明,对个人生物特征信息权利侵害的民事诉讼救济需要具体考虑各方面的复杂因素。

第二,特定损害赔偿条款及其诉讼救济途径的设置,是个人生物特征信息民事权利保护的重要路径。美国伊利诺伊州《生物识别信息隐私法案》对个人生物特征信息权利的保护以民事方式为主体。《生物识别信息隐私法案》就特定赔偿金额的标准及诉讼路径进行专门规定。《生物识别信息隐私法案》生效后以其为据而提起的数十起民事诉讼案件表明,其已成为个人生物特征信息民事权利保护的重要法律依据。但其中也反映出民事诉讼权利救济方式中存在的一些普遍问题。问题之一是生物特征信息处理侵权行为通常属于"程序性违法"行为,例如,控制者、使用者对生物特征信息的采集、储存、使用未履行通知、告知义务,侵害了数据主体的知情权、同意权,但是,这种违法行为并不一定对数据主体造成实际"损害";问题之二是对"损害"的认定存在困难。目前世界各国个人信息保护法对民事损害赔偿意义上的"损害"表述不一,有"权利损害""实质损害""直接遭受损失或损害""物质损害""非物质损害"等。〔15〕各国个人信息保护法通常并无"损害"认定标准的规定,仅仅用隐私权定义生物特征信息权于民事法律保护上存在一定的缺陷。因为个人生物特征信息权是一项新型的个人权利,其法律属性十分复杂,难以从民法上找到损害赔偿的具体"损害"标准,这难免使对生物特征信息权利的民事法律保护遭遇一定的困难。

(三)个人生物特征信息的刑事法律保护机制

刑事法律保护机制是个人生物特征信息权利保护的最后防线。有学者曾经指出,"'权利属性'的不同会导致保护机制的差异,最终影响到'公民个人信息'能否被切实有效维护"。各国立法将信息权视为个人基本权利,从公法上加以保护,促进了个人生物特征信息刑事法律保护机制的建立,表现为:

第一,"盗窃个人身份识别方法"罪的设置。美国于1998年颁行了"防止身份盗窃及假冒法",其中明确"在没有合法授权的情况下,故意转移或使用识别他人的方法,意图实施、协助或教唆任何构成违反联邦法律的非法活动,或根据任何适用的州或地方法律构成重罪"。明确非法故意转移、使用生物特征信息用于违法活动的行为构成"身份盗窃"罪。美国于2003年通过的"身份盗窃处

---

〔15〕"108协定"第10条;95/46/EC第23条;加拿大2003年《个人信息保护法》第57条;新加坡2012年《个人数据保护法》第32条等对"损害"的相关规定。

罚增强法”[16]进一步将非法“占有”识别他人的方法规定为“身份盗窃”重罪。

第二,非法处理“唯一标识”罪的设置。2011 韩国《个人数据保护法》规定了非法处理唯一标识罪。所谓“唯一标识”即“当数据主体打算通过互联网主页获得会员资格时,符合总统令规定标准的个人信息处理者应当提供一种允许其成员不使用居民登记号码即可进入的替代方式”。[17] 韩国个人数据保护法对“非法处理唯一标识的人”的罪行与刑罚的规定,属于对非法处理个人生物特征信息的罪刑规定。

第三,“非法获取、转让或出售敏感个人数据”罪的设置。印度 2019《个人信息保护法》规定,任何人违反个人数据保护法的规定,故意或鲁莽的单独或与他人共同违反该法规定构成犯罪。具体表现为取得、披露个人敏感信息或将敏感的个人资料转让、出售或要约出售给他人,由此对数据主体(data principal)造成损害的,应处以不超过 5 年的有期徒刑或最高可达 300 万卢比或两者兼有的罚款。在印度个人数据保护法中,生物特征信息属于特殊敏感种类数据,因此,非法获取、转让或出售个人生物特征信息的行为构成犯罪。

上述所见的这些规定,体现了对个人生物特征信息的刑法保护。生物特征信息权并非单纯是民事上的个人隐私权利问题,事实上对个人生物特征信息权利的刑法保护,对日益泛滥的侵犯个人生物特征信息权利的行为是必不可少的法律预防与制裁措施。上述规定表明,“个人生物特征信息权”是个人作为一国之民于公法上的身份权,对个人生物特征信息权需要从公法上严格加以保护。

总体而言,从公法和私法的不同层面对个人生物特征信息权这一新兴权利进行法律保护,构建行政法制、民事法制、刑事法制相结合的法律保护机制,必将成为个人生物特征信息法律保护的基本路径和发展方向。可以明确的是,确立个人信息权的宪法权利地位,建构“三大机制”相结合的个人生物特征信息权利保护机制,当是个人生物特征信息法律保护的必由之路。

三、我国个人生物特征信息法律保护的路径与对策

生物特征识别技术在我国的广泛应用,在给政府管理、社会治理、商业贸易、社交娱乐、移动支付等领域带来方便、快捷、高效的个人身份识别方法的同时,也带来了巨大的社会风险。我国虽然制定施行《个人信息保护法》《网络安

---

[16] Public Law 108 - 275—JULY 15,2004,Public Law 108 - 275 108th Congress.

[17] 韩国 2011 年《个人数据保护法》第 24 条第(2)款。

全法》,以及《信息安全技术 个人信息安全规范》等法律和规范,但对个人信息的保护仅做出了一些原则性规定,并将"个人生物识别信息"列入"个人信息"范围,但是这些法律和规范也存在一些问题。比如,对生物特征信息的法律属性、功能、作用无明确界定;缺乏监管生物特征信息处理的法定机构;保护生物特征信息的法律原则以及权利义务责任的规定不够明确;对生物特征信息处理行为尚无明确法律规制;对信息主体的权利救济尚缺乏相应法律机制等。立足本土国情,并充分借鉴域外经验,构建相应法律保护机制已成当务之急。

(一)选择适当的立法模式

我国个人生物特征信息保护法的建构当汲取两大立法模式的共性,尽可能克服不同立法模式存在的不足,在立法目的、法律框架、法律内容、法律保护措施上扬长避短。就我国目前生物特征信息保护的现状来看,宜采取专门立法保护模式,重点规制法人、非法人以及各种社会组织对个人生物特征信息的处理行为,保护个人生物特征信息保护权。

个人生物特征信息保护专门立法,具有立法目的明确,特定法律概念体系完整,法律关系的特定主体及其权利义务关系清晰、规范详备、标准细致、针对性、操作性强等优点,因此,比较适合我国目前个人生物特征信息法律保护的现实需要,是较为适当的立法保护模式。当然,具体的立法中,我们当融入综合保护模式中的一般法律原则,监管措施以及多层法律保护机制等内容,以克服国外专项保护立法存在的保护措施单一,保护机制不全等问题。

(二)创制完备的法律规范

我国专门立法保护个人生物特征信息,需要结合两种立法模式的共性,针对我国的现实需要,创制较为完备的具有侧重性、针对性、可操作性的法律规范。这些法律规范可以归纳为以下几类:

第一,立法宗旨及法律原则类。需要通过规范性的法律条文阐明保护个人生物特征信息权利与促进经济发展、社会进步以及生物特征识别技术新业态的健康发展相结合的立法宗旨;明确个人生物特征信息保护的合法、公平、透明、准确、适度、数据最小化、隐私侵入最小、安全保密、问责制等一般法律原则,以及禁止处理,明示同意,法定必需等特别原则。

第二,核心概念类。概念的明确关系法律规范体系的构成以及立法逻辑。因此,我们需要对"生物特征信息主体""生物标识""生物特征信息""非生物特征信息""生物特征信息处理""生物特征信息处理者""明示同意""视为同意"

“书面同意”等概念进行明确定义。需要明确生物特征信息作为个人身份“唯一标识”的法律属性、功能、作用、种类以及“生物特征信息”形成的特定技术内涵。

第三,生物特征信息处理的法律限定条款类。其中当包括禁止处理条款、自决处理条款、法定必需处理条款。还当包括信息处理主体资格限定条款;处理方法限定条款;使用范围限定条款;处理条件限定条款;安全标准限定条款等。

第四,生物特征信息处理关系中的权责类条款。生物特征信息主体的权利方面,当包括一般权利和特殊权利,前者诸如知情权、访问权、移植权、更正权、删除权等。后者当包括“明示书面同意”权、“合理拒绝”权、“使用选择”权等。生物特征信息处理方的权利也当得到保障,当设计出对合法合规处理数据的当事人一方的权利保障条款,这一点在国外的立法中十分薄弱。需明确数据管理者、控制者合法合规处理数据,接受法定监管机构监管,适当的安全保障措施,保障数据主体利益最大化等法律义务。

第五,具体保护措施类条款。当对个人生物特征信息法律保护的行政监管机构、监管范围、监管内容、监管原则、监管方式以及个人生物特征信息权利的行政救济措施;个人生物特征信息处理侵权的私人诉讼,侵害个人生物特征信息权利的刑事犯罪条款等作出明确规定。

(三)构建完整的法律保护机制

结合综合立法与专项立法保护的共性与特点,我国个人生物特征信息的法律保护当构建由行政法律、民事法律、刑事法律结构而成的法律保护机制。

就行政法律保护而言,我国目前虽然于国家层面成立了“网信办”“国家信息中心”等机构,一些省份设置了“大数据局”,但这些机构并不具有法律意义上的数据保护监管机构的地位、属性、职能、权力。我国目前迫切需要通过立法明确设置国家层面的数据保护监管机构,其名称或可为“国家数据保护局”,并于地方设置下级机构,国家及地方数据保护机构中或可设置“生物特征信息保护监管处”和受理行政控诉的“数据保护委员会”。特别是要明确监管机构对各种实体的数据处理行为的审查权、许可权、调查权、检查权、命令权、司法介入权、纠纷调处权、受理控诉、申诉权。[18]

---

〔18〕 若能如此,对人脸识别进校园、进课堂以及社交娱乐网站旗下换脸 APP“ZAO”的一夜爆红等现象引发的个人隐私风险、信息安全、支付风险等问题,就可通过行政监管程序,通过预先审查、评估、授权或命令禁止、停止、纠正等法律方式得到解决。

就民事法律保护而言,我国目前需要建立个人生物特征信息权利损害的民事诉讼救济机制。鉴于世界各国个人信息保护法对民事损害赔偿之"损害"认定存在一定的模糊性,我国立法当充分考虑侵害生物特征信息权利的"程序性违法","损害"认定困难以及侵权行为的"类损害"等特点,明确侵害生物特征信息权利的"损害"认定与赔偿标准。需要充分沟通与民法典所规定的隐私权、人格权、身份权、财产权的相互关系,厘定个人生物特征信息权的权利属性。需要完善相关民事诉讼损害赔偿的举证原则与责任制度、类诉讼制度等。

我国可考虑在刑法中设置"盗窃个人身份罪",或"盗窃身份标识罪",或"侵害个人身份唯一标识罪";将在没有合法授权的情况下,故意转移、占有或使用识别他人的方法,意图实施、协助或教唆任何构成违反国家法律的非法活动的行为定义为"身份盗窃罪",设置较重的量刑幅度。需要明确定义"身份识别"方法,明确生物特征信息作为身份识别"唯一标识"及识别方法的法律属性,将"盗窃生物特征信息"定义为"盗窃身份标识罪"的一种表现形式。此外,还需要将买卖、出售、交易、非法接收个人生物特征信息,以营利为目的转移、占有、交易个人生物特征信息的行为定义为"侵害个人唯一标识罪"等。

只有通过完善的法律保护机制的建设,才能使生物特征信息控制者在合法、合规的前提下处理个人生物特征信息,也才可能使信息主体的个人生物特征信息得到安全处理、相关服务具有安全保障,使与个人生物特征识别相关的一切权利、利益不受侵害。

四、结语

大数据时代个人"生物特征信息"的法律保护既是全球性问题,也是必须面对和急需解决的"中国问题"。个人生物特征信息权是在信息时代中诞生的一项新兴权利,对其立法保护任重而道远。目前,世界范围内,一些国家的相关法制建设已经积累了较为丰富的经验,这些经验对于我国个人生物特征信息的法律保护具有重要的借鉴意义。因此,应从实际出发,积极汲取国外立法经验,创新性地建立和完善我国个人生物特征信息保护立法。尤其是需要跳出保护隐私权这一颇具民法色彩的、先入为主的思维观念,将个人生物特征信息保护权作为既独立又具综合性的新型个人权利来对待,并通过行政、民事、刑事法律措施的综合配套机制加以保护。生物特征识别技术正在全方位改变着我们的社会管理、社会治理以及人们在网络空间中的生存状态,只有尊重法治和通过法律规制,实现保障公众个人相关权利、数据自由流通与国家利益、公共利益、社会利益之间的权宜平衡,才能使这一新兴技术得到健康发展,更好地建设法治秩序和提升人民福祉。

专题三　网络空间与网络犯罪

网络空间治理的软法之维

刘长秋[*]　石华琛[**]

【摘　要】软法以其民主性、开放性、灵活性、沟通性、低成本性等优势对公共领域的治理具有重要意义。网络公共领域作为一种新型的公共领域,相较于传统公共领域而言具有其自身的特殊性。单纯依靠国家立法的传统治理方式在网络空间治理中表现出明显不足,因此,政府需要进行治理观念的更新和治理模式的转型。软法作为一种治理方案可被引入网络空间治理当中。具体而言,网络空间的治理既需要诸如《网络安全法》《数据安全法》之类的硬法保障,也离不开一系列的软法支撑,亦即形成一种硬法与软法的"合作治理"。当前,我国有关网络安全的国家立法已经逐渐深入,但必要的软法规范亦须进一步推进。

【关键词】网络空间　网络空间治理　软法　硬法　合作治理

一、问题的提出

任何技术的发展都是一把"双刃剑",广受人们关注并被寄予了无限期望的互联网技术自然也在此列。"互联网让世界变成了'鸡犬之声相闻'的地球村,相隔万里的人们不再'老死不相往来'",[1]同时也带来了网约车安全问题、互联网诈骗、个人信息泄露、人肉搜索、网络舆情等在内的网络安全问题,对人类

---

* 法学博士,上海政法学院教授,博士生导师,宜宾学院法学与公共管理学部兼职教授。

** 上海社会科学院法学所法学理论专业硕士研究生。

〔1〕 习近平:《在第二届世界互联网大会开幕式上的讲话》,载新华网,http://www.xinhuanet.com/politics/2015-12/16/c_1117481089.htm,2020年11月1日访问。

社会的健康发展带来了严峻挑战。在此背景下,加强网络空间治理,在抑制网络空间负面问题的基础上令人类享受其带来的惠益,无疑成为备受关注的议题。从实践层面来说,在全面依法治国已经被上升为国家战略,而法律也越来越受到关注和重视的情势下,网络空间治理首先应当是依法治理,然而政府在依靠传统国家立法对网络空间进行治理的过程中却屡屡出现“失灵”现象,为此,我们需要探寻新的治理方案,而软法治理便进入人们的视野之中。

近年来,关于软法在网络空间治理中的研究成为我国网络法学的研究热点。整体上,学者们的研究路径主要有两条:一是网络空间国际软法研究,〔2〕二是网络空间国内软法研究。〔3〕 其中,大部分学者都肯定了软法治理在网络空间治理中的重要意义。〔4〕 此外,也有学者着重指出了软法在网络空间治理中可能存在的问题,例如,有学者剖析了软法本身所存在的“价值偏好、解纠效力、规则冲突、优势地位、私人腐败、公信不足等问题和局限”;〔5〕有的学者认为软法存在立法偏失和实施困境,其效力存在较大的局限性;〔6〕还有学者则主张软法给国家法秩序带来解构性挑战,会形成一定的秩序风险。〔7〕 不约而同地,在应对策略上,学者们几乎都主张建立“软硬兼施”的治理机制并强调硬法与软法之间的良性互动。但是,他们都没有指出在“软硬兼施”的体系中软法和硬法各自的地位如何?两者之间的关系是怎样的?谁是主导方面?抑或是一种平行关系?这种软法和硬法之间的“合作治理”应当如何建立?本文拟尝试对这些问题作出回答。

---

〔2〕 相关代表文献有张玉凯:《论网络空间国际软法的重要性》,载《电子政务》2016 年第 8 期,第 34~45 页;居梦:《互联网国际治理的软法之维》,载《宁夏社会科学》2017 年第 4 期,第 49~55 页;居梦:《网络空间国际软法之比较研究》,载《广西社会科学》2020 年第 5 期,第 118~125 页。

〔3〕 本文主要立足于国内语境来对中国网络空间的软法治理展开研究。

〔4〕 相关文献主要参见唐惠敏、范和生:《网络规则的建构与软法治理》,载《学习与实践》2017 年第 3 期,第 72~79 页;石佑启、陈可翔:《论互联网公共领域的软法治理》,载《行政法学研究》2018 年第 4 期,第 51~60 页;喻少如、陈琳:《Web3.0 时代下网络社会的软法治理》,载《哈尔滨工业大学学报(社会科学版)》2019 年第 3 期,第 8~14 页;王华华:《软法思维视域下网络空间的治理研究》,载《湖北社会科学》2020 年第 6 期,第 26~31 页。

〔5〕 马长山:《互联网+时代“软法之治”的问题与对策》,载《现代法学》2016 年第 5 期,第 49~56 页。

〔6〕 参见王怀勇、钟颖:《论互联网金融的软法之治》,载《现代法学》2017 年第 6 期,第 94~105 页。

〔7〕 参见张祺好:《互联网新业态的“软法”兴起及其规制》,载《法学》2018 年第 2 期,第 86~93 页。

二、软法及其在网络空间治理中的作用分析

"软法"概念的提出不仅激起人们对"什么是法律"这个恼人不休的问题的进一步思考,更为重要地,它为公域之治提供了一种可供选择的软法治理方案,对监管型政府到服务型政府的转变起到推动作用。那么,软法网络空间治理中的地位是怎样的呢?下面我们将从软法和软法治理的优势以及网络空间和网络空间治理的特点两个层面来对此加以考察。

(一)软法及其治理优势

在法律多元主义背景下,软法主要作为一种达成国家之间彼此妥协的手段于国际法领域兴起。[8] 西方软法研究学者关于"软法是什么"比较流行的观点是 Francis Snyder 的定义,认为"软法总的来说是不具有法律约束力但可能产生实际效果的行为规则"。[9] 面对与"硬法"相对称的"软法"概念这个舶来品,[10]中国对其进行国内化并开展全面研究的标志是 2005 年北大软法研究中心的成立。我国学界对于软法内涵的认识可谓众说纷纭,例如,罗豪才先生认为软法是"那些效力结构未必完整、无需依靠国家强制保障实施、但能够产生社会实效的法律",[11]姜明安将软法定位为"非典型意义的法(非严格的法)",[12]翟小波则将软法界定为"缺乏国家法的拘束力但却意图产生一定规范效果的成文规范",[13]等等。

---

〔8〕 C. M. Chinkin, *The Challenge of Soft Law: Development and Change in International Law*, International and Comparative Law Quarterly, Vol. 38, pp. 850 – 866(1989).

〔9〕 转引自罗豪才、毕洪敏:《通过软法的治理》,载《法学家》2006 年第 1 期,第 2 页。

〔10〕 在宋功德对软法规范分类的基础上,本文所称的"软法"不包括其所主张的国家立法中的柔性规范,而是与"国家法"相对而言的,具体而言包括三种类型:一是国家机关创制的规范性文件(如纲要、指南、标准、规划、办法等),二是社会共同体创制的自治规范,三是政治共同体创制的自律规范。宋功德:《中国的软法治理与实践》,载罗豪才主编:《软法与治理评论》(第一辑),法律出版社 2013 年版,第 45 ~ 48 页。

〔11〕 罗豪才、宋功德:《认真对待软法——公域软法的一般理论及其中国实践》,载《中国法学》2006 年第 2 期,第 4 页。

〔12〕 姜明安:《软法的兴起与软法之治》,载《中国法学》2006 年第 2 期,第 26 页。根据作者观点,软法的这种"非典型意义的法"的特征主要表现为三个方面:一是不一定由国家立法机关制定,二是不一定要由国家强制力保障实施,三是不一定由法院裁决其实施中的纠纷。

〔13〕 翟小波:《"软法"及其概念之证成——以公共治理为背景》,载《法律科学(西北政法学院学报)》,2007 年第 2 期,第 4 页。

从上述这些定义中,我们至少可以承认软法具有某种行为规范的作用效果,尽管不是以国家强制力作为后盾。但正是软法这种行为规范的效力属性,本源地说是一种由利益导向机制所生发的效力,〔14〕使“软法治理”成为国家治理中的一种可能方案。当然,政府职能从管理型政府到服务型政府的转向〔15〕以及公域治理由国家管理到公共治理的转型也是软法兴起和软法治理日益重要的原因。〔16〕那么,软法和软法治理具有自身独特的优势。

一方面,硬法的劣势往往是软法的优势。首先,软法的灵活性较强。社会生活是不断发展变化的,而国家法的稳定性要求使其一经制定就具有了滞后性,为了保证自身的权威性和确定性,又要求其不得随意变动和朝令夕改;而软法规范不具有国家法这种强烈的内部矛盾,恰能够对社会变化及时作出反应,弥补国家立法的漏洞。加之,目前的风险社会使未来生活充满了更多的不确定性,国家法的涵盖性和适应性也必然遭受更大程度的冲击,这也将进一步加深对软法治理的依赖。〔17〕其次,软法的开放性更大。我们知道,国家法的作用范围是有限的,而软法是更加多样的和广泛的,对于不适宜采取国家法律手段调整的领域往往可以谋求软法的介入。再次,软法的沟通性更高。主要有三种表现:一是软法的制定过程往往伴随着相关主体之间更加深入的沟通与对话;二是软法具有较强的解释力,国家法能够通过相应的软法解释而贯彻和实施的更为顺畅;三是软法可以作为国家法的先导,在一定条件下能够转化为后者。〔18〕最后,软法治理的成本较低。就国家法而言,从其创制到执行和司法适用的整个过程而言,均需要经过严格的法定程序,需要国家投入大量的人力、物力和财力。相对而言,软法的形成和实施程序更加简便、灵活,并且多元主体的参与也为软法治理带来了大量的社会资源。

---

〔14〕 参见江必新:《论软法效力——兼论法律效力之本源》,载《中外法学》2011 年第 6 期,第 1163 ~ 1170 页。

〔15〕 甚至还有学者在反思和批判新公共管理理论的基础上提出新公共服务理论,强调政府的职能是“服务”而不是“掌舵”,具体参见[美]珍妮特·V. 登哈特、罗伯特·B. 登哈特:《新公共服务:服务,而不是掌舵》,中国人民大学出版社 2016 年版。

〔16〕 参见罗豪才、宋功德:《公域之治的转型——对公共治理与公法互动关系的一种透视》,载《中国法学》2005 年第 5 期,第 3 ~ 23 页。

〔17〕 参见王虎:《风险社会的软法治理》,载《自然辩证法研究》2018 年第 3 期,第 33 ~ 37 页。

〔18〕 参见前三种优势与丁保河主张的软法的三种具体价值(补充价值、转化价值和共生价值)的内涵大致相同,具体参见丁保河:《软法价值论》,载罗豪才等:《软法与公共治理》,北京大学出版社 2006 年版,第 218 页。

另一方面,软法具有其独立的内在价值,主要是指软法的民主性质对权力的限制作用。软法治理以民主观念作为基础,强调多元主体的共同参与,这从根本上要求公权力减轻对社会生活干预的程度。此外,软法也通过其广泛性、多样性、自身柔性机制以及自我生长机制等形式和途径对权力进行着规范和控制。[19] 软法对权力的限制以及软法治理所带来的政府行政观念的更新有助于法治政府的建设。具体而言,软法能够为法治政府建设提供顶层设计方案、具体执法裁量依据、行政程序规范依据以及行政执法和政府区域合作中的工作机制。[20] 随着软法形式的不断丰富,其作用空间也不断扩展,具有了规范国家公权力行使、执政党的行为、政府行政行为、公民社会行为等多重功能,有助于推进国家治理现代化。[21]

(二)网络空间与网络空间治理

网络空间与传统型公共领域相比是一个更为复杂的、庞大的系统。从法治层面来讲,网络空间治理也是我国全面依法治国的必然要求。

1. 网络空间及其治理的重要性

网络空间是一个非常复杂的公共领域,它并非一个纯粹的虚拟世界,而是一个能够通过虚拟空间中的反应而高度作用于现实世界的虚拟与真实混合的社会。网络空间以其组成的非中心性、主体身份的隐匿性、超时空性与即时性、高度的不确定性与突发性等基本特征而区别于传统社会,无疑是一个"复杂的巨系统"。[22] 统计数据表明,中国网民规模达到 9.40 亿人,互联网普及率达 67.0%。随着自媒体的日趋流行,中国网络视频(包括短视频)用户规模达到 8.88 亿,占网民整体的 94.5%。此外,我国网络直播用户规模达 5.62 亿,其中电商直播用户规模为 3.09 亿。随着电子商务的发展,网络购物和网络支付的用户规模也不断扩大,分别达到 7.49 亿和 8.05 亿。中国政府也高度重视并充分利用信息化手段推动在线政务发展,我国在线政务服务用户规模达 7.73 亿。

---

〔19〕 参见吴昕栋:《软法与权力控制——软法在权力控制中的必要性和有效性分析》,载罗豪才主编:《软法的理论与实践》,北京大学出版社 2010 年版,第 65 ~ 74 页。

〔20〕 参见罗豪才、周强:《法治政府建设中的软法治理》,载《江海学刊》2016 年第 1 期,第 125 ~ 130 页。

〔21〕 参见姜明安:《软法在推进国家治理现代化中的作用》,载《求是学刊》2014 年第 5 期,第 79 ~ 89 页。

〔22〕 何哲:《网络社会的基本特性及其公共治理策略》,载《甘肃行政学院学报》2014 年第 3 期,第 56 ~ 66 页。

在线教育和在线医疗用户规模分别达到3.81亿、2.76亿。[23] 由此可见,面对网络空间编织的这个异常“复杂的巨系统”,我们每个人都已身处其中,无法逃避,而政府也早已深深镶嵌其中。

另一方面,网络空间的蓬勃发展也带来了很多负面问题,例如,网民行为失范、网络种群极化倾向严重等现象。[24] 再如,个人信息泄露、网络诈骗、网约车事件、网络暴力等网络安全事件频频发生,根据相关数据显示,截至2020年3月我国网民遭个人信息泄露和网络诈骗的比例分别占到网络安全问题的23.3%和21.2%。全国各级网络举报部门所受理的举报数量则达到8088万件,较2019年同期增长17.9%。[25] 加之,在网络社会中政府亦经常遭遇网络舆论危机,那么如何处理政府网络舆论危机与政府治理能力之间的矛盾?或者说如何处理政府与社会之间的关系?[26] 诸如此类的问题,我们无法依靠单纯的技术手段加以解决,必须提高网络空间治理的综合能力。

综上,中国网络空间的现实样态和未来发展要求我们认真对待网络空间治理,提高网络空间治理能力。同时,网络空间作为一个有别于传统现实社会的新型公共领域,需要我们更新治理观念,需要改变治理策略,找到适应网络空间基本性质和基本特征的新型公共治理模式。

2. 网络空间法律治理:全面依法治国的必然要求

自1999年“依法治国”被明文载入我国宪法以来,法律即在国家治理与社会治理方面发挥着不可或缺的重要作用,而十八届四中全会提出的“全面依法治国”则将法治提升到了一个前所未有的历史高度。在此基础上,十九大报告明确指出,“全面依法治国是中国特色社会主义的本质要求和重要保障”,2020年11月,党中央又明确提出了习近平法治思想,并将其作为我国全面依法治国的指导思想。全面依法治国意味着网络空间作为有别于传统地理空间的一个重要公共领域,必然需要被纳入我国法律引导和规制的领域,需要实现法律

---

[23] 数据来源:CNNIC中国互联网络信息中心发布的第46次《中国互联网络发展状况统计报告》,载中国互联网信息中心官网,http://www.cnnic.cn/hlwfzyj/hlwxzbg/,2020年10月17日访问。

[24] 胡宁生、魏志荣:《网络公共领域的兴起及其生态治理》,载《南京社会科学》2012年第8期,第95~101页。

[25] 数据来源:CNNIC中国互联网络信息中心发布的第46次《中国互联网络发展状况统计报告》,载中国互联网信息中心官网,http://www.cnnic.cn/hlwfzyj/hlwxzbg/,2020年10月17日访问。

[26] 参见谢金林:《网络空间政府舆论危机及其治理原则》,载《社会科学》2008年第11期,第28~35页。

治理。

一方面，网络空间法律治理是“全面”依法治国的必然要求。首先，网络空间并非一个纯粹的虚拟世界，而是一个公共空间领域。也正是在此意义上说“网络空间是虚拟的，但运用网络空间的主体是现实的”，“互联网虽然是无形的，但运用互联网的人们都是有形的”。[27] 因而，网络空间具有被纳入依法治理之下的可能性。其次，网络空间社会中存在多元的主体、复杂的社会关系以及巨大的相关利益，需要界定、理顺、分配和调整彼此之间的法律权利和法律义务，故网络空间具有被纳入依法治理范畴之下的必要性。总之，“网络空间不是‘法外之地’”，“要坚持依法治网、依法办网、依法上网，让互联网在法治轨道上健康运行”。[28] 另一方面，网络空间的法律治理也是完成全面依法治国总目标的内容需要。法治就是依法而治、规则之治，强调法律至上，是现代国家治理的基本方式。其基本前提就是建设一个完备的法律规范体系，或者说是“法治体系法制化”，要求将国家治理制度“法制化定型化精细化”，以为公民和国家提供更确切和更长效的指引。[29] 党的十八大以来，我国政府提出依法加强网络空间治理；党的十九大报告强调加强网络内容建设，建立网络综合治理体系。十九届五中全会指出，要坚定不移地建设“网络强国”“数字中国”，“推动互联网、大数据、人工智能等同各产业深度融合”，“加强数字社会、数字政府建设，提升公共服务、社会治理等数字化智能化水平”。[30] 在此背景下，我国有些学者主张将网络法作为一个独立的法律部门，[31] 甚至还有学者构建了一个网络法的完整体系框架。[32] 综上，加强网络空间治理是全面依法治国的基本要求，法治在网络空间治理中具有“基础性”的作用，并且“加快推进互联网立法，是落实党的十九大提出的构建网络综合治理体系的重要环节”，[33] 其中软法的存在及其

---

[27] 习近平：《在第二届世界互联网大会开幕式上的讲话》，载新华网，http://www.xinhuanet.com/politics/2015-12/16/c_1117481089.htm，2020 年 11 月 1 日访问。

[28] 习近平：《在第二届世界互联网大会开幕式上的讲话》，载新华网，http://www.xinhuanet.com/politics/2015-12/16/c_1117481089.htm，2020 年 11 月 1 日访问。

[29] 参见张文显：《法治与国家治理现代化》，载《中国法学》2014 年第 4 期，第 5～27 页。

[30] 《中共中央关于制定国民经济和社会发展第十四个五年规划和二〇三五年远景目标的建议》，载中国政府网，http://www.gov.cn/zhengce/2020-11/03/content_5556991.htm，2020 年 11 月 5 日访问。

[31] 参见来小鹏：《论作为独立法律部门的网络法》，载《法学杂志》2019 年第 11 期，第 65～76 页。

[32] 参见蒋坡：《论网络法的体系框架》，载《政治与法律》2003 年第 3 期，第 53～59 页。

[33] 中国网络空间研究院编著：《世界互联网大会蓝皮书：中国互联网发展报告 2019》，电子工业出版社 2019 年版，第 181～182 页。

作用的发挥有助于推动共同体全面法治化,有助于实现法治国家、法治政府和法治社会的一体建设。[34]

(三)软法治理对网络空间治理的意义

互联网技术为我们所构建的网络公共空间作为一种新公共领域形态,具有区别于传统公共领域的特性,有学者将其总结为三点:"流动性"、"寄宿性"和"全球性"。[35] 与网络空间的特点相适应,软法治理对于网络空间治理而言具有极为重要的意义。

首先,软法治理能够弥补硬法治理的不足。如果说现实生活世界是变动不居的,那么网络空间社会则更加变幻莫测。加之,以信息技术作为基础的互联网天生带有创新的特质,往往新事物的诞生现象在网络空间中是司空见惯的。因此,在网络空间领域国家立法的滞后性暴露得更加明显,而软法却可以随时而变、随势而变,或通过国家层面出台关于网络空间治理的规范性文件,或由非国家主体推行有关网络空间的自治章程和管理决定等。另外,由于网络空间自身的特殊性,并非每一个环节都能够或适合由国家法加以调整,但为了网络公共空间秩序及其健康发展,我们又必须对其中的必要环节进行治理,而考虑到软法的优势,此时软法治理在网络空间治理中的可采性和必要性就愈加凸显。

其次,软法治理强调多元主体的参与,既便于网络空间行为规则的实施与落实,又有助于推进建立网络综合治理体系。互联网原则上向所有人开放,在网络社会的公共交往中,每个人的地位平等,具有去中心化的特点。面对如此情况,硬法治理遭遇了困境。按照马克思主义法学的观点,硬法只能以国家制定或认可的方式产生,是统治阶级根本意志的体现,而被统治阶级的意志只有经统治阶级承认并上升为国家意志后才有成为国家法的可能性。故而硬法难以深入网络空间"自发形成的内生秩序",自然会在实施与落实环节产生巨大障碍。[36] 软法则不同,它允许甚至需要网络空间中的多元主体参与规则的制定,故软法治理下公众的参与性得以更加充分的贯彻。软法的根本属性是"常规

---

〔34〕 参见罗豪才、周强:《软法研究的多维思考》,载《中国法学》2013 年第 5 期,第 102 ~ 111 页。

〔35〕 "流动性"是指现实世界私人问题—网络空间公共话语、现实世界公共问题—网络空间私人话语之间的转化,并且常常以一种隐匿性的方式进行。"寄宿性"是说网络公共领域以共同话题为媒介分散在网络空间的各个地方,是一种多元的论述社群。具体参见罗亮:《网络空间的民主生活实践——民主视野下的网络公共领域及其治理研究》,中国社会科学出版社 2017 年版,第 141 ~ 145 页。

〔36〕 参见喻少如、陈琳:《Web3.0 时代下网络社会的软法治理》,载《哈尔滨工业大学学报(社会科学版)》2019 年第 3 期,第 10 页。

性”,是“交往的合意”,〔37〕亦即软法规范是参与主体对话、协商与妥协的产物,所体现的是彼此的共同意见,因而其运行过程会相对顺畅,通过多元主体的自由参与、自主规范而产生一种“网络效应”(Network Effect)的实际效果。〔38〕在网络空间治理中,软法治理方式的引入以及多元主体的合作共治,有益于网络综合治理体系的建立。

最后,软法治理蕴含一种民主与限权思想,有助于政府行政观念的转变,促进法治政府建设。网络公共空间具有民主的功能,“是介于国家与社会之间进行调节的一个领域,在这个领域中,作为公共意见的载体的公众形成了,就这样一种公共领域而言,它涉及公共性的原则——这种公共性一度是在与君主的秘密政治的斗争中获得的,自那以后,这种公共性使公众能够对国家活动实施民主控制”。〔39〕与此相适应,软法允许中间程度的效力存在,其建构的环境是协商民主,故软法规范能够回应网络空间治理对协商民主的所需并与之形成结构性耦合。〔40〕此外,“活动者通过公共交往所获得的政治影响,归根结底必须建立在一个结构平等的非专业人员公众集体的共鸣、甚至同意之基础之上”,〔41〕这使政府在网络空间治理活动中势必要有所顾忌和有所关照,会更加慎重地考虑公众的意见、利益与地位,从而有助于培育从“监管”到“治理”的行政观念,促进现代法治政府的建设。

综上,软法治理不仅能够弥补硬法治理的缺陷,还由于软法治理中多元主体的参与而能够充分发挥公众的主体性,既有助于网络文化的营造,也有利于民主观念的生长和民主制度的形成,进而达到限制权力的效果。

三、我国网络空间治理的立法现状

通过上述分析,我们已经认识到软法在网络空间治理中的意义,若要进一

---

〔37〕张龑:《软法与常态化的国家治理》,载《中外法学》2016 年第 2 期,第 316 ~ 331 页。

〔38〕See Bryan H. Druzin, *Why does Soft Law Have any Power Anyway*? Asian Journal of International Law, Vol:7, pp. 361 – 378(2017).

〔39〕[德]哈贝马斯:《公共领域》,载汪晖译,载汪晖、陈燕谷主编:《文化与公共性》,三联书店 1998 年版,第 126 页。

〔40〕参见魏武:《寻求不一致的一致——试论软法与协商民主机制的结构性耦合》,载《法制与社会发展》2007 年第 4 期,第 66 ~ 77 页。

〔41〕[德]哈贝马斯:《在事实与规范之间——关于法律与民主法治国的商谈理论》,童世骏译,生活 · 读书 · 新知三联书店 2014 年版,第 449 页。

步引导软法在其中发挥更大的作用,需要我们首先把握目前中国网络空间领域的立法现状如何,考察其中国家法和软法的关系如何,分析软法目前的实际地位和实际作用又如何,从而才有可能找到调试当下网络空间治理的合适方案。下面集中梳理了我国现行有效的有关网络空间治理的硬法和软法,为了能更全面地掌握我国网络空间制度建设的趋向,也对网络空间治理中的立法动态进行了简单考察。

我国互联网政策法规的发展大致可以划分为五个阶段:1994 年之前、起步期(1994 ~ 2001 年)、探索期(2001 ~ 2008 年)、建设期(2009 ~ 2014 年)和完善期(2015 年至今)。从整体来看,在起步时期我国相关立法侧重于计算机病毒防治和软件保护的计算机信息系统保护以及互联网监管;探索时期的立法主要针对网络知识产权保护、网络文化市场整治和网络经营场所管理;建设时期的相关立法强调信息保护、电子商务和知识产权保护,并且所涉及的出台部门规章的部门主体范围相当广;完善时期的立法特征主要表现为对以往的旧法进行废止或修订,并且制定了一些有关网络空间治理的基本法。[42] 截止时间为 2020 年 10 月 19 日,以"北大法宝法律数据库"为基本检索工具,将以上五个阶段的划分和整体概述作为基本框架,通过逐一检索(主要针对网络空间治理的法律)和关键词检索(主要针对法律层级之外的规范文件)两种方式,[43] 并利用"法宝联想"功能,最后对检索到的结果进行了汇总和整理,具体梳理如下。

(一)中国网络空间治理的国家立法

对于在全国范围内具有一般适用性的法律规范进行考察,发现目前我国关于网络空间治理现行有效的法律有 6 部(包括全国人大常委会的两个决定),在行政法规层面,现行有效的共有 9 部,并且都历经过修订,具体如表 1 所示。

---

[42] 参见中国互联网协会编:《中国互联网发展报告 2019》,电子工业出版社 2019 年版,第 409 ~ 411 页。根据该报告的梳理,我国在第一阶段的专门规范只有 2 部;第二阶段共颁布了互联网法律 1 部,行政法规 7 部,部门规章 4 部,相关司法解释 2 条;第三阶段共出台了互联网法律 1 部,行政法规 2 部,部门规章 11 部;第四阶段制定了互联网法律 1 部,部门规章 13 部,司法解释 5 条。

[43] 所使用到的关键词有:"互联网""计算机""信息""网络""数据""电信""电子"。

表 1　中国关于网络空间治理现行有效的法律和行政法规

	法规名称	颁布年份	修正/修订情况
法律	《关于维护互联网安全的决定》	2000 年	2009 年修正、2011 年修订
	《电子签名法》	2004 年	2015 年第一次修正、2019 年第二次修正
	《关于加强网络信息保护的决定》	2012 年	—
	《网络安全法》	2016 年	—
	《电子商务法》	2018 年	—
	《密码法》	2019 年	—
行政法规	《计算机信息系统安全保护条例》	1994 年	2011 年修订
	《计算机信息网络国际联网管理暂行规定》	1996 年	1997 年修正
	《计算机信息网络国际联网安全保护管理办法》	1997 年	2011 年修订
	《互联网信息服务管理办法》	2000 年	2011 年修订
	《电信条例》	2000 年	2014 年第一次修订、2016 年第二次修订
	《计算机软件保护条例》	2001 年	2011 年第一次修订、2013 年第二次修订
	《外商投资电信企业管理规定》	2002 年	2008 年第一次修订、2016 年第二次修订
	《互联网上网服务营业场所管理条例》	2002 年	分别于 2011 年、2016 年和 2019 年进行三次修订
	《信息网络传播权保护条例》	2006 年	2013 年修订

对除法律和行政法规之外的其他国家立法进行梳理，发现政府部门参与网络空间治理的热情越来越高，基本体现为部门规章的数量呈现递增态势，且部门之间的合作也呈现增长趋势。表 2 展示了在前四个阶段中比较重要的部门规章。

表 2　前四个阶段颁布的重要的网络空间治理的部门规章

序号	颁布年份	发布部门	部门规章名称
1	1991 年	劳动部	《全国劳动管理信息计算机系统病毒防治规定》
2	2000 年	公安部	《计算机病毒防治管理办法》
3	2002 年	国家版权局	《计算机软件著作权登记办法》

续表

序号	颁布年份	发布部门	部门规章名称
4	2003 年	文化部	《互联网文化管理暂行规定》
5	2004 年	国家食药监管总局	《互联网药品信息服务管理办法》
6	2007 年	国家广电总局	《互联网视听节目服务管理规定》
7	2013 年	工业和信息化部	《电信和互联网个人信息保护规定》
8	2014 年	国家工商行政管理总局	《网络交易管理办法》

进入完善期,较重要的部门规章有《互联网域名管理办法》《互联网信息内容管理行政执法程序规定》《互联网新闻信息服务管理规定》等,表 3 对近两年出台和修正的相关部门规章进行了较全面的梳理。

表 3　2019~2020 年 10 月我国网络空间治理中的部门规章

序号	发布时间	发布部门	部门规章名称
1	2019 年 1 月 10 日	国家互联网信息办	《区域链信息服务管理规定》
2	2019 年 8 月 22 日	国家互联网信息办	《儿童个人信息网络保护规定》
3	2019 年 12 月 15 日	国家互联网信息办	《网络信息内容生态治理规定》
4	2019 年 12 月 28 日	交通运输部、公安部等六部	《网络预约出租汽车经营服务管理暂行办法》(修正)
5	2020 年 4 月 13 日	国家互联网信息办等十二部	《网络安全审查办法》
6	2020 年 7 月 12 日	中国银保监会	《商业银行互联网贷款管理暂行办法》

地方性法规和地方政府规章主要是贯彻和执行相关上位法的关于互联网安全保护与管理办法,有关司法解释的内容主要涉及网络知识产权、网络民事纠纷和网络刑事案件的适用。

(二)中国网络空间治理的软法规范

这里所考察的软法主要是指与以上国家法之外的、不具有国家强制力的、在我国网络空间治理中发挥实际作用的规范,具有决定、办法、规定、通知、倡议、指导意见、行动纲要、行为指南等多种表现形式。根据制定主体可以划分为国家规范性文件、党内法规、行业规定、团体规定和企业规定五种类型,我们将以此为基本依据,在整体意义上对我国网络空间治理的软法规范现状进行梳理,具体如下。

关于网络空间治理的国家规范性文件主要有全国人大常委会有关法律问题和重大问题的决定、国务院规范性文件、行政规范性文件和部门规范性文件(包括部门工作文件)。其中,前三者的数量很少,如《关于维护互联网安全的决定》、国务院《关于授权国家互联网信息办公室负责互联网信息内容管理工作的通知》和《关于大力推进信息化发展和切实保障信息安全的若干意见》等。部门规范性文件数量较多,其内容主要涉及以下几个方面:一是互联网行业管理的标准,如《互联网互动视频数据格式规范》《网络音视频信息服务管理规定》《计算机病毒防治产品评级准则》。二是网络安全管理规定,较为重要的有《网络安全标准实践指南》《云计算服务安全评估办法》《公共互联网网络安全突发事件应急预案》《公安信息网安全管理规定(试行)》以及公安部 2019 年发布的《互联网个人信息安全保护指南》等。三是促进互联网发展的战略和纲要,如《促进大数据发展行动纲要》《国家网络空间安全战略》《关于促进网络购物健康发展的指导意见》等。另外,国家网信办通过国务院的授权在互联网信息内容管理工作中发挥了主导作用,其先后发布了《互联网直播服务管理规定》《互联网新闻信息服务管理规定》《互联网新闻信息服务许可管理实施细则》《互联网群组信息服务管理规定》《络音视频信息服务管理规定》《微博客信息服务管理规定》等。此外,近年发布的重要的部门工作文件主要有《App 违法违规收集使用个人信息行为认定办法》和《关于做好个人信息保护利用大数据支撑联防联控工作的通知》。

网络空间治理的党内法规主要聚焦于互联网系统安全、秩序发展、网络游戏管理等领域,且注重相关主体的联合工作。比较重要的有《互联网站管理协调工作方案》《"网络游戏未成年人家长监护工程"实施方案》《中国互联网禁毒公约》《互联网保险风险专项整治工作实施方案》,2017 年《关于促进移动互联网健康有序发展的意见》以及《加快推进落实〈政务信息系统整合共享实施方案〉工作方案》等。

网络空间治理的行业规定是指由相关行业协会发布,[44] 能对该行业内主体的行为产生某种规制作用的文件。一是行业协会的自治章程,如《中国互联

---

〔44〕 在中国目前的协会中,与网络空间治理相关的主要有中国互联网协会、中国网络视听节目服务协会、中国互联网金融协会和中国互联网上网服务营业场所协会、中国软件行业协会和中国通信企业协会等。其中,以中国互联网协会为主导,截至 2020 年 10 月,其发布的现行有效的行业规定总计 40 件。

网协会章程》;二是行业协会的管理规范。目前主要以中国互联网协会发布系列文件为主,如《中国互联网行业自律公约》《中国互联网协会反对垃圾邮件规范》《互联网站禁止传播淫秽、色情等不良信息自律规范》《搜索引擎服务商抵制违法和不良信息自律规范》《中国互联网网络版权自律公约》《抵制恶意软件自律公约》《绿色网络文化产品评价标准(试行)》《反网络病毒自律公约》《互联网影视版权合作及保护规则》《互联网搜索引擎服务自律公约》《互联网终端安全服务自律公约》等。此外,中国网络视听节目服务协会为规范自媒体发展于2019年发布了《网络短视频内容审核标准细则》和《网络短视频平台管理规范》。

我国网络空间治理的团体规定主要可以分为以下几个方面:一是共青团关于青少年网络建设的工作文件,如《关于实施青少年网络建设工程的方案》《关于深入开展"青年好声音"网络文化行动的通知》。二是全国妇联、中国残联等关于弱势群体网站服务建设的意见,例如,中国残联、国家网信办《关于加强网站无障碍服务能力建设的指导意见》。三是有关标准的文件,如《互联网企业个人信息保护测评标准》《中国残联系统互联网网站建设指标体系》等。

关于网络空间治理的企业规定包括企业自治章程、企业联合倡议和企业管理决定。其中,企业自治章程主要是企业或网络平台对自我的约束和管理章程。联合倡议则主要是互联网企业之间为加强理性自律、维护网络健康发展而向同行从业者发起的呼吁,例如,阿里巴巴、百度、腾讯等6家互联网企业于2015年共同发布的《关于"清朗网络环境,文明网络行为"的联合倡议》。企业或平台服务商的管理决定普遍存在,如腾讯/微信的《微信朋友圈使用规范》、《微信群规则》和《微信群管理条例》,再如,新浪/微博发布的《微博社区公约》《微博投诉操作细则》等网络社区管理规则,为落实这些规则也相继开展了一系列专项整治行动,如"清朗"未成年人暑期网络环境专项整治行动、对自媒体及其他普通账号违规采编发布转载互联网新闻信息进行整治的行动等。

(三)中国网络空间治理的立法动态

在基本法层面,我国网络空间治理领域的立法动态最引人关注和热议的便是《数据安全法》和《个人信息保护法》,前者已通过初审并于2020年8月16日完成了草案的公开征求意见工作,共收到意见651条;后者于2020年10月17

日通过了草案初审，公开征求意见截止时间为 2020 年 11 月 19 日。[45]

在非基本法层面，近两年在网络空间治理领域比较重要的立法动态有 2019 年 10 月国家市场监督管理总局发布《网络交易监督管理办法》二次征求意见，2019 年 11 月国家网信办合同公安部等部门起草《网络安全威胁信息发布管理办法（征求意见稿）》，2019 年 12 月工业和信息化部起草《工业互联网企业网络安全分类分级指南（试行）》的征求意见稿，2020 年 7 月市场监管总局起草《关于加强网络直播营销活动监管的指导意见（征求意见稿）》，2020 年 9 月中国银保监会发布《互联网保险业务监管办法（征求意见稿）》、人社部发布《网络招聘服务管理规定（征求意见稿）》等。

四、我国网络空间治理法治的问题及其改进

以上我们对中国网络空间立法的现状进行了整体上的梳理与呈现，我们认为，我国网络空间法治建设在取得了令人瞩目成绩的同时，还存在一些明显的不足，需要采取适宜的对策予以改进和完善。

（一）国家立法的力度依旧需要加大

首先，中国网络空间国家立法的法律体系尚不完善。一方面，网络空间治理领域的基本法存在缺失现象。诚然，中国已经认识到此点不足，故而在大力推进《数据安全法》和《个人信息保护法》的出台，两部法律的顺利出台无疑是我国网络空间治理中的重大进步，但即便如此，我国的网络空间治理仍未形成一个由基本法提供基本保障的完整制度体系。因此，我们要加强互联网重点领域立法，以使网络空间治理的重点领域能够有法可依。就目前而言，对电子政务、互联网服务、互联网产业发展等领域进行专门基本法的顶层设计具有迫切性。[46] 另一方面，与网络空间治理基本法相配套的下位法建设不足。例如，《电子签名法》《密码法》目前均无相关配套法规，《电子商务法》也没有专门的实施条例，与《网络安全法》相配套的有部门规章《网络安全审查办法》，但在行政法规这一层面的配套制度建设仍处于空缺状态。从《网络安全法》以及《数据安全法》和《个人信息保护法》草案条文内容可以看出，它们的规定都是较为原则性的，必须依赖于一系列与其配套的制度，才能够形成一个有效的法律实施体系。

---

〔45〕 资料来源：中国人大网，http://www.npc.gov.cn/flcaw/，2020 年 10 月 25 日访问。

〔46〕 参见张平：《互联网法律规制的若干问题探讨》，载《知识产权》2012 年第 8 期，第 3 ~ 16 页。

其次,中国网络空间国家立法的立法质量有待提高。由于我国网络空间立法起步较晚但互联网发展速度迅速,导致目前在该领域存在过度追求立法速度和立法数量的现象。这样的立法速度虽然迎合了现实的迫切需要,但其潜藏的危害是巨大的——立法前期的论证不足而导致立法质量偏低,面对常新的网络社会而无所适从。因此,我们加大网络空间国家立法的力度的同时必须秉持网络立法完善的主要驱动力是对互联网规律的基本认识,尊重互联网本身的规律,坚持科学立法,以此保证和提高网络空间立法的质量。[47] 具体来说,网络空间立法至少应满足以下几条标准:第一,鉴于网络社会的常新性,网络空间立法不宜有较多的细节规定,而应更具一般性和抽象性;第二,考虑到网络公共领域的民主性,网络空间立法应尽量避免过重的强制管理色彩,而应适当增加指导性规范的比重;第三,由于互联网的技术性,网路空间立法要吸收相关的专门知识,以使自身更具专业性。

最后,中国网络空间治理的国家立法与其他法律的连接有待加强。《网络安全法》第 74 条规定:“违反本法规定,给他人造成损害的,依法承担民事责任。违反本法规定,构成违反治安管理行为的,依法给予治安管理处罚;构成犯罪的,依法追究刑事责任。”从形式上来看,这建立起了网络法与行政法和刑法彼此之间连接,但在它们之间实质上还存在适用上的巨大鸿沟。例如,刑法的属地管辖原则在网络空间中应如何操作?[48]在缺少网络基本立法的领域,其他法律如何发挥必要的规制作用? 此外,网络空间国家立法与知识产权法、广告法等法律亦存在有效连接不足的问题。解决该问题的基本思路有二:一是通过网络法之下位法的制定来构建网络法与其他部门法之间有效衔接的桥梁;二是在相关部门法中加强和完善网络空间治理的专门条款。

(二)软法建设更需要进一步强化

第一,中国网络空间治理的软法规范体系尚不完善。一方面,从上述的考察中可以发现我国网络空间治理的软法规范主要集中在有限的个别领域,在许多网络空间的重点领域还存在软法规范建设缺位和不足的问题;另一方面,中国网络空间治理的软法规范内容杂乱、呈现碎片化,彼此之间的配合不足,进而导致体系性欠缺。上面我们以制定主体为标准对我国网络空间治理领域的软法规范进行了分类,从形式上来看似乎清晰明了,但是当我们观察这些软法规

---

〔47〕 周汉华:《论互联网法》,载《中国法学》2015 年第 3 期,第 20 ~ 37 页。

〔48〕 刘艳红:《论刑法的网络空间效力》,载《中国法学》2018 年第 3 期,第 89 ~ 109 页。

范的内容时,就会发现其所规范的问题的定点化、具体化,并且在这些具体的点与点之间缺乏相关性,进而形成网络软法规范碎片化的局面。这种规范内容杂乱无章的现象可能会带来两个方面的障碍和困境:一方面各软法规范之间可能存在彼此冲突和规定不一致的地方,造成软法体系内部的矛盾性;另一方面则可能会给相关主体间的联合治理带来一定的障碍,抑或说是因为软法规范内容的不同而阻碍"共治"。因此,我们需要进一步厘清它们彼此之间的关系,有效或可能的解决途径有:首先,通过政府部门通过规范性文件的方式,制定互联网领域最低的相关标准,以为其他互联网参与主体提供指导和参照。其次,建立互联网参与主体之间对话、沟通与协作的机制,改变碎片化式的治理,从而形成一种"共治"。最后,完善对软法规范的审查机制,及时开展违法软法和冲突软法的清理工作。

第二,中国网络空间治理的软法规范表达的明确性、专业性有待提高。互联网作为一个技术领域,网络空间治理的软法规范难免要带有技术性色彩,亦即如何恰当地处理纯粹的网络技术规范与网络法律规范之间的关系问题应该成为信息时代进行网络空间立法关注的焦点。[49] 关于此问题,可行的解决方案是建立专家参与机制,将专家的专业性意见作为互联网软法规范制定中的重要参照。但需要注意的是,不能因为吸收了互联网专业知识而将网络软法规范变成晦涩难懂的技术性规范,即这里存在一个立法语言与立法表达的问题。基本的原则是通过法律语言将互联网技术语言尽量转化成能为社会公众所接受的语言。毕竟一般社会公众是网络空间社会中最庞大的群体。

第三,我国网络空间治理软法制定的程序需要进一步健全与完善。虽然软法规范的制定条件和程序要求不需要像国家立法那样严格,但是作为实际能够影响每个互联网参与主体及其利益的一套规则,理应尽可能地保证其自身的明确性、不矛盾性等一般性质,以为国民行为提供合理预期。因此,健全和完善互联网软法的制定程序对于互联网软法规范的制定而言具有重要的意义,例如,建立软法制定的民主参与程序,构建意见表达与协商交流的平台机制,完善专家论证程序以及建立健全平台信息公开机制等。此外,为了有效避免互联网软法立法的部门利益化和企业利益化,有必要建立一套监督机制:一方面,建立平行主体之间的监督机制,即互联网软法规范制定主体之间的相互监督;另一方

---

〔49〕 参见张楚:《关于网络法基本问题的阐释》,载《法律科学(西北政法学院学报)》2003 年第 6 期,第 80 ~87 页。

面,健全上对下的监督制度,主要是指相关政府部门对互联网企业的监督,这主要是为了防止互联网企业之间的勾连损益。

(三)软法和硬法之间的配合与协同需要更加衔接

软法与硬法之间存在效力与功能上的密切的关系,[50]但是目前我国网络空间硬法与软法之间配合与协同不足、有效的衔接机制欠缺。主要表现为:一是由于网络空间硬法建设不完善而给软法提供的保障不足;二是网络空间软法对相关硬法的贯彻与落实不利;三是网络空间软法和硬法在内容规定上还存在冲突矛盾现象。

前面所论及的网络空间硬法和软法的自身建设与完善是加强两者之间合作治理的基本前提,那么除此之外,我们还要从哪些方面入手来加强它们彼此之间的配合与协同呢?或者说,在网络空间治理领域该如何建立硬法与软法的“合作治理”机制呢?

首先,明确在网络空间治理的法律规范体系中软法和硬法的基本定位。硬法是主导的方面。虽然我们前面主要在论述软法在网络空间治理中的作用及其意义,但必须清楚认识到“仅依靠软法肯定会四处碰壁,甚至适得其反”,硬法在创制和实施机制上的优越性使其仍然是现代法治中的主要治理手段。[51] 一方面是说国家立法要承担起为网络空间治理提供基本制度框架的基本任务;另一方面是要求网络空间软法规范的内容不得与国家法相冲突,否则无实际效力。虽然软法具有事实效力以及功能优势,但并不意味着它们可以居于互联网法律体系的中心位置,只能位于该法律体系之构造的外围,[52]而硬法的广度和深度总是有限的。亦即在网络空间治理中需要软法规范且也只能作为有益的补充。明确两者之间的基本定位有助于防治“硬法软化”和“软法硬化”现象的发生,同时既需要加强和促进网络空间硬法的构建与实施,又要健全和发挥网

---

[50] 关于软法与硬法之间的关系问题,已经有学者对不同的观点进行过较为详细的梳理与考察,不再赘述,在此仅选择与本文论述相关性大的代表性观点进行分析。具体可以参见何志鹏、尚杰:《中国软法研究:成就与问题》,载《河北法学》2014 年第 12 期,第 2 ~ 11 页。

[51] 参见程迈:《软法概念的构造与功能》,载罗豪才主编:《软法的理论与实践》,北京大学出版社 2010 年版,第 25 页。

[52] 参见徐崇利:《全球治理与跨国法律体系:硬法与软法的“中心—外围”之构造》,载《国外理论动态》2013 年第 8 期,第 19 ~ 28 页。

络空间软法规范的制度体系与柔性治理功能。[53]

其次,建立健全网络空间硬法与软法之间的转化机制。我们虽然强调网络空间硬法与软法地位的界定与功能的划分,但并不意味着忽视它们的联系,而只是主张在明确基本定位的基础上来加强网络空间硬法和软法之间的互动与交流。从法学理论层面来看硬法与软法之间的交流互动具有复杂性,[54]在网络空间治理领域我们主要强调以下两点:一是网络空间治理的软法“升格”为国家法。这主要是针对先于国家法的软法而言的,即硬法缺位的某些网络空间领域软法可以作为先导加以补充,待立法条件成熟以后再进行国家立法活动。二是网络空间治理的国家法“降格”为软法。对于慢慢能够通过行业自律、政企合作等方式取得良好治理效果的某些网络空间领域,可以考虑这种“硬法降格”的思路,这里所体现的是一种由“监管”向“治理”的行政观念的更新以及“一元”向“多元”的治理模式的转型。

最后,健全网络空间硬法与软法之间的监督机制。我们强调软法与硬法之间的互动交流,但网络空间软法和硬法之间的转化也不能随意进行,而是需要遵循一定的要求。一方面,加强网络空间硬法对软法的监督。首先,网络空间软法在“升格”的过程中必须遵循硬法所规定的制定条件和制定程序。其次,完善网络空间冲突规范的清理工作,对于与硬法内容发生冲突的软法规范要及时予以废止。另一方面,培育网络空间软法对硬法的监督能力。网络空间软法规范所体现的是网络公共空间领域的自治,但是“公共领域靠自己来解决问题的能力是有限的,但这种能力必须用来监督政治系统之内对问题的进一步处理”。[55] 例如,网络空间国家法亦即硬法在制定与完善的时候,也要关照相关软法规范的规定,考虑与软法的衔接问题等。[56]

---

〔53〕 参见明世法:《“硬法”软化及“软法”硬化现象的法社会学解析——基于中国义务教育法治中的案例》,载《华中科技大学学报(社会科学版)》2008 年第 5 期,第 92 ~ 97 页。

〔54〕 See Gregory C. Shaffer & Mark A. Pollack, *Hard v. Soft Law: Alternatives, Complements, and Antagonists in International Governance, Minnesota*, Law Review, Vol. 94, pp. 706 – 799(2010).

〔55〕 参见[德]哈贝马斯:《在事实与规范之间——关于法律与民主法治国的商谈理论》,童世骏译,生活 · 读书 · 新知三联书店 2014 年版,第 444 页。

〔56〕 参见陈光:《论社区治理中软法与硬法的关系及衔接》,载《甘肃政法学院学报》2013 年第 4 期,第 28 ~ 32 页。

五、结语

中国网络空间领域出现了很多棘手的现实问题,需要加强互联网国家立法来予以规制。但由于网络公共领域的特殊性,仅仅依靠国家立法的传统管控已然遭遇了障碍,政府亟需进行治理观念和治理模式的更新和转型。此时,以民主性为底色的软法在网络空间治理中兴起成为一种必然。需要指出的是,对网络空间软法治理的强调并不意味着对硬法治理的放弃,而是要形成一种以硬法为主导、指引和保障,以软法为补充、先导和支撑的"合作治理"模式。总之,本着依法开展网络治理原则,采取"软硬兼施"的合作治理模式,才能使网络空间日益清朗,亦有助于全面依法治国的实现,推动国家治理体系和治理能力现代化。

论微信对现代生活的改造与网络治理

石文龙*

【摘　要】当前“新时代”“百年未遇之大变局”等表述已经成为了热点词汇,今天的我们也正面对着一个崭新的时代。有别于以往的农耕文明、工业文明等文明形态,当前形成了信息文明、生态文明等。就信息文明而言,以手机、微信为代表的信息平台对传统工业文明产生了“颠覆”,形成了新的社会交往与沟通方式,推进了社会的进步。另外,手机、微信的不当使用也会给社会带来一定的负面影响,如在助推社会节奏进一步加快的同时,也加剧了“焦虑与不安”的社会心理等。因此,化解信息文明时代的焦虑,以更加理性的心态迎接与融入信息文明时代是值得我们进行思考与研究的重要问题。

【关键词】微信　信息文明　表达与展示　网络治理

“新时代”“百年未遇之大变局”等表述已经成为了当今的热点词汇,今天的我们对社会“日新月异”的发展也更有体会。就信息而言,我们每天都在面对着海量信息,包括新闻信息、娱乐信息、广告信息、科技信息等。网络,包括微信、微博上的信息令人目不暇接,个人接受信息严重“超载”,我们将这一状况称之为“信息爆炸”。从传播的角度而言,人们将之概括为:“人手一部手机,人人都是自媒体”。正所谓“未来已来”,今天的我们正面对着一个崭新的时代,这个时代是有别于以往的农耕文明、工业文明的信息文明时代。这一文明已经引起了学者们的注意,截至 2021 年 3 月 20 日,中国知网上关于题为“信息文明”的中文文献有 110 篇,期刊论文有 89 篇,另有关于信息文明的著作若干,如《信息

* 法学博士,上海师范大学哲学与法政学院教授,英国牛津大学访问学者。

文明时代的社会转型》《从工业文明到信息文明—中华复兴的历史机遇》等。《信息文明时代的社会转型》一书将信息文明解释为“是指由当代信息技术发展所驱动的不同于农业文明与工业文明的一种新型文明”。[1] 手机、微信对社会的影响与挑战是巨大的,这一影响与挑战也从一个侧面折射了信息文明的特征与魅力。所谓“一叶知秋”“春江水暖鸭先知”,本文基于对手机、微信使用的观察,以描述、感知信息文明对我们现实生活影响,考察信息文明时代的整体风貌,同时探索对这一“微信式生存”的网络治理。

一、微信对现代社会的影响及其积极作用

微信本身只是信息时代人们交流的平台,微信如同文明一样,其本身“不会做任何事,做事的是人,但是偶尔把这件事或那事归因于文明,可以节省时间和精力”。[2] 微信的使用对现代生活的影响是全方位的,其对社会的发展所起到的积极作用无疑也是主要的。20 世纪 80 年代出版的畅销书《第三次浪潮》就已经揭示了一个社会大现象,“工业主义灭亡,新文明崛起”。[3] 在此,我们从对个人和社会两个方面对微信的积极影响进行论述。

(一)微信对个人的积极影响

1. 微信带来了通讯方面的便捷。今天,人们经常性地使用微信中的文字、语音通话、视频通话等方式进行联络。这一“免费的”通讯方式便捷了人们的沟通与交流,特别是对境外学习、工作与旅行的人而言,越洋语音电话与视频既减少了昂贵的通话费用,又方便了和国内家人、同事之间的即时性联络。不难发现微信改变了人们传统的联络方式,因此,微信改变了人们传统的联络方式,微信语音而非电话沟通成为公众联络的首选途径。很多情况下人们一般通过微信留言,过去使用的手机短信息也很少使用。由此可见,微信对固定电话冲击是明显的,现在已经很少有人在使用固定电话。

2. 微信有助于工作的开展与推进。对于工作单位而言,微信便于各类通知的传递、工作任务的下达。很多单位也都纷纷建立各类的微信群。在微信群中,单位的每个职工都能及时看到各种信息,因此,微信群的建立有利于工作的

---

[1] 参见王战、成素梅:《信息文明时代的社会转型》,上海人民出版社 2019 年版;洪鼎芝:《从工业文明到信息文明——中华复兴的历史机遇》,世界知识出版社 2016 年版。

[2] [美]阿尔文·托夫勒:《第三次浪潮》,黄明坚译,中信出版社 2018 年版,第 5 页。

[3] [美]阿尔文·托夫勒:《第三次浪潮》,黄明坚译,中信出版社 2018 年版,第 5 页。

布置与落实。

3. 微信极大地便利了各类活动的组织与开展。今天微信极大地便利了同学聚会,团体活动等大中小型活动的组织。从活动的酝酿到活动期间照片等信息的传送,以及活动之后对活动的感受、回味等,所有信息都可以在群里直接发送。大家有什么事情都可以在群里互发信息,互晒照片等,这些形式深化了活动开展的意义,增加了人们相互之间的沟通与了解,提升活动的品质。此外,在微信群中还可以通过发放微信红包,增加了群友之间的情感交流与微信群的凝聚力。

4. 微信丰富了现代社会个体的文化生活与体验。人们可以随时在微信群、朋友圈发表个人的观点,转发各类文章等,朋友圈也成为大众分享美食、美景、生活日常的一种渠道。因此,微信也让个人的情感表达与文化生活的体验变得丰富多彩,这在十年前是难以想象的。

5. 微信带来了交易支付等方面的便捷。与过去相比,现在微信的付费方式有了实质性的改变,私人之间、私人与商家之间的支付方式,已经实现了从现金支付到微信支付的转变。微信支付的简便性、快速性使其成为大众日常支付方式的首要选择。

(二)微信对社会的积极影响

1. 微信助推了微信政务的开展。微信政务又称之为"微政务",这是中国政府部门推出的以"微博 + 微信"为主要平台的电子政务公共管理方式。有学者基于政府办公化自动化的主要内容及其意义,并从社会信息的角度对政府进行了解释,这一解释对"微政务"具有借鉴意义。该作者提出:"政府,在某种程度上可以理解为一个大型的社会信息处理中心。行政过程,实际上是社会信息的处理过程。政府的信息比一般社会信息有更重要的意义,因为它很可能就是某个重大决策的依据。所以政府部门需要及时更新数据快递,快速传递信息。"[4]微政务对传统的政府行政管理提出了新的挑战。今天政府信息公开、新闻舆论引导、树立政府形象以及公民的政治参与等无疑正在面临新的考验。

2. 微信助推了微商这一新型商业模式的形成。通俗而言,在社交平台售卖商品的商业模式,都可以归之为微商,如在微信朋友圈、在微博、在 QQ 平台等。"微商其实是一种社会化的移动社交电商模式,而采用这种模式进行商品销售

〔4〕 邓鸥、邓鹍:《信息时代与信息产业》,山西教育出版社 2012 年版,第 17 页。

的商家既可以是企业,同时也可以是个人。就目前而言,微商主要分为两种,一种是基于微信公众号的 B2C 微商,而另一种是在微信朋友圈开店的 C2C 微商。”无疑,微商对于推进个人创业提供了便捷的平台。

3. 互联网包括微信对传统媒体的挑战更加明显。过去人们主要是通过传统媒体如报纸、杂志、电台、电视等方式获取信息,目前这些传统媒体受到了明显的冲击。浏览网页、手机阅读等成为公众更普遍的阅读方式与信息获取方式,人们不再通过传统媒体获取信息。除此之外,当下新媒体、自媒体盛行,自媒体以其去中心化直接面向读者、消费者。越来越多的个人通过开通微博、微信公众号、头条号等平台,在平台上分享观点与生活,这已成为民众娱乐、分享生活的重要方式。

总之,因为手机的使用、微信的助推,地球的空间距离正在变得“越来越小”,“地球村”的场景进一步凸显。正如网络流行语所描述的,所谓“手机在手,天下我有”“一机在手,共享所有”等。就内容而言,朋友圈的晒吃,晒玩与晒娃等网民生活,也展现了丰富的现代市民生活,现代人充分地感知着现代生活的丰富与绚烂等。

二、微信的不当使用所可能带来的负面影响

今天我们的社会也正在由工业文明向信息文明时代迈进,微信正是这一时代的浓缩。如何面对这个时代,西方的学者们已经先我们一步做了探索。目前就世界范围而言,学者们一般从技术的维度、经济的维度、社会的维度、网络的维度、文化的维度进行分析。包括从技术、经济、社会、网络和文化的角度进行质疑。[5] 但就面对信息文明的态度而言,不难发现对待网络有乐观主义和悲观主义的区分。例如,就网络而言,其中的《网络至死:如何在喧嚣的互联网时代重获我们的创造力和思维力》一书就以“悲观”的情怀解读网络。笔者认为,“人类为机器、网络所异化”。他说:“我们越来越依赖虚拟世界-网络所创造的一切,人们已经无法想象没有电脑、没有网络的生活,我们好像患上了某种强迫症,一遍遍地刷新网页,而短暂的断网也使我们心绪不宁。注意力记忆分散,记忆力严重退化,想象力和创造力被极度扼杀……我们在网络越来越强大的信息

〔5〕 参见周宏仁:《信息化概论》,电子工业出版社 2009 年版,第 100 页。

世界面前,变得越来越措手不及,越来越被机器所主宰。"[6]我们基于信息文明时代的趋势与立场,认为手机、微信对现代生活所带来了诸多便利无疑是主要的,同时我们也要看到手机、微信的不当使用对个人、对社会以及对国家都具有一定的危害性。在网络上,有图片甚至的将手机比喻为新时代的"鸦片",图片的表达或许夸张了些,但如何面对微信的使用问题需要我们认真对待。诸如"手机阅读"问题,中、小学生的手机控制等诸多问题等值得我们研究。所谓未雨绸缪,在社会高速发展的今天,认真面对这些新生事物、认真思考人类发展的未来,这也是现代公民应具备的重要责任意识。

这一危害与挑战也涉及社会生活的方方面面,这些方面又使我们形成了"焦虑与不安"的社会心理。

其一,微信的不当使用对个人生活的危害与挑战。微信的不当使用对我们的个人生活具有危害性。首先从身体而言,微信已经成功地将很多现代人打造成"低头一族"。低头族英文单词"Phubbing"由澳大利亚麦肯和 Macquarie 大辞典联手精心杜撰而来。"Phubbing"是一个新兴的网络合成词汇,中文译为低头族,泛指那些只顾低头玩手机,而无暇顾及(冷落)其他人或事物的一群人或一种社会现象。今天在各个城市的地铁上、公交车上、大街小巷里我们都可以看到大家几乎都在低头看手机,甚至包括在聚会、聚餐期间。观察每天上下班的人群,我们也不难发现在地铁里、公交车中,很多人都在独自看自己的手机。所谓"世界上最远的距离不是生与死,而是我们坐在一起,你却在低头玩手机"。"低头一族"对我们的安全、健康等都会产生不利影响:一是存在安全隐患。走路看手机,影响自己和他人的出行安全,因为看手机而发生的身体意外伤亡事件全国各地已经发生多起,值得我们高度重视。二是健康隐患。长时间看手机无疑会影响视力等,特别是容易引起颈椎病等身体疾病。三是使大众更乐于沉浸在虚拟世界中,而与现实世界进一步疏远。一味地沉浸在微信世界中,妨碍了现实世界中人与人之间的交往,形成人与人之间的冷漠。

同时,对现代人而言,手机、微信仿佛已经成为我们身体的一部分,手机不在手边,不免有"失魂落魄"之感,正如网络所描述的:"一机在手,天长地久,机不在手,魂都没有!"

其二,微信职场工作方式、方法的改变与挑战。微信改变了我们的工作方

---

〔6〕[德]弗兰克·施尔玛赫:《网络至死:如何在喧嚣的互联网时代重获我们的创造力和思维力》,邱袁炜译,龙门出版社2011年版,第1页。

式,很多单位都建有自己的微信工作群,在群里发布各类工作方面的通知。但现在的问题是电脑、微信等无纸化办公究竟是简化了工作还是增加了工作负担,这一问题值得研究。诸多民众称感觉自己仿佛被"手机""微信"所绑架,例如,不得不时时盯着手机浏览有没有与自己相关的信息。观察现有职场上的人员,不难发现"黑眼圈""红眼睛"等现象已经不是极少数的个案了。对此,有基层干部在微信中描述了其沦为"微信工作群奴"的状态:多个部门的微信工作群每日必报到并传报相关材料;有的基层干部每次出门要带五部工作手机,以随时应对各部门不同工作系统的任务要求;在长期的基层工作中要保证手机不遗失、维持其24小时不间断运作、不搞混各手机的"娘家"。[7] 文章还对"工作留痕"的痕迹主义与官僚主义进行了批评。在工作中,人们普遍感到压力一年比一年大,以至于身体有被"掏空"的感觉,西方学者将之形容为"自我耗竭"。[8] 因此如何科学、合理地使用手机、微信值得我们思考与研究。

其三,传统阅读方式受到挑战。手机阅读越来越成为不可忽视的重要阅读方式。当前民众花大量的时间刷屏看手机,包括通过各类阅读器进行各类"掌上阅读",商家也开发出了"掌上阅读器"。与传统阅读相比,手机阅读的重要特点与缺陷在于"碎片化阅读",那么,微信是不是助推了"碎片化阅读"?"碎片化阅读"是不是一个真实的问题?目前网络的主流话语认为:"碎片化阅读,弊大于利",所谓"碎片化阅读导致人们缺少思考""浅阅读盛行"等话题一再被提及。也有人肯定"碎片化阅读"的价值,提出诸如"碎片化阅读明明就是一件大好事"等观点。有学者提出:"书籍的大量增加直接导致了人们阅读习惯的改变。近代书籍成型之前,书籍的供应量有限,人们的藏书也就同样有限,常常只有一本《圣经》和少量的布道书,这时候的阅读往往是精细的,一边读书一边在书边做批注。而从18世纪起,印刷品大量增加,人们拥有的书籍也随之增加,于是,花在一本书上的阅读时间相应减少,人们的阅读习惯也从精读转变为泛读。"[9]我们认为"碎片化阅读"有其产生的必然性,这一阅读方式适应了今天快节奏的生活方式,"碎片化阅读"是现代社会的阅读方式之一,可以作为传统

〔7〕 肖畅:《"微信工作群奴":警惕官僚主义造成新形式主义》,载《长江日报》2018年5月11日,第2版。

〔8〕 [德]弗兰克·施尔玛赫:《网络至死:如何在喧嚣的互联网时代重获我们的创造力和思维力》,邱袁炜译,龙门出版社2011年版,第136页。

〔9〕 刘子明:《从纸张到数据:信息时代的文献》,大象出版社2013年版,第3页。

阅读的补充,但是不能以"碎片化阅读"为主要的阅读方式,甚至是唯一的方式。传统阅读强调的以纸质阅读为主要方式,以经典阅读为主要内容的做法具有其合理性、科学性,对人们工作、生活的有效性也更强。

其四,中小学生手机使用管理困难。目前国内中、小学对学生手机使用的管理方式不同,其中部分中小学禁止学生将手机带入校园,例如,南京一中在2016年就有关于"禁止学生携带手机入校"的规定。也有学校不做禁止性规定,由学生、家长自由决定。总体而言,"好学校"往往不做禁止性规定,而且还认为使用手机有助于学生及时了解时事政治,了解社会的信息与动态等,这也有助于学生的成长等。值得一提的是西方发达国家诸如英国、芬兰、意大利等国已经出台相关措施禁止中、小学生使用手机,美国的多数学校禁止学生使用手机。

其五,微信对政府管理提出挑战。现代社会微信的大量使用同样深刻地影响到政府,政府也必须面对网络中的诸多新问题,诸如"网络谣言"的治理问题,微信红包中的廉政建设问题等。在新闻报道中,通过微信红包的拉票贿选等已经被视为表述为"指尖上的违规"。

值得一提的是,今天有一种生活在欧美流行,并已影响我国,那就是"慢生活",即所谓的慢餐饮、慢旅游、慢阅读等。富兰克林的格言"时间就是生命,时间就是金钱"正在成为过去式。因经济条件等因素的限制,慢生活不一定适合我国,但这一理念我们完全可以应用到我们的生活之中。

三、微信时代的国家治理

微信的使用丰富了现代市民生活的内容与生存方式,具有积极意义。同时在微信领域,无论是微信群还是朋友圈,该领域主要是公民自治的领域,大致可以归类为"基层群众自治制度"范畴。无疑,这一领域需要社会精英分子的表率,学者的话语引导,政府的引领,以形成信息文明时代真正的社会时尚。当然公民自治并不是排斥法治,排除政府的引领,因为社交媒体与平台同样是公共空间一部分。那么,如何定位政府在微信时代中的地位与作用?在这一问题上,我们认为,可以参照党的十九大报告在实施乡村振兴战略中提出的自治、法治、德治相结合的治理理论。这一治理理论同样适用于微信的使用之中,即在微信世界中,政府的治理原则同样应当坚持自治、法治、德治三者的有机结合,并且以自治为先。

首先,在自治的基础之上,强调国家与政府对现代公民自治精神的培育。

手机与微信的使用基本上属于公民的私生活领域,政府不宜过度干预,除非公民在网络行使的“言论自由”等超过了必要的限度。但是,我们强调自治为主,并不是排除法治、拒绝德治。政府的引领有助于现代公民精神的培养,包括对公民价值观的引领,以培养健康、有趣、生动、活泼的市民生活与市民文化。

事实上,网络治理也丰富了政府管理的新形式与新内容。其中就国家的治理理论而言,过去只是注意到了人与自然、人与社会的关系,而忽略了人与科技的关系,这一关系随着社会的发展其地位与作用越来越明显。在互联网时代,人与科技之间的关系问题具有其特殊性。微信的使用也促进了公民自治的新领域,新形式。微信群中的群主现象与群主精神等,也是当代干部队伍建设值得思考与借鉴的重要文化现象。例如,在微信群中,调侃群主的段子很多,网民还设立了“群主节”,这些其实反映了大家对群主的喜爱。

值得一提的是,国外流行推特、Facebookdeng 这两大社交平台,在中国则流行微信。这与中国文化传统、政治法律制度等因素相关。尽管当前国内无法使用推特、Facebookdeng 等社交软件,但诸如特朗普使用推特的案例还是非常值得我们思考与研究。

其次,在微信时代,政府应当发挥好法治规范与引领作用。自治离不开法治,在强调依法治国的今天,法治无疑为自治的健康发展提供了有力的保证。2021 年 1 月 22 日,国家互联网信息办公室发布了新修订的《互联网用户公众账号信息服务管理规定》,其立法宗旨与目的是“为了规范互联网用户公众账号信息服务,维护国家安全和公共利益,保护公民、法人和其他组织的合法权益,根据《网络安全法》《互联网信息管理办法》《网络信息内容生态治理规定》等法律法规和国家有关规定,制定本规定”。该规定已于 2017 年 10 月 8 日起正式施行。这部法律强调的群主的管理责任,互联网群组建立者、管理者应当履行群组管理责任,依据法律法规、用户协议和平台公约,规范群组网络行为和信息发布,构建文明有序的网络群体空间。这一规定反映了法治在微信使用中的作用。

在现代行政法中,有行政指导的理论,“行政指导是行政机关基于国家的法律、政策的规定而作出的,旨在引导行政相对人自愿采取一定的作为或者不作为,以实现行政管理目的的一种非职权的行为。它既是现代行政法中合作、协商的民主精神发展的结果,也是现代市场经济发展过程中对市场调节失灵和政府干预双重缺陷的一种补救方法。"[10] 其表现形式是以建议、劝告等非强制措施要求有关当事人作为或不作为的活动,其中行政指导是现代行政管理的重要手段之一。

最后,政府在手机与微信领域中对"德治"精神的推行。政府如何在手机、微信的使用推行"以德治国"是值得研究的新问题,也是关乎政府在网络时代的地位、功能与形象的重大课题。其中,政府对手机与微信使用价值观引导无疑是一个重要内容。在该领域中政府如何引导社会?政府如何倡导公民正确使用手机、微信是值得研究的。对此,本文建议政府应通过支持其他社会组织,包括作为参政党的各民主党派对微信的使用进行引导。例如,可以由各社会组织向社会发出"倡议书""倡导书"等方式,强调对手机、微信的合理使用,培育健康、有趣、生动、活泼的现代市民生活与市民文化。

"倡议书"的内容是落实科学、合理、适度使用手机、微信的原则,手机、微信反映了科技的进步与社会资讯的发达,但是滥用手机与微信无疑会牺牲我们的生命安全与健康,影响社会的健康发展。因此,科学、合理的使用手机、微信意义重大。而科学合理的使用离不开政府与社会的积极倡导。

总之,"一滴水也能反映太阳的光辉",微信是信息文明的浓缩与集中展示。微信客观上改变了我们的现实社会,今天如何尽早预测与避免手机、微信使用中的问题,同样是关系国计民生的大事。如何以更加理性的心态迎接信息文明时代的来临,同时限制其不合理之处,这是值得我们尽早予以关注与研究的重要问题。

---

〔10〕 姜明安主编:《行政法与行政诉讼法》,北京大学出版社 2014 年版,第 308 页。

领网权：网络时代国家主权在网络空间之延伸

王志刚[*]　陈丽娜[**]

【摘　要】国家这一共同体形式的存在意味着国界和国家主权不可忽视。网络主权是信息通讯技术覆盖下国家主权的隐射与延伸，网络主权外再提领网权是因为主权的疆界特征网络主权无法实现。当前，领网权问题越来越突出，国家主权在网络空间领域受到了前所未有的威胁和挑战。如今，各国已采用不同方式认可并对领网权进行了实际保护，领网安全维护已成为国际共识，对领网权进行证成研究是时代进步的要求。为了促进网络空间的稳定与加快网络基础设施建设、推动网络安全国际法律体系构建、促进中国方案——"网络命运共同体"目标的实现、构建多国合作的网络空间治理方式，梳理领网、领网权概念体系并对其进行法律维护，是实现治理能力现代化和完善我国信息安全保护制度的必然要求。

【关键词】领网权　国际法　全球网络治理　网络空间

一、引言

国家主权是指国家区别于其他社会集团的最重要属性，是一个国家在其国内的最高权力和在国际上独立自主的权利。自 2010 年谷歌退出中国，随后中国逐渐在国际社会提倡疆域新概念——"网络主权"。*A National Strategy to*

---

* 法学博士，重庆邮电大学网络法治研究中心教授，硕士生导师。

** 重庆邮电大学网络空间安全与信息法学院法学硕士研究生。

Ensure Cyber Security in Cyberspace 将网络空间定义为“由信息技术基础设施组成的相互依存的网络”。当前国际社会对网络主权没有划一的定义,王春晖教授认为“国家主权从原来的领陆、领空、领水等领域拓展到了网络空间”,〔1〕即网络空间是国家主权的延伸区域。网络空间与现实社会的交往是十分密切的,网络空间并非完全独立于现实社会而存在。网络安全的管控不仅有助于虚拟网络社会的管理,同时对于现实生活安全的维护亦具有重要意义。与传统主权领域划分的方式不同,网络空间并不存在物理性疆界,网络数据可跨国自由流动。在大数据时代,如果数据没有国家主权,将无法以合理的理由对本国网络内的信息资源进行规制,以维护国家主权。为使国家主权在网络空间领域得到更好的保护,亟需加快“领网与领网权”概念体系的构成任务。

二、领网权:国家主权在网络空间的隐射

(一)领网及领网权综述

领网是近几年我国一些学者在研究网络空间主权时提出的新概念,主要指国家主权扩展于网络空间的领域。*Declaration of the Independence of Cyberspace* 的起草人约翰·佩里·巴洛(John Perry Barlow)就宣称:“工业世界里的各国政府们:你们在网络世界中不受欢迎,你们在这里没有主权。网络世界不在你们的国境之内。”〔2〕网络空间并不是孤立于现实社会而存在的,随着网络社会与现实社会之间交互愈加频繁、联系愈发紧密,网络空间与现实社会逐渐呈现某种呼应关系,作为新兴疆域的网络空间不是法外之地,同现实社会一样,法治和国家主权的维护必须坚持。

一国主权范围如今随着信息技术的高速发展已逐渐延伸至网络空间领域。网络空间主权兼具虚拟性和现实性。网络空间无疆无垠,其本身具有的延展性和包容性使网络空间主权的概念在使用上过于泛化,难以准确、单独指向某一国家。国外学者 Scott J. Shachkeford 和 Richard B. Andres 在其文章中提出:如今急需制定一个统一的标准,以此来划定各国的网络主权,并进一步减少网络

---

〔1〕 王春晖:《互联网治理四项原则基于国际法理应承全球准则——“领网权”是国家主权在网络空间的继承与延伸》,载《南京邮电大学学报(自然科学版)》2016 年第 1 期,第 4 页。

〔2〕 [美]约翰·佩里·巴洛:《网络空间独立宣言》,赵晓力译,互联网法律通讯 2004 年第 2 期,第 6 页。

冲突行为的发生。[3] 领网具有明显的主权属性,在网络空间主权之外再提领网权,是因为其含有主权的疆界性特征可保障每个国家在一定网络空间疆界内行使国家主权,解决网络空间的领域归属问题。领网与领陆、领水、领海、领空处于同等重要的战略地位,美国已将网络空间列为与陆、海、空、太空并列的战略“行动领域”。“领网权”这一表述与传统的“领陆”、“领空”及“领海”是一脉相承的,且具有可确定疆域范围的作用,有助于国家主权在网络空间领域的行使。领网权概念的确定需以领网的确立为前提,只有确立领网概念一国之主权才可在网络空间领域得以实现。领网权是国家主权在领网领域内的体现,一国基于确立的领网制度其国家主权自然延伸至特定网络空间新疆域——领网。从现代国际法的角度出发,用领网权表述国家在基于领土基础上的网络主权更符合国际法理。

(二)领网权的特点

领网权的界定本身就是一个众说纷纭的复杂问题,为更好地把握领网权的内涵,笔者认为,仔细梳理领网权的特点对于理论和实践都有着不可替代的意义。

1. 权利主体的特定性

领网权概念的提出主要是为了证成特定网络空间领域归属于一国这一问题。领网具有明显的主权属性,是国家领土的自然延伸。领网权的权利主体当然是对特定网络空间领域内部享有排他性管辖权、外部享有特定独立权和特殊自卫权的国家或国际组织。

2. 权利内容的综合性

领网权作为国家主权在领网领域的体现,其内涵自然包含国家主权的四个方面。具体而言:(1)领网平等权:主权国家在网络空间领域享有平等的网络运营权,各国在国际社会享有平等主权,禁止以任何形式侵犯他国领网权;(2)领网管辖权:国家有权在本国领网领域内根据自身发展的需求自主建设基础通信设施以及制定网络安全保护体系,不受他国干涉;(3)领网独立权:国家可按照自己的意志,不受他国的干涉,依法在一国领网领域内自主处理对内和对外事务;(4)领网自卫权:一国在遭受他国网络攻击和网络威胁时可采取必要措施以抵御他国的侵害。

---

[3] Bygrave L. A., Bing J., *Internet Governance: Infrastructure and Institutions*, Great Lakes Entomologist, 2009, p. 137.

3. 权利范围的复合性

国外学者 Lieutenant Colonel W. Franzese 提出网络空间的范围应当与其所处国家的传统主权边界相同。[4] 传统主权维护具有很强的地域依赖性,但是网络空间具有无边界性,其边界模糊不清,对于领网的范围,显然难以按照领陆、领空和领水的标准进行界定。领网权是以网络空间活动及网络基础设施为管辖内容的,据此笔者认为可按照两分法进行领网权疆界的确定:(1)有形部分:以个人的国别、组织的注册地为标准,作出网络行为的个人或者组织享有一国国籍的,国家可监测用户的行为并对相应网络流通数据行使领网权。(2)无形部分:建立一个对主权国家进行高级网络地址分配的技术体系,高级地址的差异就是主权国家在逻辑网络域的边界。[5]

(三)不同学说视阈下的网络空间法律性质

某一特定的网络空间领域能否被划入认定为一国领网范围,对其法律定位的界定涉及网络空间法律性质的问题。对于上述问题,世界各地学者从不同的角度出发,对网络空间法律性质问题进行了界定但并未形成通说。迄今为止,逐渐发展出以下四种主流观点:

1. 否定说

否定说认为,虽然理论上网络空间可以由国家通过端口控制的形式实现信息监管,但网络标准化的协议形式使信息流通和接受变得极为不可控;而且鉴于几乎所有国家都已经融入了以互联网为核心的全球一体化中,国家也不可能将本国网络空间从全球互联网中割裂出来,[6] 该学说主张网络空间不属于一国管辖范围而属于全球公域,代码规则是网络空间的唯一法则。在实践中,以美国为首的部分网络发达国家支持该学说。

2. 居中说

学者张晓君将网络分为全球公域和主权管辖区域两个部分,针对互联网的三个逻辑分层的特点,将物理层级中支撑起整个互联网的基础设施以及规则层面视为全球公域。而将各国链接互联网的设备以及内容层面归属于国家主权

---

[4] See Andrej S. ,Eu Internet Law,Cheltenham: Edward Elgar Publishing Limited,2013,p. 13.

[5] 参见许开轶、俞润泽:《基于多重场域原理的网络空间主权生成逻辑》,载《社会科学研究》2020 年第 2 期,第 7 页。

[6] 参见郭炯、洪永红:《全球网络治理的法律困境与出路》,载《湘潭大学学报(哲学社会科学版)》2017 年第 41 期,第 25 页。

内的管辖对象。在此基础上,进一步依据海洋治理模式提出了相应的治理原则,即绝对的公域行动自由和相对的私域行动自由原则。他们提出,将网络公域的治理交由联合国管理。[7] 全球混合场域说是在认可国家独立领网权的前提下,主张存在网络公共领域,对该网络领域不由特定国家享有主权,而由国际组织联合国进行秩序管控。

3. 肯定说

当前大多数国家已基本接受“网络主权”的概念,国际社会和世界部分国家对于上述理念在法律法规中均有所体现。例如,2003 年国际电联“信息社会世界峰会”通过的《Geneva Declaration of Principles》有“网络主权”表述;2004 ~ 2013 年联合国成立的“信息安全政府专家组”对网络空间国家主权等概念达成共识;中国 2017 年在颁布的《网络安全法》中首次以法律形式确立“网络空间主权”的概念。该学说认为,网络空间治理应被视为全球治理的新域,领网权是国家主权在网络空间中的自然延伸,网络空间不是法外之地。目前,以中国、俄罗斯、巴西为代表的主要发展中国家支持这种模式。

4. 自治说

网络空间自治说传达的是网络空间欲图达到自我治理的自由度,提倡“法律真空”。核心观点是:网络空间能够根据互联网名称与数字地址分配机构(The Internet Corporation for Assigned Names and Numbers,ICANN)、互联网工程任务组(The Internet Engineering Task Force,IETF)制定的规则,实现自治。[8] 笔者认为,徒法不足以自行,网络空间自我治理在没有强制力保障实施的情况下只能是理想状态,无法真正实现治理的目的。该学说忽略了网络的社会属性,将网络空间与现实社会彻底分离,认为网络世界完全独立于人类而存在。随着网络社会与现实社会的深度融合,单纯的自我管治是无法实现的。

三、领网权维护面临的困境分析

互联网由数千个“利益相关者”组成,网络空间治理被视为全球治理的新

---

〔7〕 参见强宇豪:《基于国家主权的全球网络空间多边多元治理》,载《渭南师范学院学报》2020 年第 1 期,第 71 页。

〔8〕 See Caton, J. L. Beyond Domains, *Beyond Commons: Context and Theory of Conflict in Cyberspace*, in C. Czosseck, R. Ottis, K. Ziokowski eds., 4th International Conference on Cyber Conflict., Tallinn: NATO CCD COE Publication, 2012, p. 56.

域，只有由多利益相关方相互合作、共同推动才能实现有效治理。在网络社会中没有绝对意义上的独立个体，所有参与者都无法独善其身。互联网时代的到来打破了物理空间的限制，国家主权逐渐从传统物理领域延伸至新疆域——网络虚拟空间，在此疆域之上所形成的领网权伴随而生。网络虚拟社会的存在依靠网络技术支撑，新型信息技术在高速发展的同时所带来的危险导致领网权的维护受到许多阻碍。

（一）物联网"真空"秘密信息数据收集

物联网通过无线网络运程将指令顺利地传输至各个终端中，以实现人类对物品的远程控制。相比起传统的互联网，物联网将网络互联的终端变为了我们唾手可得的物品，物联网技术给人们的生活带来了便利，但同时物联网环境下的信息安全风险是不可小视的。笔者认为，物联网对一国领网权维护提出的首要挑战在于信息收集中所产生的安全隐患问题。

物联网技术存在的安全风险最主要来自对个人信息数据的侵犯，其引起的信息数据安全风险对他国领网权的侵犯是由小至大的。物联网技术运作过程中，其三层构架所分别可能遭遇的风险将侵犯基础设施和重要领域安全，进而对国家安全造成不利影响，2019 年委内瑞拉遭遇最大规模停电事件足以说明。具体而言，一方面，相比传统互联网对于信息数据的收集，物联网收集与信息数据传输常常会"秘密"进行。一旦进入物联网，使用者将会被贴上射频识别技术（Radio Frequency Identification，RFID），一种非接触式的自动识别技术）标志，而射频识别技术利用电磁波和读写器完成通信，会使射频识别技术标签使用者在不知情的情况下自动接收扫描、定位和追踪，导致信息被收集，涉及衣食住行各个方面。

另一方面，所有进入物联网的数据在传输过程中都无法加密，信息外露的情况极易发生。在物联网这样公开的无线网络的影响之下，攻击数据和监听数据将会变得轻而易举，会对数据的完整性有极大的破坏。而且如果是某个副本的数据遭到了破坏，那么，整个副本数据的完整性和可靠性也会受到影响。〔9〕另外，物联网设备使用的终端多为弱终端，其自身并没保障安全的能力。如果在进行数据交流过程中存在大量终端设备，相应的服务器会向其发送大量的认证请求，此时大量信息请求极有可能导致服务系统陷入瘫痪，被侵入者非法入

〔9〕 邹聪：《基于物联网的计算机网络安全分析》，载《中国新通信》2020 年第 13 期，第 170 页。

侵间接导致异步攻击、DDOS 攻击发生。与传统互联网安全风险相比,由于物联网本身具有的特性,其所引发的信息数据安全危险将对一国领网安全带来更大的威胁。

(二)5G 背景下面临的信息安全风险

由于5G 网络自身的一定开放性,5G 时代在发挥5G 技术优势的同时网络空间也面临了更大的安全挑战:既有来自网络技术应用、社会信息化程度加深带来的数据泄露、个人信息保护、漏洞治理、网络犯罪和人工智能(AI)法律规范等技术和应用层面的问题;也有包括地缘政治竞争带来的网络空间军备、网络监控、网络舆论战和网络战威慑等战略层面的威胁。[10] 信息技术是一把“双刃剑”,海量的数据在合理使用的情况下可以带来巨大的财富,但是如果将收集来的信息滥用甚至违法使用,小则侵害公民、社会权益,大则侵犯一国数据国土,引发国际网络战。一方面,5G 网络通信技术为物联网的发展打下了坚实的技术基础,通信速度与质量有了大幅提高,其传输速度最快可达 10GB/S;另一方面,5G 网络技术也给网络空间领域的维护带来了诸多挑战:更多的终端在底层被连接,海量数据在悄无声息的情况下被各个终端所采集。

随着全国各地5G 通信基础设施的增加,网络通信覆盖面积越来越广、数据传输速度达到了原来4G 网络通信技术的十倍。技术的高速发展使网络空间面临比过去更大的安全挑战,一国领网权的维护更加困难。5G 通信技术对一国领网权维护的影响可从内外两方面来分析:从外部视角来观察,5G 时代的到来便利的是全球各个国家的网络通信技术。5G 通信技术对于数据流量的吞吐量是原有4G 网络的一千倍之多,数据上传和下载活动可以更加便捷快速,可以承载的用户更多。这意味着作为攻击方的攻击能力将大大加强,一国受到的来自境内外的 DDOS 等网络攻击将逐渐增多。从内部视角观察,5G 技术大量使用异构网络而致大数据相互的产生,加之其结构基于整合 IP 技术将涉及链路数据问题导致大范围普及,由此,更易遭受病毒攻击。目前,我国对于在信息技术领域所遇到的威胁和攻击仍缺乏一套先进的应对体系,这很大程度上是由于我国信息技术发展还不够先进所导致的。面对来自外界的网络攻击、网络侵权等网络违法行为,必须不断加强国家重要基础设施建设和突破信息领域核心技术以切实维护一国领网权。

---

〔10〕 参见朱莉欣、李康:《网络安全视野下的5G 政策与法律》,载《中国信息安全》2019 年第 9 期,第 94 ~ 95 页。

(三)支撑人工智能的大数据存在泄露

随着信息技术的高速发展,数据由过去"获取、聚合和处理更大规模、更快速度和更多种类数据的技术能力"[11]逐渐被视为战略性资源渗透进我们生活的各个领域。现今云计算、大数据技术相继得到广泛应用,在网络上,数据信息被以较过去更为便利、高效的方式收集,信息收集的渠道和手段没有受到限制,小到个人、大到国家,信息数据被收集、分析甚至被泄露的程度都远超我们想象。人工智能时代数据从输入端到输出端所面临的诸多问题,对于一国领网权的维护均带来了巨大的挑战。在个人信息数据小口被"撕开"的情况下,极易进一步破坏一国的数据库,对内网信息进行窃取,引发乃至侵犯国家主权的网络安全问题。

一方面,人工智能时代对海量信息数据的需求剧增,挪威数据保护局曾解释说:"人工智能工作的基础是大量的数据信息数据,人工智能的深度学习需要依赖于大数据提供海量的个人信息。人工智能工具对信息数据的需求量是无穷尽的,越多的信息数据支撑,人工智能产品的精确度和准确率越高。"[12]人工智能的基础是数据,人工智能技术的应用质量和工作效率会因数据的不充足而下降,其需要更大的数据库对其进行数据"喂养"。此外,深度的分析只有尽可能的进行数据收集、保证足够的数据基础,这是防止人工智能出现"失误"的基础性前提。分析需求需要大量的信息收集、处理,但从运作原理上看,人工智能进行数据收集的过程很难保证在一国的数据国土进行作业,庞大的信息输入工作控制在一国领网疆域内进行存在很大难度。

另一方面,人工智能不同程度的在安防、金融、医疗、政务、交通等多行业领域得到运用。其中人脸识别等生物特征信息识别技术是人工智能的关键技术,由于其生物识别信息的高度敏感性从而引发了各国关于基本人权问题的讨论。该技术以轻易的手段实现对隐私和个人自由方面的入侵,同时当个人信息收录后,其通过信息筛选处理、精准划向的分析能力以及深度运算能力再将整合分

---

〔11〕 Executive Office of the PresidentBig data, *Seizing opportunities*, *preserving values*, https://obamawhitehouse.archives.gov/sites/default/files/docs/big-data_privacy_report_may_1_2014.pdf,2020 年 6 月 30 日访问。

〔12〕 Christopher Kuner, Fred H Cate, Orla Lynskey, Christopher Millard, Nora Ni Loideain, Dan Jerker B. Svantesson. ,*Expanding the Artificial Intelligence-data Protection Debate*, International Data Privacy Law, 2018, p. 290.

析的信息予以输出,但输出端的数据使用目前并未建立完整的规范体系。这在加速人工智能应用技术的同时,轻易地实现了跨地域侵犯他国或地区的领网权。另外,对于自动化决策,由于算法本身的复杂与不透明以及单独的自动化个人决策,其过程中的信息处理和采用的算法逻辑难以保证不会在技术层面造成跨域侵权。

四、领网权维护路径研究

新技术的大量运用,导致安全漏洞被挖掘、大规模信息泄露,引发了从个人信息被泄露到国家利益被损害等一系列严重问题。解决问题当追根溯源,网络问题若出自技术则也应运用技术解决。技术手段是解决网络问题、进行网络治理的重要手段,也是支撑网络社会运行的重要支柱,更是支撑媒体升级的转型基础和政府实现有效治理的重要工具。特别是在保护网络信息安全、打击网络犯罪方面,技术手段是必不可少的。因此,据上文所述,笔者认为,为解决网络技术在不断进步过程中所遇到领网权维护难题,可从以下几个方面来思考解决路径:

(一)物联网环境下信息数据保护

物联网时代网络安全问题已成为一个全球性的命题与难题,瑞拉停电事件、物联网僵尸网络和勒索软件大规模攻击事件表明物联网发展所引发的信息安全问题对国家和社会安全造成了重大威胁,信息数据安全保护问题对一国领网权的维护影响重大。笔者认为,除了通过技术手段,结合法律上的保障也是至关重要的。

当前信息数据保护迫在眉睫,为应对不断发生的侵害事件各国分别出台了专门的信息数据保护立法来完善本国的网络安全治理体系。国际上,美国采用了分散立法模式、欧盟 2009 年制定了《射频识别技术应用中隐私和数据保护原则的建议》,与这些国家相比,我国有关物联网信息安全和领网权保护的立法尚未形成完整的体系。我国于 2016 年 11 月通过了《网络安全法》,但立法仅涉及网络数据、互联网安全、计算机病毒、信息安全等方面的内容,相关配套关联领域,诸如关键信息、网络安全事件等术语均未作出必要的界定,对人工智能、云计算等新兴领域的安全问题还存在制度真空。借鉴国际上有关信息数据法律保障的有关经验,我国应当建立物联网信息保护法律体系。完善顶层机构的设置和管理机制的配备,做好信息数据立法的整体规划,明确各部门、各行业的分工,以多举措推进信息数据保障工作。

技术层面,必须形成硬件、软件防护体系才可实现物联网时代数据安全保护,国际上有关物联网信息安全保护的方案和对策值得我国借鉴。例如,美国联邦贸易委员会提出了创新性的“通知—选择”框架。针对物联网没有人机交互界面而与用户交流困难有可能导致“默认”信息读取、收集的功能,美国联邦贸易委员会建议可以在物联网设备上开发视频教程,在设备上粘贴二维码,以及在设备销售点、设备的设置向导、设备的隐私仪表板中向消费者进行隐私政策的告知,并由消费者进行选择。[13] 笔者认为,根据物联网自身整体构架的特点,可通过在设备上安装安全认证、对传输节点进行实时监控、设置认证和密钥管理结合的机制、建立科学的数据库等手段来实现物联网感知层、传输层、处理层、应用层的数据信息安全管理。网络信息技术不断更新,黑客们的入侵手段也是层出不穷,所以技术层面的应对措施肯定是需要不断完善的,以保证第一时间解决信息数据安全问题。

(二)5G时代网络安全防护措施

从立法层面来看,面对5G背后所引发的网络安全问题,美国2018年~2019年通过、发布了《Ray Baum Act》《How 5G Will Shape Innovation and Security》等法案;欧盟2013年~2019年致力于研发5G,通过了《EU Cybersecurity Act》等法案;韩国2013年~2019年提出了5G发展规划、设计方案、部署行动;英国2012年-2017年启动5G技术研发、建立5G网络研发中心、发布战略方案等;中国出台了《国家信息化发展战略纲要》等重大文件并对5G发展进行明确部署。对于5G发展具体趋势全球各国虽然显现出不同倾向和特点,但各国均纷纷出台相关政策文件,支持本国5G发展。物联网信息技术高速发展相伴随的信息泄露问题愈发严重,但我国当下还未形成一套完整的法律保护体系,相关规制标准较为模糊。为适应时代的发展变化,我国目前在起草《电信法》,以进一步完善电信法律制度。笔者认为,应以《电信法》为基础,根据实践的需求同步并不断完善相关法律法规,将与5G涉及的基础设施建设、信息安全管理、行为合规等内容均涵盖到立法范围,实现有法可依。

另外,应当加强5G网络中的信息安全管理,例如,5G通信技术几乎是4G的10倍,下载平均速度可达700bps、上传速度在80mbps左右,其管理更为复杂。对此,建议使用同一框架下的“双向认证”以提高设备数据接入过程的安全

〔13〕 参见丁晓东:《大数据与人工智能时代的个人信息立法——论新科技对信息隐私的挑战》,载《北京航空航天大学学报(社会科学版)》2020年第33期,第12页。

性。另外,最好使用分散管理的方式,不同的数据接入点不要使用同一密钥,以防止集中攻击的发生。对于接入设备终端数据安全可以采用设备中下载签约凭证和二次认证,对于有特殊要求的数据可以定制专用的安全芯片和相关的软件应用来实现数据的安全。[14] 另外,我国学者魏垚、谢沛荣提出:"5G 网络组网灵活,根据网络特点对网络进行切片管理,每个网络切片由网络管理中心分配的 ID,接入终端通过切片网络 ID 进行验证接入,各个网络切片独立进行接入网络数据监控,实行异常上报,逐步通过对网络的切片管理实现统一的网络安全防御体系";[15]5G 带来的智能社会不能仅考虑 5G 技术风险治理及构建法律治理体系等问题。笔者认为,为切实地实现领网权的有效保护,建立安全法律规定和安全标准,明确设备供应商、运营商等的行业责任,督促其制定网络安全事件应急预案并及时处置系统漏洞、计算机病毒、网络攻击等安全风险,加强除政府方面的行业机构监管、树立行业标杆作用,实现多部门配合的综合治理方式是同样重要的。

(三)人工智能视阈下维权路径建构

人工智能的发展带给人们无限可能的同时在制度建设方面也得到了前所未有的机遇。但与此同时,各国即将面对新技术新业务带来的冲击是难以避免的。由计算机算法驱动的人工智能需要庞大的数据库进行支撑,数据信息的存储、利用等过程存在一系列的安全风险。信息数据的利用和保护之间,应尽可能去寻求一个平衡点,坚持遵守"最小损害原则"。人工智能时代信息数据的保护对于树立领网理念、维护一国领网权具有重要意义。

人工智能侵犯信息数据,大多表现为被第三人利用实施侵权行为,侵权主体是利用人。对于人工智能被动实施侵权行为的情形,笔者考虑,可从数据输入和输出两个流向来分别思考信息数据的维护路径。首先,在数据输入阶段,信息的获取手段和方式必须合法。当前,很多智能服务为了获取用户数据,用变相的方式强制读取用户基本信息。但是,个人信息数据的收集应当是合法且基于用户的自愿而进行的,否则大数据算法的特性必将导致更多的信息被泄露,造成严重后果。其次,合法录入的信息数据,信息储存的安全也必须得到足

---

〔14〕 Federal Trade Commission, *Internet of things*: *Privacy & security in a connected world*, https://www. ftc. gov/system/files/documents/reports/federaltrade-commissionstaffreport-november 213-workshop-entitledinternetthings-privacy/150127iotrpt,2020 年 3 月 2 日访问。

〔15〕 赵姗:《5G 时代个人信息保护研究》,载《网络安全技术与应用》2020 年第 7 期,第 10 页。

够保障。一方面,必须建立足够安全的防火墙,防止所储存的海量数据被窃取用以进行非法活动;另一方面,必须建立人工监管和智能监管相结合的监管处罚机制,督促数据保管者主动保护所掌握的数据信息,自身不成为数据侵权的帮凶。最后,在数据输出阶段,合法获取的信息数据也必须有限制的进行使用,使用的途径和方式必须予以规范。

人工智能产品的研发需要无穷无尽的数据支持,新型信息技术发展给一国网络空间领域的主权维护带来了挑战。信息技术本身就是一把"双刃剑",其在发展过程中所带来的问题必将由于技术的不断进步而得以缓解甚至彻底解决。2019 年,北京正式揭牌成立人工智能创新发展试验区以不断完善我国人工智能领域的健康发展。但是即使在研发过程中也应尽到必要的注意义务,即防范人工智能本身存在算法缺陷,以及信息技术在不断的发展过程中,人工智能技术有可能超越人类智慧而实施自主侵权。这时侵权行为的实施主体并非现实的人,同被动侵权相比,采取外部维护形式——建立安全法律保护制度,通过立法、政策以及多方面综合治理等方式来防止信息数据侵权成效是不大的,法律无法让信息技术担责。对于此类侵权方式,笔者认为最好的控制手段理应是侧重内部维护形式——交由技术解决,此时信息数据的维护必须依靠技术层面的不断进步,从技术源出发,以实现"技术 + 政策"的双重保护机制。

五、结语

互联网技术的广泛运用,对国家主权与信息安全保护问题提出了新的挑战,特别是新型信息技术的广泛运用让互联网时代下领网权的维护进一步复杂化,领网安全已成为新的国家战略重心。基于国家领土主权提出的领网权有着充分的现代国际法基础与依据,是国家主权在网络空间的继承和延伸,网络空间必须纳入国家主权的范畴,领网权的确立及法律保障有助于维护一个国家的国家主权地位。如今,亟需构建一种互联互通、共享共治的全球网络空间治理新秩序。网络空间治理长期被视为全球治理的新域,只有依靠合作才能实现有效治理。领网权建立不该只是"应然"的设想,应着重关注新兴信息技术给信息数据维护带来的挑战,致力于将构建人类命运共同体的理念落实到网络空间的建设治理上,推进全球网络空间共同治理,构建一个安全的全球网络空间新场域。

基于手机病毒传播模型的网络空间安全治理研究*

祝清意** 吴瑕***

【摘 要】在网络病毒侵蚀互联网的同时，手机病毒也日渐猖獗。虽然对病毒传播行为的研究引起了越来越广泛的重视，但是对于“跨平台”手机病毒的研究却相对甚少。因此，本文提出了一个基于SEIQR的“跨平台”手机病毒传播模型，该模型刻画了病毒在计算机与手机、手机之间的传播行为。通过对模型的理论分析，证明了该模型具有一个无毒平衡点和一个有毒平衡点，通过稳定性分析证明了平衡点的局部稳定性，并通过实验仿真验证了各平衡点的全局稳定性。据此，我们提出了一系列治理网络空间病毒传播的策略。

【关键词】手机病毒 平衡点 数值仿真 全局稳定性

一、引言

伴随互联网的迅速发展，移动设备和智能终端的使用也逐渐进入人们的生活。其中，智能手机作为移动互联网最主要的媒介，成为病毒的重要攻击对象。而手机病毒不仅种类繁多且数量巨大，来自国家互联网应急中心的安全报告显示，目前活跃在智能设备上的恶意程序家族超过 15 种，包括 Mirai、Gafgyt、Dofloo、Tsunami、Hajime、MrBlack、Mozi、PinkPot 等。这些恶意程序一般通过漏

---

* 基金项目：国家自然科学基金青年基金（61903056），重庆市自然科学基金面上项目（cstc2019jcyj-msxmX0681）。

** 工学博士，重庆邮电大学网络空间安全系主任，副教授，硕士生导师。

*** 重庆邮电大学网络空间安全与信息法学院信息安全专业本科生。

洞、暴力破解等途径入侵和控制智能设备。在入侵控制发生后,联网智能设备存在用户信息和设备数据被窃取、硬件设备遭到控制和破坏、设备被用作跳板对内攻击内网其他主机或对外发动 DDOS 攻击等安全威胁。[1] 2019 年瑞星"云安全"系统共截获手机病毒样本 344 万个,[2]2020 年共截获手机病毒样本 581 万个,病毒总体数量比 2019 年同期上涨 69.02%。[3] 因此,对手机病毒的传播行为进行研究,为遏制病毒的传播提供了良好思路。

但笔者在近年的研究成果中,极少发现对"跨平台"的手机病毒的探讨。2005 年,瑞星全球反病毒监测网截获全球首个"跨平台"病毒,命名为"韦拉斯科"(Win32.SIS.Velasco)。这是第一例可以同时在手机 Symbian 操作系统和电脑 Windows 系统上运行的病毒。[4] 随着智能手机技术的迅速发展,智能手机的硬件配置越来越高,某些智能手机的配置已接近或超过个人计算机的配置,同时智能手机的网络技术也日渐成熟,[5]智能手机早已具备了恶意代码活动的条件,随着智能手机和计算机之间的信息共享成为趋势,此类"跨平台"病毒也许将会不断出现。但对于手机病毒的研究,目前大多针对病毒在手机之间的互传,极少讨论病毒在手机和计算机之间互传的情况。因此,本文在 SEIQR 病毒传播模型[6]的基础下,对病毒在手机和计算机之间的传播行为进行研究,进而达到遏制病毒在网络中传播的目的。

手机病毒的传播行为一直是研究的重要课题。借鉴计算机病毒传播模型,文献[7]在 SIR 病毒传播模型的基础上提出了带有预防接种的手机蓝牙病毒传播模型,揭示了蓝牙病毒的传播规律,为制定病毒预防措施提供了理论依据,并

---

[1] 参见国家互联网应急中心:《2019 中国互联网网络安全报告》,载国家互联网应急中心官网,https://www.cert.org.cn/publish/main/upload/File/2020Report(2).pdf,2021 年 2 月 1 日访问。

[2] 参见瑞星:《2019 年中国网络安全报告》,载瑞星官网,http://it.rising.com.cn/dongtai/19692.html,2021 年 2 月 1 日访问。

[3] 参见瑞星:《2020 年中国网络安全报告》,载瑞星官网,http://it.rising.com.cn/dongtai/19747.html,2021 年 2 月 1 日访问。

[4] 参见瑞星:《通吃电脑与手机的病毒》,载《计算机与网络》2005 年第 2 期,第 49 页。

[5] See Zheng H., Li D., Gao Z., *An Epidemic Model of Mobile Phone Virus Proceedings of the 1st International Symposium on Pervasive Computing and Applications*, Urumchi, China, 2006: 534 – 538.

[6] See Bimal K. M., Navnit J., *SEIQRS Model for the Transmission of Malicious Objects in Computer Network*, Applied Mathematical Modelling, 2009, 34(3): 710 – 715.

[7] 参见夏玮、李朝晖、陈增强、袁著祉:《带有预防接种的手机蓝牙病毒传播模型》,载《天津大学学报》2007 年第 12 期,第 1428 页。

给出了移动环境下手机节点平均度的计算方法。文献[8]针对手机蓝牙网络中的蠕虫病毒传播,考虑了手机的休眠状态,提出了一种具有可变感染率的SIRQD病毒传播模型。文献[9]进一步考虑了病毒变异因素对病毒传播过程的影响,建立SIRD模型,并讨论各参数对病毒传播过程的影响情况。文献[10]深入研究了蓝牙信号的覆盖半径、节点分布密度、节点移动距离、病毒复制时间、蓝牙成功连接的概率等参数对蓝牙方式下的通信网络联通性的影响,并提出一个既能描述节点所处地点,又能描述节点距离移动的传播模型。文献[11]通过将SI病毒传播模型应用到基于RWP移动模型的多跳网中,研究了在考虑病毒传播时间的情况下,节点的移动性对病毒传播行为的影响。但以上研究多集中于蓝牙网络的病毒传播。

基于复杂网络对手机病毒进行分析,文献[12]研究了智能手机病毒传播过程中的复杂网络特征,应用复杂网络理论建立了手机病毒的传播网络模型,证明了病毒传播服从幂律分布,无标度网络应用于手机病毒传播网络模型的具有合理性。文献[13]在SIR传播模型的基础上,根据短信网络的特点,建立了手机病毒在短信网络内传播的M-SEIR模型,并以此为基础研究了用户预免疫、病毒变异以及短信网络内的局部社团结构对手机病毒传播的影响,进而有针对性地提出了有效防治手机病毒传播的方法。文献[14]在传统流行模型的基础上,纳入了手机病毒的特征和网络拓扑结构,提出了两种复杂网络下手机病毒的传播模型。一种是用于描述用户诱骗病毒传播的M-SIS模型,另一种旨在描述利用

---

[8] 参见李朝晖、夏玮、张芷源:《手机蓝牙网络中一种具有可变感染率的SIRQD病毒传播模型》,载《信息网络安全》2009年第9期,第22页。

[9] 参见房庆祥、贾颖:《手机病毒在蓝牙网络中传播的SIRD模型》,载《武汉理工大学学报(信息与管理工程版)》2014年第36期,第157页。

[10] 参见邱国利、蒋国平、宋玉蓉:《一种带节点移动的手机蓝牙病毒传播模型》,载《武汉大学学报(信息科学版)》2010年第35期,第610~613页。

[11] 参见陈红红、李鹏、李长吾、王智森:《多跳网络中节点移动性对病毒传播行为的影响》,载《大连工业大学学报》2017年第36期,第375~379页。

[12] 参见丁雪枫、马良、丁雪松:《基于复杂网络理论的手机病毒传播模型研究》,载《科学技术与工程》2009年第9期,第2934~2938页。

[13] 参见陈晓江、赵跃辉、吴传生:《手机病毒传播模型仿真研究》,载《武汉理工大学学报(信息与管理工程版)》2009年第31期,第8~11页。

[14] See Yang W., Wei X., Guo H., An G., Guo L., Yao Y., *Modeling the Propagation of Mobile Phone Virus under Complex Network*, The Scientific World Journal, 2014, doi: 10.1155/2014/207457.

漏洞的病毒传播的 M-SIR 模型,并对模型进行了详细的分析。文献[15]提出一种基于异质移动网络的破坏性病毒传播模型,在 NW 小世界网络和 BA 无标度网络上进行仿真对比实验,提出抑制移动网络中病毒传播的防治策略。

除此之外,文献[16]提出了基于分区的病毒传播模型,不仅考虑了蓝牙网络影响病毒传播的因素,同时还考虑了人类行为对病毒传播的影响。文献[17]将手机蓝牙病毒的传播特点与人类行为的随机性结合起来,提出了一种基于平均场理论的手机蓝牙病毒传播模型。文献[18]分析了手机的移动速度对病毒传播的影响,提出了蓝牙方式下的通信网络中手机节点平均度的计算方法和基于速度分段的手机蓝牙病毒传播模型。在病毒检测的研究方向上,文献[19]解决了在病毒多态和变形技术处理后的病毒检测问题,提出了一种基于余弦算法的手机病毒检测方法,通过比较余弦相似度达到对手机病毒检测的目的。文献[20]提出了一种基于广谱特征自动化方式实现病毒的检测及研判的机制,可实现大批量病毒样本的检测和研判。文献[21]提出了基于网络数据的手机病毒主动监测系统,通过采集全网不同网元的日志、信令等网络数据进行分析来发现手机是否中毒。文献[22]利用隐马尔科夫模型(HMM)对程序的行为进行启发式分析,提出基于启发式行为监测的手机病毒防治系统。

但以上对于手机病毒的研究都未考虑手机病毒跨平台的可能性,实际上由“韦拉斯科”病毒作为先例,在手机 Symbian 操作系统下,病毒传播给 Windows

---

〔15〕 参见刘超、黄诗雯、黄贤英、刘小洋、杨宏雨:《基于异质移动网络的破坏性病毒传播模型》,载《计算机应用研究》2020 年第 37 期,第 1502 ~ 1506 页。

〔16〕 参见黄芳、刘元君、陈波、张恩迪:《一种包含人类行为影响的异质蓝牙网络病毒传播模型》,载《计算机应用研究》2014 年第 31 期,第 2144 ~ 2147 页。

〔17〕 参见李书伟、金聪、郭亚光:《基于平均场理论的手机蓝牙病毒传播模型》,载《计算机工程》2012 年第 38 期,第 93 ~ 95 页。

〔18〕 参见夏玮、李朝晖、陈增强、袁著祉:《基于速度分段的手机蓝牙病毒传播模型》,载《计算机工程》2008 年第 9 期,第 10 ~ 12 页。

〔19〕 参见苏晖、王怡然:《一种基于余弦算法的手机病毒检测方法》,载《网络安全技术与应用》2020 年第 4 期,第 48 ~ 51 页。

〔20〕 参见仲桂芳、闫建:《移动互联网环境中手机病毒的一种检测及研判模式的研究》,载《信息通信》2020 年第 12 期,第 126 ~ 130 页。

〔21〕 参见罗骁茜、郑浩彬:《基于网络数据的手机病毒主动监测系统及应用》,载《电信工程技术与标准化》2014 年第 27 期,第 70 ~ 74 页。

〔22〕 参见吴俊军、方明伟、张新访:《基于启发式行为监测的手机病毒防治研究》,载《计算机工程与科学》2010 年第 32 期,第 35 ~ 38、112 页。

计算机就成为一种可能。考虑到移动设备逐渐多样化,跨平台病毒也逐渐增多,文献[23]就通过外部设备 USB 验证了计算机病毒感染的存在,文献[24]也探讨了计算机病毒通过可移动存储设备传播以及 P2G 网络病毒传播的特点,提出了带可移动存储设备的 P2G 网络病毒传播模型。

由此可见,跨平台病毒在其他类型手机和计算机之间发生互传也并非不可能,而现有的病毒传播模型对这种可能的跨平台病毒少有讨论。因此,本文提出了一个基于手机和计算机互传的跨平台病毒传播模型,该模型刻画了手机病毒在手机、手机及计算机之间的传播行为。通过对模型的理论分析,证明了该模型具有一个平衡点,通过稳定性分析证明了平衡点的局部稳定性,并通过实验仿真验证了平衡点的全局稳定性,最后分析得出控制病毒传播的策略。

文章的其余部分结构如下:第二节建立数学模型,第三节计算了模型的平衡点,第四节证明了模型平衡点的局部稳定性,第五节进行了数值仿真并讨论了控制策略,第六节给出了结论。

二、模型建立

针对跨平台病毒在计算机和手机之间的互传,建立数学模型进行分析。设定手机病毒不仅在手机之间互传,也可以通过手机传播给计算机,但是计算机之间并不发生互传。当不法分子试图窃取个人计算机的信息,病毒首先感染手机,在手机中潜伏,并通过手机之间的传播逐渐扩散,当存在被感染的智能手机与计算机发生数据交互时,病毒将会渗透到计算机中,从而达到感染计算机的目的。

模型将计算机分为易感染病毒的计算机 S_c,已感染病毒的计算机 I_c,将手机分为易感染病毒的计算机 S_m,处于潜伏期的手机 E_m,已感染病毒的计算机 I_m,处于隔离期的手机 Q_m,以及获得免疫的手机 R_m,建立函数模型如下:

$$\frac{dS_c}{dt} = \Lambda_c - \alpha_1 S_c I_m + \mu I_c - dS_c$$

---

〔23〕 See Kwang S. K. , Malik M. I. , IL H. J. , Sangil K. *Mathematical analysis of the effectiveness of control strategies to prevent the autorun virus transmission propagation*. Applied Mathematics and Computation, 2020, 371. doi: 10.1016/j.amc.2019.124955.

〔24〕 参见张化川、王晗、胡文婕、张力生、董滔:《带可移动存储设备的 P2G 网络病毒传播模型》,载《计算机应用研究》2017 年第 34 期,第 875 ~ 878、896 页。

$$\frac{dI_c}{dt}=\alpha_1 S_c I_m-\mu I_c-dI_c$$

$$\frac{dS_m}{dt}=\Lambda_m-\alpha_1 S_m I_c-\alpha_2 S_m I_m-dS_m$$

$$\frac{dE_m}{dt}=\alpha_1 S_m I_c+\alpha_2 S_m I_m-\beta_1 E_m-dE_m$$

$$\frac{dI_m}{dt}=\beta_1 E_m-\beta_2 I_m-dI_m$$

$$\frac{dQ_m}{dt}=\beta_2 I_m-\rho Q_m-dQ_m$$

$$\frac{dR_m}{dt}=\rho Q_m-dR_m$$

模型中各项参数含义为：Λ_c 计算机新增率，α_1 计算机被已感染手机连接发生感染的概率，μ：已感染计算机杀毒概率，d 计算机淘汰率，Λ_m 手机新增率，α_2 手机之间的感染率，β_1 潜伏期手机呈现已感染现象的概率，β_2 已感染手机被隔离概率，ρ 隔离期手机杀毒获得免疫的概率，在模型中，各项参数均为正数，且 $\left\{(S_c,I_c,S_m,E_m,I_m,Q_m,R_m)\mid S_c+I_c\leqslant\frac{\Lambda_c}{d},S_m+E_m+I_m+Q_m+R_m\leqslant\frac{\Lambda_m}{d}\right\}$，化简模型得：

$$\frac{dI_c}{dt}=\alpha_1\left(\frac{\Lambda_c}{d}-I_c\right)I_m-\mu I_c-dI_c$$

$$\frac{dS_m}{dt}=\Lambda_m-\alpha_1 S_m I_c-\alpha_2 S_m I_m-dS_m$$

$$\frac{dE_m}{dt}=\alpha_1 S_m I_c+\alpha_2 S_m I_m-\beta_1 E_m-dE_m\quad(1)$$

$$\frac{dI_m}{dt}=\beta_1 E_m-\beta_2 I_m-dI_m$$

三、平衡点分析

首先分析系统病毒模型的无毒平衡点。令 $I_c=0,E_m=0,I_m=0$，解得此时无毒平衡点为：

$$E_0=\left(0,\frac{\Lambda_m}{d},0,0\right)$$

分析系统病毒模型的有毒平衡点,对于病毒的防治主要在于系统内各项参数对有毒平衡点的影响。当系统内计算机病毒传染持续增长时,$\frac{dI_c}{dt}>0$,$\frac{dE_m}{dt}>0$,$\frac{dI_m}{dt}>0$,根据各项参数间公式分析得:

$$\alpha_1\left(\frac{\Lambda_c}{d}-I_c\right)I_m-\mu I_c-dI_c>0$$
$$\alpha_1S_mI_c+\alpha_2S_mI_m-\beta_1E_m-dE_m>0$$
$$\beta_1E_m-\beta_2I_m-dI_m>0$$

因为:

$$S_c<\frac{\Lambda_c}{d},S_m<\frac{\Lambda_m}{d},$$
$$\alpha_1\frac{\Lambda_c}{d}I_m-\mu I_c-dI_c>0$$
$$\alpha_1\frac{\Lambda_m}{d}I_c+\alpha_2\frac{\Lambda_m}{d}I_m-\beta_1E_m-dE_m>0$$
$$\beta_1E_m-\beta_2I_m-dI_m>0$$

整理可得:

$$\alpha_1^2\beta_1\frac{\Lambda_c\Lambda_m}{d^2}+\alpha_2\beta_1\frac{\Lambda_m}{d}-(\mu+d)(\beta_1+d)(\beta_2+d)>0$$

因此假设基本再生数为:

$$R_0=\frac{\alpha_1^2\beta_1\Lambda_c\Lambda_m+\alpha_2\beta_1\Lambda_md(\mu+d)}{(\mu+d)d^2(\beta_1+d)(\beta_2+d)}$$

在下一代矩阵的基础上计算基本再生数[25],与所假设结果相对照:

$$\begin{bmatrix}\frac{dI_c}{dt}\\ \frac{dE_m}{dt}\\ \frac{dI_m}{dt}\end{bmatrix}=(F-V)\begin{bmatrix}I_c\\ E_m\\ I_m\end{bmatrix}$$

〔25〕 See Heffernan J. M, Smith R. J, Wahl L. M, *Perspectives on the basic reproductive ratio*, Journal of The Royal Society Interface, 2005, 2(4), doi: 10.1098/rsif.2005.0042.

$$F=\begin{bmatrix}\alpha_1 S_c I_m\\ \alpha_1 S_m I_c+\alpha_2 S_m I_m\\ 0\end{bmatrix},V=\begin{bmatrix}(\mu+d)I_c\\ (\beta_1+d)E_m\\ -\beta_1 E_m+(\beta_2+d)I_m\end{bmatrix}$$

$$FV^{-}=\begin{bmatrix}0 & \frac{\alpha_1\beta_1 S_c}{(\beta_1+d)(\beta_2+d)} & \frac{\alpha_1 S_c}{\mu+d}\\ \frac{\alpha_1 S_m}{\mu+d} & \frac{\alpha_2\beta_1 S_m}{(\beta_1+d)(\beta_2+d)} & \frac{\alpha_2 S_m}{(\beta_2+d)}\\ 0 & 0 & 0\end{bmatrix}$$

$$\rho(FV^{-})=\frac{\alpha_2\beta_1 S_m}{2(\beta_1+d)(\beta_2+d)}+\sqrt{\left[\frac{\alpha_2\beta_1 S_m}{2(\beta_1+d)(\beta_2+d)}\right]^2+\frac{4\alpha_1^2\beta_1 S_c S_m}{\mu+d}}$$

则在下一代矩阵的基础上的 $R_0=\frac{\alpha_2\beta_1\Lambda_m}{2(\beta_1+d)(\beta_2+d)d}+\sqrt{\left[\frac{\alpha_2\beta_1 d}{2(\beta_1+d)(\beta_2+d)d}\right]^2+\frac{4\alpha_1^2\beta_1\Lambda_c\Lambda_m}{(\mu+d)d^2}}$ 与所假设值一致，为便于观察，使用 $R_0=\frac{\alpha_1^2\beta_1\Lambda_c\Lambda_m+\alpha_2\beta_1\Lambda_m d(\mu+d)}{(\mu+d)d^2(\beta_1+d)(\beta_2+d)}$。

当 $R_0>1$ 时，可得有毒平衡点：

$$E_1=(I_c^*,S_m^*,E_m^*,I_m^*)$$

$$I_c^*=\frac{\alpha_1\Lambda_c I_m^*}{(\alpha_1 I_m+\mu+d)d}$$

$$S_m^*=\frac{\Lambda_m}{\alpha_1 I_c^*+\alpha_2 I_m^*+d}$$

$$E_m^*=\frac{\beta_2+d}{\beta_1}I_m^*$$

$$I_m^*=\frac{-b+\sqrt{b^2-4ac}}{2a}$$

其中：$a=\alpha_1*\alpha_2$，$b=\alpha_1 d+(\mu+d)\alpha_2+\frac{\alpha_1^2\Lambda_c}{d}-\frac{\alpha_1\alpha_2\beta_1\Lambda_m}{(\beta_1+d)(\beta_2+d)}$，$c=(\mu+d)(1-R_0)d$

四、平衡点局部稳定性证明

定理 1：当 $R_0<1$ 时，系统无毒平衡点 E_0 是局部稳定状态。

证明:$E_0=(0,\frac{\Lambda_m}{d},0,0)$的 Jacobian 矩阵为:

$$J\left(0,\frac{\Lambda_m}{d},0,0\right)=\begin{bmatrix}-\mu-d & 0 & 0 & \alpha_1\frac{\Lambda_c}{d}\\ -\alpha_1 S_m & -d & 0 & -\alpha_2 S_m\\ \alpha_1 S_m & 0 & -\beta_1-d & \alpha_2 S_m\\ 0 & 0 & \beta_1 & -\beta_2-d\end{bmatrix}$$

其特征方程为:

$$|\lambda E-J_0|=\begin{vmatrix}\lambda+\mu+d & 0 & 0 & -\alpha_1\frac{\Lambda_c}{d}\\ \alpha_1\frac{\Lambda_m}{d} & \lambda+d & 0 & \alpha_2\frac{\Lambda_m}{d}\\ -\alpha_1\frac{\Lambda_m}{d} & 0 & \lambda+\beta_1+d & -\alpha_2\frac{\Lambda_m}{d}\\ 0 & 0 & -\beta_1 & \lambda+\beta_2+d\end{vmatrix}$$

$$=\lambda\left[\lambda^2(\beta_1+\beta_2+\mu+3d)\lambda+(\beta_1+d)(\beta_2+d)+(\mu+d)(\beta_1+\beta_2+d)-\alpha_2\beta_1\frac{\Lambda_m}{d}\right]$$

$$+(\mu+d)(\beta_1+d)(\beta_2+d)(1-R_0)=0$$

当 $R_0<1$ 时,$(\mu+d)(\beta_1+d)(\beta_2+d)(1-R_0)>0$,又等式成立,则特征值 $\lambda<0$,此时无毒平衡点 E_0是局部稳定的状态。

定理 2:当 $R_0>1$ 时,系统有毒平衡点 E_1是局部稳定状态。

证明:在 $E_1=(I_c^*,S_m^*,E_m^*,I_m^*)$时,Jacobian 矩阵为:

$$J(I_c^*,S_m^*,E_m^*,I_m^*)=\begin{bmatrix}-\alpha_1 I_m^*-\mu-d & 0 & 0 & \alpha_1\left(\frac{\Lambda_c}{d}-I_c^*\right)\\ -\alpha_1 S_m^* & -\alpha_1 I_c^*-\alpha_2 I_m^*-d & 0 & -\alpha_2 S_m^*\\ \alpha_1 S_m^* & \alpha_1 I_c^*+\alpha_2 I_m^* & -\beta_1-d & \alpha_2 S_m^*\\ 0 & 0 & \beta_1 & -\beta_2-d\end{bmatrix}$$

此时,其特征方程为:

$$|\lambda E-J_1|\begin{vmatrix}\lambda+a_{11} & 0 & 0 & -a_{14}\\ a_{21} & \lambda+a_{22} & 0 & a_{24}\\ -a_{31} & -a_{32} & \lambda+a_{33} & -a_{34}\\ 0 & 0 & -a_{43} & \lambda+a_{44}\end{vmatrix}$$

$$= (\lambda + a_{11})[(\lambda + a_{22})(\lambda + a_{33})(\lambda + a_{44}) + a_{24}a_{32}a_{43} - (\lambda + a_{22})a_{34}a_{43}] + a_{14}[a_{21}a_{32}a_{43} - a_{31}a_{43}(\lambda + a_{22})] = 0$$

$a_{11} = \alpha_1 I_m^* + \mu + d, a_{14} = \alpha_1\left(\frac{\Lambda_c}{d} - I_c^*\right), a_{21} = \alpha_1 S_m^*, a_{22} = \alpha_1 I_c^* + \alpha_2 I_m^* + d, a_{24} = \alpha_2 S_m^*, a_{31} = \alpha_1 S_m^*,$

$a_{32} = \alpha_1 I_c^* + \alpha_2 I_m^*, a_{33} = \beta_1 + d, a_{34} = \alpha_2 S_m^*, a_{43} = \beta_1, a_{44} = \beta_2 + d$

为了分析此系统的稳定性,可将特征方程化简为:$b_0\lambda^4 + b_1\lambda^3 + b_2\lambda^2 + b_3\lambda + b_4 = 0$

其中:

$b_0 = 1$

$b_1 = a_{11} + a_{22} + a_{33} + a_{44} = \alpha_1 I_m^* + \alpha_1 I_c^* + \alpha_2 I_m^* + \beta_1 + \beta_2 + \mu + 4d > 0$

$b_2 = a_{22}a_{33} + a_{22}a_{44} + a_{33}a_{44} + a_{11}(a_{22} + a_{33} + a_{44}) - a_{34}a_{43}$

因为有毒平衡点处在(1)中

$$\alpha_1 S_m^* I_c^* + \alpha_2 S_m^* I_m^* - \beta_1 E_m^* - dE_m^* = 0$$

带入 $E_m^* = \frac{\beta_2 + d}{\beta_1} I_m^*$,得

$$\alpha_1\beta_1 S_m^* \frac{I_c^*}{I_m^*} + \alpha_2\beta_1 S_m^* = (\beta_1 + d)(\beta_2 + d)$$

$$\frac{\alpha_1^2\beta_1 S_m^* \Lambda_c}{(\alpha_1 I_m + \mu + d)d} + \alpha_2\beta_1 S_m^* = (\beta_1 + d)(\beta_2 + d)$$

$$\alpha_2\beta_1 S_m^* < (\beta_1 + d)(\beta_2 + d)$$

所以 $b_2 > a_{33}a_{44} - a_{34}a_{43} = (\beta_1 + d)(\beta_2 + d) - \alpha_2\beta_1 S_m^* > 0$

$$b_3 = a_{22}a_{33}a_{44} + a_{24}a_{32}a_{43} + a_{11}[a_{22}a_{33} + a_{22}a_{44} + a_{33}a_{44} + a_{11}(a_{22} + a_{33} + a_{44}) - a_{34}a_{43}] - a_{22}a_{34}a_{43} - a_{14}a_{31}a_{43}$$

$$> (a_{22}a_{33}a_{44} - a_{22}a_{34}a_{43}) + (a_{11}a_{33}a_{44} - a_{11}a_{34}a_{43} - a_{14}a_{31}a_{43})$$

$$= a_{22}((\beta_1 + d)(\beta_2 + d) - \alpha_2\beta_1 S_m^*) + (\alpha_1 I_m + \mu + d)\left((\beta_1 + d)(\beta_2 + d) - \alpha_2\beta_1 S_m^* - \frac{\alpha_1^2\beta_1 S_m^* \Lambda_c}{(\alpha_1 I_m + \mu + d)d}\right) > 0$$

$$b_4 = a_{11}(a_{22}a_{33}a_{44} + a_{24}a_{32}a_{43} - a_{22}a_{34}a_{43}) + a_{14}a_{21}a_{32}a_{43} - a_{14}a_{22}a_{31}a_{43}$$

$$= (\alpha_1 I_m^* + \mu + d)\left[\frac{\Lambda_m}{S_m^*}(\beta_1 + d)(\beta_2 + d) - \alpha_2\beta_1 S_m^* d\right] - \alpha_1^2\beta_1 S_m^* \Lambda_c + \alpha_1^2\beta_1 S_m^* I_c^* d$$

由 $S_m + E_m + I_m + Q_m + R_m \leqslant \frac{\Lambda_m}{d}$ 可知 $\frac{\Lambda_m}{S_m^*} > d$，

故，$b_4 > d(\alpha_1 I_m^* + \mu + d)[(\beta_1 + d)(\beta_2 + d) - \alpha_2\beta_1 S_m^*] - \alpha_1^2\beta_1 S_m^* \Lambda_c = 0$

此时，特征方程的各项系数均为正，若等式成立则特征值 λ 均为负，此时有毒平衡点 E_1 是局部稳定的状态。

五、仿真实验

为了进一步验证理论所分析结果的正确性并获得更多直观有效的分析结果，使用 MATLAB 软件对本文所建立模型进行仿真实验。

(一)平衡点稳定性分析

对无毒平衡点进行分析，系统初始状态为 $S_c(0) = 10$，$I_c(0) = 40$，$S_m(0) = 20$，$E_m(0) = 20$，$I_m(0) = 10$，$Q_m(0) = 0$，$R_m(0) = 0$，给各个参数分别赋值 $\alpha_1 = 0.0001$、$\alpha_2 = 0.0001$、$\beta_1 = 0.01$、$\beta_2 = 0.01$、$\mu = 0.002$、$d = 0.002$、$\rho = 0.01$、$\Lambda_c = 0.1$、$\Lambda_m = 0.1$，此时基本再生数 $R_0 = 0.7813 < 1$，模型中各仓室数目变换过程如图 1 所示，由图像可得模型各仓室收敛于(50,0,50,0,0,0,0)，即无毒平衡点全局稳定。

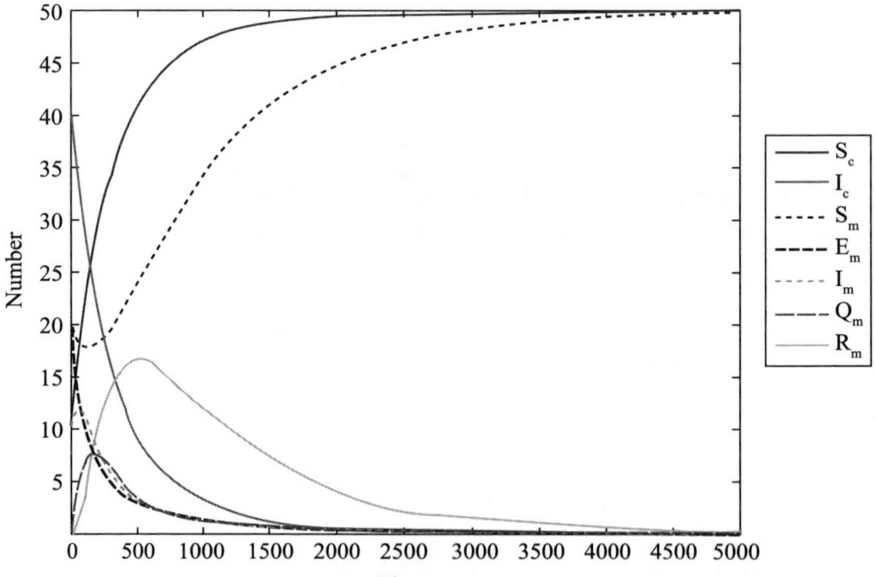

图 1　无毒平衡点稳定

对有毒平衡点进行分析，系统初始状态为 $S_c(0)=150, I_c(0)=100, S_m(0)=100, E_m(0)=100, I_m(0)=50, Q_m(0)=0, R_m(0)=0$，给各个参数分别赋值 $\alpha_1=0.0001$、$\alpha_2=0.0001$、$\beta_1=0.01$、$\beta_2=0.01$、$\mu=0.002$、$d=0.002$、$\rho=0.01$、$\Lambda_c=0.5$、$\Lambda_m=0.5$，此时基本再生数 $R_0=1.7361>1$，模型中各仓室数目变换过程如图 2 所示，由图像可得模型各仓室收敛于（142，108，32，37，30，25，126），即有毒平衡点全局稳定。

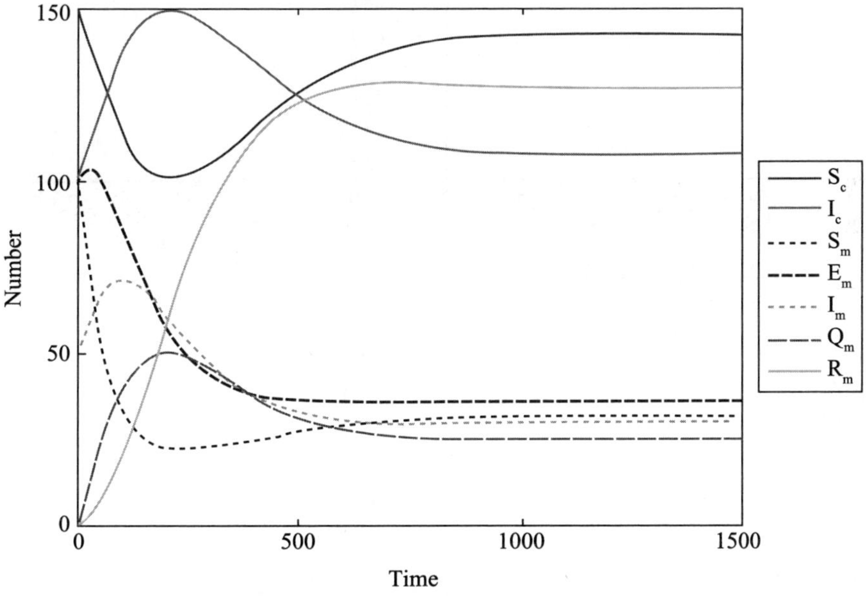

图 2　无毒平衡点稳定

（二）系统参数分析

对有毒平衡点处，系统内各参数对已感染手机的数量变化的影响进行参数分析。各个参数基础状态为 $\alpha_1=0.0001$、$\alpha_2=0.0001$、$\beta_1=0.01$、$\beta_2=0.01$、$\mu=0.002$、$d=0.002$、$\Lambda_c=0.5$、$\Lambda_m=0.5$，各自变量定义域分别为：$\{\alpha_1|0<\alpha_1<0.001\}$，$\{\alpha_2|0<\alpha_2<0.005\}$，$\{\beta_1|0<\beta_1<0.02\}$，$\{\beta_2|0.0001<\beta_2<0.2\}$，$\{\mu|0<\mu<1\}$，$\{d|0<d<0.005\}$，$\{\Lambda_c|0<\Lambda_c<10\}$，$\{\Lambda_m|0<\Lambda_m<1\}$，各参数为自变量作 I_m 的变化图像，如图 3 所示。I_m 随 α_1、β_1、Λ_c 的增长而增长且仅在定义域区间内有明显变化，则降低计算机被手机感染的概率和潜伏期手机转为已感染的概率可控制已感染手机数目，控制计算机总数也可影响已感染手机数目；I_m 随 α_2、β_2、μ 的增长而减少且仅在定义域区间内有明显变化，增加手机间的病毒感染率

和手机进入隔离期的概率可降低已感染手机的数目；I_m 与 d、Λ_m 成正比例关系，随 d 增长而减少，随 Λ_m 增长而增长，则增加计算机的更新换代的概率有利于控制已感染计算机数目，从而达到遏制计算机病毒传播。

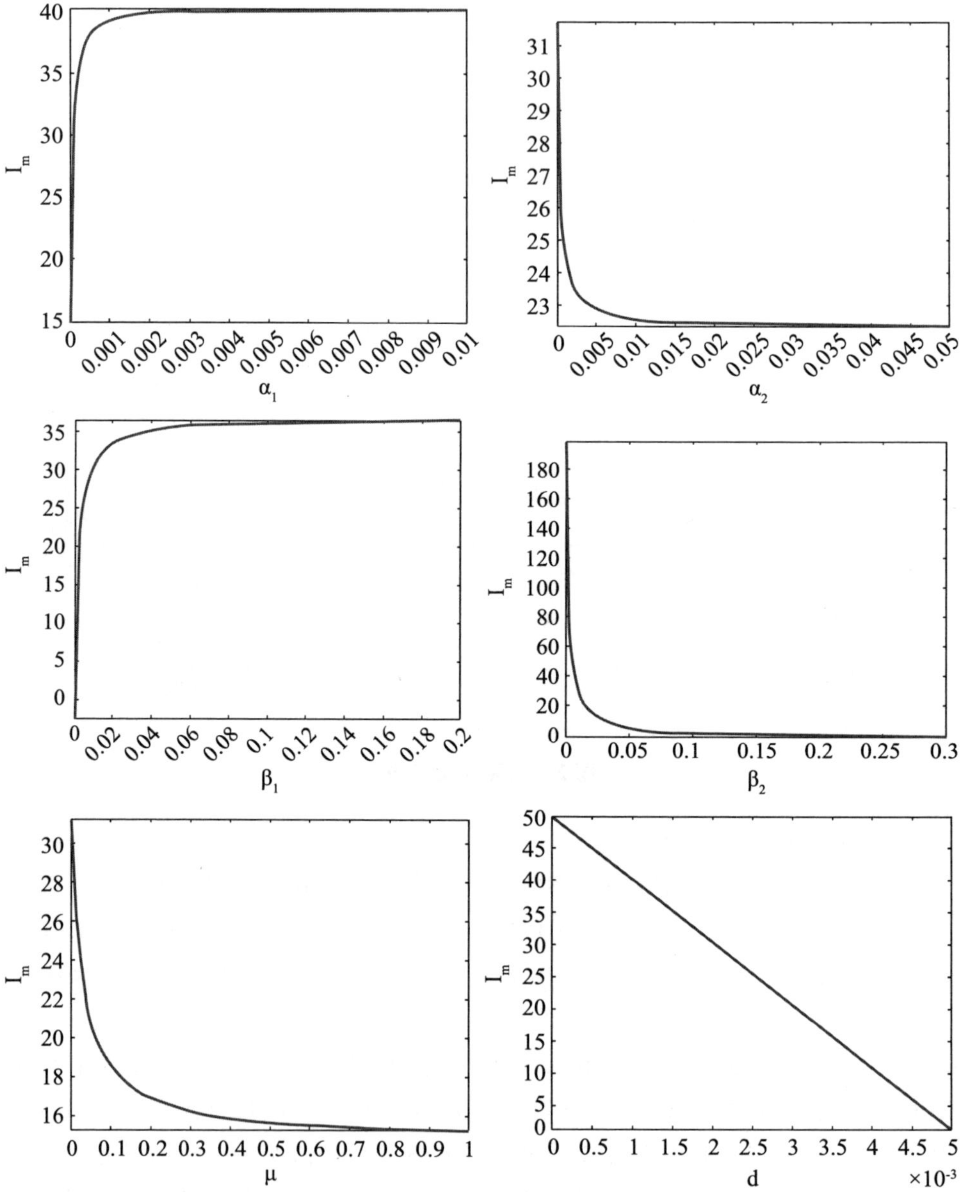

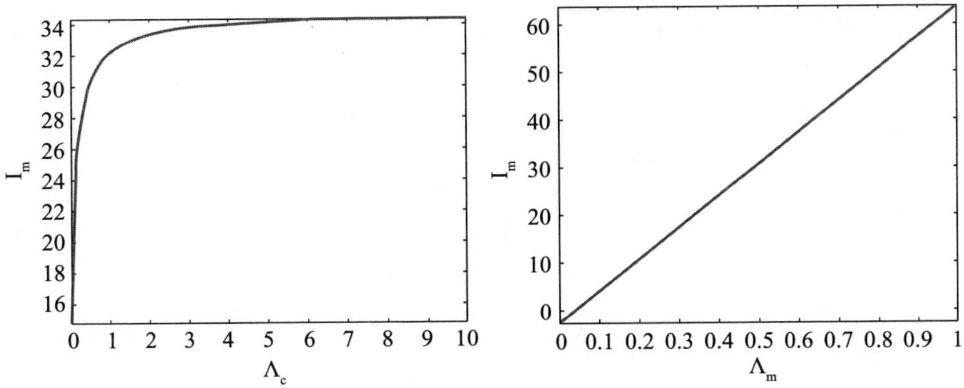

图 3　各参数对已感染手机影响

再分析上述各参数对基本再生数 R_0 的影响,从而获得破坏系统的有毒平衡状态的条件。由下图 4 可知,R_0 随 α_1、β_1 的增长而增长,随 α_1 增长 R_0 增长速度逐渐加快,随 β_1 的增长变化仅在此区间范围内;R_0 随 β_2、d、μ 的增长而减少且仅在定义域区间内有明显变化;R_0 与 α_2、Λ_c、Λ_m 成正比例关系且均随自变量增长而增长。控制计算机和手机的传染率以及手机间的传染率、将手机的潜伏期转已感染的概率控制在较小范围内、将已感染手机转入隔离状态概率以及已感染计算机恢复的概率控制在较大值时,系统有毒平衡点易达到不稳定状态,同时加大计算机和手机的淘汰或控制总数增加也可控制系统难以达到有毒状态稳定。

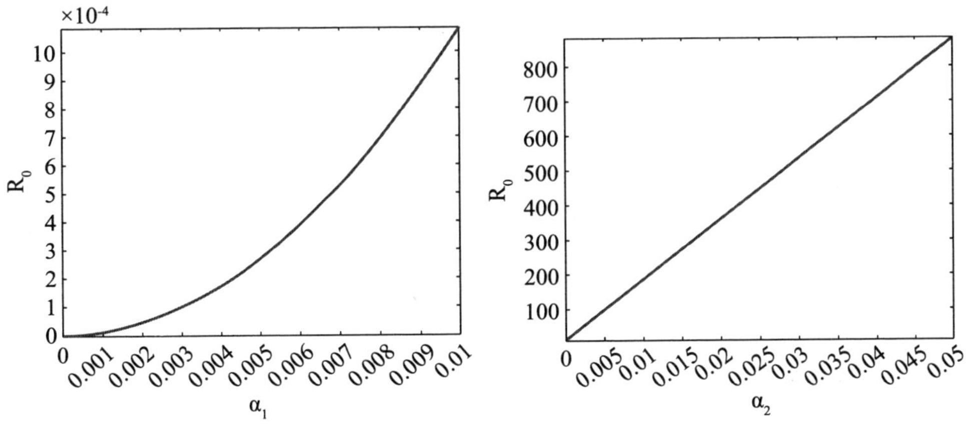

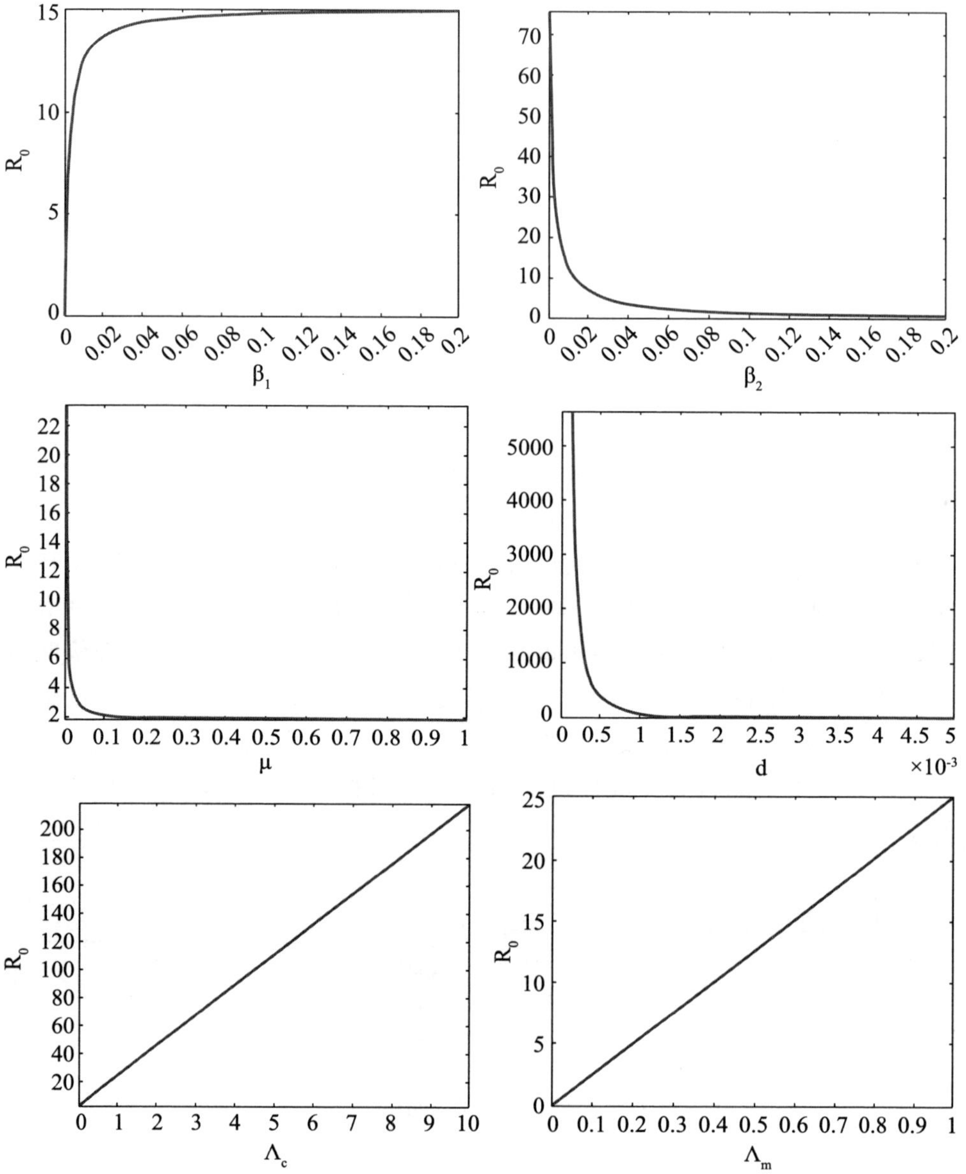

图 4　各参数对 R_0 的影响

六、治理策略

病毒的传播行为给予人们警醒，与之对应的防治措施也逐渐提上了日程。

（一）个人的角度分析

提高安全防范意识，养成良好的网络使用习惯，不随意开启智能设备蓝牙，不联网未知热点，不点击来历不明的链接或邮件，不扫描未知的二维码，不下载非官方途径的软件，不随意在网站或软件中留下个人重要信息，及时下载系统补丁包修补漏洞，只有提高个人安全防范意识，才能有效地保障上网安全。

（二）从企业的角度分析

在企业中，加强对智能设备和计算机的保密建设，实时备份重要数据，慎重使用云盘等工具，选择合适防火墙，建立病毒检测机制，工作时注意“涉密不上网，上网不涉密”，建立企业内网，培养员工安全防范意识，开展安全上网等知识讲座。

（三）从国家的角度分析

国家应通过前沿的核心技术和健全的制度保障来进行病毒的肃清。除此之外，将网络安全知识进行普及，对网民安全意识进行培养加强，将相关法律完善并普及，也是有效的治理措施。

七、结论

随着智能手机的普及，手机病毒的种类与数量也逐渐增多，对手机病毒传播行为的研究用也引起了越来越广泛的重视，但在现有的研究中，针对“跨平台”手机病毒的研究却相对甚少。因此，本文提出了一个基于 SEIQR 的“跨平台”手机病毒传播模型，该模型刻画了病毒在计算机与手机、手机之间的传播行为。通过对模型的理论分析，证明了该模型具有一个无毒平衡点和一个有毒平衡点，通过稳定性分析证明了平衡点的局部稳定性，并通过实验仿真验证了各平衡点的全局稳定性。在此基础上，我们提出了一些控制措施防止病毒在网络上的扩散。

论为他人提供“翻墙”工具行为的定性

张永江* 熊誉**

【摘 要】出于对互联网的管控需求，我国通过技术手段屏蔽了部分境外网站。但是，网民对境外网站的访问需求是客观存在，人们会尝试通过技术手段突破封锁，这些行为俗称为“翻墙”。“翻墙”的实现需要技术及资金支持，所以互联网长期存在提供“翻墙”软件工具以谋取利润行为。司法实践一直将其提供“翻墙”工具的行为定性为提供侵入、非法控制计算机信息系统程序、工具罪，但是，“翻墙”工具的技术原理是通过设立虚拟专用网的方式绕过我国网络监管部门的技术封锁，并未对计算机信息安全造成破坏，不宜定为计算机犯罪。该行为实际是违反国家规定，未经许可擅自经营电信业务的行为，属于对市场准入秩序的破坏，应定性为非法经营罪。

【关键词】翻墙 计算机犯罪 非法经营罪

一、问题的提出

所谓“翻墙”行为，即中国用户利用突破一系列限制网络访问的措施而访问“外网”的行为。[1] 由于境外众多的社交、搜索、视频网站（如 Google、YouTube、Facebook）无法完全配合中国有关部门对于国家安全的审查要求，所以受到中国网络监管部门的限制，以致用户没办法通过正常的渠道对其进行访问，但用户对这些境外网站的服务需求却客观存在，故而逐渐出现一些用户，通

---

* 法学博士，湘潭大学法学院副教授，硕士生导师。

** 湘潭大学法学院硕士研究生。

〔1〕 参见官国静：《典型翻墙软件的网络通信特征研究》，载《学术研究》2012 年第 2 期，第 67 页。

过各种非正常渠道突破网络限制措施对这些网站进行访问。这些突破网络限制的行为即是“翻墙”行为。据调查显示，有相当一部分年轻网民存在“翻墙”行为，并且随着时代发展呈现增加趋势。[2] 用户理论上完全可以通过自己架设专门通道实现“翻墙”效果，不需要依靠专门工具或软件。但是，架设专门通道实现“翻墙”效果必须具备较高的技术水平以及需要付出较大的金钱成本，无法为大部分用户所接受，故而主流用户都是通过使用他人提供的专门“翻墙”工具实现“翻墙”。以此观之，提供便捷的“翻墙”专门工具或软件供他人“翻墙”，是目前中国大陆用户可以突破国家网络限制访问境外网站的主要原因，故而对未经许可为他人提供翻墙工具进行“翻墙”的行为如何定性，逐渐为理论和实务所关注。目前，司法实践大都将为他人提供“翻墙”工具的行为定性为提供侵入、非法控制计算机信息系统程序、工具罪（为方便表述，以下简称提供侵犯计算机工具罪）。司法实践的这种做法虽然实现了将“翻墙”工具提供者定罪的效果，但其适用的法律依据遭到质疑。正确定罪是正确量刑的前提，更是实现刑法保护法益价值的前提。所以，要实现司法判例的教育、引导功能，制止个别人为了谋取利益而为他人提供“翻墙”工具，破坏我国的网络监管体系的行为，需要探讨“翻墙”工具提供者行为的正确定性。

二、“翻墙”工具技术原理

中国互联网管理部门出于国家安全等方面的考虑，对国际联网的数据采取域外 IP 封锁、网络数据内容过滤、域名劫持、网络流量限制等手段，[3]实现国内对域外网络内容访问的限制，因此用户对相当部分的境外数据无法直接访问。[4] 这些对用户的限制措施被称为“防火长城”[中国国家防火墙（Great Fire Wall，GFW）]。这便导致用户无法访问很多境外网站。所以，有学者便称，中国的互联网用户接入的并非完整的国际互联网，其只是“国内局域网加部分国际互联网”。[5] 按理说，现有的网络服务已经可以满足绝大部分人的需求，但部分需求仍然需要通过“翻墙”而实现，如查找境外文献、社交娱乐等。所

---

〔2〕 参见绍珠庆：《中国翻墙网民状况调查》，载绍珠庆博客，http://shaozhuqing.com/?p=2295，2020 年 5 月 27 日访问。

〔3〕 参见李永刚：《我们的防火墙》，广西师范大学出版社 2009 年版，第 131～135 页。

〔4〕 参见陈龙、麦永浩、黄传河：《计算机取证技术》，武汉大学出版社 2007 年版，第 135～140 页。

〔5〕 郭树正：《非法经营 VPN 类业务定性问题研究》，载《中国检察官》2019 年第 1 期，第 25 页。

以,“翻墙”需求的客观存在决定了对“翻墙”工具的需求。“翻墙”的方式有很多,常用的手段包括 Virtual Private Network(VPN)与 Shadowsocks 等。虽然 Shadowsocks 有很多分支软件,如 ShadowsocksR 等,但其技术原理基本相似,笔者仅以 Shadowsocks 作为样本进行简要分析。

(一)虚拟专用网“翻墙”原理

虚拟专用网全称为 Virtual Private Network,中文名为虚拟专用网。其作用在于:“将物理分布在不同地点的网络通过公共网络基础设施,用一定的技术手段,提供了不与非虚拟专用网通信共享任何相互连接点的排他性通信环境,达到类似私有专网的数据安全传输。”〔6〕以日常生活比喻,甲需要与乙互通信件,由于各种原因,甲乙之间通信渠道被限制,但甲乙两者都可以畅通无阻的与丙进行通信。所以,乙便与丙达成了合作,将甲与乙之间的通信由丙进行转接,以实现甲乙之间互通信件的需求,〔7〕利用虚拟专用网“翻墙”也是同样的原理。用户由于有关部门的限制无法直接与部分境外服务器连接,为了突破限制,用户便搭建一个用于中转的境外服务器进行数据中转。中转服务器没有受到有关部门的封锁,大陆用户可以访问该中转服务器。由于中转服务器本身是境外服务器,其与用户真正希望访问的境外服务器之间不存在封锁限制。因此,中转服务器可以直接访问用户希望访问的境外服务器后再将数据传回给用户。该中转服务器便是用户的虚拟专用网。此时,用户仅需要与虚拟专用网之间进行数据传输便可访问其意图访问的网站。例如,用户意图访问 Google,但由于有关部门限制而无法访问,此时用户可能搭建没被封锁的境外中转服务器“A”。然后,用户只需要将自己意图访问 Google 的请求发送给“A”便可绕过有关部门对 Google 的封锁,正常访问 Google。简而言之,利用虚拟专用网“翻墙”实际是大陆用户通过该没有被限制的境外服务器作为中转站,以连接被限制的境外服务器。理论上,任何用户都能自设虚拟专用网用于中转,但此行为需要较高的技术与资金支持。一方面用户必须自己设置中转协议,即虚拟专用网协议,另一方面必须支付高额的服务器租用费。所以,大部分用户无法完成通过自己的能力架设虚拟专用网,都只能通过租用别人架设的虚拟专用网进行“翻墙”,如图 1 所示。

---

〔6〕 魏广科:《VPN 技术及其应用的研究》,载《计算机工程与设计》2005 年第 3 期,第 714 页。

〔7〕 维基百科“虚拟专用网”条目,载维基百科网,https://zh.wikipedia.org/wiki/%E8%99%9B%E6%93%AC%E7%A7%81%E4%BA%BA%E7%B6%B2%E8%B7%AF,2019 年 11 月 25 日访问。

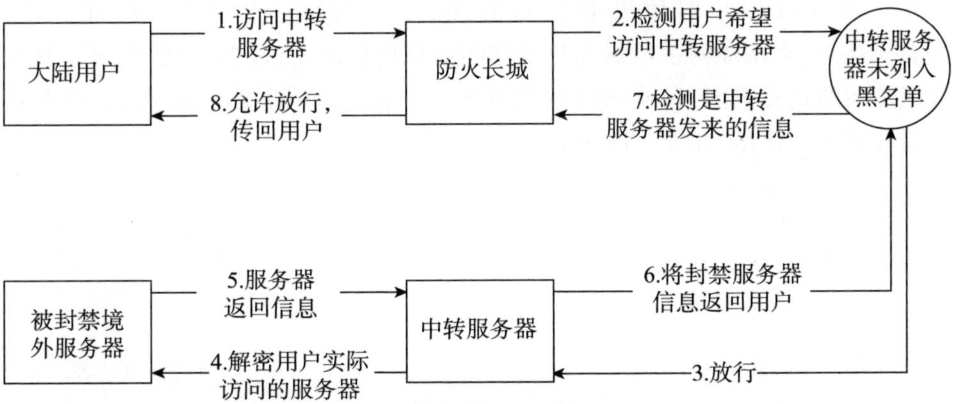

图1　利用虚拟专用网“翻墙”的原理

（二）Shadowsocks“翻墙”原理

Shadowsocks 是一款基于 Socks5 协议的匿名通信软件。[8] 其工作原理与虚拟专用网相类似，也是通过中转服务器的方式绕过 GFW 的网络审查，但其与虚拟专用网相比加密程度更高。目前，利用虚拟专用网“翻墙”虽然仍是主流，但越来越多的用户开始使用 Shadowsocks 进行“翻墙”。原因在于利用虚拟专用网“翻墙”时数据的加密程度不高，防火长城经过不断的技术完善后逐步可识别出哪些境外服务器实际是专门用于“翻墙”的中转服务器，然后对这些识别出的中转服务器进行定点“猎杀”，之后用户便无法使用该虚拟专用网进行“翻墙”。[9] 而 Shadowsocks 会将通信信息进行加密，所以，用户利用 Shadowsocks 访问数据时实际处于匿名状态。[10] 具体而言，Shadowsocks 将中转服务器拆分为本地中转服务器与境外中转服务器，用户首先将请求发送给本地服务器，本地服务器会将用户的请求进行加密，加密之后将数据发送给境外中转服务器，境外中转服务器将加密请求进行解密，解密出用户意图访问的境外服务器，再对相关境外服务器进行连接，境外服务器返回数据包后，境外中转服务器又将其进行加密传回境内服务器，境内服务器进行解密后传输给用户，通过这一种

〔8〕 何杭松：《基于 Shadowsocks 的流量识别研究》，中国人民公安大学 2019 年硕士学位论文，第 12 页。

〔9〕 特别是在两会等敏感时期，“翻墙”专用虚拟专用网更是容易受到全面“猎杀”。

〔10〕 维基百科“Shadowsocks”条目，载维基百科网，https://zh.wikipedia.org/wiki/Shadowsocks，2019 年 11 月 25 日访问。

交互手段完成用户对境外服务器的加密式“翻墙”访问。[11] 简而言之,Shadowsocks 利用加密手段对用户的访问信息进行加密,GFW 无法探测出这些数据访问的真实意图,只能对这些信息予以放行,用户通过这种方式得以与境外服务器进行连接,如图 2 所示。

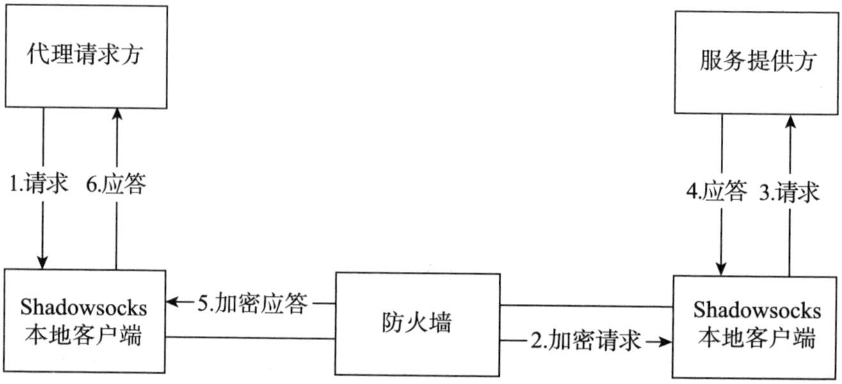

图 2 利用 Shadowsocks“翻墙”的原理

(三)“翻墙”工具原理的核心

通过以上对虚拟专用网与 Shadowsocks 的技术分析可知,“翻墙”的实现在于通过设置中转境外服务器的方式,“欺骗”防火长城用户的真正数据连接意图,以达到绕过防火长城对于部分境外服务器的封锁。其中虚拟专用网是通过“裸奔”的方式与中转境外服务器进行链接,所以,防火长城可以根据其数据特点猜出该境外中转服务器大概率是用于“翻墙”使用,进而对其“猎杀”,往后的 Shadowsocks 为了更好“欺骗”防火长城则将数据进行加密,使防火长城无法探测出用户用于“翻墙”的数据连接。但是,两种工具实现“翻墙”的原理都是通过设置境外代理服务器实现的,所以,要讨论提供“翻墙”工具的行为定性,核心在于讨论架设境外服务器供他人使用的行为定性。

三、提供侵犯计算机工具罪之定罪理由

司法实践将该行为定性为提供侵犯计算机工具罪的理由是根据“翻墙”工具的技术原理得出的,所以,笔者在上文中分析“翻墙”工具的技术原理,在此基

〔11〕 参见何杭松:《基于 Shadowsocks 的流量识别研究》,中国人民公安大学 2019 年硕士学位论文,第 15 ~16 页。

础上才能更进一步分析司法实践的定性理由。早在2000年我国有关部门开始对境外网站进行限制访问的时候,“翻墙”工具便随之诞生。然而,直到近几年才逐渐出现将提供“翻墙”工具“入刑”的案例。其中,最早的案例是2017年刘某洋案,影响较大的是2019年孙东洋案。

(一)刘某洋提供侵犯计算机工具案

本案中,法院认为,刘某洋销售的“翻墙”软件可以使人绕开我国互联网防火墙的监管,非法访问境外互联网站,收看非法电视、收听非法广播,因而造成严重的社会危害,故而构成提供侵犯计算机工具罪。尽管刘某洋辩护人提出“被告人刘某洋提供的网络服务侵犯的是网络监管秩序,没有侵入或控制任何一台计算机及服务器,不能侵犯计算机信息系统的安全,其行为不构成提供侵犯计算机工具罪”,但法院并没对其辩护意见正面回复,直接以此罪将其定罪量刑。以此观之,法院对刘某洋的行为定性为提供侵犯计算机工具罪的理由可能有两点:第一,绕开我国互联网防火墙的监管是对计算机信息系统的侵入或控制,故而架设代理服务器,并制作相关程序、工具如Shadowsocks等供他人使用的行为,构成提供侵犯计算机工具罪。第二,他人非法访问境外互联网站,收看非法电视、收听非法广播是对计算机信息系统的侵入或控制,所以,提供程序、工具便利他人进行此种行为构成提供侵犯计算机工具罪。

(二)桑某云、桑某丽提供侵入计算机工具案

本案中,法院认为桑某云、桑某丽“制作、出售的虚拟专用网软件具有突破国家信息关防”的功能,可以“帮助境内计算机与境外服务器直接连接并进行数据传输”。因此,该行为符合《最高人民法院、最高人民检察院关于办理危害计算机信息系统安全刑事案件应用法律若干问题的解释》(以下简称《办理计算机刑事案件解释》)中对侵入、非法控制计算机信息系统程序、工具的认定,故而构成此罪。《办理计算机刑事案件解释》第2条认为,具有非法获取计算机数据,或非法控制计算机系统,或侵入计算机系统功能的工具属于侵入、非法控制计算机信息系统程序、工具。以此观之,法院将桑某云、桑某丽的行为定性为提供侵犯计算机工具罪的理由可能有两点:第一,桑某云、桑某丽架设虚拟专用网并制作专门软件、程序供用户使用的行为,突破了国家信息关防,属于对计算机系统的非法控制、侵入,或是非法获取计算机数据。第二,桑某云、桑某丽帮助境内计算机与境外服务器直接连接并进行数据传输行为是对计算机系统的非法控制、侵入,或是非法获取计算机数据。

(三)小结

通过对两个案例总结可以得出,司法实践将提供"翻墙"工具的行为定为提供侵犯计算机工具罪的大致原理有两个。第一,从防火长城的角度出发。认为"翻墙"工具使用户绕过防火长城的行为属于对计算机系统程序的侵入或者控制,所以提供工具给用户使用构成提供侵犯计算机工具罪。第二,从被访问的境外服务器的角度出发。认为大陆用户访问部分境外网站的行为是对计算机系统程序的侵入或者控制,所以,提供工具给用户使用构成提供侵犯计算机工具罪。

四、提供侵犯计算机工具罪定性之检讨

为他人提供"翻墙"工具的行为确实对国家互联网管理秩序造成了危害,应该对其定罪量刑。但是,我国是通过刑法分则的规定对行为人进行定罪处罚,正确适用分则规定的前提是正确的归纳事实与正确的理解法律。[12]

(一)该行为未侵犯提供侵犯计算机工具罪的法益

刑法的根本目的在于通过禁止性行为规范以保护法益。[13] 《刑法》第285条规定的3个条款是针对信息资源实施的犯罪,所保护的法益是计算机的信息安全。[14] 所谓计算机信息安全,学者认为,是"确保信息主体(国家、机构及个人)的信息空间不受来自内部与外部的威胁、侵害和误导,保护其信息空间的独立性及隐私性"。[15] 简而言之,计算机信息安全即确保其具有保密性、完整性、真实性、可用性和可控性。[16] 其中,《刑法》在第285条第3款规定的提供侵犯计算机工具罪,该罪禁止的是通过积极或消极的方式提供专门用于侵入、非法控制计算机信息系统的程序、工具的行为,[17]其与第285条第1款、第2款共同形成对计算机信息安全法益的保护。虽然提供工具本身不会对计算机犯罪所

---

〔12〕 参见王桂萍:《定罪总论》,中国政法大学2003年博士学位论文,第23~28页。

〔13〕 参见张明楷:《刑法学》,法律出版社2016年版,第23页。

〔14〕 参见王永全、唐玲、刘三满:《信息犯罪与计算机取证》,人民邮电出版社2018年版,第28页。

〔15〕 参见王永全、唐玲、刘三满:《信息犯罪与计算机取证》,人民邮电出版社2018年版,第1~8页。

〔16〕 参见刘会霞主编:《网络犯罪与信息安全》,电子工业出版社2014年版,第6页。

〔17〕 参见米铁男:《基于法益保护的计算机犯罪体系之重构》,载《河南大学学报(社会科学版)》2014年第7期,第59~66页。

保护的法益造成实际侵害或具体危险,仅具有抽象危险,[18]但是,他人对该工具的非法使用则会造成相关法益侵害,故而《刑法》将保护范围扩大,扩大到工具提供者。[19] 具体到提供“翻墙”工具的行为而言,笔者认为其并未侵犯《刑法》第285条所保护的计算机信息安全相关的法益,法院将该行为定性为提供侵犯计算机工具罪不能正确保护该行为所侵犯的法益。

1. 用户绕过防火长城访问境外网站并未侵害计算机信息安全

上文所列的刘某洋一案与桑某云、桑某丽一案中,法院均认为行为人使大陆用户可以绕过防火长城的行为构成对计算机信息安全的侵害。笔者则认为,计算机信息安全受到破坏或威胁的标志在于信息内容遭到篡改或篡改威胁、信息系统受到非法侵入或侵入威胁、系统控制权限受到非法获取或获取威胁,而“翻墙”工具的技术原理的核心在于架设代理服务器,用户对代理服务器进行访问并不会对防火长城本身的信息内容、信息系统、控制权限造成篡改、侵入、获取。所以用户绕过防火长城的行为并未侵害计算机信息安全。

2. 用户利用“翻墙”工具访问被封禁的境外网站未侵害信息安全

上文所列两个案例中,法院认为行为人提供的工具使大陆用户绕开防火成城,访问其原本无法访问的境外服务器,获取其原本无法获取的信息的行为属于对计算机信息安全的侵害。该理由似有合理之处,但是仔细分析则不然。依据《网络安全法》第1条[20]的规定,计算机信息安全是国家主权的一部分,国家应当保护。但是,依据该法第2条[21]的规定,国家仅保护国内的计算机的信息安全,国外的计算机信息安全则不属于我国法律管辖。所以,用户利用“翻墙”工具访问并获取境外数据的行为并未侵害我国法律所保护的利益,我国相关部门也无权对其进行管辖。[22] 退一步而言,绝大部分用户利用“翻墙”工具的目的是为了获取境外网站所提供的信息使用 Google 搜索引擎搜索信息、登录

---

〔18〕 参见张明楷:《刑法学》,法律出版社2016年版,第167页。

〔19〕 参见米铁男:《基于法益保护的计算机犯罪体系之重构》,载《河南大学学报(社会科学版)》2014年第7期,第61页。

〔20〕 参见《网络安全法》第1条:为了保障网络安全,维护网络空间主权和国家安全、社会公共利益,保护公民、法人和其他组织的合法权益,促进经济社会信息化健康发展,制定本法。

〔21〕 参见《网络安全法》第2条:在中华人民共和国境内建设、运营、维护和使用网络以及网络安全的监督管理,适用本法。

〔22〕 参见郭树正:《非法经营 VPN 类业务定性问题研究》,载《中国检察官》2019年第1期,第24页。

YouTube 观看视频、使用 Facebook 进行社交等。这些行为虽然客观上获取了信息,但是其获取方式是通过运营商所许可的方式获取的,也是符合当地规定的,并不是一种“非法侵入、获取”的行为,也不会造成境外信息数据的完整性与独立性被“破坏”,也不会造成其系统被控制,所以,不能认为“翻墙”行为是对境外信息安全的“破坏”。

(二)该行为与提供侵犯计算机工具罪行为模式不符

刑法分则通过对行为模式的定型化描述以明确犯罪的构成要件。[23] 要判断提供“翻墙”工具行为符合提供侵犯计算机工具罪的犯罪构成,则应讨论该行为是否符合分则对行为模式的描述。《刑法》第 285 条第 3 款规定成立该罪必须具有提供专门用于侵入、非法控制计算机信息系统的程序、工具的行为。结合《办理计算机刑事案件解释》第 2 条的规定,判断该“工具或程序”是否属于“专门用于侵入、非法控制计算机信息系统的程序、工具”必须具备以下几个关键要件:第一,工具是否具有非法入侵计算机系统的功能。第二,工具是否具有非法获取计算机信息系统数据的功能。第三,工具是否具有对计算机信息系统实施控制的功能。[24] 对此,笔者认为,“翻墙”工具并不具备以上功能,所以制作“翻墙”工具也不属于提供专门用于侵入、非法控制计算机信息系统的程序、工具的行为。

五、非法经营罪定性之倡导

《刑法》确有必要对提供“翻墙”工具的行为予以规制。首先,网络安全是国家安全的一部分,任何国家都会对互联网予以监管并且对破坏监管的行为予以法律制裁,[25] 包括长期无端指责我国限制互联网信息的欧美国家。[26] 其次,我国曾因网络监管的漏洞使国家安全遭到损害,例如,2009 年发生的新疆“7·5 暴恐事件”的组织发起活动便是通过 Facebook 进行的。我国对境外网站的监管漏洞是暴恐分子选择该网站的部分原因。具体而言,一方面网站服务器在美

---

〔23〕 参见张明楷:《刑法学》,法律出版社 2016 年版,第 114 ~ 116 页。

〔24〕 参见李少平主编:《解读最高人民法院司法解释、指导性案例》,人民法院出版社 2016 年版,第 664 ~ 668 页。

〔25〕 参见罗静:《国外互联网监管方式的比较》,载《世界经济与政治论坛》2008 年第 6 期,第 116 ~ 121 页。

〔26〕 参见廖政军:《欧美国家强化互联网监管措施》,载《人民日报》2016 年 1 月 11 日,第 21 版。

国,我国有关部门无法直接进行审查;另一方面服务提供者以“保护隐私”为理由拒绝为我国国安部门提供暴恐分子组织活动的相关信息,导致我国安全部门无法提前对暴恐活动作出预判。因此,防火长城的设置是必要的,对网络监管予以妨害的行为也是必须打击的。但是,提供“翻墙”工具的行为不符合分则关于提供侵犯计算机工具罪的行为模式规定,并且该行为也没有侵犯计算机信息安全法益,不能因为其与计算机有关而似是而非地将其评价为计算机犯罪。对此,笔者认为提供“翻墙”工具的行为应定性为非法经营罪。首先,提供“翻墙”工具的行为可以评价为“经营”行为。“翻墙”工具多数是付费使用,即使有个别免费使用的情况,提供者也会通过其他诸如广告植入的方式获取利润。其次,该经营行为确实违反了国家相关规定,并且对市场造成一定危害,符合刑法分则条文有关非法经营罪行为模式的定型性描述。[27] 最后,该行为客观上也破坏了市场准入秩序,侵害了非法经营罪所保护的法益,应该通过刑法予以打击。

(一)行为侵害了非法经营罪保护的法益

学界关于非法经营罪所要保护的法益多有争论,有学者认为是市场秩序,有学者认为是国家对市场的管理活动,有的学者则认为两者兼具。[28] 这三种观点笔者都不认同。笔者认为非法经营罪所保护的法益是市场准入秩序。所谓市场准入秩序,在广义上指政府对市场主体和交易对象进入市场的控制和干预,而非法经营罪所保护的市场准入秩序仅指政府对市场主体进入特定市场领域的规制。

1. 市场准入秩序需要刑法予以保护

首先,市场经济通过市场调节的方式将各种资源予以最大化利用,这使社会整体的财富得以增长,但市场经济也存在弊病,例如,公共资源供给不足、资源浪费、信息不对称等。[29] 所以,国家需要通过各种手段对市场予以调控,其中准入制度便是一种调控方式。通过市场准入制度可以在一些自然垄断领域限制潜在企业进入,以减少生产成本,提高商品和服务质量。在一些信息严重不对称的行业,通过技术门槛准入等方式也可以防止消费者受到欺骗。在一些

---

〔27〕 参见于志强、郭旨龙:《“违反国家规定”的时代困境与未来方向——以非法经营罪为切入点进行规范体系的审视》,载《江汉论坛》2015 年第 6 期,第 120 ~ 126 页。

〔28〕 参见龚培华:《非法经营罪的立法沿革及其构成》,载《法学》2008 年第 1 期,第 137 ~ 141 页。

〔29〕 参见吕忠梅、陈虹:《经济法原论》,法律出版社 2008 年版,第 6 ~ 10 页。

可能外部性强的领域,通过限制经营主体、提高门槛等行为也可以防止对资源造成浪费。其次,我国自古以来就对特定的商品实行市场准入制度,例如,西汉时期实行的盐铁酒专营制度。[30] 新中国成立后一段时期内由于实行计划经济,国家更是对市场主体进行严格限制,改革开放后虽然开始放松对市场的管控,但在很多方面仍然实行着市场准入制度。所以市场准入制度是我国长期实践的产物,具有合理性。最后,刑法是一种保障法,具有保障其他法律得以实现的功能。市场准入秩序对我国经济发展至关重要,所以我国通过大量行政法规对破坏准入秩序的行为予以规制。但行政手段毕竟有限,所以对于严重破坏准入秩序的行为,则需要作为二次保障法的刑法予以打击。不仅在中国,世界上几乎任何国家都会通过刑法对破坏市场准入秩序者予以处罚。例如,俄罗斯同中国一样设置非法经营罪处罚市场准入制度违反者,日本虽然未设立非法经营罪,但设立了各种具体罪名对违法进入限制行业的从业者予以处罚。[31]

2. 提供“翻墙”工具的行为侵害了市场准入秩序

《电信条例》第7条规定经营电信业务必须取得相应许可证,这说明国家对电信行业实行市场准入制度。提供“翻墙”工具需要设立虚拟专用网,而设置虚拟专用网按照《电信条例》第8条及《电信业务分类目录》B13的规定属于增值电信业务,必须取得相关许可证,但“翻墙”工具提供者多数无法提供相关许可证,所以其侵害了准入制度。关于为何国家需要在电信行业设立准入制度,笔者认为有三个原因:第一,电信行业具有很强的外部性。所谓外部性即对其他经济体可能造成积极或消极的影响。我国是社会主义国家,公有制经济在国民经济中起主导作用,而电信行业属于基础性行业,对各行各业影响极大,必须由国家掌控。第二,电信行业提供的服务具有很强的公共性,很容易形成自然垄断。国家通过准入制度可以加强对电信行业的管控,制定相关的服务标准与收费标准,使其为市场提供质高、稳定及价廉的服务。第三,电信行业专业性极强,存在很多的信息不对称之处,容易使消费者或其他经营主体受到欺骗。所以国家在电信行业设立准入制度,可以强制规定技术标准、执业许可标准等,使电信行业市场的交易更加透明与安全。“翻墙”工具提供者私自设立虚拟专用网提供给他人使用,以获取巨额经济利益,该行为严重违反国家对电信行业的

[30] 参见林文勋等:《中国古代专卖制度与商品经济》,云南大学出版社2003年版,第80~85页。

[31] 参见陈超然:《非法经营罪适用范围的扩张及其限制研究》,上海交通大学2013年博士学位论文,第55~78页。

准入制度,若放任该行为则会使国家对电信行业的管控受到侵害,所以电信行业的准入秩序作为市场准入秩序的一部分必须予以保护。

(二)该行为与非法经营罪的行为模式相符

所谓非法经营罪,是指行为人违反国家规定从事扰乱市场准入秩序的非法经营活动。[32] 据此,论证“翻墙”工具的提供行为符合分则条文关于非法经营罪行为模式的规定,需要在两个方面进行论证:一是该行为可以被评价为“经营”行为,二是该行为违反了国家规定。

1. 提供“翻墙”工具属于“经营”行为

依照《反不正当竞争法》第2条的规定,所谓经营行为即“从事商品生产、经营或者提供服务”的行为。判断行为是否属于“经营”行为一般从以下四个方面考虑:第一,以营利为目的。第二,提供了商品或服务。第三,在一段时间内具有稳定性。[33] 第四,“经营”行为所提供商品或服务本身必须具有合法可能性,即完全非法的经营活动不能为非法经营罪所评价,例如,买凶杀人、买卖淫秽物品等。[34] “翻墙”工具的提供者符合这四个方面的条件。首先,提供者具有营利目的。通过既有判例显示,“翻墙”工具的提供者并非免费提供工具,一般都会按时间、流量、带宽等不同条件收取用户不等的价格。即使个别经营者免费提供,也只是一种吸引客户的临时手段,最终也会通过后期收费、植入广告的方式获取利润。其次,提供者通过架设虚拟服务器的方式使用户突破防火长城连接部分境外网站,可以定性其提供了相关服务。再次,提供者一般都开设了专门交易平台,或者在常见交易平台(如淘宝、微信)开设了相关账户进行交易,所以其交易行为在一段时间内具有稳定性。最后,架设境外代理服务器的行为具有合法性可能,架设者在通过相关手续履行备案后是可以合法开展业务的。

2. 提供“翻墙”工具违反了“国家规定”

非法经营罪的成立要求经营行为违反“国家规定”,《刑法》第96条将“违反国家规定”定义为:“违反全国人民代表大会及其常务委员会制定的法律和决定,国务院制定的行政法规、规定的行政措施、发布的决定和命令。”具体而言,

---

〔32〕 参见张明楷:《刑法学》,法律出版社2016年版,第839页。

〔33〕 参见田宏杰、阮柏云:《非法经营罪内涵与外延扩张限制思考》,载《人民检察》2012年第23期,第19~23页。

〔34〕 参见于志强、郭旨龙:《“违反国家规定”的时代困境与未来方向——以非法经营罪为切入点进行规范体系的审视》,载《江汉论坛》2015年第6期,第120~126页。

“国家规定”包括以下两类规范性文件:全国人大或其常委会通过的法律;国务院颁布的行政法规。[35] 针对一些部门规章,其虽不属于“国家规定”的组成部分,但《立法法》第 80 条规定其具有对上位法细化规定的权力,所以部门规章可以作为判断行为人是否违反法律或行政法规的参考依据。[36] 反观提供“翻墙”工具的行为,笔者认为该行为违反了“国家规定”。首先,《电信条例》第 8 条将电信业务分为基础电信业务和增值电信业务,第 9 条则规定无论经营何种电信业务都应该取得相关许可证。其次,《电信条例》第 8 条授权信息产业主管部门将基础电信业务与增值电信业务涵盖范围予以细化,《工业和信息化部关于发布〈电信业务分类目录(2015 年版)〉的通告》(以下简称《电信业务分类目录》)B13 中则将“互联网虚拟专用网业务(IP-VPN)”列为增值电信业务的范围。并且还将虚拟专用网络定义为“经营者利用自有或租用的互联网网络资源,采用 TCP/IP 协议,为国内用户定制互联网闭合用户群网络的服务”。最后,“翻墙”工具提供者无论提供的是虚拟专用网还是 Shadowsocks,其为了实现“翻墙”功能都需要架设虚拟专用网络,故其经营行为都符合 B13 所涵盖的范围。通过对过往判例进行分析,“翻墙”提供者都没有取得相关电信业务经营许可证。所以,对提供者提供“翻墙”工具的行为完全可以定义为非法经营罪中的“违反国家规定”。

六、结语

当今世界形势虽然以和平为主流,但是仍然存在各种矛盾与分歧。由于意识形态、领土纠纷、分裂势力等问题,我国将长期对互联网实行监管政策,所以,防火长城将长期存在,作为突破封锁的“翻墙”工具也将不停“更新换代”。诚然,为了我国互联网安全,应该对“翻墙”工具提供者予以打击,但也不能忽视法律的正确适用。“翻墙”工具的原理在于设置境外代理服务器以绕过防火长城对部分境外网站的封锁,所以该工具并不存在对计算机信息安全造成破坏与威胁的可能性,提供者的行为也不符合计算机犯罪的犯罪构成,因此,司法实践将该行为定性为计算机犯罪是值得商榷的。刑法通过分则予以定罪,所以定罪必

---

〔35〕 参见刘德法、尤国富:《论空白罪状中的“违反国家规定”》,载《法学杂志》2011 年第 1 期,第 15 ~ 17、34 页。

〔36〕 参见王开军:《非法经营罪中“违反国家规定”的理解》,载《中国检察官》2016 年第 22 期,第 3 ~ 7 页。

须符合分则相关犯罪的犯罪构成。违反刑法的本质是侵犯法益,所以定罪必须证明行为侵犯了相关罪名所保护的法益。"翻墙"工具的提供者通过设立虚拟专用网的方式为他人提供便利的"翻墙"服务谋取利润,所以该行为实际是一种经营行为,故而可以通过刑法对其予以规制。设置虚拟专用网属于经营增值电信业务的行为,该业务在我国实行市场准入制度,只有经过有关部门许可方可进行经营。"翻墙"工具提供者绝大多数没有取得相关许可便实行经营,违反国家规定,对市场准入秩序造成侵害,故而可以通过非法经营罪对其予以规制。如此既能维护国家对电信行业的管控,进而维护互联网安全,又能正确适用法律,实现罪刑法定的要求。

刑事电子数据鉴真制度相关问题研究

汪振林[*]　李嘉陵[**]

【摘　要】电子数据相较于传统证据而言具有易复制性、易破坏性以及高科技性等特点，使侦查人员所获取的电子数据证据有无发生改变更难确定，因而对电子数据的鉴真尤为重要。我国电子数据鉴真是隐性存在的制度，主要体现在电子数据取证和审查判断的相关规则之中，法律并无明确规定，因而实践中存在很多问题。本文明确了电子数据的概念，厘清了电子数据真实性层面；介绍了刑事电子数据鉴真实务现状；分析了我国现阶段电子数据鉴真制度存在的若干问题；确立了构建电子数据鉴真制度的基本思路：确定鉴真对象，明确电子数据取证原则、细化取证过程，完善鉴真不能的排除标准。

【关键词】电子数据　电子数据鉴真　形式真实性　同一性

一、刑事电子数据鉴真概述

（一）电子数据的概念

电子数据是三大诉讼法新规定的一种证据形式，是法律用语，因此，对其内涵与外延的界定首先应充分考虑规范性文件中表达的观点。因而，电子数据的内涵和外延的界定应以最高人民法院、最高人民检察院、公安部《关于办理刑事案件收集提取和审查判断电子数据若干问题的规定》（以下简称《电子数据若干规定》）和《最高人民法院关于民事诉讼证据的若干规定》的相关规定为准。就内涵而言，作为证据的电子数据是以数字化形式存储、处理、传输的，能够证明

[*] 法学博士，重庆邮电大学网络空间安全与信息法学院法学系副教授，硕士生导师。

[**] 重庆邮电大学网络空间安全与信息法学院诉讼法学研究生。

案件事实的数据。从外延上看，电子数据包括但不限于下列信息、电子文件：(1)网页、博客、微博客、朋友圈、贴吧、网盘等网络平台发布的信息；(2)手机短信、电子邮件、即时通信、通信群组等网络应用服务的通信信息；(3)用户注册信息、身份认证信息、电子交易记录、通信记录、登录日志等信息；(4)文档、图片、音视频、数字证书、计算机程序等电子文件。即电子数据主要包括四种类型，但其外延是开放性的，没有列入其中的但只要对案件事实有证明作用的电子数据都包括在内。

(二)电子数据的真实性层面

按照目前主流的观点和理论，证据的真实性分为两个层面的含义：一是证据载体的真实性，即证据本身必须是真实存在的，不能是伪造、变造的；二是证据事实的真实性，即证据所记录或反映的证据信息必须是可靠和可信的，而不能是虚假的。[1] 根据上述观点，通常情况下，我们说一个证据是真实的，往往是指两方面：一是证据载体的原始性，以及证据载体在诉讼过程中保持同一性；二是证据中包含的信息与其他证据所包含的信息相互印证，并且排除了其中的矛盾和疑问，能够准确认定案件事实。然而，由于电子证据的载体与证据信息存在形式可以分离的特点，上述证据真实性的两层面划分似乎不太准确。具体而言，存储于计算机中的电子证据，可以同计算机这一存储介质分离，存储于U盘、硬盘等存储介质之中；作为电子证据信息存在形式的电子数据，可以非常方便地在存储介质之间转移。在这种情况下，电子证据载体真实与电子数据的真实是两个独立的问题，两者之间可能没有关联。因此，电子数据的真实性既涉及电子证据载体即存储介质的真实性，诉讼中需要关注U盘、硬盘等数据存储介质是否具有原始性、同一性、完整性，还涉及电子证据的信息存在形式即电子数据的真实性，诉讼中需要确认电子数据在诉讼过程中是否被修改、增加、删除，是否具有原始性、同一性、完整性。因此，电子证据真实性的内涵应当从两层面扩展到三层面，即在证据载体、证据内容真实性的基础上，扩展为电子证据载体、电子证据数据和电子证据内容的真实性。而这种三层面真实性的划分，将对电子证据鉴真规则的构建和司法实践的运作产生重要影响。

(三)电子数据的鉴真内涵

鉴真一词翻译自英文“authentication”，是英美法系在判断证据的同一性和

---

〔1〕 参见陈瑞华：《刑事证据法学》，北京大学出版社2014年版，第99页。

形式真实性的基础上,确定证据是否具有可采性的一项重要制度。美国《联邦证据规则》第九章“Authentication and Identification”即“鉴真和识别”,并没有对鉴真进行立法定义,但它的(a)款 General provision(通则)和(b)款 Illustrations(例示)体现了鉴真的基本内涵。

张保生教授等人翻译美国著名证据法学者艾伦教授所著的《证据法:文本、问题和案例》时,首次将“authenticate”译为“鉴真”,此后由张保生教授领衔的团队在编写《证据法学》教材时,继续使用了“鉴真”一词。后陈瑞华教授发表论文“实物证据的鉴真问题”沿用了这一术语。

在我国,传统上并没有将实物证据的鉴真原理和内涵从关联性、真实性理论中独立出来,更不用说构建独立的电子证据的鉴真制度。故根据以上关于鉴真内涵的借鉴,笔者认为鉴真是指证据提出者为了使自己所举示的证据获得可采性而对该证据的同一性以及形式真实性所作的证明。这也就要求证据提出者要证明其举示的证据就是其当初诉讼主张声称的那份证据,且该证据自其制作或提取之时起至法庭出示的整个过程中,始终以其制作或提取时的本原状态存在,未经改变。那么结合电子数据的特性和真实性层面可以推出电子数据鉴真的内涵:电子数据证据的提出者要证明其所举示的电子数据的载体和数据本身的真实性和同一性。特别需要强调的是电子数据鉴真不涉及电子证据内容真实性这一真实性层面。

二、刑事电子数据鉴真实务现状

本文关于刑事电子数据鉴真实务现状介绍基于实际的案例进行。相关案例通过中国裁判文书网检索收集。使用的检索方法为:使用高级检索,在“全文”项填写电子数据真实性,“案件类型”中选择刑事案件。通过检索共收集到相关案件 24 件。案例中控辩双方对电子数据真实性的质证和证明以及法院对真实性的审查判断情形,如表 1 所示。

表 1 司法案例中电子数据真实性的审查判断内容

序号	案号	辩方对电子数据真实性质证内容	控方回应/法院审查判断
1	(2016)浙 0523 刑初 519 号	P2P 平台中的电子数据真实性待查。	辩方提交电子勘验检查笔录及移动硬盘、电脑硬盘等进行证明。

续表

序号	案号	辩方对电子数据真实性质证内容	控方回应/法院审查判断
2	(2018)粤01刑终318号	从手机中提取出来的电子数据真实性存疑。	本院经审理查明采信的证据确实、充分,本院予以认同。
3	(2020)闽05刑终155号	公安机关出具的文件未载有文档的完整性校验值;提取笔录的提取时间与文档实际提取时间不符。	1. 公诉人提出,上诉人提及文件容易被篡改,但是却没有提出具体的证据,仅是其主观臆断;关于提取笔录时间与文档的提取不符问题,公安机关已经出具工作说明进行解释。2. 法院对《工作说明》予以确认,认为辩方虽然提出不能确定文档未被编辑过,但未提出具体的证据证实,该主张仅是其主观推断,不予采纳。
4	(2020)苏02刑终241号	镜像文件没有提取笔录且镜像文件存储于硬盘,未提供校验值,无法保证数据的同一性。	本院认为:电子证据(镜像文件)由公安机关依法调取,事后对调取过程及校验值进行了说明,且得到第三方平台证言印证,故该电子证据可以作为证据使用。
5	(2019)内06刑终251号	认定赌资数额的多份证据取证程序违法。	法院认为:经查,在案的证据及检察机关提供情况说明证实侦查机关调查取证过程符合相关法律规定,并无明显不当。
6	(2019)川10刑初4号	1. 手机中微信和支付宝截图系违反法定程序而收集;2. 鉴定文书检验时间早于送检日期,检材来源不明,取证程序违法。	法院认为:1. 鉴定机构予以了更正说明;侦查机关虽两次送检,但检材来源明确清楚可查,鉴定机构按照科学的鉴定方法作出的鉴定意见应作为定案依据所采用。2. 侦查机关依法扣押从其手机微信聊天记录中截图聊天记录,该聊天记录源于原始存储介质,来源清楚,客观真实,未存在删除和增加的可能。
7	(2018)赣0829刑初123号	电脑、手机在现场勘查时未当场封存,保管链条不完整,上述物证导出的电子数据真实性存疑。	法院经审理查明:根据电子证物检查笔录及照片,对提取、固定与恢复相关电子证据,证实本案被告人犯罪事实等。上述证据经过法庭举证、质证,认为各证据取得程序合法,内容客观真实,能够相互印证所查明的事实,均可以作为本案定案的依据。

续表

序号	案号	辩方对电子数据真实性质证内容	控方回应/法院审查判断
8	(2016)苏03刑初100号	辩护人提出检材的搜集、送检等程序违法。	经查,公安机关已经对涉案电子数据收集、提取过程等情况均进行了书面说明、对瑕疵作出了合理解释,同时,辩护人也没有对影响电子数据真实性取证行为提供相应证据,因此其该项辩护意见不能成立,本院不予采纳。
9	(2013)望刑初字第78号	对提取的电子数据真实性有异议(没有发过邮件)。	辩护人提出的质证意见本院不予采信。公诉机关提交的证据有王某甲、谢某甲的电子数据及同步提取视频资料、收据、银行转账支票、笔迹鉴定意见,被告人王某甲的供述,证人谢某甲、曾某甲、李某甲的证言等,形成完整的证据锁链。
10	(2018)川0108刑初711号	对电子数据真实性提出异议,认为电子数据经过修改,据此所作鉴定意见并不准确。	本院认为,公诉机关当庭提交的电子数据由侦查机关根据法定程序从网站平台内提取,前述不同端口提取的数据经侦查机关移送鉴定机构比对,数据基本一致,本院予以采信。
11	(2018)内0626刑初394号	本案在提取电子数据时均没有按规定程序提取,公诉机关提供的电子数据记录提取制作均违反法定程序。	经审理查明:1. 手机里的微信交易记录和支付宝交易记录里都有转账记录。2. 远程勘验工作记录证明:对刘某江的三部手机、一部平板电脑进行了勘验。以上证据来源合法,符合证据的客观性和关联性,其证明效力本院予以确认。
12	(2019)湘1121刑初358号	侦查机关在扣押、提取涉案手机电子数据存在瑕疵,未对扣押的手机采取信号屏蔽、信号阻断或者切断电源等措施。	侦查机关已作出合理解释,且该电子数据的增加并未影响被扣押手机在案发前的电子数据真实性,可以作为定案的依据。
13	(2019)皖0504刑初184号	1. 侦查机关在对扣押的服务器与磁盘中的电子数据进行检查、提取时,程序不合法。2. 检查过程和笔录均存在瑕疵。3. 对扣押服务器与磁盘未封存处理。	经审理查明:电子证物检查工作记录及光盘可证实提取的情况;上述公诉机关提出的证据,源于司法机关取证,取证手段合法,来源可靠。经当庭质证、辨认,证据之间均能相互印证,形成了完整的证据体系,证据确实充分,足以认定本案事实。

续表

序号	案号	辩方对电子数据真实性质证内容	控方回应/法院审查判断
14	(2019)鲁0683刑初262号	侦察机关在电子数据远程勘验程序上、事实上的不合法、不合规,涉案电子数据的真实性、完整性、合法性均存疑。	经审理查明:针对辩方关于本案电子数据真实性、合法性、完整性提出的异议,侦查机关进行了补查,辩护人对相关证据亦无异议。
15	(2017)赣0481刑初52号	本案中的手机、电脑提取的电子数据没有合法的来源手续。	经查,上述证据均系公安机关合法取得,内容客观,证据之间能形成完整的证据链,部分证据形式上的瑕疵未对证据真实性产生实质性影响,故对上述辩护意见不予采纳。
16	(2020)鲁0704刑初142号	公安机关扣押、信息提取程序违法、所反映的电子数据真实性存疑。	通过证人手机记录进行证明。
17	(2016)皖1324刑初299号	电子数据真实性、合法性有异议。	经查,证据有扣押物品清单、搜查笔录;对于远程勘验服务器在笔录中予以注明相关情况,且证明对于扣押的电脑、手机等电子物品均封存保管。对涉案手机、电脑硬盘出具了《检验报告》及刻录光盘,对被告人的服务器等进行了远程勘验并予以笔录记录和进行截图,对过程进行录像刻录于光盘;公安机关提取电子数据时系由两人进行,并对过程进行了文字说明和签名,出具了固定电子证据清单并注明完整性校验值即哈希值。故本院予以采纳。
18	(2016)开刑初字第194号	质证鉴定机构不具备法律规定鉴定资质;对视频资料有异议,该电子数据在不断增加,影响电子数据真实性。	本院认为,二辩护人对中国移动通信集团内蒙古有限公司通辽分公司电子数据提取及检测报告书和陶某琪被抓获视频资料的质证意见,符合本案事实及法律规定,本院予以采信。但对二辩护人对侦查实验笔录的质证意见,不予采信。整个侦查实验活动程序严谨,过程合法,目的明确,客观真实。

续表

序号	案号	辩方对电子数据真实性质证内容	控方回应/法院审查判断
19	(2018)浙 0282 刑初 927 号	电子数据来源不合法;公安民警从被告人电脑中提取的数据缺乏真实性,也没有银行交易明细等证据予以印证。	公安民警从长沙公安机关调取了平台后台数据,程序合法,对于公诉机关出示的从被告人史某杰电脑处提取的电子数据,公诉机关出示了储存该数据的原始载体,且数据修改时间均早于被告人史某杰的抓获时间,故对上述电子数据的真实性,本院均予以认可。
20	(2020)浙 0602 刑初 113 号	公安机关提取的电子数据真实性存疑,不应作为定案依据。	经查,本案电子证据搜集程序合法,数据来源真实,可作为证据认定。
21	(2019)辽 0921 刑初 120 号	1. 应冻结而未冻结。2. 扣押封存程序违法。3. 调取程序违法。4. 检查违法。	上述事实,有公诉机关提供的并经庭审质证的如下证据予以证实:电子物证检查工作记录。
22	(2018)豫 1628 刑初 374 号	电脑主机在法庭展示的与原现场查扣的不具有同一性;作为提取的电子证据、光盘来源不清,收集、提取记录不详。	侦查机关对黄某电脑主机中储存的公民个人信息提取并制作光盘的过程中,没有制作提取笔录,没有进行同步录音录像,程序违法。侦查机关在此过程中没有进行电子数据检查,也没有作出相关鉴定,无法证明光盘中电子数据的真实性、完整性。基于以上原因,指控被告人相关犯罪事实不清、证据不足,不予认定。
23	(2018)豫 1526 刑初 297 号	电子证据检查过程中程序有重大瑕疵,制作的检查笔录无法排除对电子数据真实性的合理怀疑。	经查,侦查机关对从被告人处查获的手机、电脑进行数据检查并依法制作电子证据笔录,二被告人及其辩护人没有提交证据否认该电子证据笔录的客观、真实性,故对该辩解辩护意见,本院不予采纳。
24	(2019)鲁 0784 刑初 414 号	电子数据远程勘验报告未对原始存储介质进行扣押,数据有可能被修改;电子数据存在重大瑕疵,不能作为定罪量刑的依据;远程勘验报告存在重大瑕疵。	勘验、检验笔录包括电子数据远程勘验报告、办案说明以及电子数据检验笔录;关于电子数据远程勘验报告存在瑕疵的辩护意见,经查,侦查人员已经对此作出了相应的合理解释,能够保证该证据的真实性、完整性、合法性,可以作为定案的依据。

以上是司法案例中关于电子数据真实性的一些控辩意见以及法院的审查

判断标准等,总体上我们可以看出辩方关于电子数据的鉴真质证意识已显著提高,案例中除有一例是针对电子数据的内容真实性之外都是关于电子数据的同一性和形式真实性进行的质证,质证意见非常明确。辩方以否定和攻击这些作为证据的电子数据及其载体的原始性、同一性以及数据本身的真实性,再加之证据保管链的完整性等作为质证意见。与此同时,控方的举证意见和法院的审查判断对于辩方质证针对性地回应也反映了我国现阶段对于鉴真这一制度的重视。

从案例中可以明显地看出,辩方关于电子数据的质证意见,均是从证据的真实性出发且有合理依据,法院依据控辩双方提交的证据也作出了公正的审查判断,但是同时控方和法院对于电子数据鉴真也存在某些问题。例如,控方对于辩方的质证提出的证据不具针对性,而是从整体的证据链进行内容真实性证明;对于辩方的质证,未提出对应证据,而以对方仅是主观臆测为由进行回应;控方不具有主动鉴真的意识,而是等辩方提出质疑才补正或者事后说明;控方未意识到形式真实和内容真实性的证明顺序,认为不影响内容实质真实即可;法院未意识到自己中立的地位,也参与到电子证据的鉴真中去,未意识到控方才是鉴真的主体;法官自由裁量权较大,允许事后补正或作合理说明的范畴过于宽泛,无具体确定的标准等。由以上案例可以管窥我国电子数据鉴真制度还尚存很多问题,有待进一步发展和完善。

三、我国刑事电子数据鉴真制度存在的问题

(一)刑事电子数据鉴真对象不明确

物证存在于实际的物理空间中,办案人员通过在案发现场进行搜查与查看,就能够发现那些可能与案件事实有关的物理痕迹或者物体形态,并直接对其加以提取或者扣押。电子数据与此完全不同,其一般存在于难以被人直接感知的无形空间中,这一无形空间通常表现为“由 0 和 1 数字信号量构成的虚拟空间和数字空间”。[2] 这一存在环境意味着办案人员既无法在实际的物理空间中对电子数据加以发现、感知,也无法直接进入这一空间中对其进行识别,而只能借助高科技设备对存储的外部设备进行检查。于是,这一外部设备就成了办案人员“了解”电子数据的媒介。同时,这些包括计算机、服务器、手机、硬盘

〔2〕 刘品新:《电子证据的基础理论》,载《国家检察官学院学报》2017 年第 1 期,第 152 页。

等在内的设备也就是电子数据存在所依附的载体。一般而言,对于那些在现场发现的可移动、方便保管的原始存储介质,办案人员可以直接将其扣押并封存,这些被扣押的“原始证据”就是电子数据的载体。但当原始存储介质不便封存、扣押时,为了便于取证和使用,办案人员就要提取相关电子数据并将其存储在其他介质如U盘上,这些新的介质就是电子数据的载体。由此可见电子数据有两种取证模式:一体化收集和单独提取复制。有学者提出,在电子数据及其原始存储介质的“一体收集”和“单独提取”两种模式下,其鉴真对象存在差异。那么不同取证模式下的鉴真对象是否真的有差别呢?在电子数据鉴真相关制度中,并没有明确这一点。

(二)鉴真保障制度不足

1. 取证方法适用范围模糊

《电子数据若干规定》和《电子数据取证规则》的出台,为规范电子数据取证、审查提供了制度依据。但其对电子数据的具体取证方式适用范围规定模糊不清,由此就可能引发电子数据取证中权力滥用和鉴真保障不足。在前文黎某、张某非法获取计算机信息系统数据、非法控制计算机信息系统一案中,被告人黎某的辩护人谢某雷提出辩护意见称,根据相关法律法规,检方出示的公安机关侦查过程中的材料“呈请转现报告书”对案涉“比特币”“莱特币”进行转换为人民币的行为是应该进行禁止的,其转现行为进行的理由是避免电子数据丢失,而这种情形,在电子数据可能灭失的情况下,公安机关应该采取的方式是冻结电子数据,而且应禁止进行转现。[3] 从中可以看出控辩双方对于电子数据适用何种取证方式存在争议。根据《电子数据取证规则》第36条的规定,对电子数据进行冻结有四种情形,但多以不便提取或者其他需要冻结的情形等列明,造成司法实践中无明确的操作适用标准可遵循。同样,《电子数据若干规定》第9条规定列举了不收集原始存储介质只提取电子数据本身的四种情形,也是以原始存储介质不便封存或者其他无法扣押原始存储介质情形等表述列明。其取证适用方法的不确定性,致使在取证实践中存在很大争议。

2. 取证方法缺乏标准化规制

虽然相关法条明确了收集电子数据时,取证方法应当符合相关技术标准。但取证方法标准化的落实需要取证设备和取证过程的细化规定予以保证。应

---

〔3〕 参见黎某、张某犯非法获取计算机信息系统数据罪案,辽宁省阜新蒙古族自治县人民法院刑事判决书,(2019)辽0921刑初120号。

当指出,标准化的取证设备和取证过程的存在,对于保障电子数据的同一性和形式真实性起着关键的作用。遗憾的是,对于收集提取电子数据的设备和取证过程应满足的技术标准尚无相关法律法规作出详细规定。

(三)缺失鉴真不能的排除规范

《办理死刑案件证据规定》和2013年司法解释针对电子数据载体的鉴真确立了一系列的审查内容,例如,原始存储介质是否随电子数据一并移送;对电子数据的规格、类别、文件格式等是否标注清楚。但立法并没有对违反这些要求的法律后果作出明确规定,仅在“证据制作、取得的过程存有疑问、且不能提供必要证明或者作出合理解释的情形下”,[4]才不得将电子数据作为定案的根据。《电子证据若干规定》针对载体确立了可补正的排除规则,且规定以列举式的“其他瑕疵”结尾,意味着当出现载体鉴真不能的任何问题时,办案人员都有补救的机会;另外立法对于电子数据本身的排除规则规定缺失。在对电子数据本身审查判断的问题上,司法解释和《办理死刑案件证据规定》都就审查“电子数据内容是否真实”作出了明确的规定,例如,应当着重审查电子数据“有无删除、修改、增加等情形”,“有无剪裁、拼凑、篡改、添加等伪造、变造情形”。对于那些“经审查无法确定真伪”的电子数据,司法解释明确规定“不得作为定案的根据”。《电子证据若干规定》第28条针对“无法保证电子数据真实性”的两种具体情形确立了强制性的排除规则。将那些真实性受到影响的证据排除在定案根据的范围之外。这两种情形分别为:其一,电子数据系篡改、伪造或者无法确定真伪的。其二,电子数据有增加、删除、修改等情形,影响电子数据真实性的。通过分析排除规则的上述适用情形,不难发现它们都将电子数据的真实性作为排除的标准。但是,这些规则与电子数据本身鉴真不能的排除规则无关、与鉴真不能无关。这些强制性排除规则都将证据的真实性作为落脚点,而只是对“排除不真实证据”的重申。电子数据本身的所谓“鉴真不能的排除规则”,是指当证据无法实现完整的鉴真过程,使其同一性难以得到证明时,法官通过否定其证据能力将其排除于定案根据的范围之外。应当看到,“鉴真不能”作为证据排除的一项事由,是证据能力的判断范畴,而《电子证据若干规定》第28条所规定的排除实际上是对无真实性或真实性存疑的电子证据的证明力为零的评价,属于证据的证明力判断范畴。

---

〔4〕 最高人民法院《关于适用〈中华人民共和国刑事诉讼法〉的解释》第73条。

四、完善刑事电子数据鉴真制度的基本思路

(一)确定鉴真对象

基于电子数据双重载体的特性,电子数据取证模式大体包括“一体收集”和“单独提取”两种模式。[5] 需要明确指出,不同收集模式下的证据保管链要求是有极大差异的。在“一体收集”模式下,收集电子数据时需将其所依附的原始存储介质一并搜查扣押,搜查扣押原始存储介质时就实现了对其中存储电子数据的一并收集。在“单独提取”模式之下,则仅从原始存储介质中提取电子数据,并不收集电子数据所依附的原始存储介质,而是把电子数据复制到另外的存储介质中予以提取。在司法实践中,由于没有区分不同取证模式下的保管链要求,取证主体常常忽略原始存储介质的保管和移交程序,导致证据保管链不完备,进而关于电子数据鉴真对象和标准也有很大差异。需明确的是,在“一体收集”模式下,需要扣押封存原始存储介质,电子数据鉴真对象有两方面的要求:一是对外在的物质载体如服务器、硬盘等存储设备封存后的交接记载进行连续性说明;二是对存储介质内含的数据真实性、完整性进行证明。在“单独提取”模式之下,鉴真对象的确定分两种情形。其一,如果提取电子数据的同时计算了原始电子数据和复制提取的电子数据的完整性校验值并确认一致,那么,电子数据载体真实性无需证明,只需要证明电子数据本身的真实性即完成了电子数据的鉴真,证明方法是比对完整性校验值。其二,如果提取电子数据的同时没有计算原始电子数据和复制提取的电子数据的完整性校验值,那么电子数据的鉴真既包括电子数据载体真实性证明,也包括电子数据本身的真实性证明。

(二)明确电子数据取证原则、细化取证过程

1. 明确电子数据取证原则

这里的取证原则是指电子数据取证模式的适用原则。由前文案例可知,电子数据取证方式的适用存在极大争议,法条规定的模糊导致司法实践的适用混乱。故要明确“一体收集”模式为主“单独提取”模式为例外的原则,为鉴真提供基本的保障。“一体收集”模式符合最佳证据规则的基本精神。最佳证据规则要求提供证据的原件或者原物。将电子数据连同其原始存储介质一并封存、

---

〔5〕 谢登科:《电子数据的鉴真问题》,载《国家检察官学院学报》2017 年第 5 期,第 50 ~ 72 页。

移送,可以减少因提取不专业等因素而造成电子数据破坏等风险,也符合最佳证据规则的要求。同时随着信息技术的发展,存储介质的储存方式造成了提取数据上的极大困难,在司法实践中,电子数据证据有可能是存储于各个数据系统中,与案件有关、无关的电子数据相互混杂,这就加大了电子数据提取筛选的难度。因此,确立"一体收集"为主、"单独提取"为辅的原则,更有利于达到鉴真规则的要求。

2. 细化取证方法和技术设备要求

我国应加强对电子数据取证方法的细化,明确取证设备和取证技术的标准要求,为侦查取证人员提供可依据的操作细则。基于我国现有技术情况,对电子取证类工具一般采用的是"国家、行业标准+产品资质"的方式予以规范。[6]现阶段侦查人员对涉案电子数据取证时通常使用统一的调取工具,在涉案电子设备中使用专业的软件进行操作。这些软件、硬件都是通过国家信息安全监测标准,经过专业部门审批后,对口销售给侦查部门。目前,我国在电子数据取证领域的研发实力和技术已经走在国际前列,拥有了包括电子数据取证的硬件以及取证软件等全系列自主研发的取证产品,成为继美国后第二个拥有电子数据取证软硬件综合研发能力的国家。[7] 但是,目前该领域的国家标准和行业标准较少,同时缺少对取证工具的统一技术规范。这就造成了取证工具技术有差异、标准不统一、获取的数据有差别等问题。未来应当加强取证工具统一标准的制定,让司法界可以普遍接受符合国家标准的取证工具,减轻电子数据形式真实性证明的负担。同时,要完善电子数据的基本取证技术。电子数据取证实践中总体应用到四大基础技术:只读、克隆、校验和时间戳技术。只读和克隆技术保证了电子数据的原始性、完整性;校验技术可以用来进行电子数据的保全和检验;利用时间戳技术可以确定每个电子数据时间属性。

(三)确立电子数据鉴真不能的排除标准

根据比例原则的基本要求,证据排除规则的适用应当与违反鉴真要求的情形相适应,而不应当一刀切。首先,就电子数据载体而言,其收集、保管、流转过程中违反鉴真要求的情况有很多,并不都视为程序上、技术上的瑕疵和违规,也并不都可通过事后补正、作出合理解释的方式来予以解决,因此,将电子数据载

---

〔6〕 参见赵长江:《刑事电子数据证据规则研究》,法律出版社2018年版,第104页。

〔7〕 参见郭弘、徐志强:《国内外电子数据取证装备及软件发展现状与趋势》,载《保密科学技术》2016年第3期,第78页。

体鉴真不能的情形一律适用可补正排除规则的规定并不合理,立法应当针对电子数据载体鉴真违反要求的严重程度分别适用可补正的排除规则与强制性排除规则。具体而言,可以借鉴有关实物证据的强制性排除规则,例如,对电子数据载体来源不明或在收集、提取和保管的过程中,没有建立起完整的证据保管链条、无法确定真伪,属于载体鉴真不能,应当适用证据排除规则。而对于确属程序、技术的瑕疵和违规做法,假如载体鉴真不能并不会对电子数据的完整性、同一性造成太大的影响,或者办案人员可以作出补正或者合理解释和说明的,法官就可以对其适用可补正的证据排除规则。其次,与载体一样,对于数据本身鉴真不能的情形也应当建立相应的证据排除规则。对于技术性或者程序性的瑕疵和违规,法官可以给予办案人员补救的机会。但在数据本身的同一性受到重大影响的情形下,法官就应当适用强制性的证据排除规则,例如,电子数据的来源存疑;提取的电子数据未附完整性校验值、电子数据的完整性无法得到证明等。

五、结语

电子数据的鉴真问题从2016年快播案至今,一直都是一个很热门的话题。我国现行电子数据鉴真制度主要隐性地体现在电子数据取证与审查判断规则之中,由于并非明确的、针对性的鉴真制度规定,因而存在诸多问题。所以,如何构建完善的鉴真制度是亟待解决的课题。

通过从鉴真角度研究如何完善电子数据取证程序与电子数据真实性证明规则,可以为电子数据鉴真规则的立法提供理论支撑,为公安司法机关办理电子数据相关案件提供指导。电子数据是一种新型的证据,为了使电子数据在采信阶段更好地适用自由心证原则,让法官更好地发挥主观能动性,之前的采纳阶段必然要更加严格,以保证排除那些虚假的形式不真实的电子数据,保证进入下一阶段的电子数据证据是可采的。而电子数据鉴真恰恰是解决证据可采性问题,即证据门槛问题,对之后证据内容的真实性证明有极其重要的影响。因此,我国关于电子数据鉴真制度的发展与完善仍有很长的路要走。

专题四　青年论坛

论算法视域下版权法“通知—移除”规则的异化适用[*]

程　娅[**]

【摘　要】算法实施作为智能社会发展的重要驱动力，能够为网络空间治理法治化提供强有力的创新赋能和科技支撑。而版权法作为算法实施的前沿阵地，却在实施之初暴露了“通知—移除”规则异化适用的治理困境，过滤算法的兴起和海量通知的涌现对以人工审查为制度预设的“通知—移除”规则发起严峻挑战。为使“通知—移除”规则的适用回归应然状态，版权法应结合算法实施的特点，以网络服务提供者为核心，构建“共建共治共享”社会治理理念下的合理阈值设计机制、涉权信息公开披露机制以及算法决策下的“众包”机制。

【关键词】算法实施　“通知—移除”规则　异化适用　算法规制

一、问题的提出

随着新一轮信息革命浪潮的到来，以大数据和智能算法为核心的人工智能社会体系正初步建立。算法实施作为智能社会发展的重要驱动力，不仅推动着社会各领域的颠覆性变革，而且勾勒着人们社会生活的可能边界。尤其是在网络空间领域，版权的算法实施和运行引起了学界的普遍关注。一方面，版权的算法实施能够为网络空间侵权治理提供强大的技术支撑；另一方面，版权的算法实施也引起了学者们的关注和担忧，正所谓“祸兮，福之所倚；福兮，祸之所

---

* 基金项目：高等学校创新引智计划（111 计划）（B18058）。

** 中南财经政法大学知识产权研究中心研究员。

伏"。算法权力在促进版权法实施、便利侵权治理的同时,也带来了一些亟待解决的问题。

版权法作为算法实施的前沿阵地,无论现行立法是否对该领域的算法实施作出回应,其都以"过滤算法""自动侵权审查"等多种形式实际应用于各大网络平台的服务之中。例如,YouTube 的"Content ID 版权保护系统",百度文库"DNA 反盗版文档识别过滤系统",中国版权协会版权检测中心的"版权内容指纹特征比对系统"等。这种超越法律现行规定的算法实施内容虽然能够在一定程度上遏制侵权现象,减轻甚至免除网络服务提供者承担侵权责任的风险,但鉴于算法实施的双面属性,它还会不可避免地对社会公众的权利造成损害。以 YouTube 的"Content ID 版权保护系统"为例,版权方将作品上传到 YouTube 的"参考文件(reference files)数据库"中,随后 Content ID 版权保护系统便以该数据库的版权资料为基础,自动审查和对比其他用户上传的内容是否与数据库的版权资料相匹配。[1] 一旦被该系统认定为匹配,Content ID 版权保护系统便会代替权利人直接采取屏蔽等版权措施,该内容就无法在 YouTube 平台上显示。值得注意的是,此处认定是否匹配的阈值设计和算法实施完全取决于该网络服务提供者。[2] 即网络服务提供者的控制力越严格,平台上的侵权内容就越少,其就可以最大限度地免除被控侵权的风险。此时,用户的权利就成了算法滥用实施下的牺牲品。

面对算法权力崛起境遇下的公众权利,我们不禁深思,"通知—移除"规则的算法实施是否已经导致部分裁判权、执法权实质上归为平台所有?引起这一权力结构异化的本质原因又在何处?由此导致的异化风险又会在版权领域引起怎样的失范后果?以及如何规制和完善"通知—移除"规则的算法实施,才能更好地实现版权领域算法执行的帕累托最优?为此,本文拟在既有理论的基础上结合算法实施的特点,以网络服务提供者为核心来对上述问题展开探讨,抛砖引玉以推进算法实施视域下"通知—移除"规则异化适用规制机制的建构和完善。

---

〔1〕 参见黄炜杰:《屏蔽或变现:一种著作权的再配置机制》,载《知识产权》2019 年第 1 期,第 36 页。

〔2〕 参见王聪:《"共同善"维度下的算法规制》,载《法学》2019 年第 12 期,第 69 页。

二、算法视域下“通知—移除”规则异化适用之成因

自 Web 1.0 时代开始,网络空间的版权侵权现象就屡禁不止,为解决网络产业的版权之困,美国《数字千年版权法案》(Digital Millennium Copyright Act, DMCA)确立以“通知—移除”规则为核心的避风港制度,该规则一经问世便迅速得到多国的引用和借鉴。该规则是指,网络服务提供者在收到有效的侵权通知之后,需要立即移除侵权内容或者断开侵权链接。设置该规则的应然定位在于,网络服务提供者不需要对用户的上传内容进行主动的审查,而是由版权方人工审查该网络平台之上是否存在侵权信息,然后就该侵权信息向网络服务提供者发送侵权通知,网络服务提供者再及时履行“通知—移除”的基本义务。该规则作为版权侵权治理的重要组成部分,为网络空间的利益平衡和产业发展作出了重要贡献,但“通知—移除”规则的算法实施却偏离了其应有的制度轨道,两项优势内容相结合的应然状态并未成为网络空间良好法治治理的实然结果,导致这一现状的成因究竟为何,我们有必要剖析。

(一)过滤算法的实施改变了“通知—移除”的制度架构

有学者指出,在算法实施背景下,数据保护立法的侵权预防远比侵权救济更为关键,因此,风险防控成了信息控制者算法实施的首要关注点。[3] 具体到版权法领域亦是如此。近年来,“通知—移除”规则在司法实践中不断被作为归责条款而非免责条款来适用,导致网络服务提供者尤为关注平台中侵权信息的管控。[4] 故在外界环境的敦促和智能科技的支撑下,过滤算法被实际应用于多个平台之上。在“通知—移除”规则原有的制度架构下,用户可以自由上传文字、视频等信息,然后由版权人审查。但现在网络服务提供者已经超越了该规则原有的制度内容,承担了本应由版权人负责的“审查权”,使其自行认定的侵权信息根本不可能出现在平台之上。

这种超越现行法律规定的过滤算法会对用户的合法权利造成损害:第一,用户可能根本不知道究竟为何自己上传的信息不允许被上传,而且受平台“用

---

〔3〕 参见程莹:《元规制模式下的数据保护与算法规制——以欧盟〈通用数据保护条例〉为研究样本》,载《法律科学》2019 年第 5 期,第 50 页。

〔4〕 参见周学峰:《“通知—移除”规则的应然定位与相关制度构造》,载《比较法研究》2019 年第 6 期,第 22 页。

户协议”的影响,用户缺乏明确的请求权来对抗平台的过滤决策。[5] 第二,在过滤算法实施中,版权方并未就用户的上传内容向网络服务提供者发送侵权通知,所以,用户不能依照“通知—移除”规则以反通知程序保障自身权利。总之,过滤算法将版权人本应具有的侵权信息“审查权”转移到网络服务提供者身上,这一侵权预防做法严重了损害用户上传信息的初始权利,改变了“通知—移除”规则本应具有的制度架构。

(二)UGC 的发展背离了“通知—移除”的制度预设

随着 Web 2.0 时代的到来,用户生成内容(User Generated Content,UGC)呈现爆发增长的态势。而“通知—移除”规则作为 Web 1.0 的产物,以权利人和网络服务提供者的人工操作为制度预设,但在用户生成内容的爆发下,各平台 24 小时不间断地上传着数以亿万计的信息资料,版权人也转由专业代理机构以 BOT 等算法实施为工具,对用户上传在各平台上的信息进行侵权审查。此类专业代理机构以发送的侵权通知作为收费依据,所以为实现盈利目标最大化,其选择向平台发送海量的侵权通知。以谷歌 2019 年《透明度报告》为例,据研究显示,其已收到移除通知 43 亿条,且有版权人委托专业代理的第三方机构在一天时间内向谷歌发送 364 万条需移除的网址信息。[6] 从上述数据可以探知,在算法的支撑下,这些专业代理机构并不对所控的侵权信息进行实质性审查,即并不审查它们是否真正侵害了版权方的权利,抑或合理使用或者其他情形。

但事实上,这种对算法实施的一味依赖,往往会滋生算法滥用、算法错误等问题,而且其纠错成本特别高。在“通知—移除”制度中,网络服务提供者一旦接收到这些通知信息,就需要立即采取移除等必要措施,即使该通知信息存在瑕疵甚至并不符合通知要件。这是因为如果网络服务提供者不采取移除等必要措施,被控侵权的主体就是网络服务提供者自身,此时网络服务提供者面对的诉讼主体是版权巨头。但在采取移除等必要措施之后,网络服务提供者面对的主体就只有用户。例如,在“《匆匆那年》百度网盘侵权纠纷案”中,百度网盘虽本着保障用户权利之心未予移除被控侵权内容,却被一审法院判决侵权,苦海沉浮 3 年方才摆脱侵权深渊,百度公司尚且耗资如此,更遑论其他小型网络

---

〔5〕 See Maayan Perel & Niva Elkin-Koren, *Accountability in Algorithmic Copyright Enforcement*, Stanford Technology Law Review, Vol. 19(Spring,2016).

〔6〕 参见谷歌:《透明度报告》,载 https://transparencyreport.google.com/copyright/overview.z,2020 年 7 月 9 日访问。

服务提供者。[7] 而且,在专业代理机构启动"侵权通知按钮"后,用户被控侵权而被移除的信息在很大程度上得不到恢复,这一结果或由多种原因导致,但它也足以反映出依反通知程序纠正和监管算法实施视域下的"通知—移除"规则,并不能起到实现人工审查、人工发送通知制度预设背景下的期待效果。

(三)算法权力的崛起放大了"通知—移除"的私人规制缺陷

从传统意义上来讲,版权领域的侵权规制需要依靠行政机关和司法机关来实现,但这种传统意义上的规制主体并不能对侵权治理发挥出制度的预设效果。因为网络空间有别于传统空间,其侵权行为人的匿名化操作使得行政机关和司法机关很难直面侵权行为人。而网络服务提供者在收到有效的侵权通知之后,可以立即移除侵权内容或者断开侵权链接,以最为便捷地操作实现对版权人的权利救济,解决网络空间版权领域的"执法失灵"问题,摆脱网络产业发展的"阿喀琉斯之踵"。为此,自 Web 1.0 时代以来,世界上多个国家和地区都开始探索和利用网络平台的私人规制属性。

《数字千年版权法案》规定网络服务提供者在收到反通知信息之后的 10 ~ 14 个工作日内恢复被控侵权内容。[8] 其认为 10 ~ 14 个工作日足够版权人发起诉讼,这种要求网络服务提供者"按时"恢复被控侵权内容的方式,不仅可以有效促使权利人积极行使权利,而且可以有力保障被控侵权行为人的合法利益。但是,我国与美国不同,其并不经过法院程序,完全由平台自身决定,即网络服务提供者在收到用户的反通知信息后,需要"立即"恢复被移除的侵权信息,这就使得我国"通知—移除"规则的私人规制特点体现得尤为明显。

而在算法权力强势崛起的时代背景下,"代码就是法律"的算法实施进一步为平台的私人规制属性提供了扩充适用的空间。裁判功能和执法功能的高度聚合,要求网络服务提供者承担更多的社会责任。但网络服务提供者作为商业主体,以逐利为天性,面对可能被版权巨头控告侵权的风险,难免会存在权力滥用的现象。此时,用户的权利往往就成了被牺牲的对象。因此,具有私人规制属性的"通知—移除"规则,在我国制度确立过程中存在一些天然的制度缺陷,而算法实施的适用和发展进一步扩充了"通知—移除"规则的适用空间,也进一步放大了"通知—移除"规则的固有缺陷。

---

〔7〕 江苏省高级人民法院民事判决书,(2018)苏民终 1514 号。

〔8〕 17 USC 512(g).

三、算法视域下“通知—移除”规则异化适用之危害

版权的算法实施有其必要性,我们不能忽视和否定合理的算法实施给侵权治理、版权保护带来的技术支撑和强大赋能。但事物都有两面性,在算法实施之初,我们更需要做的是敲响警钟,关注到算法实施背景下“通知—移除”规则的异化适用给版权制度造成的现实危害。

(一)扭曲版权激励机制

版权“激励机制”认为,公共福利体现在科学、文化、艺术进步之中,故版权法授予作者专有权,为作者提供以市场为基础的经济利益,以激励他们创作更好的作品进而推进社会公共利益的实现。[9] 从上述理论可以看出,版权激励机制的最终目的就在于,通过激励作品最广泛的创作和传播来增进社会文化知识的繁荣和社会公共利益的实现,而作品的经济价值是作为实施工具来保障和推动上述目标实现的。简言之,版权激励机制的立法目标在于激励作品的创作,而非强调这些作品的价值。[10]

然而,算法实施视域下“通知—移除”规则的异化适用逐渐背离了版权激励机制的设立宗旨,转而强调作品的“不可侵犯特性”。版权人、网络服务提供者等主体借助智能算法的技术支撑,在网络空间 24 小时不间断地探查用户是否存在利用现有作品的“侵权”情形。实际上,现有作品也并非“无花之果”“无本之木”,版权人在创作之时不仅需要作者自身的智力活动,而且也需要前人所积淀下来的智慧成果。没有对前人创作成果的利用,就没有后人作品的产生,对前人作品的合理使用可以更好地推动和促进优质作品的诞生。

但是,在“通知—移除”规则的算法实施下,低阈值的过滤设计、侵权检索作为作品利益最大化的实现工具,动辄因可能侵权为由移除用户的创作作品,而并不考量该作品的使用是否存在合理使用等其他情形。尤其是得到版权人授权的第三方版权代理机构,更是以版权激励机制所授予作品的专有权为“尚方宝剑”,在网络空间进行肆意的侵权检索,发现一点作品使用情形就以通知形式要求平台移除,否则就针对平台发起诉讼。正如前文所述,此类版权代理机构

---

〔9〕 See Balganesh, Shyamkrishna, *Foreseeability and Copyright Incentives*, Harvard Law Review, 2009.

〔10〕 参见冯晓青:《著作权法之激励理论研究——以经济学、社会福利理论与后现代主义为视角》,载《法律科学(西北政法学院学报)》2006 年第 6 期,第 43 页。

只强调作品背后蕴含的经济价值，并不关注版权激励机制的最终目的在于激励作品的创作和传播。或许有学者强调，这些主体有助于解决网络空间的侵权乱象，但其为经济和产业的短期利益忽视了版权激励机制的立法宗旨，使作品成为获利的工具、使社会公众丧失“自由表达的引擎”，在真正意义上损害了版权制度发展的根基。

（二）有悖于利益平衡理念

利益平衡即利益均衡，是指在一定的利益格局和体系下呈现的利益体系相对和平共处、相对均衡的状态。[11] 具体到网络空间的版权法领域，利益平衡理念的内核就是指版权人、网络服务提供者和用户三者之间权利义务关系的平衡，以及个人利益和公共利益的平衡。

为了保障 Web 1.0 时代网络产业的发展，《数字千年版权法案》确立“通知—移除”规则，并根据利益平衡理念要求版权人承担侵权检索责任，网络服务提供者仅承担及时移除或者断开侵权链接的工具责任。但是随着网络产业的迅猛发展和算法权力的强势崛起，网络服务提供者以过滤算法等形式介入到侵权审查体系中来，而版权方也在智能算法的加持下改变了人工审查的制度预设，以海量的通知信息为表现形式要求移除用户信息。用户面对版权方和网络服务提供者的双重压力，只能依照反通知程序来保障自身权利，但反通知程序也并不能发挥制度的预设效果。有研究表明，美国电影协会依“通知—移除”规则于6个月内共发出2500万个请求移除侵权信息的通知，但只收到8条反通知。[12] 正如崔国斌教授所言，“科学技术或社会背景一旦发生变化，已有的利益平衡关系就可能被打破”。在智能算法的加持下，网络空间中执法权和裁判权在一定意义上都聚合到版权人和网络服务提供者身上。根据“纳什均衡”理论，利益各方在无法共谋与合作时，只会选择对自己最有利的策略，并不会考虑其他对手利益或社会利益。[13] 在网络空间侵权现象的遏制中，用户处于版权方和平台方的对立面上。故在算法实施下，公众上传信息的权利和自由难以得到切实的保障。

适度的版权保护是实现版权法利益平衡理念的根本保障，公众对作品的接

---

〔11〕 参见冯晓青：《知识产权法前沿问题研究》，中国人民公安大学出版社2004年版，第11页。

〔12〕 See Bruce Boyden, supra note 29.

〔13〕 参见丛立先：《论著作权制度中的利益博弈与利益平衡》，载《政法论丛》2013年第3期，第89页。

近和使用则是实现版权法利益平衡理念的关键。[14] 两者协调才能契合版权法立法价值二元取向的内在要求。网络空间侵权现象的遏制固然重要,但若其所付出的成本代价超出对用户等社会公众的权利保障,则有碍于版权法的立法价值实现,有悖于版权法的利益平衡理念。

(三)侵蚀维护公正的法律防线

公正,是国家治理能力和现代化治理体系在社会层面的具体体现,也是国家顶层设计和社会治理实践所遵循的价值依据。[15] 具体到网络空间的版权实施领域亦是如此,版权的算法实施可以最大限度地保证网络空间侵权治理效率的提升,但不可忽视的是,算法实施的方式、应用规则、决策判断都需要依靠算法设计人员的确立来实现,但作为个体,算法设计人员的算法架构往往受到主观隐含的偏见影响。或言之,版权的算法实施不可避免地带有一定的偏见。

在"通知—移除"算法实施中,版权人、第三方版权专业代理机构以及网络服务提供者作为算法设计的主体,在网络空间实际执行着算法实施和算法操作。侵权的审查、过滤阈值的比对,这些算法的设计和执行都是为了实现侵权风险预防的最大化,以此为算法设计理念的算法执行在实施过程中,会形成"无意的不公正"。而当"通知—移除"规则的算法实施被广泛适用后,这种"无意的不公正"就会被放大,产生歧视性的法律实施后果。而用户等社会公众在"通知—移除"的算法实施中,并不具有被算法考虑的空间,因为算法实施和算法执行的设计者是版权人和网络服务提供者,他们的算法设计初衷只是为了保护自身利益,甚至是如何更大限度地侵占公共利益的空间。因此,用户等社会公众的利益是被执行的对象。所以,在这种情况下,公众的合理使用情形或者其他符合著作权法的情形都可能会遭受不合理的侵占和伤害。

而司法系统作为守护公正的法律防线,在"通知—移除"规则的异化适用下并没有运作空间。因为我国反通知机制的设置,使"通知—移除"规则的适用具有了更多的私人规制属性,而算法的进一步实施和扩充适用以及平台的用户协议,都阻断了用户诉求的途径,以至于很多用户权利被实质损害的案件根本不可能进入到司法系统程序之中。算法偏见和算法歧视没有实施阻碍,恶性的循

〔14〕 参见冯晓青:《知识产权法利益平衡原理》,湖南人民出版社2004年版,第49页。

〔15〕 参见陈思:《算法治理:智能社会技术异化的风险及应对》,载《湖北大学学报(哲学社会科学版)》2020年第1期,第163页。

环和秩序的紊乱放大了“无意的不公正”现象，进一步侵蚀了维护公正的法律防线。

四、算法视域下“通知—移除”规则异化适用之规制

“法律的生命在于实施。”[16] 版权法的算法实施是智能社会法学理论研究和法治体系建构的重要组成部分。[17] 为此，越来越多的网络平台选择引入算法来支撑版权法实施，这是智能社会法律实施的必然趋势，也是网络空间治理法治化的内在要求。故对网络空间版权法的算法实施研究，我们决不能禁止和阻碍。面对“通知—移除”规则的异化适用风险，我们更应关注的是如何规制算法以实现网络空间版权实施的良性运作。

“通知—移除”规则异化适用的规制机制建构离不开智能社会的法理指引。“共建共治共享”的社会治理理念作为党的十九大社会治理格局的重要部署，能够对网络空间的法治化治理发挥重要的引领作用。“共建共治共享”是反身法的基本理念之一，适用于具有充分自主发展空间和专业技术知识的复杂社会领域，旨在借助法律“过程”和法律“关系”的建构过程，达成治理制度与信息社会结构的“和谐适配”，以此激活信息社会的自我反思潜力。[18] 具体到版权法的算法实施领域，“共建共治共享”理念意为：算法决策的实施需要调动各主体的积极性，使相关主体更多地参与到多元共治的格局中来，发挥主体优势提高侵权治理和资源分配的利用率、适配率，使法治治理突破算法实施的反噬效应以提升智能信息社会的自治能力。依据上述理念，“通知—移除”规则异化适用的规制机制建构建议如下：

（一）提升算法设计的可预测性：合理设计过滤阈值

在规则代码化的支撑下，网络空间的算法决策切实影响着物理空间的利益关系。[19] 若算法决策的初始设计存在问题，那么造成的不利法律后果也必将

---

〔16〕《中共中央关于全面推进依法治国若干重大问题的决定》，载《人民日报》2014 年 10 月 29 日，第 1 版。

〔17〕 See Kenneth A. Bamberger, *Technologies of Compliance: Risk and Regulation in a Digital Age*, Texas Law Review, Vol. 88, No. 4 (2010).

〔18〕 参见陆宇峰：《信息社会中的技术反噬效应及其法治挑战——基于四起网络舆情事件的观察》，载《环球法律评论》2019 年第 3 期，第 69 页。

〔19〕 赛博空间是指计算机以及计算机网络里的虚拟现实。胡凌：《超越代码：从赛博空间到物理世界的控制/生产机制》，载《华东政法大学学报》2018 年第 1 期，第 17 页。

十分严重。因此,“通知—移除”规则算法规制的重点应当放在初始算法的设计之上。

“通知—移除”规则的算法实施首先需要依照过滤算法来实现,而过滤算法合理与否的关键则在于阈值设计之上,过高的阈值设计会导致侵权现象的泛滥,不利于对版权人专有权利的保护和激励机制“创作激励”的价值实现。而过低的阈值设计又会导致用户在平台上传信息的权利被侵占,损害公众“自由表达的引擎”和社会公共利益的实现。无论何种结果,都不符合“通知—移除”规则的立法原意,所以,合理的阈值设计对版权法激励机制实现尤为重要。但何种程度的阈值设计属于合理情形,目前尚无定论。笔者认为,鉴于网络服务提供者的类型千差万别,我们可以依照“共建共治共享”的社会治理理念,由相关主体充分参与到过滤阈值的设计中来,达成算法实施和侵权预防治理的“和谐适配”。具言之,先由网络服务提供者公示所采用的阈值标准,然后在市场竞争环境下,由用户和版权人提供阈值体验,再由网络服务提供者根据用户体验评价来衡量阈值可用度,以此决定是否进行阈值调整和优化。

此外,合理阈值设计机制还可以适用到移除通知的侵权审查中,且值得注意的是,阈值设计需要将作品合理使用的情形纳入其中,以提高可预测性。尤其是移除通知的审查设计,其必须要考量用户合理使用的情形,以回应人工审查背景下版权人承担的制度预设责任。

(二)增加算法运行的透明性:公开涉权信息

算法透明与权力规制具有一体两面性,智能算法的透明化处理,被认为是规制权力的核心方案。[20] 版权领域的算法权力运行藏匿于“避风港规则”的护佑之下,严重缺乏透明度,要想真正意义上实现对“通知—移除”规则异化适用的有效规制,就必然要在“共建共治共享”理念下,对涉及用户等社会公众权利的信息予以公开,例如,未通过过滤阈值检测的原因、结果以及版权人的通知信息等。值得注意的是,此处的“公开”并非指仅向被执行算法的用户公开,而是向社会公众公开。这一考量主要在于某一用户可能并不具有评判该算法运行的结果是否合理的能力,而社会公众则以群体利益为出发点考量该算法实施是否合理合法。

---

〔20〕 See Bruno Lepri et al, *Fair*, *Transparent*, *and Accountable Algorithmic Decision—Making Processes*,31 Philosophy & Techonology 611(2018).

"审判自己远比审判别人更加困难。"[21] 网络服务提供者和版权人公开算法实施过程中的涉权信息并非易事,这需要他们自行审度其在算法实施的过程中是否有损害用户等社会公众权利存在的情形,并考量涉权信息公开之后可能引起的公众反应。但涉权信息的公开不仅对于版权人和网络服务提供者算法实施的完善具有重要意义,而且可以在公众监督下减少算法执行错误的现象。关于涉权信息公开的内容和方式,笔者建议可以依照定期公布透明度报告的形式,就算法实施过程中的算法要素和算法背景予以公开,其中,算法要素包括上文提到的过滤算法阈值、侵权信息审查阈值等;算法背景包括过滤阈值对比数据库、版权人通知信息库、人工复查侵权与否的比例程度等,以突破算法"黑箱"的反噬效应,增加算法运行的透明性。

(三)提高算法决策的公众参与性:完善众包机制

AI Now 的创始人 Kate Crawford 曾言:"算法作出自动化决策后,我们要在法律层面设置和人类决策一样的监管程序。"[22] "通知—移除"规则的私人规制属性使得司法机关和行政机关等社会公权力机构不能发挥应然的规制效果,此时我们可以转而利用网络平台的私人规制特点。借助"共建共治共享"理念,为公众参与治理预留出适用空间,提高算法决策的公众参与性,确立众包(clowdsourcing)机制作为算法误判移除下的补救措施,可能比单独的反通知程序更能发挥制度的预设效果。

众包机制原指将内部任务以自由自愿的方式外包给非特定的大众网络。[23] 这种以众包方式处理权利纠纷的机制在实践中已有适用,例如,ebay 和亚马逊等。具体到"通知—移除"规则的算法实施领域,众包机制即指由非特定的社会公众负责评议被控侵权信息是否应予删除。首先,网络服务提供者应当将被控侵权信息、版权人的通知、用户反通知(删除个人信息)放置于众包平台之上,其次,再由至少两位不特定的用户申领评判任务,并由其分别作出是否应予移除的综合评判,如果两位不特定的用户作出的评判结果不一致,再由系统继续分配给不特定的社会公众进行复审。

---

〔21〕 [法]安东尼·德·圣-埃克苏佩里:《小王子》,马振聘译,人民文学出版社 2003 年版,第 23 页。

〔22〕 佚名:《算法黑箱迎来光明?》,载腾讯网,https://new. qq. com/omn/20190412/20190412A07PUV. html,2020 年 5 月 26 日访问。

〔23〕 See Howe J. ,*The Rise of Crowdsourcing*,Wired Magazine,2006,14(6).

另外,为了激励社会公众积极申领、认真评判,网络服务提供者还可依网络平台的特点设置独特的奖励机制,例如,经验值积累、特定礼包、会员升级等。由此,既可以增加用户黏性、丰富平台资源,也可以有效弥补"通知—移除"规则实施中智能算法对用户合理使用情形的误判,提高算法决策的公众参与性和决策合理性。

五、结语

"通知—移除"规则作为私人规制的免责机制,缺乏对用户所代表的公众主体的利益考量,而算法视域下的代码实施进一步加剧了制度缺陷的失衡状态。过滤算法的兴起,UGC 内容产业的涌现裹挟着算法"黑箱"和自动化决策的监管问题,阻碍了用户权利的救济,改变了"通知—移除"的制度架构和制度预设。诚然,"通知—移除"规则的算法实施具有不容忽视的独特价值,但我们不能因此限缩用户的权利边界。积极探寻制度适用的算法实施路径,方能呼应智能时代版权法体系的发展要求。为使"通知—移除"规则的算法实施实现理性回归,需以"共治共建共享"的社会理念为要求,设计合理的过滤阈值以提升算法设计的可预测性,强调并维护用户上传信息的初始权利;公开涉权信息以增加算法运行的透明性,以减少算法错误的执行可能性;完善众包机制提高算法决策的公众参与性,重申并保障被控侵权信息不当移除的恢复渠道,以求在利益平衡的基础上,实现"通知—移除"规则算法实施的合理规制。

智能算法决策的行政监管法律制度研究

王孜航*

【摘　要】智能算法决策于我们并不陌生，其已被运用于人脸识别、个性推荐、自动驾驶等各方面，但其带来的社会风险也日益凸显。智能算法决策隐含平等挑战和透明困境，单纯从私法领域已难以化解智能算法决策带来的社会危机。现有制度存有三大缺位，应逐步探索建立智能算法决策行政监管的主体制度，明确智能算法决策行政监管的权责制度，完善智能算法决策行政监管的执法规则，以期在事前、事中、事后对智能算法决策进行有效监管，实现智能算法决策技术良性发展与行政法善治的共同目标。

【关键词】人工智能　算法决策　行政法　监管

人工智能的本质规则，即智能算法决策，即在大数据基础上所做的分析、预测、评价。算法成为人工智能的内在规则，它不仅确立了机器学习实现的目标，也指明了实现的路径与方法。[1] 在宏观层面上，智能算法决策不仅渗透经济领域，更在社会公共治理中发挥重要作用；在微观层面上，亦改变了信息交互、商务运营、娱乐活动的方式。智能算法决策对人类生活影响的深度和广度不断提升，伴随而来的是诸多难以预测的、具有巨大负面效应的科技风险。[2] 在网络联系紧密和应用效能开发的催化下，一旦科技风险转化为实害，往往在横向

---

* 武汉大学法学院宪法与行政法学硕士研究生。

〔1〕 参见贾开、蒋余浩：《人工智能治理的三个基本问题：技术逻辑、风险挑战与公共政策选择》，载《中国行政管理》2017年第10期，第40页。

〔2〕 参见张哲飞：《科技风险规制过程中的行政法问题研究》，中南财经政法大学2018年博士学位论文，第55页。

和纵向范围内造成难以估计的损失。

一、智能算法决策的社会危机及行政监管必要性

(一)智能算法决策的社会危机

1. 智能算法决策的平等挑战

算法技术的内在缺陷和外部人为因素共同导致其易从原本的中立性运转轨迹转向带有价值评价的关口,这也在现实中引发了智能算法决策的平等挑战,表现在就业、经济、司法多方面。例如,亚马逊公司的试验性招聘工具使用人工智能算法技术为求职者打分,但该系统算法自主优选男性求职者,给予带有"女性"字符的简历低星评级甚至降分评级。此外,刑事犯罪预测领域也暗含歧视,美国芝加哥法院 COMPAS 算法软件对黑人犯罪嫌疑人系统性歧视,黑人犯罪概率被评估为白人犯罪概率的两倍。总的来说,智能算法决策引发的固化偏见与助推歧视风险表现在就业歧视、价格歧视、房屋买卖歧视、信贷歧视、保险歧视多方面,不仅损害个体公平,还加剧了群体极化的现象,导致群体的公平发展受挫。

2. 智能算法决策的透明困境

算法自主学习、自主训练的过程不为人所知,其形成的规则集也难以转化为自然语言,导致智能算法决策的部署者与相对人的信息鸿沟日益扩大,智能算法决策的部署者可肆意操控智能算法决策,利用这种透明困境损害个人权益及社会法益。[3] 由于智能算法决策的隐蔽性使实践中民事个案存有维权难的困境,单个个体根本难以及时发现算法部署者的侵权行为,更难以理性应对侵权损害的后果。权力是为权利而设置的,权利是对利益分配的处置,权力的根本是利益,既为特定的利益存在,也以利益为基础依托。但是,算法决策所形成的算法权力,并没有个体权利能与之协调。[4]

(二)智能算法决策行政监管之必要性

现有的法律体系和制度框架是否足以调整智能算法决策,新兴的智能算法决策是否有必要加以行政干预,行政监管的行为特征能否与智能算法决策兼容,因而需要转向对智能算法决策行政监管必要性的探讨。

---

〔3〕 参见孙保学:《人工智能算法伦理及其风险》,载《哲学动态》2019 年第 10 期,第 95 页。

〔4〕 参见张凌寒:《算法权力的兴起、异化及法律规制》,载《法商研究》2019 年第 4 期,第 66 页。

1. 平衡技术鸿沟所致的双方悬殊地位

从行政法的基本理论来看，行政法通过国家公权力干预市场经济，以保护基本权利和控制行政权力两大核心功能为落脚点，在智能社会背景下，平衡技术鸿沟所导致的个体与算法部署者悬殊地位，最终实现控制以及减少智能算法等新兴技术风险目的。保障社会公共利益、保护公民基本权利，是国家发展必须保证之内容，也是政府行政的核心任务和宗旨。伴随智能社会革命的到来，与当代社会相协调的行政法也必然需要不断调整以作出回应。同时，行政法为技术风险规制权力的行使提供了应用领域，作为行政权力的科技风险规制权力将被放置于法律的场域之中，关涉智能算法技术的监管或其他行为都需要通过行政法的内容和程序开展。基于以上分析，运用公共选择的行政监管弥补个人防范风险能力的不足成为社会公共管理活动的应有之义。[5]

2. 个体权利保护向整体权利转变

现代行政的目标不再仅仅是安全抑或秩序，更重要的是实质意义上的公正，即需保护社会整体权利，建立更加细致的公共服务和普遍的社会福利。而智能算法的公共性更致使其应受到行政法保护。公共性不仅是指代智能算法的技术应用已经深入到政策制定、经济运作等与公众权利休戚相关的公共领域，更是指代智能算法的合法良性运转在实现现代国家“善治”中有极为关键的作用。实现现代国家“善治”目标以智能算法为核心的人工智能技术规范化治理为条件。此外，现代行政法的主题是要维持智能算法发展与公共利益的平衡。人工智能时代，国家治理现代化亟需作为主要治理主体的政府实现治理方式的转变，从传统的保护个体权利不受侵犯扩展到保护社会整体权利。

二、智能算法决策行政监管制度现状及缺位

目前，我国能够调整人工智能产业的立法相对较少，没有一部统领性的法律或者法规，相关的主体权利义务关系都比较模糊。《个人信息保护法》《电子商务法》《网络安全法》中个别条款有零散间接提及算法监管的条款，但均不是以智能算法决策技术本身为直接规制对象。[6] 总的来说，我国人工智能算法

---

〔5〕 参见何渊：《智能社会的治理与风险行政法的建构与证成》，载《东方法学》2019 年第 1 期，第 70 页。

〔6〕 参见姜野：《算法的规训与规训的算法：人工智能时代算法的法律规制》，载《河北法学》2018 年第 12 期，第 150 页。

决策行政监管制度仍属草创状态，在主体制度、权责规则、执法机制上存在缺位，使我国算法监管不仅法律法规不健全、顶层设计缺乏，实践案例亦匮乏，已出台政策实际落地效果不佳。本文从主体制度、权责规则、执法机制三个方面论证智能算法行政监管的制度缺位。

（一）智能算法行政监管主体制度缺位

由于智能算法这种底层技术应用于多方面的显性现象之上，例如，算法推荐、价格歧视、网络安全问题，所以，笔者试图从这些外化表现上寻找监管主体。具体来说，涉及以上算法监管问题的行政主体主要包括国家互联网信息办公室、国家市场监督管理总局、工信部、中国互联网信息中心、中国信息安全测评中心等部门及多个相关国家标准化组织。在行政法规和部门规章层面，由于行政程序相较立法程序更具灵活性、自主性、针对性，我国近年来相继出台了《数据安全管理办法》《新一代人工智能发展规划》《信息安全技术个人信息安全规范》《互联网个人信息安全保护指南》《信息安全技术个人信息告知同意指南》《云计算服务安全指南》等文件，正在逐步构建中国算法监管的行政法规体系。[7] 但是，我国始终未确定一个主要的智能算法行政监管机关，零散的行政法规规章在处理智能算法问题的过程中暴露了很多问题：多个部门分头零散监管，监管空白与重叠并存，地域化、条块化监管难以形成协调统一的监管体系，更难以打破中央到地方科层式监管机构为零的局面。例如，在算法推荐问题上，国家市场监督管理总局《价格违法行为行政处罚规定》、国家互联网信息办公室《网络信息内容生态治理规定》均可见条文规定；在数据安全问题上，国家互联网信息办公室《网络安全审查办法》《数据安全管理办法》《App 违法违规收集使用个人信息行为认定办法》也可见条文规定；在价格歧视问题上，国家市场监督管理总局颁布的《价格违法行为行政处罚规定》也有规定。只是这上述三个行政主体分别在智能算法技术的监管上是何种地位，相互之间如何协调配合，职权如何划分都没有明确，导致监管主体不明确的弊端显露，因而决定了实践中执法的混乱。

（二）智能算法行政监管权限规则缺位

一般行政权力大都源于宪法和行政组织法的“一般授权”或“固有授权”，而监管权力往往源于特定法律法规的授权，或者源于权力机关或上级行政机关

---

〔7〕 参见张欣：《从算法危机到算法信任：算法治理的多元方案和本土化路径》，载《华东政法大学学报》2019 年第 6 期，第 26 页。

专门决议的授权,也就是"特别授权"。但我国在智能算法行政监管的权责规则上基本处于缺位的状态。相比较《电子商务法》《网络安全法》,《数据安全管理办法》更专注于智能社会背景下的数据和算法问题,并在第5条和第33条中对监管机关和职权进行一定说明,但仍存有诸多问题亟待厘清。虽然该办法规定网信部门是统筹的监管部门,但是,智能算法适用范围特别广泛,单单网信部门无法触及到社会的各个领域。从《数据安全管理办法》的文本中我们可以看出立法者的无奈和妥协,也不得不指出该办法有过分笼统和概括之嫌。

首先,所称的"国家有关主管部门""有关部门"指向不明,难以落实监管。其次,《数据管理安全办法》对网络运营者的违法情形规定有二十多种,但是只限于提及多种行政行为的名称,具体如何公开曝光、没收违法所得、暂停相关业务、停业整顿、吊销营业执照等并没有具体说明,这赋予"有关部门"过大的自由裁量权。最后,目前我国不仅对行政机关针对智能算法决策的行政监管权没有清晰的授权规定,现有法律制度当中也没有对行政机关不作为的责任进行规定。实质上,这与行政法的基本原则相悖,符合逻辑的做法是职权因职责而产生,法律首先赋予行政机关各种职责,为了保证这些职责的完成,法律才赋予行政主体相应的行政职权和各种监管手段,如果离开了职责,那么职权和监管手段都失去了存在的根据。

(三)智能算法行政监管执法机制缺位

我国智能算法行政监管的执法机制匮乏,且多停留在原则性的层面,缺失具体的执法机制规定,因而引发执法不积极,责任追求不到位的现象,甚至会给公民造成"智能算法引发的侵害无人管,责任也不必承担"的错误印象。[8] 首先,从法律这一位阶进行分析,《网络安全法》就网络安全社会化服务体系、网络数据安全保护技术以及网络运营者收集的个人信息进行了规定,鼓励企业、机构开展网络风险评估等安全服务,提升网络安全保护水平。《电子商务法》第18条和第40条针对搜索类、推荐类等算法进行了一系列的规定,要求根据价格、销量、信用等多种方式向消费者显示商品或服务的搜索结果,同时向消费者提供不针对其个人特征的搜索结果。但在此过程中行政监管主体应如何作为,可以使用具体何种行政监管执法方式去保证算法部署者会履行明示义务,使用何种具体行政职权去处罚部分算法部署者,上述问题都未规定。其次,从法规

---

〔8〕 参见张吉豫:《人工智能良性创新发展的法制构建思考》,载《中国法律评论》2018年第2期,第115页。

规章角度考察,以智能算法而使用公民个人信息的问题为例,目前《数据安全管理办法》指出:“网络运营者以经营为目的收集重要数据或个人敏感信息的,应向所在地网信部门备案。备案内容包括收集使用规则,收集使用的目的、规模、方式、范围、类型、期限等,不包括数据内容本身。”那么,具体备案机构的类型并未进行说明,实际上该规定仍然难以落地。《数据安全管理办法》当中也只笼统地规定:“国家网信部门统筹协调、指导监督个人信息和重要数据安全保护工作,地(市)及以上网信部门依据职责指导监督本行政区内个人信息和重要数据安全保护工作。”

三、智能算法决策行政监管制度构建的理论基础

传统技术的试错型监管模式,不能有效回应智能社会的需求,因此,我们需要更新法律立场。但是,行政干预的提前同时意味着政府干预基础的变化:以智能算法决策的风险为干预对象,这意味着政府要在大量因素不确定的情况下采取监管行为,这实际上导致了与传统依法行政原则要求的“事实清楚”的紧张。同时,在不确定的情况下,如何遵守比例原则的约束也成为问题。因此,行政主体监管的界限提前意味着需要对传统监管理论基础的改变,为此,我们需要为这种改变找到正当性基础:风险社会理论。

德国社会学家贝克将“风险”界定为“系统地处理现代化自身引致的危险和不安全感的方式”。[9] 在现代社会,风险的产生与界定总是与新兴技术具有关联性,从而使在人工智能背景下的风险社会中如何监管规制新兴技术成了亟需解决的问题。由此可见,在智能变革背景下,风险社会不仅仅表明算法监管的紧迫性,也为算法监管提供思路。而当将风险社会的价值目标引入法律体系时,必须通过某种妥协保证法律体系的自洽性,因此,法律体系需要对风险社会理论这一源于社会学领域的内容,进行法学教义上的整理,确保风险社会理论不仅仅成为行政主体对公民采取行政行为的理由,也能与法律需要保护的其他个体的权利和价值在一个整体结构中获得兼容。

(一)技术中立转向技术批判

在风险社会理论下,贝克认为,人类面临的社会风险在人工智能时代的体现包括技术性风险和制度性风险。[10] 智能算法决策引起的技术性风险,主要

〔9〕 劳东燕:《风险社会与变动中的刑法理论》,载《中外法学》2014年第1期,第70页。

〔10〕 参见[德]乌尔里希·贝克:《风险社会》,何博闻译,译林出版社2004年版,第15页。

是指基于算法黑箱的不透明性，算法部署者和外部监管力量均难以对其进行完备监督，使它潜在的应用范围和具体场景难以全面预估和有效管控；智能算法决策引起的制度性风险，主要是指在现有监管制度确实与风险社会下新兴技术风险存在内在的不协调性，不仅在于制度空白，也在于整体范式需要调整，才有可能有效应对智能算法决策的诸多隐患。[11] 为了应对算法决策的不良影响，我们有必要采取风险举措，即预防行为和因应制度。[12]

而上述智能算法决策产生的技术性风险和制度性风险，究其根本，是由于底层的技术规制范式基础在很大程度上仍然贯彻的是技术工具理论，认为技术是中性的，技术没有本身的价值内涵，这种论断确实会有助于技术的发展，但是在智能算法变革背景下，我们已经不能只看到技术促进社会发展的方面，忽视技术的负面效应。[13] 因此，诸多技术哲学领域的学者早已注重批判技术工具理论研究，逐渐将目光转向技术批判理论，[14] 技术批判理论和风险社会具有极高的契合性，技术批判理论就是倡导用积极态度面对现代新兴技术的发展，这和风险社会主张的正面解决而不是事后回避的观点一致，也就是说，不能过分地放任技术的发展，而要在风险原则的前提下将智能算法决策技术整体纳入监管的范畴，这种监管思路其实是宣告价值理性的回归，有利于阻止智能算法决策等新兴技术过分夸大技术工具属性而发生异化。[15]

由此，将技术批判理论用于智能算法决策技术，在技术理性和价值理性之间需要有法律规制和行政监管去平衡，当算法部署者固守技术工具理论而过分利己时，就会产生算法黑箱的信任危机、隐私权等个人权利受到侵犯等现象。因此，我们需要借助行政监管来尝试将智能算法决策技术及其应用向价值理性引导，在此过程中，也可以实现人的主体性重塑，最终达到平衡智能算法决策的工具属性和价值理性的效果。

---

〔11〕 参见杜小奇：《多元协作框架下算法的规制》，载《河北法学》2019 年第 12 期，第 180 页。

〔12〕 参见张凌寒：《风险防范下算法的监管路径研究》，载《交大法学》2018 年第 4 期，第 56 页。

〔13〕 参见刘铁光：《风险社会中技术规制基础的范式转换》，载《现代法学》2011 年第 4 期，第 69 页。

〔14〕 技术批判理论认为并不存在所谓的技术“本身”，因为技术只会存在于特定的场合和应用的情景之下，必然要求我们把技术和技术应用一起研究和规制。

〔15〕 参见[美]安德鲁·芬伯格：《技术批判理论》，韩连庆、曹观法译，北京大学出版社 2005 年版，第 4 页。

(二)秩序行政向风险行政转化

政府职能的转变是一个历史过程,总体经历了从秩序行政到给付行政到风险行政的转变。传统国家行政普遍具有浓厚的政治性,具有极强的秩序行政范式特征。逐步进入现代社会,随着鼓励市场经济发展的趋势,政府职能逐步体现给付行政的特征,在此过程中传统的秩序行政也在政府治理的比重不断减弱,这的确是依法治国下政府改革和行政法的进步。但随着智能技术对传统社会秩序的冲击,众多现实问题和风险隐患并存。人工智能风险不仅仅简单地影响到个人,更涉及一系列与社会秩序相关的问题,而这种问题很难通过个人、团体或组织的行为而实现,此时公权力的介入不仅是保障常态的市民生活秩序,更是非常态时风险的管控。对算法技术风险的预测、防控和事后对策都依赖政府的风险管理,依存政府应急管理的权威性和实效性。〔16〕 在风险社会治理当中,公权力主要集中在行政、司法、立法层面,其中最为灵活高效的便是行政手段,是当下风险社会中人工智能技术发展不完全充分时最有效的治理方式之一,即在风险社会背景下,整体上采用秩序行政、给付行政转向风险行政的范式。〔17〕

风险社会理论是智能算法行政监管制度构建的方向支撑,指引智能算法行政监管法律制度在建构中实现事前预防和事后救济并存的方式,也能够推动我国从“技术工具理论”向“技术批判理论”的进步。既然传统的技术侵权法律保护模式在人工智能时代面临越来越多的局限,难以应对智能算法决策等技术给社会群体带来的风险。于是,我们便需要政府主导的反向运动通过保护性干预来突破,强调对风险效应的管控而非传统侵害结果的救济,表现为一种公法模式,即通过详尽手段由政府的行政性导向实现风险社会的治理。

四、智能算法决策行政监管制度构建

行政法的治理逻辑是在依法行政的原则下,基于明确具体的法律依据,行政主体在法定权限和正当程序下行使自身权力,所以,笔者将行政监管法律制度的讨论分为主体、权责、执法三方面进一步分析。〔18〕

〔16〕 参见高卫明、黄东海:《论风险规制的行政法原理及其实现手段》,载《南昌大学学报(人文社会科学版)》2013 年第 3 期,第 91 页。

〔17〕 参见刘铁光:《风险社会中技术规制基础的范式转换》,载《现代法学》2011 年第 4 期,第 74 页。

〔18〕 参见汪庆华:《人工智能的法律规制路径:一个框架性讨论》,载《现代法学》2019 年第 2 期,第 61 页。

(一)建立智能算法决策行政监管的主体制度

目前,我国尚无专门的算法监管部门,对算法等人工智能技术的监管仍处在不同的行政机关多头监管、分业监管的阶段。与我国监管范式不同,美国针对公共领域的算法决策技术进行了"算法问责制"的探索。这种治理的范式主要是组建专门的机构和专业人员的监管问责主体。从本质上看,这是通过外部问责的模式确保算法决策的工具理性和价值理性,也从正当程序的角度为公众在事前、事中、事后的参与留有空间。即便其在技术可行性上有一定难度,但这种架构应该为我国批判式借鉴,即建立专业的算法安全委员会,负责算法规则的制定、算法审查、算法解释的工作。部分欧美学者认为,算法监管工作可由行业协会等非政府机构完成。但监管主体单一性向多元性转换是一个渐进的过程,多层次监管体系也需要政府监管和行业协会等社会中介组织相互配合、相互补充。自我规制是一种发展趋势,但不能因该转型之需要便武断否认现阶段行政机关集中审查的必要性。当下我国民间组织的力量仍然薄弱,算法同业监管也基本处在空白的状态,所以目前只能暂由专门的行政机关集中监管算法问题。[19] 待民间力量发育较为充分之后,再将自我规制作为主要的控制监管手段,实现行业协会及其他社会中介组织的监管以及企业自主监管。[20] 算法安全委员会既能完成事前的算法审查批准,也能对算法进行定期的审查,监督保证其良性运行。同时,算法安全委员会在事中可以在遵守行政法基本原则的基础上行使行政权力,进行行政立法、行政处罚、行政强制等行为,可对恶意利用算法技术侵权的算法部署者一定的行政处罚,如警告等申诫罚,罚款、没收违法所得、没收非法财物的财产罚等。

(二)明确智能算法决策行政监管的权责制度

其一,我国目前并没有对智能算法决策行政监管权作出实质性的规定,需要在今后制定专门的算法行政监管法律制度中作出明确的授权,这样才有利于算法行政监管的真正落实。其二,在赋予"算法安全委员会"监管权力的同时,制约亦不可缺失,尤其是在算法安全委员会掌握海量数据和用户隐私信息的情况下,作为监管机构也需要接受监督。结合行政法基本原则,一方面,算法监管机构应当在符合比例原则的基础上使用行政监管手段,执行监管措施,保证算

〔19〕 参见孙建丽:《算法自动化决策风险的法律规制研究》,载《法治研究》2019 年第 4 期,第 115 页。

〔20〕 参见姜明安:《行政法》,北京大学出版社 2017 年版,第 400 页。

法监管行政机构行使自由裁量权所采取的具体措施必须符合法律目的,具体结果与行政机关采取之措施之间存在正当性,采取对相对人权益损害最小的方式。另一方面,坚持依法行政原则,尤其是在程序方面也做到正当监管,保障相对人合理的救济途径,在监管手段多元化方面,为保障算法监管过程中各主体之间的权益调和问题,算法监管机构应尽可能采取行政协议、行政奖励等柔性措施,以期在协商层面就将算法技术与行政法保护最大化平衡。

(三)完善智能算法决策行政监管的执法规则

其一,确定精细化场景化的算法分级监管规则。基于不同类型算法的差异性和场景的多元化,智能算法决策行政监管不应采用单一的标准,即劳伦斯·莱斯格所主张的"网络需要各种选择"。[21] 我国在智能算法决策行政监管体系中,首先应当对算法进行类型化处理,根据其风险大小进行分级,坚持场景化和精细化监管的路径。当智能算法决策在应用于不同场景时,可能会对社会公众利益产生不同程度的负面评价,一方面,需要贯彻风险防范的原则,专门的人工智能管理部门即算法安全委员会需要对不同类型的算法制定准入门槛和安全标准;另一方面,为高风险算法的部署者施加智能算法决策风险评估的强制义务。

其二,设置登记备案和定期审核制度。事前监管登记制度能为市场输入合法的人工智能资源,这不仅是行政管理的便利,也是出于保障市场秩序的考量。行政前置的筛选虽看似程序较为复杂,但初期的"紧缩""谨慎"是人工智能市场秩序和谐稳定的重要保障。因此,算法安全委员会设置后,行政主体需要尽快完善算法监管具体制度,其中最先应当进行的,便是结合《反不正当竞争法》对算法商业化运营的市场准入进行严格控制,要求算法运用于商业运行的公司进行登记备案,并向该地算法安全委员会说明算法原理,将运用算法的信息在不损害商业秘密的前提下向社会公布;其次,算法安全委员会需会同市场监管部门定期、不定期对企业运营情况进行审核,监测算法运行情况,排除侵害相对人权益的行为,规范市场秩序。若存在利用算法扰乱市场经济的行为,算法安全监管委员会也应参照既有法律规定作出行政处罚等行政行为。最后,要求算法使用者定期就自己使用的算法进行检查,定期公布检查报告,将报告的检查

---

〔21〕 [美]劳伦斯·莱斯格:《代码2.0:网络空间中的法律》,李旭、沈伟伟译,清华大学出版社2009年版。

情况公示于国家企业信用信息公示系统。[22]

其三，建立平台监管与数据监管相联结的机制。行政监管需要坚持平台治理与数据治理联结。我国对算法监管的手段一直在平台框架之下，通过设定平台的算法责任、逐步赋予用户算法权利的方式形成综合性的算法监管路径。这样的制度设计和我国长期以来的技术治理文化和政府管制的传统密不可分。[23] 然而，将平台推向监管的高地，让平台成为算法监管的关键却产生较大企业合规成本，使中小企业无形之中背负过于沉重的生存压力；也使"监管机构—平台—用户"的线性监管路径存有平台责任边界不清晰的风险。[24] 因此，虽在商业应用场景下，智能算法决策的开发与应用要以平台为主导作用，但也不能忽视算法本身数据来源的监管，数据是智能算法决策的内容来源，算法是数据挖掘分析的工具和智能社会运作的基础，平台是数据与算法的空间，因此智能算法决策的行政监管不能仅仅局限在算法本身，而也应注重智能算法决策前端的数据监管过程，实现数据治理与平台治理相互联结。

五、结语

在人工智能革命背景下，针对智能算法的风险挑战，仅限于私权领域的救济显得"捉襟见肘"，政府尤其是负有直接监管职责的相关部门如何作为亦成了人们关注的焦点。如何通过法律监管算法，特别是从行政法角度保证智能算法决策的合法性合理性，减少智能算法决策在政治、经济等领域决策中的"算法绑架""算法歧视""隐私泄露"等风险，应成为当前法律关注的焦点。本文试图论证风险社会下智能算法决策行政监管的必要性，突出证明国家公权力的行政监管是化解智能变革下技术风险的必由之路，同时考察我国现有的智能算法决策行政监管相关制度，从主体、权责和执法规则三方面给出智能算法决策行政监管法律制度的建议，要对智能算法决策进行有效监管，还需要未来更精细化的制度设计，以实现智能社会的法治化发展。

---

〔22〕 参见刘友华：《算法偏见及其规制路径研究》，载《法学杂志》2019 年第 6 期，第 63 页。

〔23〕 参见郑永年：《技术赋权：中国的互联网、国家与社会》，邱道隆译，东方出版社 2014 年版，第 5 页。

〔24〕 参见丁道勤：《电子商务法平台责任"管道化"问题及其反思》，载《北京航空航天大学学报（社会科学版）》2018 年第 6 期，第 5 页。

数字经济领域个人信息处理者的行为规范检视

——以《个人信息保护法》为视角

崔若雨[*]　张博洋[**]

【摘　要】《民法典》从体系上确立了个人信息制度,《个人信息保护法》为了解决数字经济领域用户信息权益与商业利益的天然冲突对个人信息处理者的责任和义务进行了详细规定。本文讨论了个人信息处理者的义务规范与发生侵害用户个人信息情形时责任主体及责任内容的相关问题,通过参考欧盟《一般数据保护条例》、美国《加利福尼亚消费者隐私法》、新加坡《个人数据保护法》相关制度规定,以合法必要正当原则为基础、知情同意原则为核心,细化个人信息处理者告知义务、安全保障义务、定期审计义务、风险评估及记录义务和个人信息泄露的通知、补救义务,明确处理者及第三人责任。

【关键词】个人信息处理者　比较法　知情同意　义务规制　《个人信息保护法》

一、问题提出

网络技术与数字经济迅速发展的背景之下,网络企业收集用户信息行为愈发普遍,信息收集手段愈发多样,信息利用范围愈发广泛。数字网络是个人信息运用的新发领域,活跃的生产要素对法律规制手段提出了现实要求,这得到了立法回应。从《民法典》“人格权”的独立成编到《个人信息保护法》的发布,

* 西南政法大学民商法学院硕士研究生。

** 西南政法大学民商法学院硕士研究生。

个人信息保护问题在我国立法层面获得极高重视。个人信息处理者[1]作为个人信息处理的主体,在数字交互行为中对收集的个人信息的处理起决定与导向作用。就数字网络平台而言,个别用户的个人信息是微小的,但平台收集和存储的个人信息体量是巨大的,庞大信息库代表的商业价值和经济利益不容小觑。权利和义务具有一致性,数字网络的体量、效率和庞大的经济收益向数字网络个人信息处理者行为规范提出了更高的要求。如何有效规范个人处理者行为使其合法、正当、必要,如何有效维护数字网络个人信息权益,在保障数字经济健康发展的同时保护用户个人信息,成为理论难点和实践痛点。

基于此,本文旨在梳理我国现有个人信息保护法领域尤其是《个人信息保护法》中个人信息处理者的行为规范,解读现行规范的可适用性并进行反思,通过与域外的对比,借鉴先进经验,结合本土实际,就个人信息处理过程各个环节处理者的行为进行深入分析,旨在完善和细化数字经济领域个人信息处理者的行为规范,以期为我国个人信息处理制度的丰富与发展提供思路。

二、个人信息处理者行为规范的现有规定梳理

2012 年全国人民代表大会常务委员会颁布了《加强网络信息保护的决定》,代表我国立法层面已经开始注意规制个人信息处理者的行为。2020 年《中华人民共和国民法典》出台,对个人信息处理的原则与规则进行了指引性规定。2021 年 8 月《个人信息保护法》发布,个人信息处理者的行为规范在特别法中被予以专章规定,标志着个人信息处理者的行为规范体系在立法上得以构建,个人信息处理规则得以健全。

总的来看,《个人信息保护法》形成了以知情同意原则为基础,以规则约束处理过程,以义务规范处理行为的制度体系,为维护个人信息权益、保障个人信息安全,做到了个人信息尊严价值和财产价值的协调,形成了个人信息安全和流通并重的统筹框架。在部分领域,个人信息保护相关主体行为规范、义务规定和责任划分上仍有待进一步讨论。

(一)“告知—同意”为核心的行为规范架构

《个人信息保护法》明确个人信息处理应遵循合法、正当、必要原则,确立了以“告知—同意”为核心的个人信息处理系列规则。知情同意原则源于个人的

---

〔1〕 这里的处理者是按照我国法律的处理者来定义,指广义上的处理者,包括控制者和其他所有处理者。此外,本文主要讨论的是非国家机关对于个人信息的处理,对于国家机关不做讨论。

信息自决权,[2]在多个国家和地区的个人信息保护相关法律中得到了普遍的适用。该原则要求网络企业在处理个人信息时应当以告知用户个人为前提并取得个人明确同意,不得以个人不同意为由拒绝提供产品或者服务。知情同意是用户个人允许网络企业进行信息处理的先决性要件,是连接个人与网络企业的桥梁,是个人信息处理的基础性原则。《个人信息保护法》延续和发展了我国个人信息保护立法中有关知情同意的相关规则,但是,相关规定在表述及具体适用上仍需斟酌。

首先,实践中有的"告知"并不是真正的"告知"。[3] 现今很多 App 采用格式条款来履行告知义务,多出现于 App 扉页的隐私条款。由于表述晦涩、内容庞杂难以理解,生活实践中用户大多并不认真阅读隐私条款,点击同意并不意味着用户了解隐私条款内容,因"告知"方式存在问题,现有的隐私条款通知方式无法达到使用户充分知情的目的。其次,用户对于隐私政策一般只有同意与否两种选择,如不同意甚至可能产生无法使用的后果。[4] 这属于我们所探讨的另一个问题——强制同意。《个人信息保护法》规定不得以个人不同意为由拒绝提供产品或者服务。这是立法层面极大的进步,体现了立法者坚持明确同意原则,充分保护个人信息权益的鲜明立场。但是,同意原则在适用中困难重重,App 在用户不同意时不与之签订服务合同或直接终止合同是实践中的常态,如何有效防范强制同意有待实践层面的回应。最后,就更改条款及政策部分,《个人信息保护法》规定用户个人可以撤回同意,并且规定撤回同意并不影响之前信息处理行为的效力,殊值肯定。

(二)个人信息处理者的具体义务规范

有观点将个人信息处理者的义务设定分为两类:一是合法收集义务与积极作为义务的设定。[5] 二是消极不作为义务的设定。[6]《个人信息保护法》第五章专章规定了个人信息处理者的义务,融入了积极作为义务与消极不作为义

---

〔2〕 参见万方:《隐私政策中的告知同意原则及其异化》,载《法律科学(西北政法大学学报)》2019年第2期,第62页。

〔3〕 参见张新宝:《个人信息收集:告知同意原则适用的限制》,载《比较法研究》2019年第6期,第15页。

〔4〕 参见杜换涛:《论个人信息的合法收集——〈民法总则〉第111条的规则展开》,载《河北法学》2018年第10期,第42页。

〔5〕 参见张新宝:《〈民法总则〉个人信息保护条文研究》,载《中外法学》2019年第1期,第69页。

〔6〕 参见张新宝:《〈民法总则〉个人信息保护条文研究》,载《中外法学》2019年第1期,第70页。

务两种类型,具体包括个人信息处理者的安全保障义务、定期审计义务、影响评估及记录义务、个人信息泄露的通知和补救义务等。

第一,个人信息处理者的安全保障义务作为一般性义务被列于首位,以安全与流通为基本点,以合法合规为指引,是个人信息处理者义务体系中首要环节。安全保障义务对网络企业的技术要求较高,涵盖范围较广。安全保障义务的真正落实离不开网络企业的切实履行。但是,《个人信息保护法》对于企业的要求仅提到了采取相应的加密、去标识化等措施,未提出更高层次的匿名化要求,降低处理义务是否会在更大程度上增加个人信息权益被侵害的风险,值得进一步思考和讨论。

第二,定期审计义务。为加强处理过程中对个人信息的切实保护,《个人信息保护法》确立了"信息处理者审计+监管部门审计"的双层模式。然而,对个人信息处理审计制度规定较为模糊,自行审计以及由专业机构进行审计的标准划分不明,指引性不强,审计制度能否行而有效有待明确。

第三,影响评估义务。《个人信息保护法》借鉴国外立法,引入了影响评估制度作为以知情同意原则为基础的传统架构下新的理念补充,是对数字经济领域下风险和挑战的有效应对。[7] 影响评估是根据评估结果采取差异化的保障措施,最终目的在于实现保护个人信息权益与促进信息流通的双赢。但是,就现有规定来看,需要具体制度的落实。首先,规定个人信息处理者在处理敏感信息、对个人具有重大影响等信息时负有影响评估义务,但规定较为简略,不利于全方面、多层次的风险评估和预防。其次,现有规定采用的是个人信息影响评估,这一模式是基于个人角度衡量有关风险,对于社会、国家层面可能存在的问题约束力度不足。

第四,个人信息泄漏的通知和补救义务。信息泄露的责任承担虽然属于事后规制,但是其及时性、有效性对个人信息安全有至关重要的影响。各个主体通过各种途径渠道及时在个人信息泄露之时采取措施将损害降到最低关乎个人、社会乃至国家利益。《个人信息保护法》对于个人信息泄露的通知和补救义务进行了明文规定,体现了国家的高度重视,但此规定中"及时"通知看似合理,实则没有具体时限,欠缺实行的有效依据。

---

〔7〕 参见范为:《大数据时代个人信息保护的路径重构》,载《环球法律评论》2016 年第 5 期,第 98 页。

(三)个人信息处理者与其他相关主体之间的责任界定

《个人信息保护法》确立了多个个人信息处理者的责任分担、委托处理及转让处理中的责任分担等处理规则。这些规则的共同点在于:试图将传统民法中的制度规定例如,连带责任制度等引入以实现个人信息的充分保护。但是,传统民法理论与新兴领域及权利的适配性有待司法和实践证实。

《个人信息保护法》规定个人信息处理者向第三方提供处理信息,只需要个人信息处理者征得个人同意,只有在第三方需要变更处理方式和处理目的等情况下,才需要由第三方再次征得个人同意,结束了之前"用户授权 + 平台授权 + 用户授权"三方授权的规则方式。这一规定降低了个人信息处理与利用成本,更便于第三方获取用户个人信息并使用,但不明确的第三方在不超越原处理权限的情况下利用行为无需用户单独同意本身是存在风险的。

《个人信息保护法》针对个人信息处理者的联合处理规定了连带责任。联合处理的另一种表达是基于共同意思联络而进行处理,因此,规定共同处理者承担连带责任与侵权责任法逻辑契合,值得肯定且实用性较强,有利于提高个人信息处理者规范自己行为的意识。需要一并讨论的是,《个人信息保护法》规定了委托处理行为中个人信息处理者与受托方的义务,但并未就委托行为规定连带责任,委托方与受托方之间的法律关系性质如何、各自应当承担的责任内容并不明确。

在数字经济领域中,利用社会分工实现专业化运营已经成为网络企业获取最大商业利益的重要手段,很多网络企业通过委托、外包等方式将用户信息交由第三方处理。第三方信息处理者的存在,在促进数据商业化运作提高经济效益的同时也加大了个人信息权益受到侵害的风险。[8] 就个人信息处理者的委托制度,《个人信息保护法》仅规定委托方对受托方的个人信息处理活动需要监督,责任分属并未明确。私以为,如规定个人信息处理者仅负有监督义务有违公平原则,对于个人信息保护极为不利。

三、个人信息处理者行为规范的域外立法

近年来,个人信息保护问题得到广泛关注,域外以欧盟、美国、新加坡等为代表,构建了各具本土特色的个人信息处理行为规范体系。在检视我国《个人

---

〔8〕 参见朱宣烨:《新时代个人信息民事保护路径研究——以存在第三方信息处理者情况下的民事责任分配为视角》,载《法学杂志》2018 年第 11 期,第 134 页。

信息保护法》的同时,考察域外立法,借鉴优良立法规范不失为有效途径。

(一)欧盟

2018 年 5 月 25 日,欧盟《一般数据保护条例》[9](General Data Protection Regulation,GDPR)正式实施,成为世界个人信息保护领域一座重要的里程碑。《一般数据保护条例》以保护数据主体权利为宗旨,给开展个人数据处理活动的组织带上了沉重的"镣铐"。

在个人信息处理规范层面,《一般数据保护条例》将数据控制者和处理者区分开来,对控制者、处理者、接收者、第三方等主体进行了明确的区分界定。有学者认为这种体制顺应"数据处理决策者不实际执行,而执行者不参与决策"的现实景观,也为法律规制的针对性、责任追究等程序性规范提供了便利。《一般数据保护条例》在对主体进行二元划分的同时,采用委托代理制度来规范两者之间的权利义务关系,明确数据处理者与数据控制者有同等义务,并且明确数据处理者对于数据控制者有协助义务,利于"第三方"责任。

《一般数据保护条例》在整体上采取了一种数据主体权利的进路,[10]数据处理的具体规定也围绕保障主体权利而展开。第二章规定了数据处理的六项基本原则和处理的合法性条件,构成了以知情同意为核心的个人信息处理原则规范体系。《一般数据保护条例》确立了"自愿作出"、"具体的"、"知情的"以及"明确的意思表示"等有效同意的要件。[11] 虽然以"同意"作为数据处理的前置条件,构建了以同意为基础的规范框架,但是,《一般数据保护条例》深知"同意"具有先天性不足,[12]单凭同意作为数据处理合法性的要求并不能满足现实要求,因而也提出了一些例外规定,如基于公共利益或官方权威而履行义务等情境下无需"同意"。在基本原则指引下,第四章确立了问责机制,对数据控制者和数据处理者的责任进行了规定,包括一般的数据保护责任(包括设计的数据保护和默认的数据保护责任)、安全保障措施、风险评估义务、数据影响评估等。其突出特点在于引入了"风险性"作为衡量标准,规定高风险处理行为负有

---

〔9〕 此处根据固有翻译使用"数据"这一表述,在本文语境中对数据和信息不作区分。两词的具体区分可见梅夏英:《数据的法律属性及其民法定位》,载《中国社会科学》2016 年第 9 期,第 167 页。

〔10〕 参见丁晓东:《什么是数据权利?——从欧洲〈一般数据保护条例〉看数据隐私的保护》,载《华东政法大学学报》2018 年第 4 期,第 40 页。

〔11〕 参见详细分析可见欧洲第 29 条工作组的《对第 2016/679 号条例(GDPR)下同意的解释指南》,2018 年 4 月 10 日作最后修改并通过。

〔12〕 参见同意可能具有滞后性、主观性,以及如涉及调查犯罪等,征得同意并不完全必要且有利。

增强型义务,如必须进行数据保护影响评估,提前咨询监管机构,向数据主体传达个人数据泄露等;而对于低风险的数据处理行为则豁免部分义务,例如,个人数据泄露对于自然人的权利与自由不太可能会带来风险则可不告知监管机构等。

(二)美国

美国《加利福尼亚消费者隐私法》(California Consumer Privacy Act of 2018,CCPA)于2018年通过,2020年1月生效。由于立法驱动力的不同,美国除了同《一般数据保护条例》一样授予消费者各种权利之外,还注意保护产业利益,进行权益衡量,体现了极强的美国特点。[13]

首先,《加利福尼亚消费者隐私法》将个人信息处理者范围限制为:基于商业用途收集加州居民个人信息的经营实体,排除了中小企业与非经营团体。此合理排除使中小企业避免因合规负担重引发的实质市场竞争失衡。[14]

就个人信息处理者的分类而言,《加利福尼亚消费者隐私法》并没有将控制者和处理者两者区分,而是对第三方共享利用和出售进行了更具针对性的规定。在第三方共享利用时,《加利福尼亚消费者隐私法》采用了选择退出("opt-out")模式,除非用户拒绝或退出,公司可直接处理用户的个人信息。在信息出售时,公司采用"通知加同意"模式,必须向消费者披露其个人信息可能被出售的情况,并且消费者有权选择排除。

Helen Nissenbaum 提出的场景化理论[15]是《加利福尼亚消费者隐私法》的指导思想。《加利福尼亚消费者隐私法》的个人信息处理者行为框架一改之前普遍运用的"知情同意",转为"场景化"模式。在此模式下,个人信息的原始收集的具体情境被予以重视,需要根据具体场景检视网络企业对个人信息保护的合理程度。这一思想跳出传统框架,深刻影响了美国的立法与司法,美国联邦贸易委员会也更倾向于在具体执法中确立数据隐私保护的规则。

在个人信息处理者的具体义务方面,《加利福尼亚消费者隐私法》更强调利

---

〔13〕 参见魏书音:《从 CCPA 和 GDPR 比对看美国个人信息保护立法趋势及路径》,载《网络空间安全》2019年第4期,第103页。

〔14〕 参见陈慧慧:《比较视角看 CCPA 的立法导向和借鉴意义》,载《信息安全与通信保密》2019年第12期,第28页。

〔15〕 See Helen Nissenbaum, *Privacy in Context: Technology, Policy, and the Integrity of Social Life*, Stanford University Press, 2009, p. 127.

用而非收集,制定了很多具体的、充满特色的利用性规范。第一,《加利福尼亚消费者隐私法》规定企业不得因为消费者行使任何权利而歧视消费者,如拒绝提供商品或服务、收取不同的价格或费率、提供不同等级或质量的商品或服务。第二,《加利福尼亚消费者隐私法》进行了差异化的商业化模式探索。企业可以通过要求消费者支付补偿费等正向激励方式鼓励主体授权,且当服务品质、数量差异与被授权利用的隐私数据价值直接相关时,允许企业向消费者提供不同的价格、费率、水平或质量的服务。

(三)新加坡

2012年,随着新加坡《个人数据保护法》(Personal Data Protection Act, PDPA)颁布,该保护机制对于人们日渐关切的问题作出了回应:如何寻求数据使用与数据保护的平衡以及如何稳固新加坡作为值得信赖的商业枢纽地位。

《个人数据保护法》在承认个人对数据的各项权利的同时,也承认了企业基于合理目的收集、使用和披露个人数据的需要,对收集、处理、使用和披露个人信息的合规要求进行了明确且严谨的规定。《个人数据保护法》为数据保护创设了一系列关键义务,包括同意义务、通知义务、目的限制义务、保护义务、禁止呼叫登记义务等,其中不乏亮点。例如,限制机构保留个人数据的时间,不得超过满足其业务或法律目的所需时间,一旦满足,则应匿名化或以其他方式安全处理该数据。禁止呼叫登记的义务则要求如该号码数据在禁止呼叫注册表中注册,则禁止机构进行与该电话号码相关的电话营销活动。

2020年10月,新加坡通信和信息部和个人数据保护委员会结合社会各方意见,对《个人数据保护法》进行了修订。在个人信息处理者的行为规范层面,对收集、使用或披露个人数据前获得个人同意的要求引入了新的例外情况,提出组织可以在未经同意的情况下将个人数据用于改进运营效率和服务、研发、改良产品或服务、了解客户等目的,扩大了未经同意收集个人数据的范围。

四、我国现行个人信息处理者行为规范之细化与完善

在数字经济领域下,网络平台收集个人信息并通过算法分析等手段进行处理,以构建用户画像、进行个性化推荐等方式利用个人信息,谋求商业利益。明确个人信息处理者及其他利用者的主体地位,适应数字网络平台联通手段细化行为主体义务内容,实现对网络平台中个人信息的预防式救济,与填补损害的救济方式相结合,实现事先预防与事后弥补的统一,是适应数字经济发展的应有之义。本节在尊重本国历史文化传统和适应经济发展态势的基础上,结合前

述分析、推动数字经济领域个人信息处理者行为规范的完善与适用。

(一)信息持有阶段

1. 信息收集

信息收集遵循“合法、正当、必要”的原则。保障合法和正当原则最重要的就是知情同意原则的落实。《个人信息保护法》建立起了以知情同意原则为核心的个人信息处理行为规范体系,但其中的“充分知情”的表述较为主观,难以判断网络用户主体是否真正充分知情。因此,我们认为知情同意原则应通过明确的告知方式和明确的同意结果在实践中予以落实。在企业收集个人信息伊始,即要求其恪守知情同意原则,将所需收集的信息、处理目的、处理方式等一并明确告知用户,并征得用户的明确同意。同时采用立法手段排除强制同意和形式同意。

当然,知情同意原则并非万能,仍存在例外。如为了公共利益、订立或履行合同所必需等,此类收集就不再受同意的限制。这种例外增强了灵活性和适用性,有利于激活网络企业的发展。但是应当严格把控此类入口,确保以真正实现公共利益等正当事由为前提才可以突破知情同意原则,避免例外规定成为网络企业过度收集、滥用个人信息的避风港。

2. 信息使用

网络平台作为个人信息处理者,在信息使用过程中仍应以合法、正当、必要的方式进行数据处理,负有安全保障义务、定期审计义务、风险评估义务和个人信息泄露的通知、补救义务。

《个人信息保护法》第 51 条从制度制定、信息类型化、安全技术措施、从业人员的工作要求、安全事件应急预案等各方面对企业的安全保障义务进行了要求,但是其中技术措施仅提到了去标识化,在处理成本合理的前提下,应当考虑以匿名化代替去标识化作为手段实现个人信息的更强保护。

定期审计义务是指由网络平台或者专业机构对保护措施进行审计,评估其是否符合法律法规规定。具体规则细化中个人信息处理者和专业结构的划分应当是有标准的,此处可以引入“场景化”理论,根据不同的场景决定审计主体。

《个人信息保护法》规定网络企业应对个人有重大影响的个人信息处理活动等进行影响评估,可以在相关补充性规定中予以细化。第一,个人信息处理活动对个人信息的影响有程度之分,我们建议对个人信息处理活动分层评估,进行“低—中—高”层级分类,进而采取差异化措施,对个人信息进行多层次保护。第二,在评价内容上,还要考虑个人信息处理对社会公共利益乃至国家安全的影响,尤其是在向境外提供个人信息时。

个人信息泄露的通知和补救义务在《个人信息保护法》中的表述为"立即采取……""并通知",表述并不明确,对网络企业的实际约束力不强。这里可以参考《一般数据保护条例》规定,根据具体情况,设定通知时限。例如,《一般数据保护条例》就规定了应当在72小时内告知监管机构,如超出需说明迟延原因。同时,信息泄露之后,如网络企业与用户主体之间产生纠纷,因个人相对于具有一定数据垄断地位的公司实体在证据搜集和举证能力上处于显著弱势地位,为实现实质公平立法应当将尽到通知补救义务的举证责任分配给公司。

3. 信息封存

网络企业应当切实履行存储义务妥善保管用户信息。有时网络平台会采取发送推送、短信等方式通知用户对已上传信息进行使用、修改等措施,但通知的作出并不意味着相对人(用户)对平台行为实际知悉,因为在通知送达的路径上,往往同时存在有用户"拒绝接受推送""短信过滤"等行为。企业无法强制用户接收消息通知,也难以保证不活跃用户作出新的同意。不活跃用户的已上传信息实际上处于脱离用户控制的状态。网络企业作为用户上传信息的收集、处理与保管人,用户信息实际受益人,负有在信息脱离用户控制期间将用户信息有效封存的义务。

封存义务,是指网络平台通过信息检测技术识别到用户一段时间未在平台主动上传信息,且新请求经合理告知而未收到反馈或获得同意的,应当统一视为未获同意,平台不得擅自对信息单独或联合处理、利用或交于他人利用,只得在原服务器于原有同意的权限范围内存储和利用信息,相当于将已上传信息在原处理程度下固定化,在原有存储介质中封存起来。

企业的保障删除义务在《个人信息保护法》中有所体现企业应努力落实相关规定保障用户对已上传信息的删除权。具体而言,是指网络企业应当为用户删除或部分删除已上传信息提供相应的技术渠道,不得不提供删除渠道或设定不合理要求妨碍用户删除已上传信息。

(二)信息传输阶段

信息传输阶段是将个人信息传输给个人信息本人以外的他人[16]。此处所指"传输"仅指域内网络企业与企业之间的传输,不涉及跨境传输。

---

〔16〕 高志明:《个人信息流转环节的法律规制》,载《上海政法学院学报(法治论丛)》2015年第5期,第10页。

1. 向他人转移、提供个人信息

向他人转移、提供个人信息包括个人信息处理者因合并、分立等原因需要转移个人信息以及向第三方提供其处理的个人信息两种情形。其中,在个人信息处理者因合并、分立等原因转移个人信息中,在新的个人信息接收方加入的同时,原个人信息处理者即退出原先的法律关系,由用户个人与信息接收方形成新的权利义务关系。当个人信息处理者向第三方提供其处理的个人信息时,个人信息处理者此时仅起到桥梁和输出作用,联结用户个人和第三方,促成用户个人和第三方之间形成新的法律关系。

因此,对于用户个人来说,新的法律关系的建立属于处理过程中的重大变化,需要被明确告知并获得明确同意。同时,此前的个人信息处理权限从原个人信息处理者传输而来,处理目的和处理方式都受原先处理范围的限制,不得超越原有权限。如需要变更处理个人信息的处理目的、处理方式或者变更种类,则需要重新向个人告知并获得同意。

2. 向他人转移、提供匿名化信息

匿名化〔17〕信息本身并不属于个人信息。但是,完全的匿名化是不可能的。鉴于现有技术水平及未来技术的发展情况,依靠技术实现的匿名化理论上仍可破解和还原。〔18〕 匿名化信息如通过技术手段被复原,用户将陷入个人信息泄露的巨大风险之中。因此,信息处理者向他人提供匿名化信息之后,仅要求受让主体不得利用技术手段重新识别显然是不足的,信息复原的主体责任必须予以明确。个人信息处理者向第三方提供匿名化信息,如第三方进行了再识别并造成个人信息权益侵害,不仅第三方要向用户个人承担责任,第三方还要根据合同向原个人信息处理者承担违约的明确责任。〔19〕

(三)信息联合处理

在网络交互行为中,网站会收集用户上传的个人信息,而信息的处理有时会由数个主体联合进行,或收集一方委托其他主体进行,这种信息收集与处理

〔17〕 《个人信息保护法》第73条第4款规定:匿名化是指个人信息经过无法识别特定自然人且不能复原的过程。因其不具有识别性这一特征,因而我们不认为其属于个人信息。

〔18〕 参见张建文、高悦:《我国个人信息匿名化的法律标准与规则重塑》,载《河北法学》2020年第1期,第48页。

〔19〕 参见张晨原:《数据匿名化处理的法律规制》,载《重庆邮电大学学报(社会科学版)》2017年第6期,第57页。

主体不一致的情形，就是信息联合处理，具体而言又包括狭义的联合处理与委托处理两种情况。

1. 狭义的联合处理

狭义的联合处理是指数个个人信息处理者共同决定处理活动，约定各自权利和义务并就侵害用户个人信息承担连带责任的情形。在狭义联合处理行为中，应当注意联合处理者均不得超出用户同意范围利用用户个人信息，在对用户信息进行处理时应当遵循合理原则与目的限制原则。

2. 委托处理

委托处理是指收集个人信息的处理者委托他方处理个人信息的情形。《个人信息保护法》规定委托人与受托人应当约定各自权利和义务，由委托方对受托方的处理活动进行监督。笔者认为，应当增加在用户个人信息权益因受托方不当行为遭受侵害时，委托方与受托方承担连带责任的规定。

委托方与受托方约定的事项不得超出用户对委托方处理个人信息的同意范围，这一点自不待言。在委托处理的情形中，用户仅在同意范围内，对委托方处理个人信息的行为表示同意，委托方就个人信息的处理引入了第三人，实际上增加了用户个人权益遭受损害的风险，委托方应当就自主商业行为的潜在风险负责。并且，委托处理并不需要告知用户信息将由他人处理的事实，也无需取得用户同意，未经告知同意否认了用户认识到网络交互行为可能产生的风险及自愿接受或事后追认的可能性。此外，受托方行为侵犯用户个人信息权益的，由于无法确定实际行为人，用户往往难以找到责任主体，委托处理行为下的个人权益保护与救济难以通过司法路径实现，致使规定沦为虚设。在这种前提下，仅对委托方课以监督义务是不够的。对于委托方的义务规定，应当参照《民法典》关于转委托的规定，委托处理行为未经用户同意或追认的，委托方应当对受托方行为负责，受托方不当处理侵害用户个人信息权益的，委托方承担连带责任。

五、结语

数字经济时代，公民个人生活同世界发展脚步通过庞大的数据网络和网络技术紧密结合在一起，互联网对个人信息的利用渗透到经济社会各个领域，体现在社会生活的方方面面。如何实现单一主体信息与信息集、中国与世界个人信息保护互联互通、互利共赢是个人信息保护立法的发展方向和重要一环。本文通过研究不同国家间个人信息保护的不同立法模式，寻找既适应中国特色社会主义法律体系又便于信息国际化流动的“制度最大公约数”，提出网络企业在信息处理过程中获得巨大经济利益的同时应当承担的义务与应当遵守的行为准则,协调行为、权利、治理"三驾马车"共同发挥作用。中国数字经济领域个人信息保护立法要在坚持宪法保护人权的基本立场之下,实现经济效益与信息权益的协同发展。

构建区块链架构下的“参与式”法律验证*

孙梦龙**

【摘　要】以区块链为代表的技术证明体现了非对称加密与分布式存储特性，通过不同节点的相互印证打破了证据载体对证明结果的影响，实现了一种以技术特征为信用背书的自我验证，却因技术的复杂性而产生了信任难题。区块链、健康码等技术正在实现一种以高度保留事实为逻辑的证明体系。而通过建构区块链架构下的电子数据“参与式”节点化验证可以有效回应当今司法实践所面临的区块链真实性认定难题与规则体系搭建问题，让司法活动的当事人直接参与司法证明活动，并通过匿名节点的相互印证实现技术证明的证据链闭合。区块链架构下的“参与式”技术证明让公众成为共同验证的节点，让司法伪证风险的社会分担拥有了实现的可能。这种法律验证模式既是平衡技术复杂与公众可接受程度的调和剂，又是搭建算法时代人机基础的信任架构，从而推进国家治理能力与治理体系的现代化。

【关键词】区块链技术　技术证明　参与式　法律验证

一、引言

区块链作为科技创新的最新成果，不仅是一种技术，更是一种理念，不仅给技术革新带来新思维，更给法律带来了挑战。习近平总书记在中共中央政治局

* 基金项目：黑龙江大学研究生创新重点科研项目：区块链视角下技术证明与法律证明的理念互动（YJSCX2020－029HLJU）。

** 黑龙江大学诉讼法研究中心研究人员，硕士研究生。

第十八次集体学习时强调:“要加强对区块链技术的引导和规范。”[1]最高人民法院院长周强强调推进技术创新,深化云计算、区块链、5G 传输等前沿科技与司法审判融合对接。[2] 区块链作为难以篡改的公共账本,其去中心化的特征及给法律带来的挑战,受到法学研究的重视。传统法学研究在面临区块链技术变革时,往往选择两种路径,但无论哪种路径,均需要深度证成,通过深度证成,可以将正当化问题提高到更高的层级,并赋予其更根本的特点。[3] 一种路径是侧重从技术的角度对区块链的技术特征进行解构,以期实现区块链技术在云计算环境下的电子数据取证与存证。[4] 另一种路径则从法理的角度、传统证据的合法性、客观性、关联性角度对电子证据予以解读,以期实现区块链技术的合法性论证。[5] 但是,由于近代的证据法理论移植于西方,不可避免受到特定历史条件下生产关系的影响。在抗击新冠肺炎疫情过程中,人们普遍感受到健康码的重要意义,无论从证据能力还是证明力来看都远远超过政府出具的“健康证明”这样一份公文书所带来的证明效果。我们不禁需要追问:“健康码的设计者真的明晰我们证据法所设定的证明逻辑吗?”如果没有形成我们的证据法的证明逻辑,我们用传统证据的观念去论证一个无论是国家还是民众都公认的证据的正当性是什么?区块链技术、健康码、移动支付等技术正在实现一种有别于我们证明逻辑的一种以高度保留案件事实为逻辑的证明体系。一种有别于以上两种研究思路的新思路应运而生,通过吸纳技术证明的证明逻辑来实现法律证明。法律证明积极主动接纳技术证明的证明逻辑,是交叉研究的全新方案。由此,如何打破以技术特征为信用背书的技术证明的信任难题,从而实现新技术的法律验证,是法学研究的重要课题,也是新时代赋予法律人的重要使命。

---

〔1〕《习近平在中央政治局第十八次集体学习时强调 把区块链作为核心技术自主创新重要突破口 加快推动区块链技术和产业创新发展》,载中共中央党校(国家行政学院)网,https://www.ccps.gov.cn/xtt/201910/t20191025_13515,2020 年 10 月 25 日访问。

〔2〕参见周强:《勇于改革创新 努力把互联网司法工作提高到新水平》,载中国法院网,http://www.chinagscourt.gov.cn/Wap/Show/58413,2020 年 10 月 27 日访问。

〔3〕参见[德]乌尔夫里德·诺伊曼:《法律论证学》,张青波译,法律出版社 2014 年版,第 117 页。

〔4〕参见相关文章如刘品新:《论区块链存证的制度价值》,载《档案学通讯》2020 年 1 期。

〔5〕相关文章参见[美]凯文·沃巴赫:《信任,但需要验证:论区块链为何需要法律》,林少伟译,载《东方法学》2018 年第 4 期。

二、法律证明与区块链视域下技术证明的路径冲突

(一)独有证明思路的证明——技术证明

区块链技术作为一种共识机制下的科技产物,本身就具备高证明力的自证功能。[6] 去中心化技术所带来的不仅是电子证据证明力的提升,而且标志着电子证据内部分化的形成。电子证据将不再单纯地以追求交易的便捷、沟通的流畅为价值追求,而体现计算机数据很容易更改或损坏、计算机数据的技术具有复杂性、数据量巨大导致证据的高风险[7]等特征。以健康码为代表的新型电子证据正不断挑战证明力的新高度,形成一类以安全记录为价值追求的电子证据。

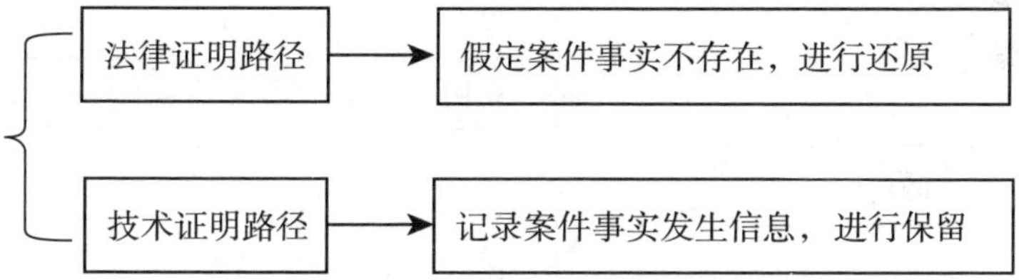

图 1　法律证明路径与技术证明路径的冲突

在数据主权与个人信息保护的时代背景下,这类证据会形成一种与强调数据流通的交换型电子证据对应的记录型电子证据。时代的变革已经启动,但我们的证据法并没有统一电子证据的相关规则,也没有提出电子数据的采纳与采信的标准。[8]

(二)去中心化技术对传统证明法观念的冲击

证明电子数据的真实性应当包括"电子证据内容的真实性、电子数据的真实性以及电子数据载体的真实性。"[9]而去中心化技术所带来的是对司法实践

---

〔6〕 参见张玉洁:《区块链技术的司法适用、体系难题与证据法革新》,载《东方法学》2019 年第 3 期,第 107 页。

〔7〕 See Clifford May, *Computer-Based Evidence*, Computer Law & Security Report, Vol. 16, no. 3, 2000, p. 167.

〔8〕 参见郑旭江:《互联网法院建设对民事诉讼制度的挑战及应对》,载《法律适用》2018 年第 3 期,第 13 页。

〔9〕 储福民:《电子证据真实性的三个层面——以刑事诉讼为例的分析》,载《法学研究》2018 年第 4 期,第 123 页。

长久坚持的载体观念的冲击。在区块链技术下,连接到区块链网络的每个节点都拥有完整数据的副本,并与其他节点通过时间戳技术实现同步更新,确保存储信息的真实性与准确性。〔10〕 由此,可以发现,在区块链技术下电子证据并不是一种传统思路下中心化的加密式存储,而是一种开放参与式的分布式存储。在这样一种存储模式下,由于各个节点之间有互连印证的功能,电子数据的载体并不会对区块链的证明力产生任何的影响(不同节点可能拥有不同的存储媒介,但都需要信息一致才能通过验证)。传统的证据法理念在应对新兴证据问题时缺少足够的兼容性。

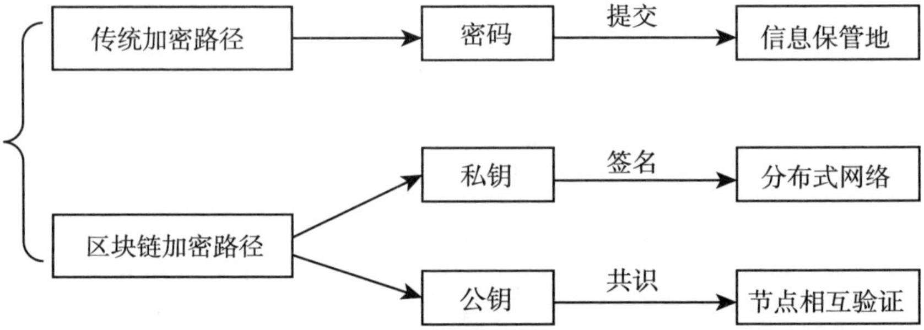

图 2　传统加密路径与区块链加密路径示意

(区块链技术通过交互验证的方式打破了电子证据载体对内容的影响)

通过上述示意图可以发现,区块链技术相对传统加密路径,在保留信息安全的同时,实现了网络社会数据开放与沟通的需求。区块链技术下的非对称加密,通过分布式存储的方式,实现了节点相互验证。单个节点的载体并不会对其他节点的内容产生影响。相反,单个节点试图造假的行为会快速导致该节点进入交易的"黑名单"。这种管理模式实现了一种以成员共治取代中心监管的新型管理模式。

---

〔10〕 参见王平、李沐妍、姬荣伟:《基于区块链技术的电子文件可信保护框架研究》,载《档案学研究》2019 年第 1 期,第 102 页。

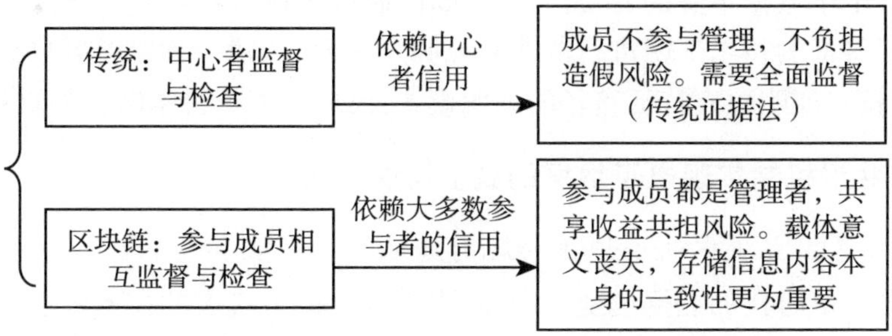

图3　无政府主义的区块链技术对社会管理结构的变革

在2010年著名的日本航空重组事件中，员工缺少经营者意识在经营情况恶化时不断要求保持高额的养老与工资，导致日航一度陷入经营危机。2010年2月1日，稻盛和夫出任日本航空董事长，开始重组日航并提出了"阿米巴经营法"，将员工分散为若干的小集体进行分别的结算，从而提高了员工的经营者意识。该方案一经施行就实现了营业利润率从－17%至17%的大逆转。[11] 这样的管理模式与区块链技术充分调动参与者的积极性有异曲同工之妙。区块链上的参与者与传统诉讼案件中的当事人不同，参与者内部伪造证据会受到来自内部自发式的制裁措施，而非完全依赖于来自公共部门的国家强制力保障。布雷特·斯科特（Brett Scott）在评论区块链技术这样一种无政府主义技术的时候，指出区块链系统用分权组织代替强势的集权机构，让那些天生以自我为中心的个人来彼此签订合同。这个目标更像是允许自然社会的人在合作理念下，而非是个人主义竞争下进行发展，彼此合作。[12]

与传统证明思路不同，无论该载体是否属于传统证据法理论中的复印件、原件抑或源于物证还是影像、文档、PDF等形式均不会对区块链的证明产生任何的影响。这种以区块链技术为信用背书的加密结构打破了传统证据法对载体的依赖，但同时又因对区块链技术本身的技术复杂与可行性质疑而令法官望而却步。中国首部关于区块链存证的白皮书中指出："区块链技术可以保障电子数据的载体及载体上证据副本的真实性，但载体的真实和副本数据的真实，

〔11〕 参见［日］稻盛和夫：《解密日航重生的五大引擎》，曹岫云译，载《中外管理》2013年第4期，第84页。

〔12〕 See Scott, Brett, *How Can Crytocurrency and Blockchain Technology Play a Role in Building Social and Solidarty Finance*?, United Nations Research Institute for Social Development, Vol. 1, 2000.

无法决定电子数据本身的真实性。”[13] 如何通过区块链技术本身来实现对拥有复杂技术特征的技术证明进行法律验证呢?为此,构建一种符合互联网技术特征、满足技术证明独有特征路径的证明模式,已成为数据科学时代的重要议题。

三、共识机制实现电子数据的线上司法证明

(一)司法实践中电子证据的规则缺位

在区块链时代的证据法变革中,着眼于区块链为代表的技术证明如何改变整个证据法结构,这可能是更为重要的议题,而这种思路会让长期恪守国家强制力为保障忽略新时代技术治理崛起的传统证据法理论陷入解释力不足的困境——区块链技术的信用背书并不是国家强制力而是区块链技术本身的技术特征。[14] 西方学者指出,人类已经进入了一个新的阶段,一种通过代码来起草和阐述法律规则,而非单纯通过代码来执行法律。[15] “代码之治”由法的运行阶段渗透至法的制定阶段,一种以技术架构来规范技术领域的思路应运而生,其核心特征是利用代码来定义人们需要遵守的规则。

电子数据的技术含量与日俱增,但在司法实践中依然保持较低的认可率。这与电子证据“易被篡改”的特征息息相关。在北京阅图科技有限公司与上海东方网股份有限公司著作权权属、侵权纠纷案的一审民事判决书中,法官指出,相较于传统的公证存证方式而言,可信时间戳等电子存证方式具有成本低廉、制作时间短等优势。电子数据证据不同于传统的证据形式,具有真伪的脆弱性、传递的技术性、极强的可复制性等特殊属性,并非只要采用了上述技术手段所采集的电子证据就是真实可靠的,存在在抓取之前已因所处设备或网络环境存有问题而遭受“破坏”的可能性,导致存证下来的证据不具有可信力。这类“破坏”包括非真实的网络环境、定向虚假链接访问、时间来源不明等问题。因此,当事人在用可信时间戳等技术手段采集证据时,应当严格遵守操作流程,确

---

〔13〕 参见中国信息通信研究院:《区块链司法存证应用白皮书》,载中国信息通信研究院官网,http://www.caict.ac.cn/kxyj/qwfb/bps/201906/t20190614_201169.htm,2020 年 12 月 23 日访问。

〔14〕 参见张玉洁:《区块链技术的司法适用、体系难题与证据法革新》,载《东方法学》2019 年第 3 期,第 106 页。

〔15〕 See Kaeseberg T.: *The Code-ification of Law and Its Potential Effects*, Computer Law Review International, Vol. 20, no. 4, p. 108.

保电子数据的真实性。[16] 但是在另一起相似案件中法官却作出了几乎相反的认定。在北京海丰传媒文化有限公司与广州网易计算机系统有限公司侵害作品信息网络传播权纠纷一审民事判决书中,法院认为该案中的存证云服务器采取了必要的技术措施保障了电子证据的真实性,可以确认其取证时网络环境的清洁性及证据内容的真实性、完整性和未篡改性,最大限度地排除了人为不当介入、网络环境不真实等因素可能对取证结果造成的影响,其电子数据的提取、生成和储存的方法具有完整性与可靠性。[17] 以技术证明为信用背书的新型证明,突破了传统中心化的证明模式,却同时产生长期恪守权威部门认定为判断依据司法部门信任危机。据广州互联网法院的调研显示,73.25%的受访法官对区块链技术持怀疑或不信赖态度,91.2%的受访法官认为应将区块链存证证据等同于传统电子数据进行常态化审查,甚至有部分受访法官认为,应当对区块链存证证据设置高于其他电子证据的认证标准。当裁判者普遍对区块链技术了解不足、信任不足时,很难期待其在裁判中对区块链证据证明的案件事实予以应有关注、充分审查并大胆认定。[18] 广州互联网法院的段莉琼、吴博雅指出现有证明规则存在“以技证技”倾向。现有证明规则是将真实性认定对象从电子数据本身转换成在存证平台的存证行为,而忽略了证据法上的证明规则及法理内涵,存在滑向技术中心主义的潜在危险。[19] 但该观点值得商榷,因为它树立技术与法律的天然界限,法律就是应当吸纳符合法律价值取向,顺应时代发展趋势的技术规范。否则法律就沦为宗教的教条,任何与其价值伦理相抵触的行为都会被视为异教徒。通过吸纳技术证明高度保留案件事

---

〔16〕 北京互联网法院民事判决书,(2019)京0491民初1212号。在本案中,法官认为《可信时间戳互联网电子数据取证及固化保全操作指引(2017.7版)》系联合信任时间戳服务中心(北京联合信任技术服务有限公司)出具,作为可信时间戳存证方式的操作规范,具有一定指导作用。

〔17〕 北京互联网法院民事判决书,(2018)京0102民初47020号。

〔18〕 广州互联网法院的段莉琼、吴博雅向杭州、北京、广州3家互联法院法官及G市法院11家基层法院、850名裁判者发出调查问卷,收回有效样本785份。问卷共设置14个问题。问题1~3调查受访者基本信息;问题4~6了解受访者对区块链技术、案件、平台等基础认知情况;问题7~12了解受访者对区块链证据证明力、真实性审查、跨平台调证等的主观态度及顾虑所在;问题13~14了解受访者对区块链技术证据化应用及未来更多司法场景应用所持态度。参见段莉琼、吴博雅:《区块链存证证据的认证分析及完善路径》,载《人民司法》2020年第31期。

〔19〕 参见段莉琼、吴博雅:《区块链证据的真实性认定困境与规则重构》,载《法律适用》2020年第19期,第154页。

实的证明理念进入法律证明的轨道,可以实现技术证明与法律证明的良性互证。[20] 将技术规范中符合法律价值理念、符合人类发展前景的规范纳入法治规范。

(二)区块链技术的自证功能彰显

区块链证据在运用哈希值进行单向加密[21]的同时,运用了去中心化技术防止了数据在终端被修改。司法实践长期对权威部门的权威认定的依赖产生了对新兴技术证明认定的桎梏,2009年诺贝尔经济学奖得主艾利诺－奥斯特姆就曾对这种不依赖于政府权威部门而依赖于自治性组织的经济管理模式作出充分地论证,进而提出多中心治理的公共理论(Polycentric Govemance),[22]其证明类似于区块链下节点式等自治组织能够有效管理公共财产,也即作为市场与政府之外的“第三方治理力量”而发挥“看不见的手”的作用。[23] 艾利诺－奥斯特的理论以“自组织”的概念被运用于社会科学领域。[24] 区块链技术这种典型的自治技术结合其拜占庭容错下的共识机制[25]能够形成艾利诺－奥斯特所论证的“自组织”体系。[26] 拜占庭容错算法设计初衷就是在假设区块链网络环境中包括正常的服务器、故障的服务器和破坏者的服务器情况下,如何在正常的节点间形成对网络状态的共识。

---

〔20〕 参见孙梦龙、陈文:《区块链视角下技术证明与法律证明的良性互证》,载《湖南社会科学》2020年第6期,第112页。

〔21〕 参见哈希算法具有单向性。只能由输入的数据或消息计算出一个定长的哈希值,而不能通过这个哈希值反向推算出输入的数据或者消息。

〔22〕 参见张克中:《公共治理之道:埃莉诺·奥斯特罗姆理论述评》,载《政治学研究》2009年第6期,第83页。

〔23〕 参见匡小平、肖建华:《埃莉诺·奥斯特罗姆公共治理思想评析》,载《当代财经》2009年第11期,第32页。

〔24〕 参见王春业:《自组织理论视角下的区域立法协作》,载《法商研究》2015年第6期,第3页。

〔25〕 参见拜占庭容错算法目前主要包括三种,实用拜占庭容错算法、授权拜占庭容错算法以及联邦拜占庭协议。

〔26〕 自组织是指系统在演化过程中,在没有外部力量强行驱使的情况下,系统内部各要素协调一致,使得在时间上、空间上或功能上进行联合行动,出现有序的活的结构。参见王春业:《自组织理论视角下的区域立法协作》,载《法商研究》2015年第6期,第3页。

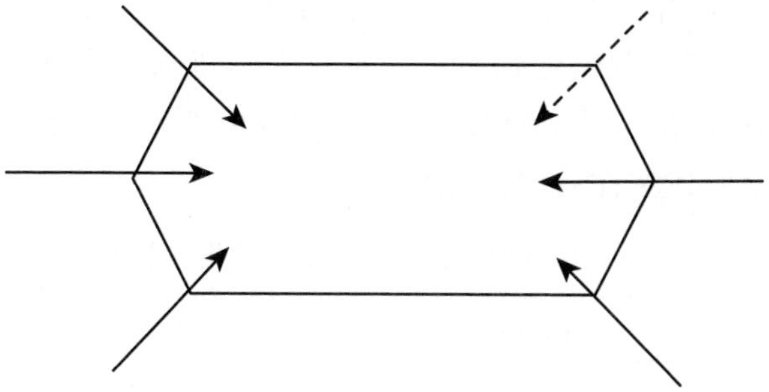

图4 拜占庭算法下处理恶意节点示意

(恶意节点会向各个节点发送前后不一致的信息,从而阻挠真实信息传递)

分布式分类账的绝妙之处在于,其能够确保特定活动可信无疑,无须以信任特定主体为前提。〔27〕 去中心化下的分布账本使得节点参与者的活动在制度安排之中,有理性的、为了集体利益而行动,并交互式验证各方节点的一致性。这项技术不仅能保证存储到区块链上的证据几乎没有篡改的可能,并且通过拜占庭容错(Byzantine fault tolerance)理论〔28〕支撑下的“共识机制”保障了存储前的电子数据也是真实的,只要交易的双方并非基于非法的目的,那么基于自组织的“自我规制”他们就没有理由进行虚假的电子数据存证。〔29〕 现有司法实践在审查区块链证据中偏离了审查的正确方向,将内容侧重于电子数据的真实性,实则区块链共同体设立目的的合法性才应当是审查的重点问题。这一点在经过对典型案件区块链证据的审查要点分析比较中得到了印证,互联网法院在关于区块链证据存证云服务器案件中审查要点偏向平台与诉讼案件有无利害关系,而在同样涉及存证云案件中的普通法院则侧重审查技术背后是否有国家的信用背书。如果承认区块链具有“自我鉴真”的属性,就应将审查重点放在该技术是否“保持中立”。若执意“双重鉴真”难免会让区块链陷入信用背书缺乏中心化的解释学悖论,试问一个去中心化的技术如何在一个中心化的司法体系

〔27〕 参见[美]凯文·沃巴赫、林少伟:《信任,但需要验证:论区块链为何需要法律》,载《东方法学》2018年第4期,第88页。

〔28〕 拜占庭容错大致思路为“每个忠诚的将军必须收到相同的值 v(i)〔v(i)是第i个将军的命令〕”以及“如果第i个将军是忠诚的,那么他发送的命令和每个忠诚将军收到的 v(i)相同”。

〔29〕 艾利诺-奥斯特姆的理论强调在社会公共事务的管理过程中,并非只有政府一个主体,而是包括中央政府、地方政府、各种非政府组织、各种私人机构及公民个人在内的许多决策中心,这些中心在既定的制度约束下共同行使主体性权力。

中证明自己？用中心化体系下的电子证据的真实性理论去验证去中心化的区块链技术可能本身就是逻辑错误的。互联网法院通过充分理解与吸收共识价值建立一种范围较广的法律验证模式,而不仅仅限制于使用区块链进行司法存证,是通过代码来阐述法律之治的优良范式。

表1　区块链证据的审查要点分析与归纳

法院名称	审查侧重点	主要思路
杭州互联网法院	平台与诉讼案件有无利害关系	技术中立,承认技术特征的信用背书。"自我鉴真"
北京市东城区人民法院	存证技术是否通过相关质量检测	是否拥有国家信用背书,变相否认技术中立。"双重鉴真"
上海市普陀区人民法院	司法区块链平台可靠性与运算结果的确认性	是否拥有国家信用背书,变相否认技术中立。"双重鉴真"

具体案情详见上海市普陀区人民法院(2020)沪 0107 民初 3976 号民事判决书、北京市东城区人民法院(2018)京 0001 民初 4624 号民事判决书、杭州互联网法院(2018)浙 0192 民初 81 号民事判决书。

四、区块链架构下的证明桥梁——"参与式"司法

(一)假定案件事实存在,则应具有相应存储节点理论构建

电子数据具有与传统实物证据并不完全相同的取证模式和取证方法,需要建立与之相配套的制度体系。司法推定是解决电子证据真实性难题的一种可行路径,将具有可靠来源的电子证据以区块链存证方式对其真实性予以确认,从而降低对电子证据入链前电子证据真实性的证明难度。[30] 美国佛蒙特州采用了这种司法推定的规则,该州规定,通过区块链技术的有效应用而核实的事实或记录是真实的。[31] 司法推定是一种优秀的电子证据认定路径,但这种证明路径是通过避开对电子证据证明思路与传统证据证明思路问题的探讨而采取的临时性措施。

以区块链为代表的电子证据在市场经济活动中正逐步形成一种以高度保留案件事实为思路的证明。将司法推定理论进一步升级为"假定案件事实存

〔30〕 参见刘品新:《论区块链存证的制度价值》,载《档案学通讯》2020 年第 1 期,第 26 页。

〔31〕 参见施鹏鹏、叶蓓:《区块链技术的证据法价值》,载《检察日报》2019 年 4 月 17 日。

在,则应具有相应存储节点理论构建”为司法活动创设了更多的可能性,为电子证据开设了更为广泛的适用空间。通过大胆假设案件事实存在,则相应区块链中区块应具有对应时间戳下的相应记录。如果缺少相应的存储信息,则应当认定电子数据真实性难以判定。

具体而言,可针对区块链以时间戳技术实现的“实时记录”的特征,区块链通过记录元数据、数字证书、时间节点等链式信息,使入链后的数据及其背景信息实现关联追溯。通过时间戳、点对点网络等方式,记录每条数据的来源及流传过程,并将信息无差别地存储至各参与节点,直至形成完整连贯的线上证据,形成证据链条的闭合。其实区块链仅仅是一个不具有易篡改特征的电子数据的代表,无论是司法实践还是学术研究往往先入为主地视为一种不稳定、容易被篡改的证据。电子证据并不天然具有易篡改性的特征,仅是由于初期追求数据的自由流动而一定程度舍弃数据的安全。随着公民个人信息安全与国家数据主权双重意识的觉醒以及付费式价值互联网围墙的高耸,记录型电子证据将部分取代数据自由流通下交换型电子证据从而形成网络社会的新样态。通过拆分拥有技术证明特征的记录型电子证据出“状态证明”与“存续证明”理论,搭建新型保留型证明理论,打破传统对电子证据“一刀切”的现状是我国在数据科学时代占领网络信息制度建设至高点的重要机遇,也是实现国家治理能力与治理体系现代化的信息基础工程。记录型电子证据将开启电子数据的分化,传统对电子证据不加分类就企图进行单一化认定的理论建构路径必然难以适应纷繁复杂的现实生活。

(二)通过树立管理者思维,以参与式督促公共证明体系形成

区块链技术提供了一种增强政府、企业和公民之间透明度和协作的新方法。在世界范围内,很大一部分创新政府正探索推出应用区块链来改变规制合规、契约管理、身份管理和公民服务的项目。[32] 根据《第45次中国互联网络发展状况统计报告》,截至2020年3月,我国网民规模达9.04亿人,手机网民规模达8.97亿人,我国网民使用手机上网的比例达到了99.3%。[33] 网民规模的上升为一种全新的“参与式”司法模式提供了实现的可能。

---

〔32〕 参见[英]罗伯特·赫里安(Robert Herian):《批判区块链》,王延川、郭明龙译,上海人民出版社2019年版,第86页。

〔33〕 参见中国互联网信息中心:《第45次中国互联网络发展状况统计报告》,载中国网信网,http://www.cac.gov.cn/2020-04/27/c_1589535470378587.htm,2020年10月27日访问。

“参与式”司法证明模式灵感源于日本稻盛和夫所提出的“阿米巴管理模式”。“阿米巴”意为变形虫,让原本直线性分工明确的部门成为一个个更精细的小集体,再对小集体进行独立的核算考核。这样的小集体迫使每个成员拥有了管理者思维,开始思考如何提高自己所在集体的工作效率与产出,控制部门的预算。[34] 在新冠病毒防控中,部分国人对隔离与限制的抵触一方面反映出对公共意识认知的缺乏;另一方面也反映出在直线型组织结构下,普通民众缺少国家管理者思维,很难从大局把握国家的动向。在区块链系统中,以节点相互印证的方式实现了去中心化的功能。以区块链技术为基础建设以公民信用体系为基石的全社会自发式的交互验证网络可以将司法伪证的风险分担至每一个社会成员中,让司法活动中的当事人直接参与司法证明活动,充分让每个公民在司法证明活动中获得参与感与归属感。区块链架构下的技术证明让公众成为共同验证的节点,让司法伪证风险的社会分担拥有了实现的可能。这种法律验证模式是实现司法证明领域国家治理能力与治理体系现代化的变革先驱。即便是拥有强大国家机器为后盾的刑事诉讼领域,电子证据依然面临适用困难的境遇。更不谈民事诉讼中当事人需要通过私力取证的方式来证明电子证据的真实性、合法性、关联性。由于电子证据科技含量高,取证难度大,以至于诉讼法领域电子证据的证明种类繁多但证明力偏低。而“参与式”司法证明观念完美结合了技术证明的优势,将多种复杂的电子证据通过相互印证的方式予以结合。同时又因为有了人的活动的参与使得其作为电子证据的技术证明显得不那么复杂而又冰冷。

“参与式”司法可能面对的质疑是如果有人掌握了全网51%以上的算力是否能够达成控制区块链的效果。首先,存证的区块链后的新区块是不断被生成的,导致原有企图控制的区块链数得到稀释致使更改的难度加大。另外,除了要修改占全网51%以上节点数据外,还应该要修改此区块之后所有区块的内容,才能维持错误区块对算力的控制,否则就会出现新生区块大量出现异常的情况。这样的机能设计使区块链存证后被修改的可能性几乎为零。

---

〔34〕 参见刘方龙、吴能全:《探索京瓷“阿米巴”经营之谜——基于企业内部虚拟产权的案例研究》,载《中国工业经济》2014年第2期,第136页。

五、“参与式”搭建智慧司法的基础信任工程

(一)缺少信任基础的智慧司法建设

目前法学界热衷于人工智能与智慧司法的研究,相关的法学研究涉及面广。其研究内容为人工智能在法律领域尤其是智慧法院建设中的运用问题,人工智能否胜任知识覆盖面大、技术含量高的司法审判工作,未来的“机器人法官”能否替代司法裁判等问题。[35] 现阶段,智慧司法研究主要面临两大难题,一个是计算机语言与人类语言的互通性问题,法律语言的多义性与模糊性本身与大数据要求的精确性和机械性相矛盾。[36] 另一个极容易被忽视的问题是诉讼参加人的算法信任问题。此处的信任既包括法官对人工智能算法的信任问题也包括当事人对人工智能算法的信任问题。由于法官在裁判中对人工智能的信任目前缺少具有充分说服力的实证分析,学界的研究往往也脱离了司法实践的现状,大量论证人工智能自动生成裁判文书的可行性。这样的研究忽略一个根本性问题,法官自身对待新生事务的态度也会决定其走向,大量研究并没有注意到当前最高人民法院主推的“类案推送”已被司法实践中的法官束之高阁。在周强院长的讲话中,也强调了积极创制技术应用规则,合理划定技术边界,坚决防止技术过度使用损害司法基本价值,决不能搞所谓的“机器审判”。[37] 由此,一定程度反映了部分学者研究脱离了司法实践的现状。

除了缺少机器语言与人类语言精准高效的沟通机制以外,一个更为深层的原因在于裁判者主观对人工智能保持了保守与警惕的态度。广州互联网法院段莉琼、吴博雅通过850名裁判者的问卷调查,展现了区块链证据裁判中真实性偏离的深层主观原因,主要包括三点:1. 群盲摸象:对新技术的认知普遍不足,即便是已经搭建技术平台的互联网法院,也仅有24.02%的裁判者对区块链技术比较了解,其他法院的了解甚至不到3%。2. 定式思维:对新技术缺少足够的敏感性。这里值得注意的是,作者指出“91.2%的裁判者会将区块链证据等

---

〔35〕 参见吴习彧:《司法裁判人工智能化的可能性及问题》,载《浙江社会科学》2017年第4期,第51页。

〔36〕 参见李傲、章玉洁:《论智慧检务在行政检察中的法治难题及其应对》,载《齐鲁学刊》2020年第5期,第90页。

〔37〕 周强:《勇于改革创新 努力把互联网司法工作提高到新水平》,载中国法院网,http://www.chinagscourt.gov.cn/Wap/Show/58413,2020年10月27日访问。

同于传统电子数据进行常态化审查。而少部分对区块链证据进行个性化审查的裁判者,仍存在以点代面的思维。"3. 迟疑未决:人为拔高真实性认定标准。尽管该调查是针对区块链电子证据真实性偏差所做的实证分析,却可以很好地延伸至法官面对新技术的态度。[38] 深究原因,缺少足够信任基础的智慧司法建设研究,如同缺少审判者的法庭,是空洞而无意义的。美国国防科学委员会(DBS)说过,"所有的自主系统都是联合的人机认识系统",它们"在某种程度上受到人类的监督,通过人与机器的协调与合作能够发挥其最大的能力"。[39]

(二)"信任机器"构建"智慧司法信任"

区块链作为21世纪的"信任制造机",其共识机制建立了一种前所未有的去中心化模式下的信任关系。[40] 这种应用场景不仅限定于人与人之间,更可以间接拓展至人与算法、人与机器之间。通过让民众成为司法证明活动的节点,揭开技术神秘的面纱,参与算法、理解算法、接纳算法。在司法证明活动的参与过程中,了解算法的运作原理,掌握算法的优势与劣势。仅有这样在面对判决时,才不致产生信任危机的恶果。英国政府在疫情中正是因为忽略了英国民众缺少对算法的信任基础,暂停了今年的英国的 A-Level 和 GCSE 两项考试,使用"算法模型"对学生进行成绩的认定,导致全国混乱,教育部高官被免职。[41]

"法律的生命在于经验而非逻辑",如果智慧司法仅停在留充满法律逻辑理性的说理与论证中,那么它将很难具有司法实践的生命力。广泛而又深入的"参与式"司法让智慧司法的前景不仅呈现给了公众也呈现给了法官,让法官用亲身的经历对新技术的优势产生认同,也会督促法官加强对新技术的认识与跟踪,从而完整地建立所有诉讼参加人与智慧司法的信任关系。

---

〔38〕 参见段莉琼、吴博雅:《区块链证据的真实性认定困境与规则重构》,载《法律适用》2020 年第 19 期,第 155 页。

〔39〕 Task force report: *The role of autonomy in DoD Systems*, Defense science board, 2012, https://fas.org/irp/agency/dod/dsb/autonomy.pdf.

〔40〕 参见石超:《区块链技术的信任制造及其应用的治理逻辑》,载《东方法学》2020 年第 1 期,第 109 页。

〔41〕 参见田晓春:《英国高考评分"算法"引全国混乱 教育部高官被免职》,载中国经济网,https://www.360kuai.com/pc/9ad56f5297a9a4d19?cota=3&kuai_so=1&sign=360_57c3bbd1&refer_scene=so_1,2020 年 12 月 9 日访问。

六、结论

面对蓬勃发展的数据科学,区块链技术被认为是拥有“信任光环”的“自我鉴真”的电子数据。将新型技术纳入司法证明的轨道既需要法律学者保持包容开放的心态,积极主动学习并了解新型技术的发展观念与技术特征,又需要构建符合技术特征又让普通公民有参与可能的接地气的证明模式。“参与式”法律验证模式利用“节点式验证”的技术特征完美调和了技术的复杂与公民的参与。让共识机制不再是看起来神秘而又危险的“潘多拉魔盒”,而是为人类带来技术之火的“普罗米修斯”。实现“参与式”法律验证不仅是司法机制的自我革新,也是科技与法律的新型沟通机制。

论网络时代政府信息公开申请权滥用的规制之路
——以立法与司法为视角

郑福云*

【摘　要】网络技术的发展为公民获取政府信息提供了便捷的申请方式,然而,在我国信息公开实践中,出现了大量、频繁、随意申请等政府信息公开申请权滥用行为。尽管2019年4月修订的《政府信息公开条例》将数量、频次等作为认定申请权滥用的考量因素,但也存在合理范围待明确及适用性不高等问题。同时,部分法院在申请权滥用认定中亦出现了考量因素不合理、说理论证不明晰等问题。为维护信息公开秩序,合理地限制行政及司法自由裁量权,更好地应对是立法上增加并细化申请权滥用的考量因素,将电子化申请规定为主要申请方式,司法上将申请权滥用情形类型化,并明确滥用的认定标准。

【关键词】网络时代　政府信息公开　申请权　申请权滥用　认定标准

一、问题的提出

2008年,《中华人民共和国政府信息公开条例》(以下简称《政府信息公开条例》)正式明确了公民、法人和其他组织的政府信息公开申请权,而短时间内

* 重庆邮电大学网络空间安全与信息法学院法学硕士研究生。

滋生如“职业申请者”类的信息公开申请专业户。[1]《政府信息公开条例》第20条规定申请人可采用数据电文形式申请政府信息，网络科技的发展无疑给申请人获取政府信息带来了便利，同时也增加了政府信息公开申请权的滥用。2019年4月，我国修订了《政府信息公开条例》，[2]将申请数量及频次是否超合理范围、申请内容是否重复等纳入政府信息公开申请权滥用（以下简称申请权滥用）的考量中，[3]此举弥补了申请权滥用缺乏《政府信息公开条例》明确指引的空白，不难发现《政府信息公开条例》中对申请权滥用的考量因素还较少，且未能明确诸如数量、频次的合理范围等。尽管2020年12月1日发布的《国务院办公厅关于印发〈政府信息公开信息处理费管理办法〉的通知》（以下简称《处理费办法》）将申请人一个自然月内累计申请10件以上划为不合理，[4]但此中亦有短时间频繁申请及跨月申请等不合理的申请难以被认定为申请权滥用的问题。同时，法院在申请权滥用认定中亦存在认定考量因素不合理、说理论证不充分、认定标准不统一等问题，当务之急是完善申请权滥用的规制路径。

二、申请权滥用的规制样态

（一）申请权滥用的立法规制样态

我国对政府信息公开的立法只在行政法规层面，在法律规范的效力层级中处于较低层次。[5] 首先，对反复申请的规定。2008年4月，国务院办公厅《关于施行〈中华人民共和国政府信息公开条例〉若干问题的意见》第13条规定行政机关对同一申请人的相同申请可不予答复；[6]其次，对数量、频次、重复申请的规定，2019年修订的《政府信息公开条例》第35条规定申请人申请的数量、频次明显超合理范围的，行政机关可要求其说明理由，理由不合理则不予处理。

---

〔1〕 参见程洁：《资格限制还是经济约束：政府信息公开申请主体的制度考量》，载《清华法学》2017年第2期，第132页。

〔2〕 参见如无特殊说明下文所述《政府信息公开条例》仅指修订后的《政府信息公开条例》。

〔3〕 参见《政府信息公开条例》第35条。

〔4〕 参见《国务院办公厅关于印发〈政府信息公开信息处理费管理办法〉的通知》，国办函〔2020〕109号。

〔5〕 参见汤兆云、施彦军：《英美国家应对政府信息公开立法挑战的政策经验及其启示》，载《国外社会科学》2020年第3期，第129页。

〔6〕 国务院办公厅《关于施行〈中华人民共和国政府信息公开条例〉若干问题的意见》（国办发〔2008〕36号）。

《政府信息公开条例》第36条规定行政机关对已答复的申请和重复申请可不予处理;最后,第42条确立了收费制度,《政府信息公开条例》第42条规定了申请人的申请数量和频次明显超过合理范围的,行政机关可收取费用。《处理费办法》第4条第1款规定"同一申请人一个自然月内累计申请10件以下(含10件)的,不收费。"由上可知,我国立法主要从申请数量、申请频次、申请内容重复以及建立收费制度等方面对申请权滥用进行规制。

(二)申请权滥用的司法规制样态

1.指导案例与司法解释并举

2015年《最高人民法院公报》第11期刊登了"陆红霞案",为法院认定滥用提供了案例指导。2017年,《最高人民法院关于进一步保护和规范当事人依法行使行政诉权的若干意见》第16条规定对当事人明显违反《政府信息公开条例》立法目的或申请人反复、大量申请和申请已公布或已知晓的信息,法院可不予立案。[7] 此类规定对反复、大量和已知信息再申请情形有一定的抑制作用。

2.法院对申请权滥用认定的探索

2020年11月5日,以中国裁判文书网为检索工具,以"滥用政府信息公开申请权"为检索条件,共得到606个检索结果,以此研读,基于法院认定滥用理由的差异选取10个典型案例分析,并以裁判先后时间排序,如表1所示。

表1 10件法院认定申请权滥用的典型案例

序号	案件简称	案号	法院认定理由
1	陆红霞与南通市发展和改革委员会政府信息公开案(以下简称"陆红霞案")	(2015)港行初字第00021号	①不间断地提出申请;②特征表明申请的真实目的是施压以期补偿利益最大化;③背离《政府信息公开条例》立法目的。
2	包权弟与瑞安市国土资源局、市政府信息公开案(以下简称"包权弟案")	(2015)温瑞行初字第109号	①提出4658次申请,申请次数众多、内容繁多,且不能说明合理理由;②真实目的是施压表达对补偿的不满;③超过行使知情权的合理限度;④背离了信息公开制度的立法目的。

[7] 《最高人民法院关于进一步保护和规范当事人依法行使行政诉权的若干意见》(法发〔2017〕25号)。

续表

序号	案件简称	案号	法院认定理由
3	佘恩如与如皋市国土资源局信息公开案(以下简称“佘恩如案”)	(2016)苏06行终616号	①多次提出申请;②申请内容重复。
4	孙根女与泰州市海陵区人民政府信息公开案(以下简称“孙根女案”)	(2017)苏行终1831号	①同时向5个行政机关申请公开同一政府信息;②均收到答复后,提起5个行政诉讼。
5	徐启鹏与青岛市市北区价格认证中心政府信息公开案(以下简称“徐启鹏案”)	(2017)鲁02行终414号	①申请内容相同;②申请次数多;③申请目的是借此施压;④违背《政府信息公开条例》立法目的。
6	孙冰清与济南市公安局、市政府信息公开及行政复议案(以下简称“孙冰清案”)	(2019)鲁01行终22号	①反复申请;②仍申请内容实质性相同的信息;③申请答复不断提起复议和行政诉讼;④造成行政资源浪费;⑤背离政府信息公开制度本意。
7	孔建萍与东莞市麻涌镇人民政府、市人民政府信息公开案(以下简称“孔建萍案”)	(2019)粤19行终399号	①以本人及亲属名义申请,且申请数量、频次超合理范围;②动机是借此提起复议与诉讼,以扩大影响;③背离公开制度本旨。
8	张争与上海市浦东新区人民政府不履行政府信息公开法定职责案(以下简称“张争案”)	(2019)最高法行申12611号	申请内容重复类似。
9	陈士华、胡银镯与东阳市人民政府信息公开案(以下简称“陈士华、胡银镯案”)	(2019)浙07行初688号	①申请内容与自身利益无关;②超越立法目的。
10	崔业菊等与张家界市永定区阳湖坪街道办事处政府信息公开案(以下简称“崔业菊案”)	(2020)湘08行终36号	①申请内容不属政府信息;②申请信息公开前已获取相关信息;③仍然向行政机关申请公开。

由表1可知,法院认定申请权滥用主要考量申请人的申请数量是否众多、申请频次是否频繁、申请内容是否重复、申请目的是否违背立法目的、是否合法行使诉讼权利等。

第一,申请数量是否众多与申请次数频繁。在“包权弟案”[8]中,法院认

〔8〕 包权弟与瑞安市国土资源局、市政府信息公开案,浙江省瑞安市人民法院行政裁定书,(2015)温瑞行初字第109号。

为,包权弟提出4658次申请,申请次数众多、内容繁多,且不能说明合理理由。在“徐启鹏案”[9]中,法院指出,徐启鹏、傅玲已围绕交通事故的认定提出若干次申请。而申请数量频繁的“陆红霞案”[10],法院认为,陆红霞不间断地对政府信息提出申请。在“孙冰清案”[11]中,法院认为,孙冰清因拨打“12389”投诉和控告后,反复以申请政府信息公开形式要求获取有关投诉和控告事项的信息,而济南市公安局亦多次以书面形式进行了答复。

第二,申请内容是否重复。在“张争案”[12]中,最高人民法院认为,“张争在同一时间向浦东新区政府申请了内容重复类似的信息公开,均涉及浦东新区三林楔形绿地项目的征收土地方案公告。”并以此为由支持了一、二审法院认定张争构成滥用申请权的裁判。在“佘恩如案”[13]中,法院认为,佘恩如申请的案涉信息与其妻纪爱美曾申请的信息一致,从申请表来看,佘恩如与纪爱美申请内容中联系电话和联系地址均一样,佘恩如作为纪爱美之夫,对申请案涉信息与获得的答复应当明知,并认为佘恩如就案涉信息再次提出申请属于重复申请。

第三,申请目的是否违背立法目的。在“孔建萍案”[14]中,法院认为,孔彩贤(孔建萍之女)以其本人及孔建萍等亲属名义提出公开申请的数量、频次明显超出了合理范围,并认为其动机不在于获取与掌握政府信息本身,“而是借此寻求后续发动行政复议、提起行政诉讼,以期扩大影响,缺乏需要解决的实质性行政争议。”并认为孔彩贤的申请行为完全背离了设立信息公开制度的本旨。

---

〔9〕 徐启鹏与青岛市市北区价格认证中心政府信息公开案,山东省青岛市中级人民法院行政裁定书,(2017)鲁02行终414号。

〔10〕 陆红霞与南通市发展和改革委员会政府信息公开案,江苏省南通市港闸区人民法院行政裁定书,(2015)港行初字第00021号。

〔11〕 孙冰清与济南市公安局、市政府信息公开及行政复议案,山东省济南市中级人民法院行政判决书,(2019)鲁01行终22号。

〔12〕 张争与上海市浦东新区人民政府不履行政府信息公开法定职责案,中华人民共和国最高人民法院行政裁定书,(2019)最高法行申12611号。

〔13〕 佘恩如与如皋市国土资源局信息公开案,江苏省南通市中级人民法院行政裁定书,(2016)苏06行终616号。

〔14〕 孔建萍与东莞市麻涌镇人民政府、市人民政府信息公开案,广东省东莞市中级人民法院行政裁定书,(2019)粤19行终399号。

第四,是否合法行使诉讼权利。在"孙根女案"[15]中,法院认为,孙根女就同一信息同时向5个行政机关提出申请,在收到5个答复后,便提起5个行政诉讼,其有滥用申请权的嫌疑,并认为孙根女的行为不仅浪费了自己的时间与精力,亦浪费了行政资源和司法资源。同时,在"孔建萍案"[16],法院认为,孔彩贤(孔建萍之女)的申请动机是以期扩大影响而提起复议与诉讼。

尽管有法院还将申请内容是否属于政府信息、是否明知申请内容、申请内容是否与申请人利益相关等作为考量因素,但整体来看仅有少数法院如此认定。在"陈士华、胡银镯案"[17]中,法院认为,综合衡量原告陈士华、胡银镯夫妇提起的一系列申请的内容,其采取行政复议、行政诉讼等手段,均不能说明该申请与其切身利益相关。在"崔业菊案"[18]中,法院指出,如果申请事项不属政府信息,或申请公开前已获取相关信息,仍向行政机关申请,则属滥用申请权行为。

三、申请权滥用现有规制的得与失

我国在规制申请权滥用中虽取得了积极成效,但在立法及司法规制中还有些许疑惑待解。

(一)取得的成就

《政府信息公开条例》将数量、频次等因素作为申请权滥用的考量因素,《处理费办法》具体划分数量、频次的范围,均是实践所需,具有重要意义。法院亦积极探索认定申请权滥用的考量因素,助力司法规制滥用发生。

1.《政府信息公开条例》及《处理费办法》契合现实需要

第一,弥补了信息公开制度中难以援引《政府信息公开条例》的空白。《政府信息公开条例》第35条将数量、频次作考量申请是否合理的条件,若理由不合理则可拒绝答复,此为申请权滥用提供了明确的认定路径,《处理费办法》第

---

〔15〕 孙根女与泰州市海陵区人民政府信息公开案,江苏省高级人民法院行政判决书,(2017)苏行终1831号。

〔16〕 孔建萍与东莞市麻涌镇人民政府、市人民政府信息公开案,广东省东莞市中级人民法院行政裁定书,(2019)粤19行终399号。

〔17〕 陈士华、胡银镯与东阳市人民政府信息公开案,浙江省金华市中级人民法院行政裁定书,(2019)浙07行初688号。

〔18〕 崔业菊等与张家界市永定区阳湖坪街道办事处政府信息公开案,湖南省张家界市中级人民法院行政裁定书,(2020)湘08行终36号。

4 条第1 款规定“同一申请人一个自然月内累计申请10 件以下(含10 件)的,不收费。”无疑其将一个自然月内申请 10 件以上认定为数量及频次不合理,给申请权滥用提供了具体认定依据;《政府信息公开条例》第 36 条则将已作出答复而申请人重复申请的情形排除在合理申请之外。此类规定有助于政府及法院快速识别滥用行为。

第二,首次将收费制度纳入信息公开制度中。此举有助于震慑“数量巨大式”“次数频繁式”等非正常申请。此类规定“不仅体现在对非正常申请的制约功能上,还可以体现在对公民申请的社会价值的引导等功能上”。[19]

第三,增加了程序性规定的弹性程度。有学者指出“回应信息公开申请时间的不足是困扰政府信息公开工作人员的一大障碍”。[20] 为此,《政府信息公开条例》第 33 条将原公开时限从 15 日延长至 20 日,此可减少行政机关因时限原因而承担败诉的风险。

第四,明确了公开原则,细化了申请内容描述义务。《政府信息公开条例》第 5 条将规定“坚持以公开为常态、不公开为例外”,一方面有利于行政机关提高行政透明度,另一方面有利于保障公民的政府信息知情权。有时申请人申请内容较为广泛,而“申请人没有见到文件以前,不可能对文件有具体的详细的认识”。[21] 基于此,《政府信息公开条例》第 29 条规定申请人需将其欲申请信息的名称、文号及其他特征予以描述,一方面有利于行政机关快速寻找信息,提高行政效率,另一方面亦有利于识别滥用行为。

2. 司法限制滥用行为

第一,“陆红霞案”[22] 为法院认定申请权滥用提供导向。“陆案的裁判,实质是要通过规制滥用信息公开申请权和起诉权,矫治政府信息公开制度异化的状态”,[23] 法院将陆红霞提起申请的数量、频次、内容间接作为滥用认定条件之一,亦将《政府信息公开条例》立法目的作考量因素,并据陆红霞既往申请等推

〔19〕 江悦:《论政府信息公开申请权滥用的法律规制》,中国社会科学院大学 2019 年博士学位论文,第 153 页。

〔20〕 湛中乐、李烁:《公民滥用政府信息获取权的法律规制——兼评〈政府信息公开条例〉的修订》,载《中国行政管理》2019 年第 4 期,第 24 页。

〔21〕 王名扬:《美国行政法》,中国法制出版社 2005 年版,第 951 页。

〔22〕 陆红霞与南通市发展和改革委员会政府信息公开案,江苏省南通市港闸区人民法院行政裁定书,(2015)港行初字第 00021 号。

〔23〕 高鸿:《滥诉之殇引发的再思考》,载《中国法律评论》2016 年第 4 期,第 42 页。

导其真实目的系施压,从而认定其构成申请权滥用。此案认定模式被后续部分法院所沿用,为规制申请权滥用案起到了良好的导向作用。而在陆红霞案中,通过对其访谈,发现其后未再申请及诉讼,此"主要原因是其基础纠纷已经得到了妥善解决"。[24]

第二,法院滥用考量因素的自我探索。在《政府信息公开条例》中,数量和频次是考量申请权滥用的因素之一,而此前已有法院将之细化,如在"王达福案"[25]中,被告及法院认为,王达福 2017 年共提起 30 宗申请,而大朗镇总量才 38 宗,其亦在 2018 年申请了 113 宗,而大朗镇总量才 130 宗。此案将申请权滥用占比量作数量较多的论据,实属新的探索。

第三,部分法院已从主观和客观两方面认定申请权滥用。正如申请权滥用"大致上,可以从主观的动机目的和客观的滥用行为两个维度上进行观察"。[26]而表 1 中有 4 案从申请人主观目的即申请目的予以考察,客观从申请数量及内容予以考量。总体而言,主观方面主要考察申请人申请目的、言辞表达等,客观方面主要考察申请次数、申请频次及申请历史等。

(二)存在的缺憾

在立法与司法规制均取得进步的同时,以规范的视角分析规制现状,可以发现还存在有待完善之处。

1. 立法层面

第一,考量因素单一,适用性不高。《政府信息公开条例》首次将数量、频次纳入申请权滥用考量中,亦将重复申请作考量因素,这些考量因素有助各政府、法院识别滥用行为。但申请数量、频次及内容重复并非判断申请权滥用的充要条件,"也不排除实践中有些主体法治意识比较强,希望借提起大量的信息公开申请,来倒逼政府加大信息公开力度,实现信息资源在政府、市场与社会三者之间实现优化配置。"[27]而《处理费办法》第 4 条第 1 款仅规定了同一申请人一个自然月内累计申请 10 件以上将收取费用,意味着申请人频繁申请只要少于 10 件及

[24] 肖洒:《信息公开缠讼司法规制的实效性考察》,载《行政法学研究》2020 年第 3 期,第 158 页。

[25] 王达福与东莞市大朗镇人民政府信息公开案,广东省东莞市中级人民法院行政裁定书,(2018)粤 19 行终 324 号。

[26] 沈岿:《信息公开申请和诉讼滥用的司法应对——评"陆红霞诉南通市发改委案"》,载《法制与社会发展》2016 年第 5 期,第 31 页。

[27] 薛志远:《信息公开申请权滥用行为的规制研究》,载《西部法学评论》2016 年第 4 期,第 44 页。

跨月的两天内申请超过20件便不会被认定为申请权滥用行为。同时,《政府信息公开条例》规定的考量因素在实践中适用性不高。在606案中有263案考量了申请频次,占总量的43.4%;有165案考量了申请数量,仅占27.2%;仅77案考量了申请内容,亦仅占总量的12.7%。总体而言,在申请权滥用认定中《政府信息公开条例》规定的考量因素适用性还有待提升。在"陈士华案"〔28〕中,该案法院仅考量两个因素,其一为申请与其自身利益无关事项,但《政府信息公开条例》并未要求申请内容需与自身利益有关。在"张争案"〔29〕中,最高人民法院指出张争申请内容重复类似,仅以此支持了一、二审关于张争构成申请权滥用的规定。

第二,扩大自由裁量权。由于《政府信息公开条例》尚存如"合理范围""重复申请"等待明确且极抽象的法律术语,其"内涵和外延都不明确,都必须结合具体案情作出判断"。〔30〕如申请的数量、频次超合理范围则不予处理,但《政府信息公开条例》并未规定多少次属正常申请,怎样的频次才算合理,尽管《处理费办法》将一个自然月内申请10件及以上认定为数量与频次超出合理范围,但此种频次并不明显,且数量少于10件不会构成申请权滥用给少数申请人频繁申请10件及以下留下了空间。同时,重复申请规定亦如此,若申请人第二次申请有少量内容重叠,此是否亦属重复申请?如属于,基于内容并非完全相同,则存以偏概全限制信息知情权之嫌,若不属于,则该条是否有被"架空"之嫌?无疑,此类抽象性法律术语为行政机关及司法机关的自由裁量权预留了空间。

2. 司法层面

第一,说理论证有待明晰。法院对申请权滥用的论证是否合理,关系到裁判结果是否会使人信服。而司法实践中,部分法院的论证还需明晰。在"孙根女案"〔31〕中,法院认为,孙根女就同一信息同时向5个行政机关提出申请,在收到5个答复后分别提起行政诉讼,以此认为孙根女有滥用申请权的嫌疑。该案法院的思路为申请人提出相同申请,申请人穷尽救济程序就属涉嫌滥用,该案

---

〔28〕 陈士华、胡银镯与东阳市人民政府信息公开案,浙江省金华市中级人民法院行政裁定书,(2019)浙07行初688号。

〔29〕 张争与上海市浦东新区人民政府不履行政府信息公开法定职责案,中华人民共和国最高人民法院行政裁定书,(2019)最高法行申12611号。

〔30〕 江悦:《论我国政府信息公开申请权滥用的司法规制之路》,载《河北法学》2018年第10期,第167页。

〔31〕 孙根女与泰州市海陵区人民政府信息公开案,江苏省高级人民法院行政判决书,(2017)苏行终1831号。

无异于将诉权滥用等同于申请权滥用。诉权与申请权有不同的理论基础，亦具差异性，且该案仅用“涉嫌”，而606案中共有35案亦有类似表述，表明部分法院滥用认定的不确定性。同样，在“孔建萍案”[32]中，法院认为孔彩贤（孔建萍之女）申请数量、频次超合理范围，其申请动机系为后续救济程序提供条件，但法院并未对孔彩贤申请数量、频次如何超出合理范围以论证，且申请目的极具抽象性，该法院亦未详叙之。

第二，法院认定标准不统一。分析表1可知，法院的认定标准不统一，在“张争案”[33]中法院仅凭重复申请就认定为申请权滥用。而在“包权弟案”[34]中，法院考量了申请次数、申请内容繁多、申请目的等诸多因素，并未考量申请内容是否重复。已有学者发现同一法院的认定标准亦不统一，但此现象仍在延续。[35] 此类现象较多，本文仅选取较为典型的案例予以展示，如表2均摘自江苏省高级人民法院的5份裁判文书。

表2　同一法院对申请权滥用的认定

案名	张武功案	陆某某案	佘恩如案	孙根女案	钱海军案
裁判类型	裁定书	判决书	裁定书	判决书	裁定书
认定要素	①申请人及其家人频繁、不断地大量申请；②实质目的是施压以实现利益诉求；③申请行为已背离《政府信息公开条例》立法目的和基本原则。	向行政机关申请已获得的信息	①申请人妻子被行政机关认定为重复申请；②申请表中两人联系电话、地址相同；③申请人应明知其妻申请；④申请人构成重复申请。	①申请人同时向5个行政机关申请同一信息；②收到答复后，均提起行政诉讼。	①申请内容琐碎或申请已获知的信息或申请自身知晓的个人信息；②申请目的并非获取信息。
差异	①认定要素种类不同；②裁判类型不同；③考察主体范围不同				

〔32〕 孔建萍与东莞市麻涌镇人民政府、市人民政府信息公开案，广东省东莞市中级人民法院行政裁定书，(2019)粤19行终399号。

〔33〕 张争与上海市浦东新区人民政府不履行政府信息公开法定职责案，中华人民共和国最高人民法院行政裁定书，(2019)最高法行申12611号。

〔34〕 包权弟与瑞安市国土资源局、市政府信息公开案，浙江省瑞安市人民法院行政裁定书，(2015)温瑞行初字第109号。

〔35〕 参见于文豪、吕富生：《何为滥用政府信息公开申请权——以既有裁判文书为对象的分析》，载《行政法学研究》2018年第5期，第98页。

表2的5份裁判文书呈现如下差异性:第一,裁判标准不统一,“陆某某案”、[36]“孙根女案”[37]为判决书,其他均以裁定书形式认定滥用。第二,认定要素使用多样性,“孙根女案”[38]考量了是否依法行使诉权,“张武功案”[39]考量了是否违背《政府信息公开条例》立法目的,“钱海军案”[40]考量了申请目的是否为获取政府信息等。第三,考察主体不同,“张武功案”[41]、“佘恩如案”[42]扩大了主体考察范围,考量了申请人家人行为。通过对比可以发现上述5案认定要素无共同考量因素。

四、申请权滥用的规制进路

在申请权滥用规制中还存在诸多问题,而合理化之的举措可为立法层面增加及细化滥用的考量因素;司法层面将滥用情形类型化,并完善滥用认定标准。

(一)立法层面

1. 增加滥用考量因素

《政府信息公开条例》对申请权滥用的规制还处于探索阶段,在取得进步的同时亦需进一步思考。《政府信息公开条例》仅有第35条以数量和频次和第36条以已知申请内容、已答复间接作为滥用认定的考量因素,但并非所有滥用行为均有此类表现。英国《信息自由法》第14条将申请人非合理时间内提起相同或相似申请认定为重复申请并拒绝答复。[43] 英国这一策略取得了较好成效,

---

[36] 陆某某与无锡市锡山区人民政府信息公开案,江苏省高级人民法院行政判决书,(2017)苏行终949号。

[37] 孙根女与泰州市海陵区人民政府信息公开案,江苏省高级人民法院行政判决书,(2017)苏行终1831号。

[38] 孙根女与泰州市海陵区人民政府信息公开案,江苏省高级人民法院行政判决书,(2017)苏行终1831号。

[39] 张武功与南通市人民政府信息公开、江苏省人民政府行政复议案,江苏省高级人民法院行政裁定书,(2017)苏行终96号。

[40] 钱海军与江苏省自然资源厅不履行政府信息公开法定职责案,江苏省高级人民法院行政裁定书,(2018)苏行终608号。

[41] 张武功与南通市人民政府信息公开、江苏省人民政府行政复议案,江苏省高级人民法院行政裁定书,(2017)苏行终96号。

[42] 佘恩如与如皋市国土资源局政府信息公开案,江苏省高级人民法院行政裁定书,(2017)苏行申1194号。

[43] See United Kingdom Freedom of Information Act 2000.

《政府信息公开条例》可增加对申请是否间隔合理时限的考量;亦可增加对部分内容重复的考量,即便申请人部分申请属合理申请,但当其中包含重复、不合理内容时,就有构成滥用的可能,此时可释明后要求申请人重新申请,若其对此再申请时,该行为就属滥用行为,行政机关可不予处理;澳大利亚《信息自由法》第89条规定若申请人对行政机关造成滋扰,则会被认定为滋扰申请人,从而拒绝答复。[44] 此在一定程度上有利于减少滥用案发生,《政府信息公开条例》亦可引入如对行政机关造成滋扰、浪费行政、司法资源等损害结果的考量,若申请人的申请会耗费大量人力物力或会给行政机关造成其他损失,则需对此行为重点考量。

2. 细化滥用考量因素

借鉴域外经验将申请次数、频次合理范围及是否重复申请等进一步细化。《政府信息公开条例》中还有诸如数量、频次的合理范围等规定较为概括,给行政及司法预留了裁量空间,有必要对其细化。美国伊利诺伊州的《信息自由法修订案》将申请人一定时间内申请次数及申请种类作为认定申请人数量众多及次数频繁的考量因素。[45] 而606案中仅"王达福案"将申请人一定时间内的申请量与当地申请量作比较,此类论证能增强裁判说理可信度。基于此,建议将申请次数、频次等是否合理进一步细化。而是否合理除《处理费办法》[46] 每一个自然月申请10件以上为不合理外,本文认为,还可借助申请人一定时间内的申请数量、频次与当地申请人平均量作比较,若明显超平均值,则该行为就属异常行为,而一定时间可为7日内,也可为15日,也可为几个月等,而是否构成申请权滥用可结合其他因素综合分析,若未见异常,则数量、频次并非该案考量因素;而内容是否重复则需对申请内容最终指向以考量,若指向相同信息,则属相同申请。

3. 将电子化申请规定为主要申请方式

可借鉴美国经验规定电子化方式为获取政府信息的主要方式,便于申请权滥用认定。美国1996年修订了《信息自由法》,在原公开方式的基础上着重突

---

〔44〕 See Australia Freedom of Information Act 1982.

〔45〕 See the 2016 Freedom of Information Act Amendment in Illinois, https://1.next.westlaw.com/Document/NCD6EF2007D3F11E5AFA8A658F277403B/View/FullText.html? originationContext = documenttoc&transitionType = CategoryPageItem&contextData = (sc.Default) (Last accessed: 15/11/2020).

〔46〕 国务院办公厅《关于印发〈政府信息公开信息处理费管理办法〉的通知》(国办函〔2020〕109号)。

出公众可通过互联网等计算机通信技术或者其他电子化方式获取政府信息,并规定电子网络信息公开方式应成为主要的公开方式。[47] 同时,可借鉴美国经验规定合并处理程序、多轨处理程序、加急处理程序。合并处理程序、多轨处理程序可将申请人频繁提出的类似申请合并处理,而加急处理程序可为急迫需要政府信息的申请人高效提供信息。[48]

(二)司法层面

1. 滥用情形类型化

在申请滥用认定中,为给各法院提供合理指导,最高人民法院亦可出台相关司法解释将申请权滥用情形类型化。日本东京都及横滨市将申请权滥用情形分类,并取得了一定成效。[49] 笔者通过研读检索结果,归纳法院滥用考量因素并结合域外经验将滥用情形予以归类,得到了违背立法目的、申请次数频繁、申请数量众多、明知申请信息等类型。需要强调各类型并非独立关系,需联系看之。本文挑选了4种较典型类型予以介绍。

第一,违背立法目的型。共有282案考量了申请人是否违背立法目的,占总量(606案)的46.5%。需要指出,是否违背立法目的需从申请人的客观行为综合考量。违背立法目的的类型包括:(1)背离立法目的,严重超出申请权行使合理限度。(2)背离立法目的、基本原则,挤占行政资源,损害公共利益。(3)背离立法目的,超过权利行使合理范围等。

第二,次数频繁型。共有263案将申请次数频繁作考量因素,占总量的43.4%。类型如下:(1)向同一机关就同一内容反复提出申请。(2)频繁申请,随之提起大量行政复议、行政诉讼。(3)反复围绕同一问题提出申请,不断施压,目的是施压等。

第三,数量众多型。共有165案将申请数量众多作为考量因素,占总量的27.2%。其包括:(1)申请次数多,并不断提出申请。(2)多次提出申请,内容重复并具情绪化。(3)多次申请内容不明,并具情绪化等。

---

〔47〕 参见汤兆云、施彦军:《英美国家应对政府信息公开立法挑战的政策经验及其启示》,载《国外社会科学》2020年第3期,第128页。

〔48〕 参见后向东:《信息公开申请权滥用:成因、研判与规制——基于国际经验与中国实际的视角》,载《人民司法》2015年第15期,第128页。

〔49〕 参见吕艳滨:《日本对滥用政府信息公开申请权的认定》,载《人民司法》2015年第15期,第14页。

第四,明知申请信息型。共有 105 案考量了申请人是否明知申请信息,占总量的 17.3% 。其类型包括:(1)申请已获信息,再申请。(2)申请已知或明知信息不属政府信息,再次提出申请。(3)申请人明知裁判文书已确定相关信息不存在,再纠缠申请等。

2. 完善滥用认定标准

建议最高人民法院选取指导案例或出台司法解释明确滥用的认定标准。表 1、表 2 映射出法院认定申请权滥用还不成体系,且未形成明确、统一的认定标准。综观英国、澳大利亚、日本等国对申请权滥用的应对,大致从主观、客观、后果三个方面认定并取得了成效,其经验值得借鉴,我国亦有学者认识到"可以从申请行为的主观、客观、后果三个方面考虑判定知情权滥用的操作性标准。"〔50〕而各滥用案亦呈考量申请人主观、客观及少数附之考量申请后果。申请权滥用首先需有主观恶意意图,并表现为特定的申请行为,其次造成了不正当损害结果。所以,申请人主观是否具有恶意、客观行为是否异常及是否造成不正当的损害结果可成认定申请权滥用的构成要件。

第一,主观恶意的判断。英国信息专员办公室(Information Commissioner's Office,ICF)规定,若申请人申请无明显获取信息意图、故意滋扰行政机关、提出毫无根据的申请等均会被认定为滋扰申请,而拒绝答复。〔51〕 主观恶意除可借鉴上述经验外,亦可从一般理性人角度来看,如申请人申请已公开的信息,经行政机关释明后仍申请,或申请系基于"主观猜测""主观臆造""随意申请"等,则其主观目的动机就具有恶意,同时主观是否具有恶意应主要从申请人的客观行为方面予以判断。

第二,客观行为异常的判断。英国信息专员办公室从滥用行为认定是否构成滋扰,而英国南安普敦市则将申请人申请是否合理、申请内容是否重复、是否已公开等作为收费的考量因素。〔52〕 从滥用案考量因素及域外相关经验来看,客观行为可从申请行为方式、申请内容两方面综合分析。行为方式上,如申请人存在申请数量巨大、申请次数频繁、已就相关内容多次重复申请、经行政机关

〔50〕 王锡锌:《滥用知情权的逻辑及展开》,载《法学研究》2017 年第 6 期,第 54 页。

〔51〕 See UK Information Commissioner's Office, https://ico. org. uk/media/for-organisations/documents/1198/dealing-with-vexatious-requests. pdf(Last accessed:17/11/2020).

〔52〕 See Southampton City Council Information Access and Use, https://www. southampton. gov. uk/images/information-access-and-use-policy-on-fees-and-charges-v4. 4 _ tcm63-406160. pdf (Last accessed: 20/11/2020).

释明后仍申请等,则此行为就属异常;申请内容上,若申请人申请已公开或已获取、申请内容具情绪化意图、重复申请相似内容、申请主观臆造内容等,则属行为异常。两者满足其一则客观行为就属异常,需指出行为方式和申请内容二者并非独立关系,需将二者联系看待。

第三,造成不正当损害结果的判断。606 案中已有近 50 案开始考量申请人是否造成行政及司法资源等浪费,但大多却缺乏说理。而此类损害结果是否正当可从一般理性人角度分析,若申请行为使真正需要信息者延长了获取时间,又如行政机关处理申请行为需耗费大量人力物力或申请行为造成行政秩序及效能损失,从理性人角度来看,此类申请就不具正当性。

五、结语

网络时代信息公开制度中出现申请权滥用的缘由是多样的,但申请人自身因素绝非滥用源头所在。从申请权滥用复杂动因来看,滥用案频发不仅与我国权利救济机制不畅通有关,亦与我国信息公开制度、司法认定体系等规制路径待完善有关。意欲塑造良好的信息公开环境,不能简单地依靠提高申请公开门槛及成本等不治本的路径,还需完善信息公开制度与法律规范体系,畅通权利救济机制,亦需探索有效的规制路径,并将之合理化、具体化、类型化,方能实现保障政府信息知情权与规制权利滥用间的平衡。

网络格式合同中消费者自主选择权的法律保护研究

刘　韵*

【摘　要】随着网络交易的兴起与普及,网络格式合同被广泛应用于交易中。基于网络本身的特性,网络格式合同具备了相较于传统格式合同而言更为明显的高效性、技术性以及不可协商性,导致消费者自主选择权在网络格式合同中的行使面临不同于以前的新难题。从网络格式合同中消费者自主选择权存在的困境及成因分析切入,结合分析域外相关法律保护制度,以完善网络格式合同的法律规制、更好地实现消费者自主选择权为主要思路,有利于为完善网络格式合同中消费者自主选择权的法律保护而提出对策建议。

【关键词】网络格式合同　消费者自主选择权　网络交易　网络经营者

一、网络格式合同中消费者自主选择权法律保护的背景及基本理论

由于互联网技术的飞速发展,网络经营者在网络交易过程中拥有了不同以往的技术垄断地位,使之在网络消费关系中处于优势地位。而现实中,许多网络经营者滥用其优势地位,加之法律对消费者自主选择权的规定不甚具体,这使该权利的保护面临着新的挑战。

对于网络格式合同中消费者自主选择权的法律保护,目前研究集中在理论层面,多是宏观的、价值性的规定,具体规制内容和方法鲜有涉及。现有研究或

* 重庆邮电大学网络空间安全与信息法学院法学硕士研究生。

是着眼于格式合同本身的发展历史,论述在互联网时代如何完善格式合同法律规制;或是探讨互联网时代消费者自主选择权的保护方式,思考范围过于广泛,缺乏系统性的实践解决措施。本文聚焦“网络格式合同中消费者自主选择权的法律保护”这一问题,从实现消费者自主选择权的角度出发,在消费者自由价值的引导下尝试探索其系统性的法律保护对策。

(一)网络格式合同的概念和特征

根据《中华人民共和国民法典》(以下简称《民法典》)的规定,“格式条款”是由当事人为了重复使用而预先拟定,并在订立合同时未与对方协商的条款。其特征包括要约对象的不特定性或重复性、内容的确定性、低成本性和效率性,[1]据此可以判断格式合同即是具备上述特征的一种合同类型,即为了重复使用而预先拟定,在订立时未与相对方协商的合同,其产生是为了交易的便捷性。

较之于传统格式合同,网络格式合同以网络为载体,是存在于网络虚拟空间中并以电子数据形式呈现的格式合同,是一类服务于现代网络交易的新兴合同形式。其特征如下:

1. 高效性

互联网时代,随着线上销售范围的拓宽、消费者数字化消费习惯的养成以及网络商品服务交易的快节奏化,无论是在内容发布的经营者端,还是在内容浏览、接收的消费者端,用于成立网络格式合同的时间都逐渐缩短,大多数 APP 在订立服务协议等网络格式合同界面中甚至并未要求消费者的最短阅读时间,这使网络格式合同较之以往呈现更为明显的高效性。

2. 技术性

不同于传统格式合同,网络格式合同依托于互联网技术存在和成立,以电子数据作为信息交换方式,于线上达成交易合意。在此过程中,以电子数据交换(Electronic data interchange,EDI)为基础的在线确认方式改变了传统的书面性,网页、APP 等虚拟环境取代了传统的实体场所,以及电子签名的适用,均体现了明显的技术性特征。

3. 不可协商性

网络交易中,网络格式合同的成立脱离了实体环境的限制,合同双方不需

---

[1] 参见《民法典》第 496 条第 1 款。

要面对面订立合同,一般由消费者一方在交易的同时进行相应操作,提供合同的一方则由预先设定的网络服务系统代为完成后续信息操作。网络的线上性和网络系统的自动化使网络格式合同的不可协商性较之传统格式合同更为明显。

(二)消费者自主选择权的概念和特征

根据《中华人民共和国消费者权益保护法》(以下简称《消费者权益保护法》)规定,消费者自主选择权是交易过程中消费者所享有的自主选择商品或服务、提供商品或服务的经营者、商品品种或者服务方式,自主决定购买或不购买任何一种商品、接受或不接受任何一项服务的权利。[2] 学者杨紫煊将其定义为消费者所享有的自主选择商品和自由选择服务的权利。[3] 笔者认为,消费者自主选择权是以公平价值和意思自治为原则,以保护消费者在交易之前、之中和之后的整个过程中自愿选择某一商品或服务的自由为目的而确立的一项权利。其特征主要表现为两点:第一,选择的主观自愿性。该特征体现的是主观层面的意思自治,即消费者能够依据内心的消费需求,凭借自身的喜好标准决定是否选择、选择什么类型的商品服务,强调主观意志不受外界的限制或影响。第二,选择的客观自由性。该特征与选择自愿性相对,主要体现为客观层面的自由选择,即消费者在表达自身消费需求时,其实行行为可以不受外界的限制与影响,强调消费者在实施消费行为的过程中不受客观环境干扰的自由状态。

(三)网络格式合同中消费者自主选择权的特殊性

1. 线上虚拟性

由于网络格式合同是以电子数据形式成立于网络虚拟空间的合同类型,这使网络格式合同中的消费者自主选择权也相应地具备了一定的网络特性。普通消费者自主选择权多体现在实体环境下商品服务选择等消费行为之中,而网络格式合同中的消费者自主选择权则体现在浏览完线上相应格式合同后作出同意与否的选择之中。无论是线下选择向线上点击的方式转变,还是实际场景到虚拟界面的空间置换,其中均体现了网络格式合同中消费者自主选择权的特殊性之一,即线上虚拟性。

---

[2] 参见《消费者权益保护法》第9条。

[3] 参见杨紫煊:《经济法》,北京大学出版社2008年版,第250页。

2. 选择自愿性增强

高效性和技术性是网络格式合同的特征之一,这两个特征也相应地影响了其中消费者自主选择权的行使。首先,网络格式合同的高效性使消费者在浏览格式合同条款、选择商品服务时更为方便,点击进入或退出网络界面的快捷性降低了消费者在作出消费决定时所需要的时间成本,主观时间压力的减小增强了消费者的选择自愿性;其次,网络格式合同的技术性为消费者构建了一个虚拟交易环境,在脱离了实体环境限制的同时,借由互联网大数据完成了跨地域大范围的商品服务选择,由此有效降低了消费者在作出消费决定时受到经营者、地域等外界因素影响的可能性,消费者的主观选择自愿性增强。

3. 选择自由性受限

虽然网络格式合同中消费者选择自愿性有所增强,但该类合同的技术性和更为明显的不可协商性也使消费者自主选择权在客观上的选择自由性进一步受限。首先,合同的技术性在帮助消费者降低外界因素影响的同时,也让经营者拥有了不同以往的技术优势,网络界面的有限性和网络格式合同内容的繁复性留给了网络经营者许多可操作的技术空间,如超链接的设立等,这些消费者不具备的技术优势容易被经营者利用从而转化为成立网络格式合同时的信息优势,使消费者的选择自由性在已知甚至未知的情况下被限制;其次,合同更为明显的不可协商性使消费者的客观消费行为较之一般情况受到了更大的约束,如网络格式合同成立过程的数据化、反馈系统的自动化,在方便高效的同时将消费者的选择固定为“是”与“否”两个选项,由此消费者自主选择权中的客观选择自由性受到了极大的限制。

二、网络格式合同中消费者自主选择权的保护困境

(一)消费者的弱势地位愈发明显

1. “霸王条款”不断侵犯消费者的选择自由

在网经社电子商务研究中心发布的《2019 年度 2019 年(上)中国电子商务用户体验与投诉监测报告》中,“霸王条款”被列为网络消费者十大投诉热点之一,包括在线教育、在线旅游等行业,涉及小猪短租、马蜂窝、英语流利说、世界邦旅行、尚德机构、帮考网等多家在线平台。例如,票务网站大麦网在其购票须知中规定其票品不支持退换,如果消费者无法正常观看相关赛事活动,只能自行处理。黑猫投诉平台上相关投诉者表示,大麦网在有些演出门票还处于预售阶段尚未出票的情况下,依旧会以购票须知中的条款为由拒绝消费者的退票

申请。

可以发现,传统格式合同中经营者相对于消费者本就占据了一定主导权,[4]而当格式合同的订立场景从“面对面”转换至互联网网页中时,网络格式合同具备了更为明显的不可协商性与技术性,消费者在互联网中的消费选择行为、过程、方式因互联网空间而愈发受限。网络技术壁垒所赋予经营者的优势,使其在拟定网络格式合同时拥有了更多的主导权,并凭此在合同中制定了大量不合理条款,侵犯了消费者的选择自由。

2. 大量专业术语增加了消费者理解成本

随着网络格式合同内容的增加,其条款本身也愈发复杂。如今的网络格式合同多由公司的法务部门或专业的律师团队拟制,涉及法律术语以及解决纠纷的适用程序、管辖条款等专业法律领域,这些条款内容对于普通消费者而言较为艰涩,超出了日常知识范围。例如,《腾讯微信软件许可及服务协议》与《“抖音”用户服务协议》中“著作权”“商标权”“汇编权”等知识产权法律术语,以及《唯品会服务条款》中规定的诸如协商管辖等格式管辖条款。实践中,普通消费者在没有一定法学基础的前提下,对于此类条款的理解存在一定困难。消费者理解成本的增加,导致其在合同中愈发处于不利地位。[5]

(二)消费者缺乏相关权利意识

由 BCG(波士顿咨询公司)牵头,联合阿里研究院和百度发展研究中心共同完成的《中国互联网经济白皮书 2.0》显示,中国消费者购物路径的数字化触点增加,消费行为逐渐数字化。但与数字化消费习惯形成所不相适应的是消费者在网络交易中自身权利意识的欠缺,网络格式合同中的消费者自主选择权便是其中之一。当代消费者在网络购物时,除了防范强买强卖、商家欺诈的意识,大部分消费者在点击确认网络格式合同时,并不会详细了解格式合同的具体内容条款,缺乏对格式合同条款中限制自主选择权的不合理条款的监督举报意识,使网络经营者能够趁机加入许多不合理的格式条款。

(三)消费者自主选择权的救济手段乏力

关于网络经营者为维护消费者相关权益而设立的平台反馈通道情况,笔者

---

〔4〕 参见吴逸宁:《格式条款使用人的单方变更之规范构建》,载《北方法学》2020 年第 14 期,第 6 页。

〔5〕 参见宁红丽:《平台格式条款的强制披露规制完善研究》,载《暨南学报(哲学社会科学版)》2020 年第 42 期,第 58 页。

在调查分析了微信、抖音、唯品会等多家APP后发现,目前消费者反馈通道的设立并不统一,界面设计不明显且处理效率有待商榷,这也导致消费者在发现网络格式合同中的相关条款侵犯了自身自主选择权的时候难以找到高效的维权途径,一味诉诸法院会大大提升维权成本,在没有较大数额的直接损失时反而得不偿失。同时,现今司法实践中关于网络格式合同条款侵犯消费者自主选择权的合同纠纷在管辖、审理程序等方面也存在不足。[6] 因此,在缺乏一套具体可行的权利救济制度系统的情况下,大多数消费者难以得到合理的救济结果。

三、网络格式合同中消费者自主选择权保护困境的成因分析

(一)网络格式合同双方在内容掌握上信息不对称

随着网络交易的普及,网络交易额逐年攀升,带动着网络交易整个行业各方面向前发展,相关交易规则不断增加。网络经营者依据网络交易实践过程中所出现的问题在相关服务规则或服务协议内不断加入新的内容条款,在不违反法律法规的前提下为自己制造更多的优势。受限于网络界面的有限性,格式合同内容无法全部同时展现给消费者,多是以超链接的方式存在于第二界面,加之网络交易本身的快节奏性,若要浏览完全部条款,所耗时间较长,因此,大多数消费者在未全面掌握格式合同内容前便点击确认选项,导致网络格式合同双方在内容掌握上信息不对称。[7]

实践中许多消费者在网络服务合同纠纷中,对于网络经营者提出的免除责任承担等不利条款,多表示自己在确认合同成立时并未看见,却无法举出相应证据证明自己无过失,致使相关事实不被法院采纳,自身权益难以保障。例如,在一宗由杭州互联网法院审理的网络服务合同纠纷中,被告浙江某某网络有限公司就是否其违约举出《某某平台服务协议》中补充协议第2.2条规定:"由于互联网高速发展,您与某某签署的本协议列明的条款并不能完整罗列并覆盖您与某某所有权利与义务,现有的约定也不能保证完全符合未来发展的需求……

〔6〕 参见胡安琪、李明发:《网络消费格式管辖条款三维规制体系论:方式、对象及逻辑顺位》,载《河北法学》2020年第38期,第108页。

〔7〕 参见王俣璇:《格式条款的规制协调与反垄断路径改进》,载《法律科学(西北政法大学学报)》2019年第37期,第129页。

如您使用某某平台服务，视为您同意上述补充协议。"[8]虽然原告周某松辩称该条款位于补充协议中，自己难以看到，但法院并未支持此理由，最终判决原告周某松败诉。

（二）网络格式合同领域立法规范不够完善

1. 对网络格式合同提供方的限制性规范不足

在当今的网络交易中，经营者每天会面对数以万计的消费者，高度发达的网络商品经济使经营者很难延续传统服务合同的签订模式，与每个消费者分别谈判协商并订立合同。因此，为了进一步提升经济效益，互联网中的经营者纷纷开始使用网络格式合同，但该类格式合同的相关法律规定目前还存在一定不足。

事实上，2021 年正式施行的《民法典》在原《合同法》对于格式条款规定的基础上已然有了进一步的整合与提炼。首先，根据《民法典》第 496 条第 2 款的规定，提供格式条款的一方在确定合同双方的权利义务时应当遵循公平原则，采取合理的方式提醒对方注意免责、限责条款，同时应当按照相对人的要求对相应条款进行说明。提供格式条款的一方未履行提示或者说明义务，致使对方没有注意或者理解与其有重大利害关系的条款的，对方可以主张该条款不成为合同的内容。相较于原《合同法》的内容，该条规定从订立格式合同条款的原则、提请对方注意义务以及说明义务三个角度对提供格式合同条款的一方做出了进一步的明确与限制，扩大了经营者提示和说明义务的范围；其次，《民法典》第 497 条规定了格式条款的无效情形，提出将"不合理"作为衡量免责减责、加重对方责任以及限制对方主要权利等格式条款有效性的判准；再次，《民法典》第 498 条延续了原《合同法》第 41 条的内容，规定了双方当事人在格式条款的理解上发生争议时应采取的相应解决措施。此外，我国现行法律法规中涉及网络格式合同的规定主要为《消费者权益保护法》第 26 条以及 2014 年工商总局（现并入国家市场监督管理总局）公布的《网络交易平台合同格式条款规范指引》（以下简称《规范指引》），内含指导性质的宏观制度设计，涉及格式条款的履行、基本要求和救济等方面。综上可知，我国在格式条款的基本内容与宏观规制上已经有了一定的成果，但此外我国尚未出台关于如何进一步规制网络格式合同条款的法律法规，包括格式条款的具体提示方式和合理内容的判断标准

[8] 周迎松诉浙江淘宝网络有限公司网络服务合同纠纷案，杭州互联网法院民事判决书，(2019)浙 0192 民初 6114 号。

或示例,导致实践中所能直接适用的多为原则性、概念性法律法规,缺乏具体适用的限制性规范,网络格式合同领域中消费者自主选择权的保障依旧存在不足。

2. 网络环境下消费者自主选择权的外延较为模糊

消费者自主选择权的具体权利内容规定在《消费者权益保护法》第 9 条,包括选择商品或服务、商品品种或服务方式、提供商品或服务的经营者的自由,决定是否购买任一商品或接受任一服务的自由,以及自主比较、鉴别和挑选商品服务的权利内容。可以发现,现行关于消费者自主选择权的规定侧重于购买过程中,强调消费者对于商品、服务以及经营者的自由选择。但在实践中,更多的纠纷集中于网络经营者对于格式条款内容的修改权、有效期的设立,以及发生纠纷时的解决途径、管辖法院等规定,目前我国成文法并未对此作出相关规定,致使法院在实际审理过程中更多凭借相关原则或概述性规定自由裁量,消费者对此权利更是一知半解,影响其维权。

(三)相关行政监管体制不明晰

《规范指引》第 15 条有提及适用于网络格式合同中消费者自主选择权保护的行政监管体制,即消费者协会等消费者组织在通过问卷调查、座谈会等方式收集到消费者对于网络格式合同条款的意见后,发现存在违反相关法律法规情况的,可以向相关主管部门提出,如果认为格式条款内容侵犯了消费者的合法权益或者存在其他违法情形的,也可以据此向相关主管部门投诉和举报。由此可以发现,我国对于网络格式合同的行政监管已有相应的宏观制度设计,但在具体实施细则上却存在不少问题,在行政机构端,负责接收反馈的部门以何种方式接收,处理程序为何,处理结果如何公示、执行等方面尚且不明;与此同时,在消费者端,遭遇网络格式合同侵犯自身自主选择权的纠纷时,是直接找网络经营者解决还是向消费者协会等消费者组织举报投诉,上述方式在实践中并无统一参照标准,在行政监管体制并未具体落实的情况下,经营者依旧存在操作空间去争取更多有利条款,消费者自主选择权并未得到有效保护。

(四)相关司法保障手段不具体

《民法典》第 498 条规定,当合同双方对格式条款的内容理解存在争议时,应当以通常理解为基准,或者采用不利于提供格式条款一方的解释。此外,网络格式合同条款中消费者自主选择权的司法保障在《规范指引》第 16 条也有相关规定,即消费者协会或者其他消费者组织可以在消费者与网络经营者就网络格式合同条款发生纠纷时依法支持其向人民法院提起诉讼,此为消费者协会等社会组织支持起诉的制度。上述规定可以解决一般格式合同条款纠纷,但对于内容较为繁杂的网络格式合同而言则稍显不足。对于涉及消费者自主选择权的网络格式条款内容纠纷应当如何裁量,在现行法律中难以找到具体的相关依据,实践中许多法官在审理此类争议时,以意思自治为基本原则,在不存在明显不公平不合法的情形时,以当事人订立的网络格式合同为准,这就导致当今网络格式合同纠纷中消费者即使选择司法途径进行救济,也很难完全保障自身权益,反而提高了维权成本,得不偿失。

四、域外网络格式合同中消费者自主选择权法律保护的简析与借鉴

美国、澳大利亚、欧盟等经济发达的国家或国际组织在电子商务领域均进行了相关立法。事实上,在域外法学研究领域,不同国家对于该法律问题的态度有所区别,本文以美国和澳大利亚为例,分析其典型制度设计、价值观念并从中获取适用于我国的方法和模式。

(一)美国的相关法律保护制度

美国法院通常强调在当事人自治下维护格式合同条款的有效性,无论条款是否公平,仅在少数情况下基于公共政策宣布合同无效,这使美国法律比起其他国家的法律而言,对于消费者往往不那么有利。实践中,美国法院采取的立场容易导致网络经营者不断去触及交易底线,如美国一家名为 Dropbox 的公司曾在服务条款中写到其允许消费者将个人文件上传到 Dropbox 的计算机服务器上,并使他们能够在任何地方访问其文件,并与其他用户共享,而这一条款实质上对于用户数据的权利和所有权保护造成了极大的隐患。

比较而言,实践中我国法院在该问题上与美国法院的原则导向类似,即更多采用尊重当事人意思自治原则,强调契约自由,这在一定程度上刺激了市场活力,但结合现状来看,这将致使格式合同条款的内容和形式逐渐形成越来越有利于卖方的偏差,这一趋势需要我们万分警惕。

(二)澳大利亚的相关法律保护制度

澳大利亚相关法律较之美国,更加重视消费者权益,并通过法律规定加以保护。澳大利亚学者贾斯汀·马尔本曾在论述跨境在线商品交易的课题中,提出通过制定"模型法律"来管理跨境在线商品交易,开发和制定相关格式条款的标准模板并将其公开,供各方纳入消费者销售合同,降低消费者理解成本,从而

更好地平衡买卖双方的地位,保护消费者的权益。[9] 这一规制方法对于我国网络格式合同中消费者自主选择权的法律保护研究具有一定的借鉴意义,结合当代我国法律现状与社会背景,我们可以在该领域进行针对性地具体条款内容的规定及公开。

五、完善我国网络格式合同中消费者自主选择权法律保护的措施

(一)立法上增设网络格式合同限制规范

1. 增设"模板条款"制度

根据《民法典》第470条第2款的规定,当事人在订立合同时可以参照各类合同的示范文本。另外,《规范指引》第17条也规定,政府将鼓励、引导网络经营者在制定网络合同格式条款时采用网络合同示范文本,或者参照一般合同示范文本。结合澳大利亚学者贾斯汀·马尔本的"模型法律说"的思路,我国可以在网络格式合同领域公布常用的"模板条款",以标准化的方式限制网络经营者的投机心理,在规范现今越来越复杂的网络格式合同的同时,也方便消费者提前知晓,在一定程度上降低了消费者的理解成本。

2. 增设"黑名单"制度

若将上文的"模板条款"比喻为正面榜样,那么"黑名单制度"则是典型的反面教材。《德国民法典》在结合大量司法判例的基础上,对格式条款的效力判断问题制定了"黑名单"与"灰名单",其中"黑名单"代表"无价值判断可能性的禁止条款",属于不存在裁量空间而绝对无效的格式条款,"灰名单"则代表"有价值判断可能性的禁止条款",是由法官在个案中依据诚实信用等原则判定其最终效力的格式条款。[10] 笔者认为,德国"黑灰名单"的制度设计对于我国网络格式合同中消费者自主选择权的法律保护方式具有借鉴意义。首先,"黑名单"制度可以与"模板条款"制度结合,划明已知的"安全区"和"禁止区",为司法机关设立一套实践中可直接参考的法律适用具体标准,并以此统一同行业、同类型网络格式合同的基本内容,整理网络格式合同内容制定的混乱现状,保护格式合同中消费者的自主选择权。

其次,笔者认为,《德国民法典》中的"灰名单"制度下格式条款的最终判定

---

〔9〕 See Justin Malbon, *Online Cross-Border Consumer Transactions: A Proposal for Developing Fair Standard Form Contract Terms*, Social Science Electronic Publishing, 2014, p. 42.

〔10〕 参见孙博亚:《网购合同格式条款控制的模式选择》,载《学术交流》2019年第12期,第95页。

还是落脚于法院基于交易过程中的诚实信用等原则所作出的自由裁判,相较于"黑名单"制度所列明的绝对禁止条款,"灰名单"制度更侧重于由法院在实践中依据诚实信用等原则,结合具体情况对存在争议、立法难以直接界定的条款做出最终判定的过程,强调的是一个量体裁衣的司法机制,因此本文参考保留"黑名单"制度,"灰名单"制度的作用将由后文"司法完善立法"机制代为行使。

(二)执法上加强经营者信息提醒义务与行政监管力度

1.加强网络经营者的格式合同信息提醒义务

《民法典》第496条规定了提供格式条款一方的提醒义务,即应当采取合理方式提醒对方注意免责或者限责条款,包括采用足以引起对方注意的文字、符号、字体等特别标识。从现实状况来看,仅有上述规定尚不足以实现立法目的,需要在具体适用中进一步增设标准化、系统化的信息提示程序,加强网络经营者的信息提醒义务,让消费者在具体了解、自主选择的情况下订立网络格式合同。

首先,保证基本条款的浏览。对于经营者方,在网络交易界面有限的情况下,应当要求其将各类服务协议中的基本条款列明在第一界面,并将全文以超链接的方式附于文末。对于消费者端,则应通过强制阅读设置,规定最短阅读时限(一般为10秒)以及将"同意"选项安排在界面最末端的方式促使消费者去浏览界面内的基本格式条款,提升其对于格式合同内容的掌握度与重视性。

其次,强化涉及消费者切身利益的重要条款的提醒义务。对于直接影响消费者权益的重要条款,应当要求网络经营者增设"二次确认"的信息提示程序,通过再次确认向消费者强调该类条款的内容、性质及重要性。事实上实践中已有类似规定,《江苏省高级人民法院关于审理消费者权益保护纠纷案件若干问题的讨论纪要》(〔2016〕10号),对于通过"单独跳框"的形式进行单独特别提示的管辖条款、免责条款,若消费者点击同意该条款,那么,该条款将被纳入双方的合同内容。无独有偶,美国《统一计算机信息交易法》(Uniform Computer Information Transactions Act,UCITA)也增设了通过后续行为对重要格式条款表示再次确认的规定。[11] 实践中除了"二次确认"程序,唯品会APP在网络格式合同的订立中将重要条款放在界面顶端的方式也不失为一种良方。

再次,明确规定网络经营者在格式合同条款内容更新后的提醒义务。当网

〔11〕 参见美国《统一计算机信息交易法》第112条。

络格式合同订立之后,如果合同内容出现了新的增删或修改,网络经营者应当以后台消息或邮件等方式提醒消费者确认相关内容、对此进行反馈并及时做出相应选择。

最后,互联网平台应当在主页中设置专栏公开消费者在网络交易中订立和可能订立的各类网络格式合同以供消费者随时查阅,帮助其了解格式合同的具体内容,降低理解成本,并为消费者设置针对不合理格式合同条款的举报和投诉通道,通过反馈交流及时修正格式合同中不合理的条款内容。

2. 加强行政监管力度

市场监督管理局应当加强对网络格式合同中涉及消费者自主选择权条款的监督力度,向群众公开相关投诉通道,积极促进消费者协会、网络交易行业协会等消费者组织的社会活动,督促网络经营者尽快修改侵犯消费者自主选择权的条款,并及时将处理结果进行公示。

(三)司法上完善相关保障体系

1. 加强互联网专门法院的作用

网络环境下消费者自主选择权所涉及的纠纷具有较强的互联网特性,如消费者行为的虚拟化与数字化。对此,可以分别设立线上与线下互联网法院进行案件分流,通过调解、诉讼等多元化纠纷解决机制以高效地审理相关案件。事实上,我国分别在 2017 年、2018 年设立了北京、杭州、广州三个互联网法院,平均审判时长在半小时,极大地提升了诉讼效率,降低了诉讼成本,值得进一步推广。

2. 完善网络消费者权益纠纷的管辖制度

(1)制定跨行政区域管辖制度

互联网法院虽然通过线上审理提升了诉讼效率、降低了诉讼成本,但根据最高人民法院审委会公布的《最高人民法院关于互联网法院审理案件若干问题的规定》,当前互联网法院的管辖范围仅限于其所在市的辖区内应当由基层人民法院受理的特定类型互联网案件,难以达到全国性覆盖。对此,我国司法机关可以参考在行政诉讼中经常采用的跨行政区域管辖制度,允许高级人民法院根据审判工作的实际情况,将部分互联网纠纷指定给其他地区的互联网法院进行管辖,保证全国的同类案件都能够得到公正、及时的审理。

(2)完善协议管辖的适用规范

市面上现有的网络格式合同中大部分管辖条款不可协商、不可单独拒绝,属于披着“意思自治”与“协议管辖”外衣的排他性强制管辖条款,侵犯了消费者自主选择权。对此,可以参考美国《统一计算机信息交易法》第 110 条规定,即合同双方有权在订立网络格式合同时通过“二次确认”程序协议选择一个排他管辖的法院，但若没有“二次确认”程序或其他明确表示，则格式合同中协议选择的管辖法院将不具有排他性的管辖权，以此进一步保障消费者自主选择权。

3.促进司法完善立法机制

对于立法中存在争议，理论上无法直接定义其性质的条款，法官应当在司法审判中以诚实信用、意思自治等原则为指导，结合实际情况具体分析、量体裁衣，通过其自由裁量权的行使确认相关条款的效力；同时，法院可以在司法实践中通过具体案例的审理与总结不断补充丰富常见的“模板条款”与“黑名单”，并及时向大众公开。

（四）培养消费者自主选择权的权利意识

权利的实现除了外部机制的保护，更需要权利者自身具备相应的权利意识，因此，要想更好地实现网络格式合同中消费者自主选择权的法律保护，离不开对消费者相关权利意识的培养。我国应当明确网络环境下消费者自主选择权的权利外延，将有权确认合同纠纷的解决方式、管辖地，有权拒绝经营者对于格式条款的最终解释权、任意修改权等选择自由纳入消费者自主选择权的具体内容规定之中，通过法律法规的公示作用以及电视广播、社区公告、座谈会等多样化的形式进行宣传，引导网络经营者，尤其是消费者深入了解并掌握具体权利内容。宣传内容应当既包含专业性的政策法规，也包含易于理解的广告标语；既要有正面积极的维权经验，也应介绍侵犯消费者自主选择权的违法行为，做到人人有意识，人人愿维权，只有这样，才能与上层制度设计相接轨，切实解决网络格式合同中消费者自主选择权的法律保护问题。

六、结语

格式合同的产生是为了方便市场交易，其背后代表了效率价值，而消费者自主选择权的权利内容在于保护消费者在交易前后以及过程中挑选、鉴别与选择的自由，其背后彰显的是公平价值。所以，格式合同与消费者自主选择权在设立价值根源上便存在一定的冲突，需要进一步协调与平衡，这也是《民法典》《消费者权益保护法》等法律文本中格式条款相关法律法规的制定目的之一。而随着互联网的兴起，网络交易成了现代人习惯并依赖的消费方式，网络格式合同应运而生，在方便人们线上交易、配合大众快节奏的生活状态的同时，传统规定下格式合同与消费者自主选择权之间的平衡也被打破，相较于普通的消费者自主选择权，现代网络格式合同中消费者自主选择权的法律保护亟待完善。

对于现时代消费者自主选择权所面临的新挑战,仅靠网络格式合同双方意思自治是难以解决的,需要与时俱进的立法、更为完善的行政监管、合理高效的司法体系以及广泛的社会监督,为消费者自主选择权重新搭建一个坚固的“保护壳”,同时,我们还需要培养消费者自身的权利意识,内外合力,让网络格式合同中消费者自主选择权的法律规定、保护制度有所用、有所得。

数据携带权:演进趋势、定义解读与中国启示

谭英姿*

【摘　要】“数据携带权”是欧洲会议于2016年4月27日颁布的《一般数据保护条例》所创设的一项新型个人数据权利。然则,自问世以来,理论界和实务界对其本身及其存在的问题不断予以解释与质疑。就数据携带权应否被移植至中国而言,既应进一步明确数据携带权的内涵与外延,亦应厘清数据携带权的权利属性。同时,通过对数据携带权的影响进行分析与归纳,可为我国数据自由流动与个人数据保护提供指引。

【关键词】数据携带权　《一般数据保护条例》　互联网企业

一、引言

随着大数据技术的蓬勃发展,个人数据的保护受到世界各国的广泛关注。在“大数据时代”下,互联网企业间的数据流动愈发频繁,数据主体的数据隐私都极易暴露在灰色地带,这与个人数据权利的保护形成诸多冲突。针对数据隐私和个人权利保护,欧盟于2016年出台了《一般数据保护条例》(General Data Protection Regulation,GDPR),可发现该法案强化了数据主体对个人数据自由支配与控制。[1] 其中第20条正式提出了数据携带权的相关概念和适用规则,对个人数据保护、互联网企业的发展产生了重要影响,故而受到学界广泛关注。

---

* 重庆邮电大学网络空间安全与信息法学院法学硕士研究生。

〔1〕 参见丁晓东:《什么是数据权利?——从欧洲〈一般数据保护条例〉看数据隐私的保护》,载《华东政法大学学报》2018年第4期,第39页。

近年来,国内学者对于欧盟数据携带权的相关研究主要集中于对数据携带权的概念、权利属性和制度构造上的探讨。数据携带权是欧盟创设的一项新型权利,具有最大化利用大数据、使互联网企业赢得用户的信任、减少不公平或歧视做法、让互联网企业参与到大数据市场的自由竞争中的重要意义。鉴于此,本文以数据携带权演进历程为基点,对于其所产生的影响进行深度剖析,以期为我国往后的数据立法提供参考。那么,将如何解读数据携带权的基本概念?它对互联网企业产生怎样的影响?又对我国的数据立法带来什么启示?对此,本文将从理论和实践的双重角度予以解答。为此,本文第一部分梳理数据携带权的演进历程,理解其本旨与原貌;第二部分将聚焦于欧盟《一般数据保护条例》第20条的具体规则与数据携带权权利属性的探讨;第三部分将深入剖析数据携带权对互联网企业所产生的积极和消极影响;最后结合我国实践和域外经验考察,为我国应对大数据时代的挑战提出有益参考。

二、数据携带权的演进之路

(一)数据携带权的由来

20世纪70年代,以欧洲为代表的地区拉开个人数据保护的序幕。尽管当时只停留于各国的国内法,但仍具开先河意义。紧接着又过了二十年,欧洲各大国间逐渐产生统一数据保护法的意识,并兴起相关运动。追溯数据携带权的源头,发现与2002年欧盟颁布的《普遍服务指令》中对于电话号码可携带问题的相关条款规定有着紧密联系。从电话号码可携带的发展来看,数据携带权的理论和实践皆由此来。随着时代的推移,人们在互联网空间下活动司空见惯,开始萌发了自己的相关数据路可以从一个服务器转到另一个服务器的念头。于是在2007年,有部分人发出了人们应有转移个人数据的权利的声音,并联名发表了当时红极一时的《社交网络用户的权利法案》。此法案虽然没有法律效力,但声望日隆。不久后,“数据可转移项目”开始启动,Facebook,谷歌、微软等互联网企业的巨头为了更深入研究数据可携带问题,相聚一堂。这项目最终促进了数据转移技术的发展,进而为“数据携带权”的确立提供了技术保障。

(二)数据携带权的正式确立

“数据携带权”最初提出是在2012年欧洲委员会通过的《数据保护指令草案》中。此草案的第18条赋予特定用户对于用户个人数据的某种支配权利,即明确了数据主体有权将自己的用户个人数据获取、收集并传输给其他数据控制者。这部草案推动了个人数据保护立法进程,这为今后的数据保护规则将在欧盟所有成员国通用并优于其国内法做了准备。草案不仅细化了关于个人数据保护权利的相关条款,而且引入"被遗忘权"和"数据携带权"。并在其他国家都取得一定的反响,除了"被遗忘权"有针对性地加强互联网环境下的个人数据自决权和赋予网络数据控制者更多责任,"数据携带权"也将强化数据主体对个人数据控制。2014 年,欧洲会议采用了欧洲委员会的《数据保护指令草案》,并把草案中的第 15 条和第 18 条整合为"信息获取权"。将"数据携带权"视为数据存取权的一部分,标志着"数据携带权"正式步入欧盟立法进程的过渡期。

(三)数据携带权全面实施

欧洲会议在 2016 年 4 月 27 日一致通过了规制个人数据或个人信息的《一般数据保护条例》。此条例将"数据携带权"列为一项独立条款,位于第 20 条。作为一部全新的数据保护规则,无论从条例的适用还是执行力度上,都远远超过《数据保护指令》。2018 年 5 月 25 日,《一般数据保护条例》在欧洲各国全面实施,既标志着《数据保护指令》被完全取代,也标志着"数据携带权"的合法地位得到正式确立。

三、数据携带权的基本概念

(一)欧盟《一般数据保护条例》第 20 条之解读

数据携带权(Right to data portability),也称信息可携权、数据可移植权等,是《一般数据保护条例》赋予数据主体的一项新型权利。关于数据携带权的具体规定,如表 1 所示。

表 1　欧盟《一般数据保护条例》第 20 条规定

(1)数据主体应享有将自己提供给控制者的关乎自己个人数据予以体系化、通用,以及计算机可读的形式接受的权利,且在以下情形时,应享有未受个人数据被提供的数据控制者的阻碍而将个人数据传送给其他控制者的权利: ①基于第 6 条第(1)款第①项或者第 9 条第(2)款第①项的同意,或基于第 6 条第 1 款第 2 项的合同进行处理时;及 ②处理通过自动化方式进行时。
(2)在行使第(1)款的个人数据移动权时,在技术可行的情况下,数据主体应享有请求控制者把信息直接传送给其他控制者的权利。
(3)本条第(1)款所述权利的行使不能与第 17 条相抵触。该权利不适用于为公共利益而执行的职责,或为了行使赋予控制者的公共权力而有必要处理的情况。
(4)第(1)款所提及的权利不能给其他人的权利和自由产生不利。

根据欧盟《一般数据保护条例》第 20 条规定,数据携带权是指数据主体有

权获得数据收集方关于他的个人用户数据,并且有权无障碍地要求数据收集方将他的用户个人数据转移给其他用户或者企业。〔2〕 数据携带权是关于个人数据收集和对个人数据转移的“双权利”组合体,是数据主体对个人数据自由支配的重要表现。针对此款条文,需进一步译介。其一,条文中“数据主体应享有将自己提供给控制者的关乎自己个人数据”,显然指的是仅能识别数据主体本人的个人数据而排除包含第三人数据的个人数据。但数据主体“提供给”的数据外延界定模糊,不能确定是否必须是数据主体主动且有自愿提供的数据。对此,数据保护工作组认为,数据主体“提供给”的数据不仅包括数据主体积极提供的数据还包括对数据主体的个人行为观察得到的数据。〔3〕 其二,在规定上数据携带权的适用范围十分有限,不仅要在正面罗列的方式加以限定,而且还对不适用情形进行说明。其三,条文中的“无障碍”对数据控制者提出了新的要求,数据保护工作组认为,当数据控制者所认为的相关障碍(包括在数据传输、利用而产生的技术、经济等障碍)合法合理时,应承担相应的举证责任。

另外根据《一般数据保护条例》第 20 条第(4)款规定,用户数据携带权不能给其他人的权利和自由产生不利影响。为了进一步的解读数据携带权,数据保护工作组在 2017 年 4 月专门针对《一般数据保护条例》第 29 条颁发了《数据携带权指南》。根据《数据携带权指南》,可能会对他人的权利和自由产生不利影响有以下两种情形:

第一种情形,数据主体对请求可携数据中包含第三人信息的情况。根据《一般数据保护条例》第 6(1)条,数据控制者在收集、处理和使用数据主体个人数据时应当具备合法基础,即取得同意或与之有相关约定等。然而在实践中,数据主体要求的可携带的数据中存在关于第三人的信息,第三人往往并未与新的数据控制者达成相应的约定基础。据此,数据控制者应注意以下几点:首先,数据传送方不能盲目拒绝传输所有含有第三人信息。其次,数据传输方应当通过相应的技术手段保障第三人的合法权利和自由。最后,数据接收方在接收、处理相关数据时应遵循最小必要原则和合法性原则。

第二种情形,数据主体对请求可携数据中涉及他人知识产权和商业秘密的

---

〔2〕 参见王春晖:《GDPR 个人数据权〈网络安全法〉个人信息权之比较》,载《中国信息安全》2018 年第 7 期,第 43 页。

〔3〕 参见卓力雄:《数据携带权:基本概念,问题与中国应对》,载《行政法学研究》2019 年第 6 期,第 131 页。

情况。根据《一般数据保护条例》第15条、第20(4)条以及序言第68段，第三人的权利和自由包括商业秘密和知识产权，尤其指计算机软件著作权。据此，《数据携带权指南》认为，当可携带数据含有第三人商业秘密和知识产权的情况下，应予以删除相关数据。尽管《数据携带权指南》强调数据控制者应在不泄露第三人信息的情况下，尽可能为其主体提供要求的信息。但是，基于数据主体可能侵犯他人的知识产权和商业秘密的情形，《数据携带权指南》并未有详细的规定。

(二)数据携带权之权属辩驳

数据携带权既包括获得数据的权利又包含对数据进行转移的权利，其核心表现为数据主体对自身的个人数据拥有控制能力。关于将数据携带权定义为何种类型的权利，学术界存在巨大的分歧。有学者从个人数据的产生依附于人本体出发，指出数据携带权应当是具有人格权属性。“人格权属性说”是从用户个人数据的角度出发，认为随着经济的快速发展会引起人格权的商品化的快速转变，而现有的制度不足以保护用户个人数据，应当将数据携带权归于一种人格权，从而实现数据主体对个人数据的控制，以达到对于用户个人数据的保护。《一般数据保护条例》的立法主要目的是为了加强个人隐私和个人数据的保护。质言之，数据携带权的确立亦是基于此，通过对个人隐私数据的保护进而更好地维护个人自由和人格尊严。就目前而言，认为用户个人数据具有财产属性是学术界对于个人数据权属的主流观点，其中以王利明为代表的“财产权说”最为著名，他认为，应将用户个人数据设立为“财产权利”，因此，数据携带权应当具有财产权属性。[4] “财产权属性说”认为数据携带权属于数据主体，而数据主体对于个人数据的控制权与财产权中要求权利人对财产物拥有排他的、绝对的支配权有着相似的密切联系，这就使数据携带权也有了财产权属性。数据主体可以在多个数据控制者之间进行“利益衡量”，就有了一定的“议价能力”，并从《一般数据保护条例》对个人数据保护的救济方式是基于财产规则的惩罚性赔偿，因而认为数据携带权具有财产权属性。有学者认为，个人数据具有多种权利属性，如“人格权”“财产权”“自由权”都是数据携带权的属性的表现，所以数据携带权具有多种权利属性说。[5] “兼具多种权利属性说”也认为数据携带权

---

〔4〕 参见邓刚宏：《大数据权利属性的法律逻辑分析——兼论个人数据权的保护路径》，载《江海学刊》2018年第6期，第145页。

〔5〕 参见李蕾：《数据可携带权：结构、归类与属性》，载《中国科技论坛》2018年第6期，第146页。

是因产业革命而产生的,并不能简单归于人格权或财产权,应将数据携带权定位于一种兼具多种权利的属性。

目前,针对以上三种数据携带权权属学说,学界皆提出了质疑。关于“人格权属性说”,有学者认为,将数据携带权归于人格权属性难以自圆其说。其一,人格权的开放性与模糊性的特点意味着会增加权利边界的不确定性问题。其二,人格权与隐私权是一种相近但不等同的关系。个人数据既包括隐私数据也包括非隐私数据,如果单纯地把个人数据权属定义为人格权,显得有些许狭隘。关于“财产权属性说”,强调数据主体对个人数据享有的优先财产权利,并加以对个人数据的利用。有学者提出,将数据携带权定位于财产权属性,在逻辑层面存在问题。其一,这种观点是受西方财产权理念的影响而成,虽然“财产权说”赋予了数据主体对于个人数据作为无形财产的一种财产支配的权利,不过由于个人数据这种无形财产的形式与传统财产的有形特征相比,个人数据并没有传统有形财产的相关法律特征,因此,在“财产权说”中,个人数据的财产权利难以实现以及救济。其二,通过分析《一般数据保护条例》,会发现与传统的财产权理论相比,个人数据在自由处分与自由交易这一点上相差甚远。有学者指出,“兼具多种权利属性说”虽然把人格权、财产权权利类属都纳入“数据携带权”之中,使人格、财产共同构成了数据携带权的特质,但是这些特质所占据的权能比例是不同的。数据携带权自身具有的复合性、抽象性,使得数据携带权一旦被侵犯,难以实现全面救济,所以将数据携带权定位为兼具多种权利属性也是面临重重困境。

将数据携带权定位于人格权属性、财产权属性或兼具多种权利属性,皆不能很好地诠释数据携带权的法律属性。厘清数据携带权权属定位,有必要脱离学界主流的以“人格权属性说”“财产权属性说”“兼具多种权利属性说”为逻辑起点。自然人对个人数据的自主利益本质上是防御性或消极性的利益,而非积极性的人格利益或财产利益。[6] 欧盟将数据携带权视为基本权利旨在维护人格尊严和人格自由发展,实际上被视为一种维护人格权的前置性权利,扮演“权利卫士”的角色,但其本身不属于人格权。质言之,数据携带权虽是基于欧盟特定的历史背景产生,但其本身也不属于财产权。数据携带权是既有权利的防御者,应将数据携带权看作一种新型的数据权利更为合适。新型的数据权利意指一种以信息控制利益为主要内容,以维护既有权益为目标的防御性权利。

---

〔6〕 参见程啸:《论大数据时代的个人数据权利》,载《中国社会科学》2018 年第 3 期,第 116 页。

四、数据携带权的积极影响和消极影响

（一）数据携带权的积极影响

1. 打破互联网市场垄断局面

数据携带权有利于打破互联网市场垄断局面。《一般数据保护条例》在保障人权的同时，通过强调数据主体对数据应用中的权利，而在一定程度打击数据控制者对数据的垄断。现今，世界上许多互联网企业中的巨头在各自市场领域中仍基本呈现一家独大的特点。往往许多大型互联网企业利用自身占据巨大的市场份额以及技术优势，从自己的利益角度制定相关规则，打破了正常的社会经济秩序。对于互联网企业而言，其发展争夺的核心资源就是用户。互联网企业在为用户提供功能服务时，一般会通过提高用户转移个人数据成本来留住用户，这种设置一般会降低一些用户由于企业网站或者软件以及后台服务器服务质量得不到保障而选择其他服务厂商的欲望。〔7〕显然，新进入者很难与知名的互联网企业实力抗衡，通常在吸引用户方面居于劣势。在工业时代，垄断阻碍了企业间的竞争，降低了生产效率。同样，互联网企业的垄断阻碍了其他商业主体竞争机会，导致缺乏市场创新。数据携带权在一定条件下，赋予数据主体无障碍地获得和转移个人数据的权利，这无疑增加了新进入互联网企业的筹码。

2. 增进互联网企业与用户之间的信任

数据携带权不仅促进互联网企业与用户之间的信任，同时也实现了用户与互联网企业之间的互利。用户对互联网企业的信任可定义为用户依据对互联网企业意图和行为的期许，愿意信赖由其提供的服务、产品、信息是真实可靠的。如果用户信赖互联网企业，就会认为它所提供的平台不会损害用户利益，从而信赖并愿意使用。如何增强用户对互联网企业的信任呢？法律必然成为用户和互联网企业间信任的增进剂。欧盟委员会也在《一般数据保护条例》中正式将数据携带权赋予给数据主体，让数据主体对其相关的一些数据享有支配权等其他权利。有了数据携带权的保障，相当于用户有了救济的钥匙。根据欧盟委员会的意见表明，数据携带权不仅加强用户对于个人数据的自由支配能力，还能促进互联网企业与用户之间的信任。对用户而言，基于对法律制度的

---

〔7〕 参见丁晓东：《论数据携带权的属性、影响与中国应用》，载《法商研究》2020 年第 1 期，第 76 页。

信赖,也会降低不信任感。由于条例要求相关数据收集者、控制者承担相应披露的义务,进一步保障了用户的知情权。用户能够对自身的个人信息进行有效地管理,增强用户的防护意识,提高用户对互联网企业的信任度。对互联网企业而言,用户的信任无疑是增强企业核心竞争力的基石,是企业拓展盈利来源的重要保障。

3. 丰富互联网企业服务类型和产品

数据携带权使互联网企业的服务类型和产品更加丰富。无疑,互联网企业的服务类型和产品优势是获得大规模用户的基础。允许用户把数据导入到第三方,利用这些数据可以产生与数据本来用途具有补充性的服务和产品,如通过数据分析提供的服务。正如房东把其房屋的数据导出给保险公司,用来为其房屋进行投保,这有可能会给一些机构带来成为平台的机会。现有互联网企业最突出的竞争问题是缺乏服务类型和产品差异化,数据携带权能够促使互联网企业不断探索和发现用户个性化的需求,为其提供更优质的服务,进而吸引更多的用户资源。数据携带权还可能带来新的数据利用方式,促进技术的创新,顺应数字经济的发展,从而产生此前无法设想的产品或服务。也就是说,一方面,通过数据携带权可以激发用户的不同方面需求,从而进一步为用户提供新的使用体验,给用户生活带来源源不断的便利。另一方面,数据携带权也可以让互联网企业更为方便有效地获取更多用户的数据和实现数据共享。互联网企业通过不断地挖掘新的产品服务类型,开拓有利的市场,提升自身的影响力。数据携带权的到来,会为互联网企业和用户迎来“双赢”的局面。

(二)数据携带权的消极影响

1. 增加数据安全风险

数据携带权使数据安全风险增加。随着互联网技术以及行业的不断发展,数据已经无处不在,公众、企业的日常生活、生产都会产生大量数据。随着存储技术的升级,数据存储成本也不断降低,加之互联网行业以数据为核心价值的特性以及大数据技术的成熟与应用,海量的用户数据被互联网公司收集、存储、分析和利用。如今的互联网企业对于用户的收集几乎是无差别对待,只要是用户产生的数据,终端应用软件以及网页缓存都会自动收集、存储。随着个人数据的种类越来越多,以及大数据技术的成熟和服务器计算能力的提高,用户数据的收集与使用者很容易通过把个人数据套入大数据计算模型,从而了解数据来源用户的历史活动轨迹以及偏好等客观内容,进而预测数据来源用户的未来行为。如某网络以不正当竞争起诉某软件非法抓取使用某网络用户的头像、名称、职业和教育等信息，诉至北京市海淀区人民法院。在本案中，对用户个人数据权利而言，用户是拥有头像、名称等的控制权，并且在当前技术能实现的情况下是可以进行低成本转移的。但从商业秘密保护的角度分析，若在此案赋予用户数据携带权，无疑会对该网络的商业价值带来损害。究其原因，用户的个人信息是具有可识别性的，用户与用户之间存在一张“关系链数据”网，这无疑是该网络的核心资产，形成的重要数据必然也属于其商业秘密。对于提供特别功能服务的互联网企业，用户的部分个人数据已经成为功能服务必不可少的一部分。如果针对这类企业，数据携带权的确立必是对企业知识产权以及功能服务所需数据的打击。因为，此时这类互联网企业所收集的用户个人数据可能在一定程度上已经达到了作为企业商业秘密的保护标准。实务中，已经出现诸多类似案例，如“微博与今日头条之争”“抖音、多闪与微信的数据争议”案等，那么“数据携带权”必然会增加数据安全风险。

2. 加重中小型互联网企业的负担

数据携带权加重中小型互联网企业的负担。借用美国法学家卫斯理·霍菲尔德的权利分析框架，当一个权利主体获得一种主张权利类型的权利时，那么同时其他人就相应有了去帮助拥有权利主张的权利主体去实现权利的义务。同理，当《一般数据保护条例》赋予数据主体数据携带权时，互联网企业就有责任去履行相关义务，所以必然会给互联网企业带来更大的负担。对中小型互联网企业而言，数据携带权所要求的互操作性难度较大，所付出的成本较高。因此，实现不同系统与功能单元的互操作性绝非易事。根据欧盟《一般数据保护条例》第 83 条第(4)款与第(5)款的规定，任何违反数据携带权规定的组织可能遭受 1000 万欧元或者 2000 万欧元以下的罚款，如果被处罚机构属于事业机构时，处罚方式为按照被处罚事业机构的上一年度财政全球营业额的 2% 或者 4% 以下的金额对其进行罚款。[8] 根据相关学者指出，《一般数据保护条例》颁布后，欧盟的中小型企业预期成本普遍增加，特别是技术预算成本占年度总成本的比例直线上升。要想满足用户对数据携带权的期许，互联网企业必须编写出能够使数据轻松“导出—导入”的模块，然而这项技术并不是所有互联网企业都具备的。虽然对于闻名世界的谷歌、Facebook 这些拥有雄厚的资金和技术力量支持的大企业而言，实现此类技术的要求并不困难，但对于许多中小型互联网企业而言，数据携带权所带来的不同要求，必然会增加企业的运行成本和风

〔8〕 参见《欧盟一般数据保护条例》，任虎译，上海华东理工大学出版社 2018 年版，第 181 页。

险。因此,数据携带权的到来,并不会让所有互联网企业都感到欣喜,相反会成为部分中小型互联网企业进一步发展壮大的绊脚石。

3. 加剧互联网企业的竞争关系

数据携带权促使互联网企业的竞争更加激烈。从数据携带权的设计初衷看,该条例应对现有平台的“现有优势”产生削弱,让优秀的互联网企业有机会获得用户的青睐,对互联网市场竞争带来驱动作用。在这种情况下,现有平台企业和新进入市场的平台企业之间存在不同数据资源的竞争关系。显然,现有平台企业的优势在于已经拥有一定数量的专有数据,并且用户切换平台的成本较高,所以新进入的平台企业很难在短时间内立足于市场,即使新进入者能够提供更好的服务与产品。众所周知,缺乏竞争关系的市场不利于科技创新与经济持续发展。于是,监管者开始考虑到通过数据携带权来为新进入者增加竞争的砝码,帮助其克服自身的劣势,促进市场的良性循环。但随着数据携带权的大范围执行,拥有大量数据存储的互联网企业必将遭受损失。因为互联网企业将会丧失他们能够长期锁定用户的优势,使企业之间的竞争也随之加剧。数据携带权使数据更加便捷地自由流动,互联网企业手中的用户流失率也会随之增大,不免让老牌互联网企业担心被新兴的互联网企业所取代。老牌互联网企业将会意识到,这场竞争不仅是为了争夺用户数量、赢得细分市场,更多的是为了争夺消费者有限的“注意力”和商户、开发者足够的关注度。

五、中国启示

“数据携带权”自问世以来,就引起学术界与实务界的普遍关注。数据携带权是否应当被移植到中国?或者说中国是否应当也确立这样的一种权利?尽管,当前在我国也出现了确立数据携带权的声音,但通过上文对数据携带权利弊的分析,可以看出当下我国并不是确立数据携带权的最佳时机。我国步入数字经济时代,优秀的互联网企业也相继崛起,如阿里巴巴、华为、腾讯等纷纷走出国门。现阶段,正值我国的数据经济初步发展时期,互联网企业对用户个人数据的收集、分析和处理同样也处于探索阶段。在此种情况下,我国的互联网企业想要蓬勃发展,政府必须将其作为大力扶持的对象,并为互联网企业创造相对宽松的大环境。如果过早确立数据携带权,必然会提高我国互联网企业针对用户数据的收集、分析以及处理的合规成本,给我国互联网企业带来过重的负担,不利于其发展壮大。

尽管当前我国不处于确立数据携带权的最佳时机,但我国学界以及实务界

对数据携带权的研究与探索也必须加强与深入。其原因有以下两点:

第一,当前我国已将数字经济发展作为未来经济建设的重要方向,亦正在积极地占领数据经济发展的前沿地位。可由于我国互联网企业以及技术发展时间较短,针对个人数据保护相关的理论研究较少,因此,不利于为我国基于互联网产业的数据经济进一步发展创造适宜条件。而保护个人数据权利又是数据经济快速发展的基本要求,数据携带权是个人数据权利研究的基础,所以加强对数据携带权的研究,无疑为个人数据权利研究奠定基础。只有加强对个人数据权利保护,才能增进互联网企业和用户间的信任,才能促使数据最大限度地自由流动,促进我国数字经济产业的发展壮大。

第二,当今人类已进入大数据时代,中国互联网企业想要应对时代的挑战,引领数字经济发展,就必须加强数据携带权的研究。因为欧盟出台的《一般数据保护条例》的意图十分明显,想通过立法重整数字经济、加强对个人数据的保护,从而赢得数据保护立法的主导地位。虽然欧盟的数据携带权规定自颁布以来众说纷纭,但欧盟作为世界上最大的经济体,影响力也是不容小觑的,其关于数据携带权的规定更是在世界范围内起到了“领头羊”的作用,产生了巨大的反响,这也使其他国家纷纷效仿。鉴于此,我国更应该加强对数据携带权的研究,不仅要了解规则,更要实现从了解规则到制定规则的转变,才能让自身占据主动地位。加强对欧盟以及其他国家的数据保护相关理论、法律以及规定的更深入研究,可为本土互联网企业在海外市场提供有效的法律指引,亦可避免因违反他国的数据保护相关法律而遭受惩罚损失。

此外,在大数据时代的背景下,根据我国的实际情况,厘清数据携带权的边界,对于个人数据的保护与促进互联网企业的蓬勃发展至关重要。无论是我国的立法者还是研究者,在讨论数据携带权时,都应当坚持平衡原则,注意协调多方的利益关系,可将数据携带权放在具体的场景下加以研究。唯有如此,才能有效地保护个人数据权利,又能充分维护数据活动自由格局,发挥数据经济价值,促使互联网企业的快速发展。

六、结语

当今是一个信息化、网络化、智能化深度交流的数字社会,这个社会赋予人们空前的想象空间和活动能力,但同时也带来了前所未有的风险。欧盟基于此,颁布了《一般数据保护条例》,此条例在隐私法与数据保护领域有诸多创新,体现了对大数据技术可能导致各种问题的重视。然而,从不同的利益群体的角度出发,现今针对数据携带权规定仍然存在诸多争议。不同的观点和立场,在以后都有可能会产生“事与愿违”的局面,所以怎样去实现不同利益群体之间的利益平衡,这也应值得我们重点关注。在当今数字经济快速发展的时代,我们不仅应加强对数据携带权的全面、深入的研究,同时,更应将数据携带权的研究置身于我国的具体场景中,处理好数据流动与个人数据保护的关系,促进二者平衡发展,从实际出发,构建符合中国国情的数据规则以及数据管理体系。这既是我国在数字经济时代占据主导权的客观需要,也是值得我们每一个处于变革时代的个体都应该思考的命题。

人工智能创作物著作权保护研究*

姜 音**

【摘 要】随着科学技术的不断发展,人工智能逐渐突破创作主体的局限,对现行《著作权法》提出了新的挑战,对其创作物进行保护刻不容缓,国际社会也非常重视对其版权保护的研究。目前,人工智能创作物的著作权保护存在几点不足:作品属性不清,权益归属不明,与人类作品难以区分。对此,在借鉴国外主要国家的立法与司法经验的基础上,建议将人工智能创作物归属于《著作权法》作品范畴,权利归属于人工智能所有者,对人工智能作品与人类作品"分野而治"、实行专门的人工智能作品登记制度,进而寻求人工智能设计者、使用者、所有者相互之间以及他们与传统作者和社会公众之间的利益平衡,促进人工智能创作物著作权保护的可行与落实。

【关键词】人工智能 人工智能创作物 人工智能作品 版权登记 著作权

从 Google 公司研发的 AlphaGo 以 4∶1 的压倒性优势战胜世界一流棋手,到人工智能小冰独立创作诗集,再到 Sofia——世界上第一位机器人公民的诞生,人工智能用行动告诉人们人工智能时代已经来临。随着大数据的不断发展和深度学习模型的不断演进,人工智能逐渐演变成具有独立创作能力的主体。人工智能在科学、文学、艺术等领域作出了巨大的贡献,成为人类生活生产方式发生改变的最大动力。然而,法律的固有滞后性使得人工智能创作物处于法律

* 基金项目:国家社科基金一般项目"大数据战略视野下的个人信息权利义务体系研究"(17BFX193)。

** 重庆邮电大学网络空间安全与信息法学院法学硕士研究生。

空白领域,对现行法律制度体系带来了不容小觑的冲击。

在现行著作权法律体系下,人工智能创作物是不受保护的,因为《中华人民共和国著作权法》(以下简称《著作权法》)旨在保护"人的智力劳动成果",这里的"人"并不涵盖人工智能。而随着人工智能的日益发展,人工智能创作物与人类创作的作品在形式上相差无几,如果不具备一定的专业素养,普通人很难进行分辨。在这种市场环境下,人们必然选择消费那些处于法律空白区域的人工智能创作物,这会导致版权市场流动性、市场吸引力和商业价值大幅度下降。因此,对人工智能创作物加以著作权保护、规范版权市场秩序迫在眉睫。本文主要是针对目前人工智能创作物归属所处困境,进行系统的分析与研究,以期为立法者提供相关立法思路,以有益于人工智能法律的发展。

一、概述

(一)人工智能的内涵

"人工智能"(Artificial Intelligence,AI)这个词汇是1956年在达特茅斯会议上由美国"人工智能之父"约翰·麦卡锡首次提出来的,用以表述利用机器模仿人类学习以及其他方面的智能。涂序彦认为,所谓人工智能就是一门开发用于模仿、延伸和扩展人类智能理论和应用的新技术科学,[1]并指出其核心问题在于人工智能是一种专属于机器的智能,这使其不同于人类或者其他动物。

当提及人工智能这一概念,大多数人首先会想到机器人。其实,人工智能并不单指机器人,机器人只是其中一种表现方式。人工智能是一个技术型概括术语,是一种模拟人类大脑并产生与人类智慧相似的计算机系统。[2] 学术界对其定义意见纷纷,但可以肯定的一点是人工智能可以模拟人类的大脑思维,从事人类才能做的工作和任务。

笔者认为,所有模拟人类行为的智能都可以称为人工智能。例如,苹果所配置的Siri语音助手、高德地图的导航系统、百度的追踪功能等都是人工智能的运作结果。根据人工智能处理工作能力的强弱,可分为强人工智能和弱人工智能。强人工智能,是指能够完整地模拟人类心智、具备人的思维模式、能够在没有人类操作的情况下自行完成自己想要完成的工作。显然,这样的技术离我

---

〔1〕 参见涂序彦:《何谓"人工智能"? 概念、对象、内容及方法》,载《软件世界》1999年第1期,第34页。

〔2〕 参见崔永东:《司法与科技》,载《河北法学》2020年第6期,第31页。

们甚为遥远,一旦产生,会对世界各方面的运转产生不可想象的影响,也会给法律、伦理等各方面造成巨大的挑战。而弱人工智能是指能处理特定问题的人工智能,如手机语音助手是处理语音识别的弱人工智能,AlphaGo 是处理围棋游戏的弱人工智能,高德地图是处理路线导航的弱人工智能等。由于目前主要以弱人工智能为主,强人工智能还处在发展之中,所以本文研究对象仅限于弱人工智能。

(二)人工智能创作物的概念及其分类

现阶段,人工智能创作主要是通过算法对大量现有作品样本进行解码、学习和训练,形成概率模型,并进行模仿和预测。[3] 探讨其创作物著作权保护的前提是,人工智能创作物符合作品的外在表现形式,即有独创性并能以一定形式表现;如果人工智能创作物属于单纯的事实性信息、历法、通用数表等原本就不受著作权法保护的对象,那么,就无需讨论其版权保护问题。

人工智能创作的技术路径大致有两种,一种是“代码定义”,另一种是“数据训练”。[4] 在此基础上,笔者将人工智能创作物分为两大类。第一类“代码定义”中,人工智能仍然充当人类的辅助工具,按照其指示进行操作,对人具有极大的依赖性。例如,用全数码摄像机进行拍照,虽然成像过程是由机器完成,但是拍照的角度选择,光亮的调整等过程都是人类在操作,照相机所起的作用只是给人类提供辅助,并无自主思想。第二类创作物是人工智能在具备人类的逻辑思维能力和自主性情况下完成。例如,《阳光失了玻璃窗》是由微软小冰通过反复的学习和不断的积累所创作出的诗集,其中“我又躺在自己的床上,这不是珍奇甜蜜的感觉,一支烛光,忽变为寂寞之乡”等诗句,很难想象是一个没有温度没有情感的机器创造出的诗作。

本文主要研究第二类创作物,因为就第一类而言,人工智能只是人类命令的执行者,不具备人类思维,创作出来的作品也属于人的作品,受现行《著作权法》的保护,不是引起技术对法律冲击的新客体,无重新讨论的必要。

(三)人工智能创作物著作权保护的重要性

1. 激励创作

“知识产权制度主要通过繁荣文化市场来实现其经济价值”。[5] 在人工智

---

〔3〕 参见曾田:《人工智能创作的版权侵权问题研究》,载《河北法学》2019 年第 10 期,第 178 页。

〔4〕 吴汉东:《人工智能生成作品的著作权法之问》,载《中外法学》2020 年第 3 期,第 654 页。

〔5〕 何敏:《知识产权基本理论》,法律出版社 2011 年版,第 80 页。

能日渐火热的时代,人工智能创作物如雨后春笋般涌现,如若不对其加以保护势必会使版权市场陷入混乱之中。换言之,从创作者的内心世界来看,创作的初衷都是希望自己的作品能够获得《著作权法》的保护。授予创作者作品版权保护不仅是对他的智力劳动成果的一种尊重,同时也是一种经济奖励。即使其可能并不是追求这种经济利益,但是,激励机制的本质就是能够通过这种经济利益驱动创作者再次进行创作。所以,只有将人工智能创作物纳入版权法保护范畴,才不会消减创作者的创作热情,才能使文化市场变得更为繁荣。

2. 平衡利益

人工智能创作物的兴起,给现有版权市场带来了巨大的冲击。在其出现之前,人类作品数量较为稳定,而人工智能创作物由于较低的创作成本和庞大的产出使版权系统中原有的利益分配体系严重失衡。部分人工智能创作物与人类创作物无形式上的区别,这类"作品"不受现行著作权法的保护而流于版权空白领域。人们也更偏向于消费这类"作品",长此以往,就会导致人类作品的版权价值大幅下降,著作权许可和转让交易也难以进行。因此,为了平衡版权制度的利益要求,人工智能创作物在版权法中具有保护价值。

3. 填补法律空白

目前,人工智能正处于发展的上升期,其创作物早已充斥着整个版权市场。为了保护公共利益不被侵犯,应尽早在法律文本中予以规范。然而,人工智能创作物能否归属于著作权法中的"作品",权利归属者是谁,这些在《著作权法》中都无体现。一旦发生该类纠纷,法官将会陷入无法可依的尴尬境地。任何产业的发展都以法律激励体制为推动力量,人工智能产业也不例外。对于投资者这种经济人而言,投资是为了获得回报,如果长期投资而无回报的话,投资者必定会终止资金链。因此,为了市场经济秩序的稳定和科技产业的进步,《著作权法》应该覆盖到人工智能领域。

二、我国人工智能创作物著作权保护的现状及不足

(一)我国人工智能创作物著作权保护的现状

近年来,我国高度重视并支持人工智能行业的发展。2016 年 12 月,人工智能技术的发展被写入《"十三五"国家战略性新兴产业发展计划》;为加速我国人工智能行业发展并为其指明方向,国务院于 2017 年 7 月颁布了《新一代人工智能发展规划》;"人工智能"这一热词连续三年出现在政府工作报告中,已上升为国家战略,可见,在未来一段时间内"人工智能"之热不会消散,国家会将其作

为重点领域予以关注。版权领域的学者和专家也对此投以目光并展开了研究。那么,人工智能创作物是否应该受到我国《著作权法》的保护呢?学术界对此有不同的看法,鲜明地分成两大对立阵营:一方认为人工智能创作物不应该受到版权保护,另一方认为人工智能创作物符合著作权法对于作品的既定标准而应加以特别对待。例如,熊琦教授对此持消极态度,认为人工智能本身不属于自然人或法律拟制主体,不能成为《著作权法》意义上的作者,如果将其视为作者的话会导致当前的主客体判定标准和权利归属原则遭受冲击,使《著作权法》基础理论体系发生混乱。同时,《著作权法》旨在激励创作者和投资人创作和传播,人工智能尚不能颠覆现行法律制度。[6] 而罗祥、张国安先生则认为,狭义的版权法律制度存在理论上的局限,难以保护人工智能创作物,但可借助邻接权制度对其加以保护,这既有助于缓解与狭义版权制度的理论冲突,同时又能协调各方面的利益关系。[7]

在司法实践中,也出现了截然相反的两种判决结果。2019 年 4 月 25 日,北京互联网法院一审公开宣判我国首例人工智能创作物著作权侵权案,判决认定涉案文章中由计算机软件智能生成的图片等内容不构成《著作权法》上的“作品”。[8] 虽然法院在判决中否认了人工智能创作物的可版权性,但并没有否认其财产属性,也明确表示对其财产权益应当予以认可和保护。在 2019 年 12 月 24 日,深圳市南山区人民法院针对某网络公司提出的人工智能创作物信息网络传播权被侵一案中,认定被告构成侵权。[9] 虽然该案判决认为,涉案文章是原告使用计算机软件所创作,其中该软件不是创作者,而只是原告创作的辅助工具,但是,这从侧面表明人工智能创作物并非绝对不具有可版权性,从而为人工智能不只是辅助工具而产生创作物的可版权性留下了空间。

(二)我国人工智能创作物著作权保护存在的不足

1. 人工智能创作物作品属性不清

人工智能创作物能否获得著作权保护,第一步是要判断其是否具备作品属

---

〔6〕 参见熊琦:《人工智能生成内容的著作权认定》,载《知识产权》2017 年第 3 期,第 3 页。

〔7〕 参见罗祥、张国安:《著作权法视角下人工智能创作物保护》,载《河南财经政法大学学报》2017 年第 6 期,第 148 页。

〔8〕 北京菲林律师事务所诉北京百度网讯科技有限公司著作权侵权案,北京互联网法院民事判决书,(2018)京 0491 民初 239 号。

〔9〕 深圳市腾讯计算机系统有限公司与上海盈讯科技有限公司著作权权属、侵权纠纷、商业贿赂不正当竞争纠纷案,广东省深圳市南山区人民法院民事判决书,(2019)粤 0305 民初 14010 号。

性。理论上,只要对作品的构成要件进行拆分,如果一一符合,那么就能归入作品范畴。但是,在实践中,对于作品独创性标准的判断,各国学者都存在分歧,因此,导致创作物的作品属性不清。例如,美国早期将独创性视为精神性创作,这实际上是从侧面反映成立作品的重要条件便是要求创作者的自然人人格身份。但是,在美国摄影版权兴盛之时,为了使所有照片都能受到版权法的保护,法官在判决中注明作品无需反映作者的人格身份,这实际弱化了作品成立的身份要求。[10] 从 2015 年"猴子自拍案"的判决结果可以知晓,尽管法院不承认动物的作者身份,但是,对于动物参与创作的"作品",判决中也未否认其版权属性。不难看出,目前在处理这种"非人类"创作之物是否构成作品这一问题上仍然是模棱两可的态度,实践中也多以回避的态度直接跳过这个问题。

2. 人工智能创作物权利归属不明

参与人工智能创作的角色众多,大致可以分为三大类,即投资者、设计者和使用者。那么创作物的权利到底归谁所有呢?学术界对此也展开了激烈的讨论,有投资者之说、设计者之说以及使用者之说,但是,最核心的问题仍然是人工智能本身能否成为创作物之作者。

一方面,在私法权利体系中,主体与客体不得互换是法律基础理论。如果赋予人工智能权利主体的身份,就会冲击主客体理论。因为主体只能是人,客体是除人之外的其他不具有精神和意思表示的物。另一方面,人工智能与激励理论存在法理上的冲突,正如萨缪尔森教授所言:"在版权制度的发展历史进程中,只有人才能被授予版权。机器没有必要拥有知识产权,这是毫无意义的,因为机器不需要专有权来激励它们的创造"。[11] 诚然,知识产权制度旨在通过授予作者独一无二的权利以激励创作,而就人工智能而言,即使省去授权这个步骤,它还是能够批量的进行创作,所以对其作者身份的保护也显得没有必要。

3. 人工智能作品与人类作品难以区分

人工智能在经过一系列程序设计之后,其创作物可以达到人类作品的独创性标准,同时能够表达"作者"的一定思想情感。对此种创作物,本文称为人工智能作品。在没有任何说明的情况下,人们往往难以辨别人工智能作品和人类

---

〔10〕 参见易继明:《人工智能创作物是作品吗?》,载《法律科学(西北政法大学学报)》2017 年第 5 期,第 138 页。

〔11〕 梁志文:《论人工智能创造物的法律保护》,载《法律科学(西北政法大学学报)》2017 年第 5 期,第 161 页。

作品。人工智能作品或人类作品主要应用于美术、音乐、文学等领域，在某些情况下，它们之间无本质区别。人工智能创作物的本质就是代码输出产物，这些代码是由编程者就人类常用的表达经过相关设计之后进行输入的，因此，在表现形式上与人类作品相差无几。例如，巴黎索尼实验室的实验家开发的以巴赫352首歌曲的音符为数据库的人工智能作曲系统，人工智能将其转化为2503个作品，之后邀请多名听众进行鉴赏，其中包括音乐专业人士，结果有超出50%的人认为这就是巴赫自己的作品。[12]

三、国外立法现状与司法实践的借鉴

人工智能创作物给现行法律体系带来的冲击是一个世界性的前沿话题。笔者综述目前国外立法现状和司法实践，从英美法系和大陆法系典型国家展开讨论，以期对域外人工智能创作物的法律规制探索有一个详细的概况掌握，并为后续人工智能创作物著作权保护借鉴相关理论和实践经验。

（一）英美法系

1. 英国

英国是最早针对计算机创作物问题进行立法的国家，1973年，英国版权法修正委员会在报告书中指出计算机是创作工具，计算机生成内容的作者则是创作数据和调节控制指令者。1981年，英国政府修正了这种说法，认为计算机创作物作者应当是出于创作的目的而利用计算机程序编辑数据并对自己的行为负责的人。而在1988年英国立法院颁布的法案中为计算机创作物设置了较为弱化的著作权保护。法案规定计算机创作物的保护期限为自作品创作完成之年最后一日起50年。其中计算机创作物是指由计算机独立生产的作品，没有人类的参与。而作者应当是在创作过程中负有主要安排责任的人。

1988年法案对于计算机版权制度的规定仍处于初步保护阶段。英国之所以出台法案是为了适应新时代科技发展的需要，而出台的大背景却是强调精神权利的保护，使法案中的许多条文并不具体，没有发挥出应有的作用。例如，就计算机创作物的定义而言，无人类参与这一点迄今为止都不能做到，使这一法律条文处于无用状态，成了"僵尸条款"。

---

〔12〕 参见亿欧：《AI创造性思考是风潮还是噱头?》，载搜狐网，http://www.sohu.com/a/131807722_115035，2020年5月6日访问。

2. 美国

相比英国对计算机创作物直接立法,美国在这一方面的保护较弱,只是通过撰写报告书探讨过权利归属相关的问题,但最终并未形成明确的法律规范,这也使美国法院在司法审判中态度模糊不清。

1979 年,美国分析了计算机创作行为,认为计算机属于创作工具,在功能上与照相机类似。由于照相机所拍摄的照片版权归属于摄影者,那么计算机创作物的权利归属也应当参照摄影作品的版权归属模式进行安排。但在 1993 年以前,计算机作品被美国版权局登记在册并授予了版权。[13] 虽然版权授予了程序员,但登记的作者名字却是计算机,这实际上反映出美国开始承认"非自然人"能够成为作品的作者。美国联邦最高法院强调作品的独创性活动是人类的专属活动,但上诉法院曾在判决中认定计算机创作物可以成为"作品"并受著作权法保护。这些判决都是将计算机创作物的版权授予了计算机编程者,从而否定计算机软件作为适格的作品作者的正当性。

(二)大陆法系

1. 日本

当今世界上对于人工智能创作物研究得最为深入全面的当属日本,其人工智能技术的高度发达给研究提供了充分的基础性条件。人工智能技术将打开第四次工业革命的大门,为了更好地踏上这段新征程,日本于 2016 年成立了"人工智能技术战略会议",以促进人工智能技术的开发与应用。

2016 年 3 月,日本某个团队用《机器人写小说的那一天》通过了日本著名科幻文学奖"星新一奖"的初审并进入复赛阶段。[14] 该科幻小说由人工智能创作,普通人很难分辨出来,就连评委也认为情节非常完整,看不出任何破绽。之后,有关人工智能创作物版权保护的问题在日本学术界掀起了讨论的热潮。

早在 1993 年,日本就在著作权审议会议报告书中对计算机创作物版权问题作出了说明。对于计算机作为辅助工具存在的判断标准主要有三点:首先自然人通过计算机创作表达情感,其次自然人对创作的内容起到决定性作用,最后计算机创作物本身足以表达作者的思想情感。这篇报告书实际反映出人们

---

〔13〕 参见曹源:《人工智能创作物获得版权保护的合理性》,载《科技与法律》2016 年第 3 期,第 490 页。

〔14〕 参见郭光昊:《日本科研团队用人工智能写小说 参加比赛已可过初审》,载观察者网,https://www.guancha.cn/Science/2016_03_23_354818.shtml,2019 年 12 月 20 日访问。

认识的局限性，认为计算机只能辅助人类创作而不具备自主性，因此，依照现行著作权法就足以认定其创作物是否为作品。但是，为了适应时代的发展，报告书在结尾也有注明：如果将来计算机能够发展到自主创作的程度，那么应及时探讨著作权法有无修正的必要性。

随着日本人工智能技术的飞速发展，日本"次世代知识产权系统检讨委员会"于2016年4月提出了第一版报告书，其指出依照日本著作权法的规定，著作权法的保护客体是指在文学、科学、艺术和音乐领域中思想或情感的独创性表达；由于著作权法的核心在于保护思想或情感的独创性表达，所以就自然人投入创作的贡献程度而言，可分成两种情形：一种是自然人以人工智能为创作工具；另一种是人工智能充当主角，自主创作。该报告书仅说明了人工智能创作物的分类，而对其著作权保护模式仍然在探索之中。

2. 韩国

韩国是在近几年才意识到人工智能创作物的发展需要法律的规制，尤其是在版权法这一块。韩国软件政策研究所（Software Policy and Research Institute，SPRI）于2017年年初通过《人工智能和法律争议》的报告书中指明保护人工智能创作物的重要性和必要性。报告书指出："不赋予人工智能创作物版权保护意味着谁都可以自由利用人工智能生成内容，这将有可能损害法律的稳定性。除此之外，知识产权法应当对具有人类作品外观形式的人工智能创作物发生侵权情形时由谁担责这些问题予以回应。"

综上所述，无论是英美法系还是大陆法系，其对于人工智能创作物的可版权性研究仍然处于初始阶段。从研究时间上来看，英国是最早展开研究讨论的国家，其颁布的计算机创作物认定规则是人工智能研究领域的里程碑；从研究深度来看，日本不仅明确人工智能创作物具备可版权性，而且积极探索了其保护模式，在相关研究方面较为深入。日本的相关理论可为进一步的研究打下坚实的基础。我国在人工智能方面的研究仍不够深入，法律建设方面也相对较为滞后，对于国外的一些优秀立法经验和司法实践可予以适当借鉴。

四、完善我国人工智能创作物著作权保护的建议

随着各国对人工智能研究的不断深入，相应的法律制度也在逐步跟上时代的步伐。我国学者近几年也开始展开人工智能相关的著作权法理论研究。这不仅说明人工智能研究的确处于世界前沿领域，也说明我国《著作权法》需要完善。笔者针对前文所提出的三大问题提出如下建议，以期加快国内对于人工智

能创作物著作权保护方面的立法进程。

(一)人工智能创作物应归属于《著作权法》作品范畴

任何一个创作物若要构成作品必须具备以下三个要素:(1)属于文学、艺术或科学领域内;(2)能以一定形式表现;(3)具备独创性。毋庸置疑,人工智能创作物属于文学、艺术或科学领域范畴,符合第一个要素。而"可表现性"和"独创性"[15]是构成作品的实质要件,因此,对于人工智能创作物是否属于作品,笔者主要从可复制性方面和独创性标准方面展开论证。

1. 可表现性方面

我国《著作权法》历来只保护表达,不保护思想,坚持"思想与表达二分法"。作品必须具备"以一定形式表现",才能为外界所感知、为他人所欣赏。如果没有以外在形式表现出来的话,那么仅停留在思想层面,不属于作品,不受《著作权法》的保护。而人工智能创作物可以通过某种介质呈现或固定下来,如通过计算机存储器将创作内容进行固定,以供他人阅读、欣赏,这是人工智能创作物在文化市场进行传播的重要前提。因此,人工智能创作物合乎《著作权法》对于作品必须具备可表现性的要求。

2. 独创性标准方面

目前学术界对于作品的独创性标准有两种不同的观点,即主观性标准和客观性标准。持主观性标准的学者认为"独创性"专属人类,人工智能所创作的东西是没有灵魂和思想的,不能达到《著作权法》所要求达到的独创性高度。持客观性标准的学者则认为只要作品系独立创作,能够表达一定的思想和情感,无论创作主体是否为自然人,都符合《著作权法》所要求具备的独创性。

相比主观性标准,笔者认为,客观性标准更能适应时代的发展。在21世纪这个科技发展如此迅速的时代,人工智能创作物早已充斥整个版权市场,如果一味地只考虑创作者的自然人身份,那么势必会对版权市场带来无限的损失。我国《著作权法》中对于独创性的要求是系作者独立完成、无抄袭情况、是自己的独特性表达并有一定的智力创作高度。所以,就算创作者属于非人类,只要人工智能所创作的绘画、稿件、乐曲等创作物符合以上要求的,都应该将其归纳入《著作权法》作品的范畴。

---

〔15〕 吴汉东:《知识产权法学》,北京大学出版社2014年版,第47页。

(二)人工智能创作物权利应归属于人工智能所有者

作者是著作权的基本主体,是第一著作权所有人。[16] 认定作品的作者是确定作品著作权归属的前提条件,也是确定侵权诉讼主体资格的重要程序。[17] 然而在现行法律制度内,人工智能在法律主体资格上有先天性缺陷,尚不具备作者身份,因此,基于其创作物符合作品的构成要件而获得版权保护,就必须虑及相关人员。[18] 人工智能从研发到诞生,再到投入使用,这个过程主要包括三类参与主体,即投资者、设计者以及使用者。然而在实践操作过程与人工智能产业链中,由于资金和技术缺一不可,这三类主体并不是孤立存在,而是往往交织在一起。对此,从权利义务角度出发,可寻找较为合适的权利归属模式。下面,以人工智能“小冰”为例进行解析:

首先,“小冰”是属于由微软自主研发并投入使用的智能机器人。但在资金链方面,微软与其他高新技术企业达成了战略合作目的,这样才能使“小冰”上升到更高的战略平台。所以,在经济投入方面,开发“小冰”并不是单方行为,而属多方投入,在这种复杂的投资关系方面,难以指明准确的投资者。其次,“小冰”最早诞生于中国,随后在日本、美国等多个国家推广开来。可以说,“小冰”之所以如此受欢迎不仅是因为它的诗歌创作能力一绝,而且在音乐创作、智能聊天、图像识别等领域也丝毫都不逊色,这倾注了众多科研人员的心血。在向国外推广的过程中,为了迎合当地的相关习俗,需要国外科研团队予以技术支持。而在这种技术交汇的情况下,如何分解“小冰”的设计者显得格外困难。最后,虽然“小冰”能够达到高度自动化的水平,但其终究属于智能机器人,不可能完全脱离人类的掌控。例如,简单的启动和关闭动作还是需要人类完成。这说明,使用者在人工智能创作过程中起到辅助作用,因此,考虑使用者作为人工智能创作物的著作权人并不是毫无理由。但从作品价值角度考虑,使用者对创作物价值没有起到关键作用,其所完成的动作仅是简单的机器操作,不能在创作过程中建立紧密的联系,因而不适宜将著作权归属给使用者。

由此可见,人工智能的诞生异常复杂,如果单纯地将投资者、设计者和使用者进行区分,在实践中几乎没有可能;参照原《物权法》规定,将人工智能创作物

---

〔16〕 吴汉东:《知识产权基本问题研究(分论)》(第二版),中国人民大学出版社 2009 年版,第 35 页。

〔17〕 参见李伟民:《人工智能诗集的版权归属研究》,载《电子知识产权》2019 年第 1 期,第 25 页。

〔18〕 参见郭欢欢:《人工智能创作物之版权问题思考》,载《出版广角》2020 年第 11 期,第 45 页。

的权利归属于人工智能所有权人即“所有者”是比较合理的权属安排。事实上,人工智能是按照“所有者”的创作指令进行创作,最终得到创作物。类比原《物权法》规定,人工智能相当于动产,人工智能所有者相当于物权人,进而对人工智能创作物享有归属的权利,也即参照孳息法则。但是,人工智能创造物不是孳息,而是具有作品属性,只是其版权归属的逻辑可借鉴孳息归属的思路,且具有同样的正当性。此处所谓的“所有者”既有可能是投资商,也有可能是编程者,还有可能是操作者。至于如何确定所有者的身份,取决于其对于人工智能创作物的贡献程度,贡献程度最大的主体应视为人工智能所有者。当然,按照意思自治原则,同时鉴于人工智能创作物生成法律关系的复杂性,对其创作物的著作权归属,可以考虑当事人约定优先,没有约定或约定不明的,才采取法定归属于人工智能所有者。“所有者”理论克服了主体地位失格的问题,即便是对于自主研发使用于一体的团队,无论人工智能如何发展,其始终是物,抓住物的概念特征再对人工智能创作物进行著作权权利归属,这不失为当下的最佳选择。

(三)人工智能作品应与人类作品“分野而治”

虽然部分人工智能作品与人类作品在外观形式要件上非常近似,但是从经济学的角度而言,这两类作品的商业价值显然不相同。社会必要劳动时间决定商品价值大小,时间越长,则价值越大。诚然,人类创作的作品和人工智能机器创作的作品所花的社会必要劳动时间不同,机器可以在短时间内批量生产作品,而人类往往需要花费更长的时间。如果给予两者同等的保护,在法理和经济学理论上都是站不住脚的。出于对版权市场秩序和市场经济秩序的维护,人工智能作品与人类作品应“分野而治”。

1. 设立人工智能机器版权登记制度

人工智能技术的高速发展给我国法律体系带来了巨大的冲击和挑战。笔者建议,在《著作权法》立法上创设一种专属人工智能机器的版权登记制度,即规定只有经过版权登记的人工智能作品才能纳入著作权法保护范畴。设计该制度的主要目的在于区分人工智能作品和人类作品,提高辨识度并赋予不同程度的版权保护。

我国《著作权法》第 12 条第 3 款明确规定了作品登记制度。登记并非取得著作权的前提条件,但进行登记有助于公众了解作品权利归属情况,尤其是在网络信息技术高速发展的人工智能时代,作品的产生比以往更为迅速,侵权行为发生得更为频繁,因此厘清作品权利归属刻不容缓。作品登记制度的确定,在发生侵权争议时可作为权利归属的初步证据从而减轻权利人的举证责任,减少著作权纠纷。

在具体的人工智能机器版权登记制度设计上,商标注册制度是一种可行的思路。将人工智能机器的名称当成是一个"注册商标",由该机器产生的每一个作品都要署上其名称,就好比商品被贴上了"注册商标"以起到识别作用,这样既能破解人类作品与人工智能作品难以区分的困境,又能方便消费者进行选择。让每一个人工智能机器都拥有自己的 ID Card,更有益于整体的统筹和管理。但给人工智能作品进行署名恰恰不是现行《著作权法》规定的内容,因为《著作权法》上的署名权是针对作者而言的,人工智能机器既不属于自然人,也不属于法律拟制主体,自然不享有著作权。因此,创设一种专属人工智能机器的版权登记制度,可较好规制人工智能创作物的保护。

当然,人类作品有好有坏,人工智能创作物也不例外。为避免浪费法律资源,授权前第一步是要对人工智能创作物进行有效筛选,[19]对其是否构成作品的认定,可尝试结合形式审查和实质审查的规则来实施。这样有利于在人类创作与机器创作之间找到利益平衡点,既不盲目发展机器创作,也不挤压人类继续创作的空间,从而使两类作品达到和谐共存的局面。通过创设专属人工智能机器的版权登记制度,可在版权所有者、传播者与民众的利益之间保持平衡状态,从而促使公共利益达到最大化的效果。

2. 缩短人工智能作品的保护期限

我国《著作权法》规定,自然人作品的保护期限为作者终生以及死后 50 年。随着物质生活水平的提高,人类平均寿命也随之延长,往往出现作者的近亲属在其逝去 50 年后仍存活于世,为避免因作品权属发生利益纠纷,许多国家已经开始延长作品版权保护期限。例如,德国 1956 年在《著作权法》中首次延长作品的著作权保护期限,将期限从作者终生及死后 50 年延长至作者终生及死后 70 年。之后美国于 1998 年颁布《版权期限延长法案》中也将期限延长至 70 年。虽然我国基于各种原因目前还没有对保护期限进行延长,但是,似乎延长著作权保护期限已成国际大势所趋。

但是,对于人工智能机器而言,如果给予人工智能作品如此长的保护期限,考虑到人工智能作品自身的特殊性,势必会导致以下情形:一是人工智能作品长期充斥版权市场,人类的创作热情逐渐减退,人们不愿意花费时间和精力去

---

〔19〕 参见俞风雷:《中日人工智能生成内容的著作权保护立法研究》,载《科技与法律》2020 年第 1 期,第 6 页。

进行创作,而是越来越依赖智能机器的各种创作行为,这样会导致著作权侵权现象频繁发生,文化发展受到阻碍;二是保护期限的设置是为了给著作权人带来经济利益,而在当前社会,人工智能作品权利仅集中在少数创作者的手中,大部分人还是局限在传统创作这一圈子中,从长远角度来看,人工智能作品只会给少数的创作者带来经济利益,而对于大部分的社会民众而言,是对其利益的严重剥夺,极大地损害了社会公共利益。据此,在未来著作权立法考量中,建议适当缩短人工智能作品著作权保护期限,以维护社会公共利益最大化。

五、结语

人类社会经历了从农耕时代走向工业时代的历程,每一步都离不开生产方式的进化。在 21 世纪科技如此发达的时代,我们迎来了人工智能的春天,它给我们带来了更为先进的生产方式。而生产方式一旦发生改进,社会各项规则必然发生调整才能更好地适应时代的变化。正如普罗泰戈拉所言"只有人才可以丈量万物",面对人工智能,我们要坚持人类的主体地位,把握人工智能创作物的"尺度"。对此,首先需要做的是承认其作品属性,其次明确人工智能创作物的权利归属,将其归于人工智能所有者是当下较为理想的模式,最后通过设立人工智能机器的版权登记制度以及缩短其创作物的保护期限,区别对待人工智能作品和人类作品并使它们能够和谐共存。人工智能创作物目前还处于法律空白状态,为避免纠纷的出现,立法部门应针对目前出现的或者将来可能出现的问题积极进行法律规制,厘清人工智能创作物与《著作权法》相关内容的关系,这样我们才能更好地在科技时代的背景下迎来新的曙光。

正当程序视野下的电子送达制度研究

张钰莹*

【摘　要】正当程序源于英美法系，现已成为各国诉讼程序的基本原则。正当程序对民事送达最基本的要求在于法院应将诉讼文书送达当事人以保证其参与诉讼程序的权利。随着互联网的普遍应用，我国法院大力推行电子送达，有效地提升了送达效率和节约了诉讼成本。但受制于诸多因素，目前电子送达仍存在不符合正当程序要求的做法。为确保电子送达符合正当程序的要求，应在立法中明确传统送达与电子送达的关系，保障当事人的程序参与权，制定合理的确认收悉标准以及合理的操作规范。

【关键词】电子送达　正当程序　完善

正当程序作为各国诉讼程序的基本原则，诉讼程序的各个环节都应遵循正当程序的要求。电子送达作为一种新的送达方式，也必须符合正当程序的要求。电子送达，是指法院采用传真、电子邮件、移动通信等电子方式将诉讼文书送达当事人和其他诉讼参与人。我国2012年修改的《民事诉讼法》从立法上确立电子送达制度后，电子送达在我国司法实践中的应用日益增多，地位也日益重要。当前，电子送达在提高送达效率和节约送达成本方面发挥了积极作用，但也存在一些问题。本文从正当程序的角度对电子送达制度进行研究，分析我国电子送达制度存在的问题，探讨如何完善现行电子送达制度并使其更加符合正当程序的要求，从而更好地发挥电子送达制度的积极作用，充分保护当事人的合法权益。

---

* 重庆邮电大学网络空间安全与信息法学院法学硕士研究生。

一、采用电子送达方式进行送达符合正当程序

电子送达作为一种通过虚拟空间进行的送达方式,将及时收悉的特定系统作为送达媒介,使诉讼文书以电子数据的形式进行送达。得益于现代互联网技术的应用,电子送达在完成传统送达使命的基础上,更具高效性、便利性,受到了法院和当事人的欢迎。但是,随着电子送达的广泛应用,一些人对电子送达的正当性提出了质疑。

(一)从立法角度看电子送达符合正当程序

作为一种送达方式,在形式上,电子送达有其法律依据。2000 年 7 月 1 日颁布的《中华人民共和国海事诉讼特别程序法》第 80 条规定:"通过能够确认收悉的其他适当方式送达",这条规定虽然未明确规定电子送达方式,但首次为传统送达方式以外的其他送达方式开辟了空间。2002 年,最高人民法院《关于适用〈中华人民共和国海事诉讼特别程序法〉若干问题的解释》第 55 条对于"能够确认收悉的其他适当方式"进行了明确,规定"其他适当方式包括传真、电子邮件(包括受送达人的专门网址)等送达方式",这标志着电子送达方式获得了我国法院的认可。2003 年,《最高人民法院关于适用简易程序审理民事案件的若干规定》规定,法院可以采取传真、电子邮件等简便方式随时传唤双方当事人、证人,但规定对于以传真、电子邮件等形式发送的开庭通知,未经当事人确认或者没有其他证据足以证明当事人已经收到的,法院不得将其作为按撤诉处理和缺席判决的根据。随后,2006 年发布的《最高人民法院关于涉外民事或商事案件司法文书送达问题若干规定》、2008 年发布的《关于涉台民事诉讼文书送达的若干规定》、2009 年发布的《关于涉港澳民商事案件司法文书送达问题若干规定》都明确规定了电子邮件和传真送达方式。上述司法解释的颁布和实施,为电子送达的适用提供了依据,也逐步推动了电子送达在司法实践中的应用。虽然最高人民法院颁布的司法解释确立了电子送达方式,但我国《民事诉讼法》在 2012 年修改前仅规定了直接送达、留置送达、邮寄送达、委托送达、转交送达、公告送达六种送达方式,并未明确规定电子送达,也难以通过扩大解释将电子送达纳入传统送达方式,故电子送达的送达方式遭到了众多学者和司法工作者的质疑,面临"合法性"危机。2012 年修改后的《民事诉讼法》第 87 条规定:"经受送达人同意,人民法院可以采用传真、电子邮件等能够确认其收悉的方式送达诉讼文书,但判决书、裁定书、调解书除外。"自此,电子送达从立法层面得到了确认,电子送达的适用也就有了充分的法律依据,摆

脱了以前仅有司法解释作为依据的缺陷，在我国电子送达的发展历程中具有里程碑意义。[1]

（二）从电子送达的功能和作用角度看电子送达符合正当程序

传统送达方式是采用书面形式向当事人送达诉讼文书，并且由当事人进行签收。采用书面形式的优势在于：一是便于长时间进行保留存档；二是方便当事人阅读；三是便于识别，加盖法院公章的诉讼文书使当事人能够轻易确认是否假冒或者被篡改。在电子送达中，无论采用短信、微信、传真、电子邮件送达还是采用其他电子送达方式，均是法院采用数据形态通过特定系统向当事人进行送达。电子送达未采取传统纸质书面形式，是否具有同传统送达相同的效果呢？答案是肯定的。首先，就传统送达采用纸质书面文件便于长时间保存这一点，电子送达具有相同的功效，甚至还优于传统送达。电子送达传送的数据形态诉讼文书留存于电脑、手机、互联网等特定设备或系统中，不易因自然灾害或人为破坏而彻底消失，更便于保留存档。其次，在方便当事人阅读方面，电子送达采取的数据形态文书无疑与传统送达采取的纸质书面形式文书同样具有便于当事人阅读的功能。最后，在便于识别方面，传统送达采用的认证方式是加盖法院公章以及格式化的文书，由此来防止他人冒充法院对当事人进行送达和防止诉讼文书在送达过程中被篡改。在电子送达中，有些法院采取网上平台送达方式，使冒充送达和篡改的可能性比较小，而采用短信送达、电话送达、电子邮件送达只需确认发信或来电号码或邮件地址即可辨认，杜绝了送达途中文书被篡改的可能性。送达最基本的功能在于将诉讼文书准确无误地送至当事人，而电子送达采用即时收悉的方式进行送达，无疑具备这种功能。由此可见，电子送达具有与传统送达相同的功能和作用，能够准确无误地将诉讼文书送达当事人，并不违反正当程序的要求。

（三）从司法实践角度看电子送达符合正当程序

我国民事诉讼中的“送达难”是长久存在且极为严重的问题。目前，我国法院常用的送达方式为直接送达和邮寄送达，在直接送达和邮寄送达无法送达的情况下则采用公告送达。由于我国地区经济发展不均衡，农村与城市经济发展差距大，交通不便的地方还比较多，直接送达和邮寄送达都面临送达时间长、难度大、成本高的问题。目前我国人口流动量巨大，特别是农村流向城市的人口

---

[1] 丁娴静：《民事案件电子送达制度的探索》，载《上海法制报》2017 年第 10 期，第 18 页。

剧增,这就导致了很多户口空挂、人户分离、当事人频繁变更居住地的情况出现,大大增加了送达的难度,提高了送达的成本,降低了送达效率。送达是法院必须履行的职责,为了完成这一职责,法院为此需要花费大量的财力、人力、时间,挤压了宝贵的司法资源。尤其是在许多情况下,通过直接送达、邮寄送达无法送达当事人,送达成功率比较低,导致公告送达适用过多,不利于保护当事人的程序参与权。对于传统送达耗时长、成本高、效率低、实效差的问题,电子送达都能很好地予以解决。采用电子送达,不需要多方查找当事人的所在地,不需要长途跋涉进行送达,不需要耗费大量的人力和时间以及差旅费,不用担心直接送达或邮寄送达时产生的当事人抗拒送达的情况,不会遭遇时间、路况、天气、距离远近的限制,只要有网络和通讯信号以及有效的送达账号,轻轻点击鼠标瞬间即可完成送达。电子送达能够弥补传统送达存在的不足,消除了传统送达时间长、成本高、难度大、实效差的弊端,能够快速高效地将诉讼文书送交当事人,从而有效地解决了我国“送达难”问题,更有利于保护当事人的程序权利。

二、正当程序视野下的电子送达制度存在的问题

采用电子送达方式进行诉讼文书的送达虽然不违背正当程序,但当前我国电子送达在立法和实践方面尚存在一些不符合正当程序要求的问题,影响了电子送达积极功效的发挥。

(一)电子送达的适用顺位不明确

我国采取的是直接送达方式为主,其他送达方式为辅的送达模式。传统送达方式有直接送达、留置送达、委托送达、邮寄送达、转交送达、公告送达六种,且在适用上形成了先后顺序。2012 年《民事诉讼法》第 87 条规定了电子送达被确立为一种独立的送达方式,放置在直接送达和留置送达之后、邮寄送达之前。笔者认为,目前电子送达方式的适用顺位不够合理,有悖于设立电子送达制度的初衷。《民事诉讼法》第 85 条规定:“送达诉讼文书,应当直接送交受送达人。”这一规定意味着除了直接送达外的送达方式具有天然的后位性,法院首要适用的送达方式为直接送达,直接送达无法送达才能适用留置送达,留置送达也无法送达时才能够适用电子送达。有观点认为,电子送达的顺位应该排在直接送达之后留置送达之前,但这面临一个问题,即法院又多了一个证明直接送达不能实现的责任,如果缺少有效证明就直接适用电子送达是不符合法律规定的,有违正当程序。在司法实践中,许多法院在送达前会依职权询问当事人是否同意采用电子送达,在得到当事人同意的情况下会不经过直接送达而直接

采用电子送达。这种做法实际上不符合《民事诉讼法》的规定,剥夺了当事人通过直接送达方式获取诉讼文书的权利。另外,根据《民事诉讼法》的规定,采用电子送达需要当事人同意并书面确认,但司法实践中法院在很多情况下未经当事人书面确认就采取电子送达方式,这种做法无疑更是不符合法律的规定。因此,如何协调电子送达与传统送达方式的适用顺序以及如何让电子送达的适用符合正当程序的要求是立法者需要考虑的。

(二)电子送达中当事人的程序参与权缺少保障

电子送达与传统送达方式最显著的不同在于电子送达给予了当事人程序参与权。我国是典型的职权主义送达模式,在电子送达出现前,送达由法院决定,法院有完全的主动权,当事人只是被动接受。电子送达的适用需要当事人的同意并书面确认,我国法院目前采取的方式是要求当事人在送达地址确认书中予以同意或确认,当事人的权利仅是在"同意采用电子送达"前打钩,当事人不但不能选择采取何种电子送达进行送达,甚至都不清楚自己打的这个钩意味着什么,当事人无法从送达地址确认书中获知电子送达的具体信息,也就不敢贸然打钩。当事人选择电子送达方式后,往往会产生以下问题:不知道法院会采取何种具体的电子送达方式进行送达,不清楚法院是采用短信还是微信还是采用电子邮件或是送达平台送达;立案时没有选择适用电子送达在后来的诉讼程序中能否重新选择适用;当事人在一个案件中能否采用不同的电子送达方式;一审时适用了电子送达是否意味着二审自然适用电子送达。如此看来,当事人在电子送达中处于被动地位,其参与权非常有限,这显然不符合正当程序的要求。

(三)法院采用电子送达时过于追求效率

在传统的六种送达方式中,直接送达具有绝对优先采用的地位,其他方式只是直接送达的补充方式。虽然采用直接送达方式会增加送达成本和降低送达效率,但它能充分满足正当程序的要求。电子送达是我国法院在职权主义送达模式下探索的一条能够降低送达成本、提高送达效率的送达之路,其出发点和落脚点是为了提高送达的实效。但是,有些法院为了提高送达效率,采取了很多不规范的电子送达方式。在实践中经常出现以下两种情况:一是送达的诉讼文书缺失。法院只是直接简单地给当事人发短信或微信,没有附起诉状副本或证据等诉讼文书。这种做法显然是不符合法律规定的,这会造成当事人误以为是诈骗信息从而忽视。二是只送不达。法院采取电子送达时存在"一送了之”的做法,没有关注当事人是否收到或看到相应的诉讼文书,只考虑到将诉讼文书“送”,而忽略了诉讼文书的“达”。由于一些法院过于追求电子送达的效率,忽略了电子送达本身是为了更好地将诉讼文书送达当事人,没有发挥电子送达应有的效果,因而当事人的程序参与权有被侵害的可能性。[2] 法院在适用电子送达时过于偏重送达效率,只考虑采用何种方式进行更高效的送达,这是违背正当程序的,无论采取何种送达方式,将诉讼文书送达当事人,保障其应有的诉讼程序参与权才是法院送达的根本目的。

(四)电子送达的收悉确认标准设置不合理

电子送达与传统送达方式的另一个重大区别在于送达收悉的确认标准。送达诉讼文书必须有送达回证,当事人签署送达回证是送达成功的标志。传统的送达方式除了公告送达以外均采用书面送达回证来证明送达时间,在直接送达中当事人签收送达回证即表示送达成功,在留置送达中由送达人员记录、拍照、录音证明送达成功,在邮寄送达中以当事人签收邮件作为送达成功的标志,委托送达和转交送达的送达成功标志与上述送达方式类似。电子送达发生于无纸化的虚拟空间,这就意味着无法使用纸质送达回证来证明送达的成功,采用何种方式证明电子送达的收悉成了一个新的问题。《民事诉讼法》第 87 条第 2 款规定:“以传真、电子邮件等到达受送达人特定系统的日期为送达日期”。《最高人民法院关于适用〈中华人民共和国民事诉讼法〉的解释》第 135 条规定,“民事诉讼法第八十七条第二款规定的到达受送达人特定系统的日期,为人民法院对应系统显示发送成功的日期,但受送达人证明到达其特定系统的日期与人民法院对应系统显示发送成功的日期不一致的,以受送达人证明到达其特定系统的日期为准”,更是作出了便利法院确认收悉的解释。对于送达成功的收悉标准问题,无论是传统送达还是电子送达,我国采用的是到达主义。在传统送达中,当事人签收了送达回证后往往会立即阅读送达的诉讼文书,签收送达回证和阅读诉讼文书这两个行为之间的时间差基本可以忽略不计。但是,我国虽然对电子送达也采用到达主义,却无需当事人确认,“一经发出即视为送达”。在电子送达中,送达的诉讼文书到达特定系统的时间与当事人阅读诉讼文书的时间差是无法确定的,受很多客观因素影响,如当事人的电子账户被盗、当事人因外部条件无法及时查看诉讼文书等。如果当事人主张送达成功时间不同于

---

[2] 石春雷:《我国民事诉讼电子化探析》,载《聊城大学学报》2015 第 3 期,第 125 页。

法院对应系统显示发送成功的时间,当事人需提供证明,无形中将未送达或送达逾期的证明责任转移给了当事人。由此可以看出,《民事诉讼法》及其司法解释对于电子送达均偏重提高送达效率和减少法院工作量,不合理地加重了当事人的义务。

(五)缺乏电子送达操作规范

送达不仅关系到当事人的程序权利,还关系着当事人的实体权利,合法规范地送达诉讼文书对确保诉讼程序顺利进行和有效保护当事人的程序权利具有十分重要的意义。虽然我国《民事诉讼法》和最高人民法院《关于适用〈中华人民共和国民事诉讼法〉的解释》就电子送达作了规定,但这些规定显然比较简略和原则,最高人民法院也未就电子送达制定操作规范。电子送达适用于哪些类型的案件?适用于哪些诉讼程序?适用于哪些诉讼文书?电子送达究竟是优先于直接送达还是作为直接送达的补充?这一系列的问题均没有明确的答案。由于缺乏具体的操作规范,各法院往往自行其是,这不可避免地造成电子送达适用上的混乱,容易出现损害当事人程序权利的情形,导致一些当事人对电子送达产生畏惧缺乏信赖从而排斥电子送达,给电子送达的推广带来了消极影响。

三、正当程序视角下的电子送达制度之完善构想

电子送达作为一种新型的送达方式,已得到越来越广泛的应用。但由于电子送达在立法和司法实践方面仍存在诸多不完善之处,影响了电子送达积极效用的发挥。为了确保电子送达符合正当程序的要求,有必要对现行电子送达制度进行相应的完善。

(一)明确电子送达与传统送达之间的关系

虽然我国《民事诉讼法》将电子送达规定在直接送达和留置送达之后,但由于电子送达方式与传统送达方式在送达载体、确认收悉方式等方面的不同,电子送达应当具有独立的地位,不应与传统送达方式混为一谈。如果简单地将电子送达与传统送达进行"捆绑",反而违背设置电子送达制度的初衷,阻碍电子送达发挥其自身优势。[3] 处理好电子送达与传统送达之间的关系,是解决电子送达适用顺位的前提。对此,可以设置传统送达方式与电子送达方式之间的

---

〔3〕 参见王福华:《电子法院,由内部到外部的构建》载《当代法学》2016 年第 5 期,第 25 页。

二元化结构,并由法院依职权询问当事人是否同意适用电子送达。

由于我国目前各地区经济发展水平不同,网络发展水平也不同,在全国每个法院都推行电子送达不具有可操作性。对于已经建立完备电子送达系统的法院,应当倡导优先适用电子送达,在不能或者不宜适用电子送达时再根据顺位适用传统送达方式。但是,为了符合正当程序的要求,保护当事人的合法权益,法院应在诉讼开始时依职权主动询问当事人是否同意适用电子送达,并详细告知当事人有关电子送达的具体方式以及当事人需要承担的后果。如果当事人同意适用电子送达,则电子送达可适用于该案所有诉讼程序。如果当事人不同意适用电子送达,法院就不能适用电子送达。即使当事人在程序开始时不同意适用电子送达,但在后续诉讼程序过程中,法院仍可在当事人主动要求适用电子送达或者经法院依职权主动询问后当事人同意适用电子送达的情况下适用电子送达。

(二)保障当事人的程序参与权

目前,我国启用电子送达的方式是当事人在诉讼开始时在送达地址确认书中对同意适用电子送达方式予以确认,采取的是明示的书面同意方式。如果当事人在送达地址确认书中作出了同意适用电子送达的确认,则电子送达可以适用于案件全过程。不过,当事人仅通过送达地址确认书是无法了解电子送达的具体内容的,更无法看出传统送达与电子送达之间的区别。为了引导当事人积极适用电子送达方式并充分保障当事人的知情权,应在送达地址确认书中告知当事人电子送达的适用条件、适用方式、适用效果以及可能产生的后果、电子送达的优势、电子送达与传统送达方式的不同,从而使当事人对电子送达有清晰的了解和判断,并在此基础上作出适用电子送达的选择,从而既保障当事人的知情权、诉讼参与权等合法权益,又有利于电子送达在后续诉讼过程中的顺利适用。同时,法院应给予当事人选择具体电子送达方式的权利,并要求当事人至少选择两种以上具体送达方式,以提高电子送达的适用率和实效性。

(三)合理平衡电子送达的效率和实效

法院在电子送达的全过程中应当严格按照法律规定的程序进行,并且告知当事人其权利义务以及相关事项。若法院在送达过程中出现失职行为或违法行为,根据正当程序的要求,当事人有权拒收受送达的诉讼文书并有提出异议的权利。法院进行电子送达时一味地追求工作效率,出现“一送了之”“只送通知不送副本”等做法,往往会导致送达不能。适用电子送达方式的重要目的是为了更快、更准确无误的将诉讼文书送达当事人,故法院在适用电子送达时必须更加重视电子送达的实效性,在送达效率和实效性之间寻求平衡,在发挥电子送达提高送达效率这一优势的同时提升电子送达的实效,充分保障当事人的诉讼程序参与权。

(四)将当事人签收电子送达回证作为确认收悉的标准

我国传统的送达方式采用的均是当事人签收送达回执作为确认收悉的标准,但是电子送达却采用到达主义,将法院发出诉讼文书的时间作为送达成功的标志。《民事诉讼法》第84条规定"送达诉讼文书必须有送达回证,由当事人在送达回证上记明收到日期,签名或者盖章"。现行法律对电子送达没有关于送达回证的要求,剥夺了当事人确认收悉的权利,这显然不合理,也不符合《民事诉讼法》第84条的规定。笔者认为,对于电子送达不应采用到达主义。如果法院通过电子送达平台进行电子送达,可以在该系统中增加法院可知悉当事人已读邮件时间和当事人直接发送回执的功能。如果当事人恶意拖延,迟迟不发送回执,可将当事人已读邮件时间作为送达成功时间。如果法院采取电子邮件的方式进行电子送达,则当事人发送的回复邮件可以作为送达回证。为了防止出现当事人恶意拖延回复或不予回复的情况,可规定一个期限,如发出邮件后三天内未收到当事人的回复,则将发出邮件时间视为送达成功时间。由此,可保障当事人的诉讼权利,使当事人享有完整的答辩、举证期间,也可以解决电子送达中存在的当事人恶意拖延的问题,提高法院的诉讼效率。

(五)制定具有可操作性的电子送达操作规范

为了发挥电子送达的作用,更好地推广电子送达,电子送达的操作规范是必不可少的。如今我国的电子送达缺少操作规范,为了解决各个法院存在的问题,避免法院各行其是,最高人民法院应当制定具有可操作性的操作规范,具体就以下内容作出明确规定:(1)电子送达适用于哪些类型的案件。目前电子送达尚不成熟,应暂且用于除身份案件以外的所有案件。(2)哪些诉讼程序适用电子送达。一审、二审、再审以及非诉程序都可以适用电子送达。(3)哪些诉讼文书可适用电子送达。除了裁判文书以及调解书以外的文书均可适用电子送达。(4)电子送达的适用条件。只要当事人同意均可直接适用电子送达,无需先适用直接送达。(5)采用何种电子送达方式。当事人在同意电子送达时应留下两种以上的电子送达接收方式,法院在送达时至少同时采用两种电子送达方式进行送达,以确保当事人收悉。(6)二次送达。法院在送出后三天内未得到当事人回复的,应进行二次送达,且二次送达尽量采用不同于第一次的电子送达方式。(7)确认收悉时间如何确定。应以当事人发送电子送达回执的时间为准,不应采用"发出即为送达"的确认标准。(8)采用电子送达方式能否缺席审判。如收到当事人发回的送达回执则可以缺席审判,如未收到当事人发回的送达回执不可缺席审判。(9)送达不能的救济。送达不能的原因有三种,即因法院造成的送达不能、因当事人造成的送达不能、因客观原因造成的送达不能。因法院造成的送达不能应由法院承担责任,给予当事人申诉或进行二次送达的权利,因当事人造成的送达不能应由当事人自行担责,由客观原因(往往是由于网络传输等技术方面的问题)造成的送达不能,应由法院担责,但网络运营商恶意的除外。完善的电子送达操作规范,将真正发挥电子送达的作用,解决我国"送达难"的问题。

后　记

重庆邮电大学是国家布点设立并重点建设的邮电高校之一，是工业和信息化部与重庆市共建的一所特色鲜明、优势突出，在信息通信领域具有重要影响的高水平教学研究型大学。重庆邮电大学被誉为“中国数字通信的发祥地”，从3G时代的TD-SCDMA协议栈分析和基带芯片设计，到新时代大数据智能化领域关键技术的引领，都凝聚了重庆邮电大学“初心系国脉、奋进I时代”的担当与使命。建校70年来，学校为信息通信行业和地方培养输送了13万余名各类人才，被誉为“中国信息通信人才的摇篮”。

2016年11月，在实施国家网络空间安全战略与建设法治中国的大背景下，重庆邮电大学将计算机科学与技术学院的信息安全系与原法学院进行整合，正式成立了“网络空间安全与信息法学院”（以下简称安法学院）。安法学院坚持学科交叉、产教融合的特色办学之路，是目前全校唯一拥有自科、社科类专业的二级学院，现有法学、知识产权、信息安全、网络空间安全4个本科专业，法学和网络空间安全两个一级学科硕士学位授权点。立“法安天下”志，坚“锐意进取”意，安法学院致力于建成在全国有良好办学声誉、在西部地区有重要影响的特色学院。

安法学院法学学科立足学校实际和行业特色，坚持“法学＋信息技术＋行业应用”的网络信息法学特色发展道路，聚焦数字政府法律治理、智慧司法、数字经济法律规制、网络知识产权法等四个主要研究领域。2007年获得诉讼法二级学科授予权，2018年获得一级学科硕士学位授权点，是重庆市“十二五”“十三五”重点建设学科，法学专业是重庆市一流专业建设点。学科建有电子数据取证与保全和分析认证实验室，拥有重庆市实验教学示范中心、重庆市重点实验室、工程实验室、人文社会科学重点研究基地、科普基地、司法鉴定中心等省部级教学科研平台。近年来，研发了全国第一个电子数据取证系统、全国第一个数字版权云端服务平台、全国第一个电子文书送达系统且均获专利授权。

2019年,中国科技法学会和中国法学会网络与信息法学研究会分别在安法学院设立重庆研究基地。

为推动学科交叉融合发展,打造跨学科学术研究平台,安法学院、重庆邮电大学网络社会发展问题研究中心、中国科技法学会重庆研究基地和重邮－都会网络安全法律与技术研究中心决定组织编撰《网络空间治理研究》系列出版物,中国法学会网络与信息法学研究会重庆研究基地、重庆邮电大学网络空间安全法治研究基地、重庆邮电大学版权研究基地、重庆市网络空间与信息安全重点实验室、习近平新时代中国特色社会主义思想研究阐释协同创新团队、重庆邮电大学知识产权与数据法研究中心、重庆邮电大学网络法治研究中心参加组织编写。

《网络空间治理研究》(第一卷)征文通知自2020年7月发出,截至2020年12月31日,累计收到应征论文50余篇。作者既有来自高校和研究机构的知名学者、教授、副教授,也有实务工作者、青年教师、博士研究生和硕士研究生。此次文集征文和稿件评选过程中,得到了中国科学技术法学会的鼎力支持。感谢中国科学技术法学会副会长、西南政法大学谭启平教授百忙之中为本书作序!感谢华东政法大学马长山教授、西南政法大学张建文教授、上海政法学院刘长秋教授、上海师范大学石文龙教授、湖南大学蒋海松副教授、腾讯研究院曹建峰研究员、宜宾学院法学院刘廷华院长等专家学者不吝赐稿!感谢郑戈教授、刘德良教授、宋宗宇教授、刘长秋教授、刁胜先教授、夏燕教授和曹建峰研究员等作为征文评审专家付出的辛勤劳动!感谢法律出版社郑导编辑的鼎力支持!

《网络空间治理研究》(第一卷)由黄东东教授、吴渝教授和谢俊教授提出编撰思路并最后定稿,在郭亮副教授、祝清意副教授和付微明博士具体组织下,吴英霞博士、黄薇君博士、张晨原博士等负责了文集的编辑工作。由于编者水平有限,加之时间紧迫,错误在所难免,敬请广大读者批评指正。

《网络空间治理研究》编委会

2021年12月26日